Mosaik
bei GOLDMANN

Buch

Sobald eine Frau auf der Karriereleiter nach oben klettert, wird sie attackiert – aber nicht von den Männern im Unternehmen, sondern von »stutenbissigen« Kolleginnen. Die Arbeit unter Frauen kann die Hölle sein, denn beim Mobbing unter Frauen wird aus der sicheren Deckung angegriffen: mit Gerüchten, übler Nachrede, Isolierung und Ausbremsen.
Die Autorinnen haben Tausende von Frauen in unterschiedlichsten Positionen interviewt und dabei schockierende Einblicke in die alltäglichen weiblichen Kampfarenen erhalten. In diesem Buch analysieren sie die biologischen und soziologischen Ursachen für das feindliche weibliche Verhalten und enthüllen die wahren Waffen der Frauen. Darüber hinaus zeigen Pat Heim und Susan Murphy aber auch Wege auf, wie Frauen sich erfolgreich gegen Mobbing wehren, Konflikte rational klären, positiv mit Kritik umgehen und produktive Allianzen bilden können, um gemeinsam die männlich dominierten Chefetagen zu erobern.

Autoren

Dr. Pat Heim leitet ihre eigene Management-Beratung, die sich auf die Zusammenarbeit von Männern und Frauen, Teambuilding, Kommunikation und Führung spezialisiert hat. Sie ist bekannt durch Publikationen in der »New York Times«, dem »Wall Street Journal« und »Cosmopolitan«.

Susan Murphy ist Unternehmensberaterin und Präsidentin von Energy Engineering Inc. Zusammen mit Pat Heim hält sie Vorträge über geschlechtsspezifische Probleme in Unternehmen.

Susan K. Golant hat bereits mehrere Bücher geschrieben, u. a. auch zusammen mit Pat Heim.

Pat Heim
Susan Murphy
mit Susan K. Golant

»Warum gerade die?«

So überwinden Frauen Neid und Missgunst im Beruf

Aus dem Amerikanischen
übersetzt von Maria Mill

Mosaik
bei GOLDMANN

Umwelthinweis:
Alle bedruckten Materialien dieses Taschenbuches
sind chlorfrei und umweltschonend.

1. Auflage
Vollständige Taschenbuchausgabe September 2003

Originalverlag: Jeremy P. Tarcher/Putnam, a member of
Penguin Putnam Inc., New York, NY
Originaltitel: In the Company of Women

Umschlaggestaltung: Design Team München
Umschlagfoto: ZEFA, Pluto
Fotos: PhotoAlto
Satz: Barbara Rabus, Sonthofen
Redaktion: Dagmar Rosenberger
Druck: GGP Media, Pößneck
Verlagsnummer: 16558
Kö · Herstellung: Ina Hochbach
Printed in Germany
ISBN 3-442-16558-X
www.goldmann-verlag.de

Für unsere besten Freundinnen
in Dankbarkeit – weil ihr uns gelehrt habt, wie schön
Beziehungen zwischen Frauen sein können.

Nachdem niemand einer Frau Schlimmeres anzutun vermag als eine Frau, könnte man die Maxime ja auch einmal umkehren und behaupten, dass niemand ihr Besseres tun kann.

ELIZABETH HOLLAND
Schriftstellerin und Salondame des 19. Jahrhunderts

Inhalt

Einleitung

Fragt man Männer nach ihrem besten Freund, so nennen die meisten ihre Ehefrau. Stellt man Frauen dieselbe Frage, verweisen sie meist auf eine andere Frau. Was nicht heißt, dass die Frauen ihre Ehemänner nicht lieben, oder den Männern mehr an ihren Frauen liegt als umgekehrt. Der Unterschied resultiert vielmehr aus den starken emotionalen Bindungen von Frauen untereinander und dem Bedürfnis von Frauen nach weiblicher Gesellschaft. Auch wenn eine Frau die männliche Liebe ihres Lebens gefunden hat, wird die besondere Beziehung zu ihren Freundinnen davon normalerweise nicht beeinträchtigt.

Im scharfen Kontrast zu diesen engen und intimen weiblichen Bindungen steht die Antwort auf die Frage »Von wem wird eine Frau, nachdem sie befördert wurde, als Erstes angegriffen?«, die wir in unseren Workshops häufig stellen. Sie lautet stets und einstimmig: »von Frauen«. Es spielt kaum eine Rolle, ob die befragte Gruppe weiblich, männlich oder gemischt ist, sich aus Ingenieuren, Krankenschwestern, Buchhaltern, Computerprogrammierern, Apothekern, Verkäufern, Verwaltungsangestellten oder Top-Managern zusammensetzt. Während der 20 Jahre, in denen wir Tagungen und Workshops über Geschlechterrollendifferenzen in der Arbeitswelt durchgeführt haben, hat fast jeder Teilnehmer und jede Teilnehmerin eingeräumt, dass Frauen die Karrierebestrebungen anderer Frauen behindern. Es entbehrt nicht einer gewissen Ironie, dass Frauen, wenn sie seelisch leiden, zwar bei einer Freundin Trost suchen, aber oft erst durch eine andere Frau in diese Lage gebracht wurden.

Dieser zerstörerischen Dynamik in weiblichen Beziehungen wurden wir uns Anfang der 1980er zum ersten Mal bewusst. Damals arbeiteten wir beide in einer Fortune 500-Organisation, wo, wie in den meisten Firmen jener Zeit, weibliche Angestellte nur wenig Einfluss besaßen und kaum wichtige Posten bekleideten. Dennoch gab es zumindest *ein paar wenige* Frauen in Führungspositionen, und man hätte annehmen sollen, dass diese sich sowohl gegenseitig als auch die tiefer in der Firmenhierarchie angesiedelten Frauen unterstützt hätten. Und wie sah es in Wirklichkeit aus? Boten sie ihren Rat an oder förderten sie die nachrückenden Kolleginnen? Lobten Sie andere Frauen bei erfolgreichen Projekten? Verbündeten sie sich in dieser Männerwelt, um gemeinsam stärker zu sein und einander beim Aufstieg zu helfen? Manche taten es, aber leider nur die allerwenigsten. Tatsächlich mussten wir feststellen, dass viele Frauen in den großen Konzernen häufig das genaue Gegenteil praktizierten. Sie sabotierten einander.

So erfuhren etwa neue Angestellte des Unternehmens schon innerhalb ihrer ersten drei Arbeitstage, dass Christine, die ranghöchste Frau der Firma, mit dem Generaldirektor zusammenlebte (»und deswegen nicht ernst zu nehmen sei«). Und schlimmer noch: Man erzählte ihnen, sie habe als Sekretärin angefangen (»sodass sie ja wirklich nicht besonders kompetent oder qualifiziert sein konnte«). Fast immer kamen derartige Enthüllungen von weiblicher Seite. Statt stolz auf Christine zu sein und zu sagen: »Ist es nicht toll, dass wir eine Frau in der Spitze unseres Unternehmens haben?«, werteten sie Christines Stellung und Leistung ab.

Nie wurde gegenüber Neuen erwähnt, dass Christine ihren Betriebswirt in Harvard gemacht und bloß im Sommer nach ihrem

Abschluss als Sekretärin in der Firma gejobbt hatte, um sich von den Strapazen des Studiums zu erholen. Das waren unwichtige Details.

Christines schlechte Behandlung durch ihre Kolleginnen sowie zahlreiche andere ähnlich bedauerliche Vorfälle ließen in uns die Erkenntnis keimen, dass wir es mit einem Problem zu tun hatten, mit dem Frauen am Arbeitsplatz tagtäglich konfrontiert werden. Es schien uns, dass Frauen andere Frauen nicht nur konsequent nicht unterstützten, sondern deren Autorität und Glaubwürdigkeit sogar aktiv untergruben. Diese neue Wahrnehmung irritierte uns; derartiges Verhalten schadete dem beruflichen Aufstieg von Frauen. Abgesehen davon, machten die hinterhältigen Angriffe und Lästereien uns allen das Leben schwer. Wir mussten verstehen, *warum* Frauen sich so verhielten, um ihnen einen Ausweg aus diesem destruktiven Verhalten zu zeigen. So begann für uns beide eine Odyssee, an deren Ende dieses Buch steht.

Als Spezialistin für Management-Entwicklung im amerikanischen Hauptquartier dieser großen Gesellschaft wurde Pats Suche nach Erklärungen erleichtert, als sich 1982 ein weibliches Vorstandsmitglied Hilfe suchend an sie wandte. »Können Sie einen Kommunikations-Workshop für meine Angestellten abhalten?«, fragte Karen. »Ich habe Probleme in meiner Abteilung. Mein Chef meint, meine Manager könnten nicht kommunizieren. Sie reagierten so verflixt empfindlich auf negatives Feedback, dass sie immer direkt zu ihm kämen und über ihre Kollegen herzögen. Was kann ich da machen?«

»Aber Sie reden doch nur von den Frauen!«, meinte Pat. Intuitiv spürte sie, dass all diese Angestellten Frauen waren.

»Woher wissen Sie das?«, erwiderte Karen verblüfft.

»Ich lese jeden Forschungsbericht über geschlechtsspezifisches Verhalten am Arbeitsplatz, den ich in die Finger kriege, und die Probleme, von denen Sie sprechen, betreffen meistens nur Frauen«, antwortete Pat. Sie erklärte sich bereit, den Workshop für Karens Managerinnen zu leiten, und er wurde zu einem überwältigenden Erfolg. Schnell verbreitete sich die erstaunliche Kunde, und die Top-Führungskräfte der Firma verlangten ihren eigenen Workshop. Als Pat das Unternehmen verließ, um sich als Beraterin selbstständig zu machen, setzte sie ihre wichtige Arbeit fort, interviewte Frauen im ganzen Land und führte für alle, die sich als Zielscheibe und Opfer ihrer Geschlechtsgenossinnen erlebten, Workshops durch.

Die im Gesundheitswesen und als Beraterin für Führungskräfte tätige Susan wiederum stellte fest, dass nach jedem ihrer Workshops männliche wie weibliche Manager zu ihr kamen, um ihr in etwa das gleiche Geständnis zu machen: »All diese Dinge über Personalführung sind ja durchaus interessant, aber mein größtes Problem sind die Frauen, die für mich arbeiten.« Die Männer fühlten sich hilflos angesichts der Konflikte unter ihren weiblichen Angestellten und bezeichneten sie als »Catfights«, Hennenkämpfe, Weiberkriege. Sie hielten sich bedeckt und hofften, die Frauen würden diese Konflikte unter sich ausmachen – obwohl sie das oft nicht taten. Und wie Christine fühlten sich viele weibliche Führungskräfte von rangniedrigeren Kolleginnen verunglimpft. Sowohl Männer als auch Frauen baten uns um Hilfe.

Die Jahre vergingen und wir merkten, dass wir beide – wenn man es zusammennimmt – Jahr für Jahr vor etwa 50 000 Leuten bei mehr als hundert Unternehmen und öffentlichen Institutionen sprechen, darunter Microsoft, Procter & Gamble, General Motors, Federal Reserve Bank und U.S.-Armee, akademischen Gesellschaften wie die American Association of University Women oder American Medical Association. Was uns schon bei unserer Arbeit in Großunternehmen aufgefallen war, erlebten wir nun auch in den Workshops, die wir landesweit und für alle Unternehmensbereiche veranstalteten: Die beruflichen Beziehungen von Frauen zu anderen Frauen sind in der Regel konfliktbehafteter als ihre Beziehungen zu Männern oder als die Beziehungen von Männern untereinander. Frauen sabotieren sich gegenseitig; sie brüskieren einander und ziehen übereinander her.

Nachdem wir viele Jahre zusammengearbeitet und das Thema der Feindseligkeit unter Frauen ausgiebig erörtert hatten, beschlossen wir, uns zusammenzutun, um diesem Problem noch mehr Zeit zu widmen, es genauer zu definieren, zu verstehen und nach Lösungen zu suchen. Wir vereinigten die von uns gesammelten Daten und entwickelten 1997 eine Web-Site mit einem Fragenkatalog, durch den wir die Vorlieben und Probleme bei der Zusammenarbeit mit Menschen desselben sowie des anderen Geschlechts ermittelten. Wir baten darin unter anderem, auf folgende Fragen zu antworten:

- Für wen würden Sie lieber arbeiten, für einen Mann oder eine Frau?
- Welches war die schwierigste Situation, die Sie je mit anderen Frauen erlebt haben?
- Was (oder wer) war Ursache des Problems?
- Was haben Sie in dieser Situation unternommen?
- Wie ist die Sache ausgegangen?

Wir waren verblüfft, wie viele Leute sich die Zeit nahmen, uns ihre Erfahrungen und schaurigen Geschichten von Verrat und Sabotage zu erzählen. Die Zuschriften stammten von Männern wie Frauen und deckten eine breite Palette von Tätigkeitsfeldern ab. Viele der Teilnehmer erzählten äußerst emotionale Geschichten und gaben häufig auch Telefonnummern an, sodass wir sie noch eingehender zu den blutigen Details befragen konnten. In Einzelgesprächen und Themengruppen setzten wir die Arbeit fort. Diese Menschen litten und sahen keinen Ausweg. Ihre Reaktionen bewiesen uns, dass wir im Hinblick auf die Bedeutung und Verbreitung dieses Problems richtig lagen.

Ganz oder gar nicht

Nach jahrelangen Recherchen können wir sagen, dass sich Beziehungen zwischen Frauen häufig zwischen zwei extremen Polen bewegen: Entweder sie sind wirklich beglückend oder absolut grauenhaft. Dazwischen gibt es nicht viel. Männer wiederum tendieren im Umgang miteinander zur Besetzung des Mittelfelds und pflegen in der Regel weder tiefe Freundschaften noch erbitterte Feindschaften. Erfreulich ist zumindest, dass der Prozentsatz positiver weiblicher Beziehungen den der schlechten bei weitem übertrifft: Nur eine Hand voll Frauen werden uns wirklich weh tun. Dennoch können diese paar wenigen Angriffe sehr verletzend sein – gerade, weil wir Frauen so hohe Erwartungen an unsere Geschlechtsgenossinnen haben.

Unbestreitbar an all unseren Befunden aber war Folgendes: Frauen erleben bei ihrer beruflichen Zusammenarbeit häufig Konflikte miteinander – ein Phänomen, das amerikanische Männer als »Catfight« bezeichnen, und das hierzulande vielleicht als Hennenkampf oder Weiberkrieg firmieren könnte.

Was sind »Catfights«?

Männer verwenden die abwertenden Ausdrücke »Catfight«, Hennenkampf oder Weiberkrieg, um ein weibliches Verhalten zu charakterisieren, das ihnen irrational und höchst unangemessen erscheint. Doch wann immer wir das Thema vor einer Versammlung von Frauen ansprechen oder auch nur erwähnen, nicken alle zustimmend. Im Allgemeinen benutzen wir den Begriff »Catfight« selbst nicht, da wir diese Zusammenstöße als etwas sehr Reales und Ernstzunehmendes betrachten.

Aber auch wenn der Begriff Bilder von Frauen heraufbeschwört, die sich buchstäblich »fauchend« im Büro gegenüberstehen – was, zugegeben, nicht allzu häufig vorkommt – greifen wir ihn in diesem Buch auf, weil praktisch jede Frau weiß, dass wir mit Catfight eine *negative Interaktion mit einer Kollegin* meinen. Wenn auch ursprünglich chauvinistisch gemeint, ist der Begriff dennoch eine praktische Abkürzung, die jede von uns versteht.

Was also ist ein Catfight? Lassen wir uns einen Moment Zeit und vergegenwärtigen wir uns, wie sich uns kämpfende Katzen – von der pelzigen Spezies – präsentieren. Gewöhnlich kämpfen Katzen um Territorien. Sie versuchen einander Furcht einzujagen, ohne dass es dabei aber zu einem echten Kampf kommt; nur selten werden zornige Katzen ihrem Gegner einen Tatzenhieb versetzen. Vielmehr machen sie einen Buckel, fauchen einander an und fahren Krallen und Tatzen aus. Ihre Schwanzhaare stehen ihnen zu Berge, und vielleicht entringt sich der Kehle auch ein tiefer bedrohlicher Knurrlaut. Ihr Territorium behauptend versuchen sie, einander so lange einzuschüchtern, bis eine von ihnen aufgibt. Schließlich schleicht sich die Verliererin davon – aber nur, um am nächsten Tag erneut anzutreten. Während Hunde einander direkt an die Kehle gehen und häufig verletzt und blutig auf dem Kampfplatz zurückbleiben, greifen Katzen einander nur selten körperlich an.

Weshalb werden Kämpfe zwischen Frauen als Catfights bezeichnet? Vielleicht weil auch wir in der Regel auf physische Gewalt verzichten, wenn wir das Verhalten eines anderen als Provokation oder Angriff empfinden. Stattdessen bedienen wir uns verschiedenster Verhaltensformen, die Sozialpsychologen als »indirekte Aggression« bezeichnen und die aus biologischen und gesellschaftlichen Gründen – die wir in den Kapiteln drei und vier erläutern – seit Jahrtausenden zu unserem Verteidigungsarsenal gehören. Indirekte Aggression ist versteckte Aggression: Wir starten eine Attacke auf eine Art und Weise, bei der wir selber verborgen bleiben, um uns zu schützen; wir tarnen unsere feindseligen Absichten, um Vergeltung und soziale Ächtung zu vermeiden.[1]

Wie zeigt sich diese indirekte Aggression unter Frauen? Wir machen ja nun keinen Buckel oder blecken die Zähne, aber wir benutzen im Konflikt mit einer Frau andere verdeckte Strategien, um es dieser Person, die uns – wie wir meinen – auf eine bestimmte Weise verletzt hat oder bedroht, heimzuzahlen. Zu diesen Strategien gehören unter anderem:

- *Klatsch:* Klatsch hat zahlreiche Funktionen, von denen – wie in Kapitel fünf zu lesen – einige auch positiv sind. Bösartiger

Klatsch dient jedoch dazu, eine andere Frau herunterzumachen. Eine Abteilungsleiterin aus San Diego schrieb uns: »Da Frauen die direkte Auseinandersetzung scheuen, ziehen sie hinter meinem Rücken über mich, ihre Vorgesetzte, her. Ich kann meine weiblichen Untergebenen einfach nicht dazu bringen, mir offen zu sagen, was sie wirklich wollen oder war sie gern geändert hätten. Das alles kommt mir nur auf Umwegen zu Ohren.«

- *Die Verbreitung von Gerüchten und die Preisgabe von Geheimnissen:* Beides sind hervorragende Methoden, eine andere Frau zu verletzen, ohne dass sie von der Urheberin des Angriffs erfährt. Eine junge Ärztin aus Detroit schrieb uns: »Ich absolvierte meine Assistenzzeit bei einer Frau, die mehr als zwölf Jahre älter war als ich. Wir wurden Freundinnen. Doch als sie bei dem Pharma-Konzern anfing, bei dem auch ich beschäftigt war, begann sie, Gerüchte über mich zu verbreiten und enthüllte zuweilen Dinge, die zwar zutrafen, aber nicht für die Öffentlichkeit bestimmt waren. Mit meiner Glaubwürdigkeit war es vorbei, und als ich erfuhr, wer diese bösartigen Gerüchte in die Welt gesetzt hatte, auch mit unserer Freundschaft.«
- *Anzügliche und beleidigende Bemerkungen in der Öffentlichkeit:* Eine Frau aus Kansas war von einem Anwalt eingestellt worden, damit sie einer Mitarbeiterin, die schon zehn Jahren in seiner Kanzlei arbeitete, zur Hand ging. Zwei Jahre lang war ihre Beziehung gut und kollegial, bis sich plötzlich die Probleme häuften. »Alles fing an, als sie die Personalakten auf den neuesten Stand bringen sollte und entdeckte, dass ich genauso viel verdiente wie sie, und das, nachdem sie schon all die Jahre dort arbeitete«, schrieb uns die Dame aus Kansas. »Eineinhalb Jahre lang quälte sie mich, indem sie mich am Telefon vor ihren

Freundinnen heruntermachte (als könnte ich es – drei Meter von ihr entfernt – nicht hören).«

- *Sabotage:* Das Wort »Sabotage« kommt von *sabot*, der französischen Bezeichnung für eine Holzpantine oder einen Clog. Wer in den Anfängen des Industriezeitalters die Produktion einer Fabrik zum Stillstand bringen wollte, musste bloß einen seiner *sabots* ins Getriebe der Maschine schleudern, und nichts ging mehr. Heutzutage haben wir zahlreiche andere Möglichkeiten, einander zu sabotieren. So klagte der einzige weibliche Projektleiter einer großen Baufirma aus Cincinnati: »Die Rezeptionistin gibt keine telefonischen Nachrichten für mich weiter – außer die von meinem neunjährigen Kind. Ich sei zu ›männlich‹, hat sie verschiedentlich bemerkt. Mein Vorgesetzter will nicht eingreifen, denn er meint, wir ›Mädels‹ sollten das unter uns ausmachen. Es ist ein sehr ernstes Problem. Ich erfahre nicht einmal, wenn meine Kunden mich anrufen!« Wie soll diese Frau ihre Arbeit erledigen, wenn ihre Untergebene sich weigert, die ihre zu tun?
- *Absichtliches Brüskieren und Entzug der Freundschaft:* Viele von uns erinnern sich an die kindlichen Drohung »Dann bin ich nicht mehr deine Freundin«, wenn wir uns den Forderungen einer Spielkameradin nicht unterwerfen wollten. Manche Gewohnheiten sind unausrottbar, wie eine brüskierte Ex-Bürofreundin schrieb: »Sie rächt sich, indem sie nicht mehr mit mir redet, mich ignoriert, wenn ich sie etwas frage, mich böse anfunkelt und im Büro herumrast, als hätten wir gerade einen Streit gehabt, obwohl kein Wort gefallen ist.«

All diese Strategien können eine unerträgliche Arbeitsatmosphäre erzeugen, vor allem dann, wenn – was häufig geschieht – andere Frauen sich animiert fühlen, sich in die Auseinandersetzung einzumischen.

Sind Sie das Opfer eines zerstörerischen Konflikts?

Um herauszufinden, ob Sie in einen Catfight verwickelt sind oder waren, stellen Sie sich folgende Fragen:

1. Habe ich mich je durch eine Arbeitskollegin sabotiert gefühlt?
2. Habe ich mich je von einer Kollegin ungerechtfertigterweise brüskiert gefühlt?
3. Habe ich je von Dritten gehört, dass eine Kollegin sich über etwas, das ich gesagt oder getan habe, geärgert hat?
4. Habe ich je erlebt, dass ich den Großteil der Arbeit an einem Projekt geleistet, eine Kollegin aber die Lorbeeren dafür eingeheimst hat?
5. Habe ich je einer Kollegin ein Geheimnis anvertraut und dann erfahren, dass sie es ausgeplaudert hat?
6. Wurden jemals Unwahrheiten über mich verbreitet oder war ich die Zielscheibe bösartigen Klatsches?
7. Hat man mir je ausweichend geantwortet »Es ist nichts!«, wenn ich eine Kollegin, die plötzlich eine Eiseskälte ausstrahlte, gefragt habe, was los sei?
8. Hat irgendeine Frau versucht, mich auszubooten, indem sie sich auf meine Kosten ins rechte Licht rückte?
9. Hat sich eine Kollegin bei meinem Chef über mich beschwert, ohne zuerst mit mir darüber zu sprechen?

10. Hat eine Kollegin jemals »vergessen«, mich über eine Sitzung, einen Anruf oder eine wichtige Mitteilung zu informieren?

Wenn Sie mindestens eine dieser zehn Fragen mit »Ja« beantwortet haben, so haben Sie irgendwann in Ihrem Leben den Zorn einer anderen Frau zu spüren bekommen. Vielleicht waren Sie Gegenstand gehässiger Verleumdung oder von Gerüchten, oder Ihnen fiel auf, dass eine Untergebene sich ständig Ihren Anweisungen widersetzte und Ihre Aufträge nie rechtzeitig erledigte. Vielleicht ist Ihnen klar geworden, dass Sie Ihre Vorgesetzte, die Sie ständig herabsetzt und Ihr Selbstvertrauen untergräbt, nicht ausstehen können. Und vielleicht haben Sie schweigend gelitten im Glauben, dass niemand sonst derartige Probleme hat, beziehungsweise in der Angst, dass man Sie, wenn Sie sich beklagen, als »schwierig« oder überempfindlich abstempeln könnte.

Ob Sie sich der besonderen Herausforderungen bei der Zusammenarbeit mit Frauen bewusst waren oder nicht, sie wussten jedenfalls genug, um nach diesem Buch zu greifen.

Sie sind nicht allein

Eine Studie der American Management Association, an der über 1000 Frauen teilnahmen, fand heraus, dass 95 Prozent der Befragten der Ansicht waren, irgendwann im Laufe ihres Berufslebens von anderen Frauen sabotiert worden zu sein.[2] Und eine andere Studie zeigt, dass das schädigende Verhalten unter Frauen in den letzten zehn Jahren um 50 Prozent zugenommen hat.[3]

Auch wenn Frauen über die Konflikte, die sie miteinander haben, nicht reden – ist das ein Problem, das uns vermutlich alle angeht.

Wir erleben bei unseren Recherchen und Workshops, wie das weibliche Sabotage-Szenario immer wieder durchgespielt wird, auch wenn Positionen, Berufsgruppen und Niveaus dabei wechseln. Als Hillary Rodham Clinton ihre Kandidatur für den New Yorker Senatssitz anmeldete, trompetete eine ganze Flut von Zeitungsjournalisten, dass die weibliche Unterstützung für sie im Schwinden begriffen sei. In einem Artikel der New York Times etwa hieß es: »(Mrs. Clintons Berater) sagen, dass sie sich auch um die Überwindung psychologischer Faktoren bemühen, die normalerweise im Wahlkampf keine Rolle spielen – vor allem die Einstellung von Frauen gegenüber Mrs. Clintons Ehe, ihrem Ehrgeiz und der Macht, die sie vom mächtigsten Mann der Welt bezieht.«

Oder man denke an Barbra Streisand. Sie, Gewinnerin sämtlicher bedeutender Preise der Musik- und Filmbranche, hat 80 Millionen Schallplatten verkauft, etliche Millionen Dollar verdient und stellt quasi einen eigenen Industriezweig dar. Auf dem Gipfel ihres Erfolgs sollte sie eigentlich immun sein gegen weibliche Feindseligkeit. Wie kommt es dann, dass sie sich in einem kürzlich erschienen Artikel über die Zuerkennung des Golden Globe Cecil B. DeMille Awards öffentlich über die Behandlung beklagt, die sie von ihren Geschlechtsgenossinnen erfährt?

Sie räumt ein: »Was ich getan habe, als ich in diese Männerdomäne vorgedrungen bin, hat zuweilen harte Bandagen erfordert. Man wird angegriffen – allerdings in der Hauptsache von Frauen. Das ist die Ironie dabei. Ich musste feststellen, dass Frauen die konkurrenzsüchtigsten und hasserfülltesten (Menschen) sind. Die übelsten Kritiken, die ich je bekam, stammten aus weiblicher Feder … Wenn sie dich einmal auf dem Kieker haben, dann lassen sie nicht mehr locker.«

Es liegt nicht an Ihnen

Wenn Sie sich dem Problem des Catfighting stellen wollen, sollten Sie wissen, dass Sie nicht schwierig oder komisch sind. Wie wir im Folgenden erläutern werden, gibt es starke biologische und soziologische Gründe, warum Beziehungen unter Kolleginnen eine so einzigartige Herausforderung darstellen. Allerdings gibt es sicher Leute, die angesichts eines solchen Ansatzes fragen: »Wie kann man behaupten, dass Frauen im Berufsleben anders sind? Ist die Arbeitswelt nicht ein planes Spielfeld, auf dem biologische Unterschiede wie Körperkraft keine Rolle spielen?« Angesichts unseres jahrzehntelangen Strebens nach Gleichberechtigung weigern sich – verständlicherweise – viele von uns zu akzeptieren, dass Frauen und Männer im Berufsleben unterschiedlich agieren. In unserer postfeministischen Gesellschaft möchten wir gerne glauben, dass wir alle gleich sind. Aber dem ist nicht so. Unser biologisches Erbe und gesellschaftliche Lernprozesse bewirken, dass Männer und Frauen tatsächlich in unterschiedlichen »Kulturen« aufwachsen. Ob uns das passt oder nicht – auch wir mussten zu dem Schluss gelangen, dass Männer und Frauen sich voneinander unterscheiden.

So kann der Eindruck entstehen, wir Frauen seien »problematischer«, nur weil wir anders fühlen, denken und handeln als Männer. Natürlich ähneln sich Männer und Frauen in vielen Zügen, aber es sind die kleinen Unterschiede zwischen den Geschlechtern, die bewirken, dass wir verurteilt werden oder andere verurteilen.

Das Problem des Frau-Frau-Konflikts ist noch nie öffentlich thematisiert worden, und ohne diese äußere Bekräftigung kann man das Gefühl bekommen, sich mit einem persönlichen Fehler herumzuschlagen anstatt mit einer kulturellen Dynamik. Richtig ist aber, dass Frauen, sobald wir das Problem in Frauengruppen ansprechen, lachen (und stöhnen), weil sie es wiedererkennen, und es begierig aufgreifen. In gemischten Gruppen dagegen wird die Scheu vor diesem Thema geradezu greifbar. Die Frauen im Raum wirken fast schockiert, dass wir ein solches Tabuthema vor Männern auch nur erwähnen. Und mit Sicherheit werden sie sich nicht öffnen oder mitteilen. Ihr gereiztes Schweigen scheint uns zu sagen: »In solchen Hennenkämpfen machen wir nicht gerade eine gute Figur. Wir haben keine Lust zuzugeben, dass wir zu so was fähig sind. Petzt bei den Männern nicht, dass wir solche Sachen machen. Das verschafft ihnen nur noch mehr Munition, uns als aufsässig und schwierig zu etikettieren.«

Obwohl das Problem so allgegenwärtig ist, wird nur selten darüber geschrieben. So, als ob es das kleine schmutzige Geheimnis der Frauen wäre. Wagt es allerdings jemand, die Sache ans Licht zu zerren, scheint er sofort einen Nerv zu treffen. Als das Magazin *Frequent Flyer* einen Artikel über die schlechtere Bedienung weiblicher Fluggäste durch das weibliche Flugpersonal veröffentlichte, gingen dazu mehr Leserbriefe ein, als die Zeitschrift *jemals auf einen ihrer Artikel erhalten hatte*. Und als eine Frau der »Ask Annie«-Kolumnistin des Magazins *Fortune* über die Beschimpfungen schrieb, mit denen Frauen sich gegenseitig zu traktieren pflegen, antwortete Annie, sie sei sich nicht sicher, ob es wirklich so schlimm sei. Annie erhielt darauf 266 Briefe, und mehr als 200 der Leserbriefschreiberinnen erklärten ihr, dass sie mit ihrer Verharmlosung wirklich völlig falsch liege. Der Schmerz und die Wut, die Frauen gegenüber anderen Frauen empfinden, wird in der Regel weggedrückt, drängt jedoch an die Oberfläche und bricht dann mit Macht hervor.

Eines der Ziele dieses Buches ist die Anerkennung der Realität. Wenn Sie dieses Buch gelesen haben, sollen Sie überzeugt sein, dass Sie, nur weil Sie Probleme mit Ihren Kolleginnen haben, noch lange kein schwieriger Mensch sind. Wir haben uns mit Tausenden von Frauen unterhalten, die sabotiert wurden und vielleicht sogar aufgrund von »Catfights« berufliche Aufstiegschancen verpassten. Das nämlich ist der Preis für die Wahrung des Geheimnisses und für die Aufrechterhaltung des schönen Scheins, dass Frauen immer »nett« zueinander sind und wie gute Freundinnen zusammenhalten.

Der Preis, den wir zahlen

Seien wir ehrlich: Auseinandersetzungen unter Frauen am Arbeitsplatz können unserer Karriere und sogar der ganzen Firma schaden. Sie erzeugen eine belastende und unproduktive Arbeitsatmosphäre und bewirken, dass wir unsere Energie von unseren beruflichen Aufgaben abziehen und für die Lösung quälender zwischenmenschlicher Konflikte verschwenden. Sie beeinträchtigen das Niveau unserer Arbeitszufriedenheit und – solange wir geistig und emotional mit diesen Problemen ringen – auch unsere

Lebensqualität und möglicherweise sogar unsere Gesundheit. Sie haben auch ganz allgemein negative Auswirkungen auf das berufliche Fortkommen von Frauen, weil durch sie das Stereotyp der unproduktiven Zicken geschaffen und immer wieder bestätigt wird. So erklärte ein leitender Angestellter Pat vor kurzem, warum seine Firma, ein großer Konsumgüter-Konzern, sein Frauen-Initiativprogramm von einem Mann führen ließ: »Unser Direktor hat sich für einen Mann entschieden, weil die Frauen sich ständig in den Haaren liegen«, meinte er ganz unverblümt. »Er hatte keine Lust, sich mit so was herumzuärgern.«

Wir haben von anderen männlichen Managern gehört, dass sie Angst haben, ältere Frauen einzustellen oder zu befördern, weil »sie sich immer als gehässige Zicken entpuppen«. Eine Ärztin in Newport, Rhode Island, schrieb uns, ihr größtes Problem sei eine Sekretärin, die einfach nicht akzeptieren könne, dass sie (die Ärztin) nun mal die Chirurgin sei, einen festen Terminplan hätte und nicht dazu da sei, um von der Sekretärin Befehle entgegenzunehmen. »Immer wieder habe ich versucht, mit ihr zu reden, habe jede mir bekannte Konfliktstrategie angewandt«, erklärte die Ärztin. »Es wurde so schlimm mit ihr, dass ich mir einen Rechtsanwalt nehmen und ihr kündigen musste.«

Es ist offensichtlich, dass uns dieser Schwesternzwist teuer zu stehen kommt. Um derartige Auseinandersetzungen zu vermeiden, stellen manche Frauen ihr Licht lieber unter den Scheffel und torpedieren so die eigene Karriere. Leslie schrieb uns: »Mein größtes Problem bei der Zusammenarbeit mit Frauen war mein Ehrgeiz und meine überdurchschnittliche Intelligenz. Meistens fühlten sich meine Kolleginnen von mir bedroht. Daher bemühte ich mich nach Kräften, meine Fähigkeiten nicht zu zeigen und übertrieb meine Schwierigkeiten.« Natürlich taxierte auch Leslies Chef ihre Leistung und ihr Verhalten und bildete sich aufgrund von Leslies »Tarnverhalten« ein schlechteres Bild von ihr. Im selben Tenor erzählte uns eine für die Notwendigkeit »flacher Hierarchien« sensibilisierte Jung-Managerin: »Ich mag es nicht, wenn man mich als ›die Chefin‹ ansieht. Stellen Sie sich mal vor, ein Mann würde etwas Derartiges sagen! Und stellen Sie sich vor, wie wohl die Vorgesetzten dieser Frau eine solche Einstellung interpretieren? Klar: Sie hat nicht das Potenzial für Spitzenpositionen.«

Konflikte unter Frauen können heftigen seelischen Schmerz und Stress erzeugen, vor allem wenn Frauen – eine beliebte weibliche Technik – andere Frauen für ihre Kämpfe einspannen. Zwischen einer Angestellten, die an einem Überseeauftrag arbeitete, und ihrer Kollegin und Wohngenossin gab es einen latenten Konflikt. »Meiner Mitbewohnerin wurde gekündigt, weil sie die Sache vom Zaun gebrochen hatte. Ich dagegen wurde befördert. Nach ihrer plötzlichen Entlassung (von der ich nichts gewusst hatte), kam unsere Gruppe, die aus sieben Kolleginnen bestand, zu dem Schluss, dass ich irgendwie dafür verantwortlich sei, sabotierte meine/unsere Wohnung und verbreitete bösartige Gerüchte über mich. Es war eine scheußliche Erfahrung. Ich musste weiter mit der Gruppe zusammenarbeiten, obwohl ich wusste, was sie getan hatten. Wir haben nie wieder ein Wort miteinander gewechselt.«

Derartige Kämpfe können unseren Seelenfrieden, unser Wohlbehagen und letztlich auch unsere geistige und körperliche Gesundheit untergraben. Sie können uns bitter machen und sogar dazu führen, dass wir nicht mehr mit oder für andere Frauen arbeiten wollen – ein herber Schlag für die politische Stoßkraft der Frauenbewegung. Mehrere unserer Gesprächspartnerinnen erklärten, sie würden es sich zwei- und dreimal überlegen, noch einmal für eine Chefin zu arbeiten – wenn überhaupt. Eine Frau aus Austin, Texas, erzählte uns: »Vor ihrer Beförderung war Fran freundlich und schien sich um andere zu kümmern. Danach war sie nur noch der verlängerte Arm ihres Chefs, und die anderen waren bloß dazu da, um benutzt und ausgebeutet zu werden.«

»Leider«, gestand uns eine Frau aus Seattle, »gibt es nichts, was ich an der Zusammenarbeit mit Frauen schätze. Ich finde sie kleinlich, tyrannisch, zu emotional (bei Fragen, die Logik erfordern), boshaft und rachsüchtig (habe ich eins der typischen Klischees vergessen?). Sie sind die Meisterinnen des Mikromanagements. Das bin ich auch, aber ich manage meine eigene Zeit! Ich habe einen Großteil meines Lebens mit Frauen zusammengearbeitet (und war gelegentlich auch für Frauen tätig – ein Fehler, den ich in diesem Leben nicht noch einmal machen werde), und abgesehen von wenigen positiven Ausnahmen, war ich von meinen Mitarbeiterinnen immer enttäuscht.«

Neben dem hohen Aufwand an emotionaler Energie kosten solche Konflikte uns und unsere Arbeitgeber auch harte Euro und Cent. Wir müssen heute mehr Arbeit in weniger Zeit erledigen. Daher ist es umso wichtiger, effektiv zu kommunizieren und stützende Arbeitsallianzen zu pflegen. Gestörte Beziehungen zwischen Ihnen und Ihren Kolleginnen können die Kommunikation (aufmerksames Zuhören leidet bei Stress) und den Informationsaustausch behindern, was zu niedrigerer Produktivität, mittelmäßigen Ergebnissen und hoher Fluktuation führt. Andererseits ergab eine neue Gallup-Umfrage, dass wer »eine beste Freundin« im Betrieb hat, auch hohe Arbeitszufriedenheit, Produktivität und Jobsicherheit genießt.[4] Wie gut konnte es der Frau mit dem Überseeauftrag wohl ergehen, wenn sie und ihre sieben Kolleginnen nicht mehr miteinander sprachen?

Oder bedenken Sie, was eine Angestellte der Stadt Chicago dazu zu sagen hat: »Meine schwierigste Zeit begann, als ich für eine Frau arbeitete, der ich von Anfang an ein Dorn im Auge war. Ich weiß nicht, was ich angestellt hatte, um ihren Unmut zu erregen – falls es überhaupt an meinem Verhalten lag –, aber ich konnte ihr nie etwas recht machen oder auch nur ein neutrales Verhältnis zu ihr aufbauen. Jahre später erzählte mir eine Freundin, dass sich der Freund dieser Frau an meinem ersten Arbeitstag nach mir erkundigt und sie sich deshalb von mir als Konkurrentin bedroht gefühlt habe, aber im Grunde weiß ich immer noch nicht, was los war. Sie war absolut unberechenbar, wollte an einem Tag, dass wir beste Freundinnen würden, und beschimpfte mich am nächsten Tag aufs Übelste. Ich wusste nie, woran ich bei ihr war.« Wir können uns vorstellen, dass ein solches ständiges Spießrutenlaufen es unserer Briefeschreiberin sehr schwer gemacht hat, sich auf ihre Arbeit zu konzentrieren.

Die Leiterin eines medizinischen Labors in Minneapolis erzählte uns von einer MTA, die gerne die Chefin spielte. »Sie reagiert überhaupt nicht auf meine Anweisungen. Ich habe deshalb schon einen Programmleiter eingestellt, der jetzt ihr direkter Vorgesetzter ist. Wir entwickeln besondere Leistungsmaßstäbe, um jede Diskrepanz zwischen ihren und unseren Erwartungen auszuschließen, was auch zu funktionieren scheint. Aber ich meide das Labor, solange *sie* dort ist.« Wie viel Zeit und Energie ein solcher Konflikt verschlingen muss!

Der Aufwand ist zu hoch, als dass man das Problem ignorieren und auf sich beruhen lassen könnte. Wir müssen diese Formen von Sabotage unter Frauen verstehen und ihr Einhalt gebieten, ehe sie katastrophale Ausmaße annehmen – zumal inzwischen 53 Prozent der Arbeitskräfte in den Vereinigten Staaten und 44 Prozent in Deutschland weiblich sind, und mehr Frauen als je zuvor innerhalb der Unternehmen aufsteigen. Auch Konzerne, die sich von weiblich geführten Firmen beraten lassen oder sonstige Dienste in Anspruch nehmen, sollten angesichts der Tatsache, dass sich beispielsweise in den USA die Anzahl von Unternehmen in Frauenhand in den vergangenen zwölf Jahren verdoppelt hat, die Ursachen dieser Konflikte verstehen.

Mitte der 1970er Jahre waren weibliche Berufsaussichten noch weitgehend auf die Rollen von Lehrerin, Krankenschwester und Sekretärin beschränkt. Im neuen Jahrtausend jedoch, wo immer mehr von uns in die Managerinnenränge der Unternehmen aufsteigen, wird die Herausforderung durch kollegiale Beziehungen unter Frauen sehr viel bedeutsamer. Wir besitzen mehr finanzielle und politische Macht als jemals zuvor. Carol Gallagher, der Autorin von *Going to the Top* zufolge erwerben Frauen in den USA heute mehr als 35 Prozent der betriebswirtschaftlichen MBA-Abschlüsse (Master of Business Administration) gegenüber 3,6 Prozent im Jahr 1970 und mehr als 42 Prozent der Jura-Abschlüsse gegenüber 5,4 Prozent im Jahr 1970. Inzwischen nehmen Frauen fast 48,9 Prozent aller leitenden und akademischen Positionen ein – gut doppelt so viele wie noch vor zwei Jahrzehnten.[5] Deshalb müssen wir dafür sorgen, dass miese Beziehungen die Produktivität und Rentabilität nicht weiter verringern.

Wenn Sie verstehen, wie man Arbeitsbeziehungen mit weiblichen Mitarbeitern aufbaut, können Sie die Gefahr von Sabotage und die damit einhergehenden Schmerzen vermindern. Aber auch Firmen müssen begreifen, was diese Feindseligkeit unter Frauen verursacht, da mangelndes Wissen über diese Dynamik unnötige Probleme schafft. Da manche Konzerne nämlich zunehmend Frauen gegen Frauen antreten lassen, um ihre Verkaufsziele zu erreichen, lösen sie quasi aus Versehen Catfights aus, die den Teamgeist schwächen und auf lange Sicht zu schlechteren Ergebnissen führen. Ein tiefes Verständnis dafür, warum Frauen sich auf ganz bestimmte Art auf andere Frauen beziehen, wird dagegen die Resultate verbessern. Durch die Einsicht in die Dynamik der Hennenkämpfe können die Unternehmen ihre Teams und Bonus-Systeme effektiv umstrukturieren, um das Beste aus ihren weiblichen Angestellten herauszuholen.

Wie Ihnen dieses Buch helfen kann

Vielleicht haben Sie sich auch schon gefragt: Was mache ich, wenn man mich jetzt angreift? Wie kann ich auf effektive Art mit Frauen umgehen, die einander das Leben schwer machen? Wie muss ich als Teil eines Teams manövrieren, dessen Mitglieder einander sabotieren? Wie könnte ich besser mit meinem Groll gegenüber der Chefin oder den Kolleginnen umgehen? Oder auch gegenüber einer Freundin, die gerade befördert worden ist?

Dieses Buch hilft Ihnen, diese brisanten Probleme anzupacken und zu lösen. Es führt Sie durch das verwirrende Dickicht weiblicher Arbeitsplatzkonflikte. In Teil I wollen wir erkunden, was es mit Catfights auf sich hat und warum Frauen sich in sie verstricken. In Kapitel eins betrachten wir die drei wichtigsten Dinge, die Frauen brauchen, um in der Arbeit Erfüllung zu finden: Beziehungen, Macht und Selbstwertgefühl. In Kapitel zwei beschreiben wir die von uns entdeckte bahnbrechende Formel, die wir als »Regel der ausgeglichenen Machtbalance« bezeichnen und die erklärt, warum weibliche Beziehungen funktionieren und warum sie schief gehen. Im dritten und vierten Kapitel werfen wir einen Blick auf die biologische und soziologische Basis weiblichen Verhaltens, die deutlich macht, warum indirekte Aggression für Frauen früher weitgehend angemessen, heute aber nicht angebracht ist. In Kapitel fünf erläutern wir den »Aas-Faktor« und zeigen auf, *warum* Frauen sich verhalten, wie sie sich verhalten.

Teil II wird sich mit Beispielen und Lösungen aus dem Alltag auf die Strategie konzentrieren. Nun, da Sie die Ursachen des Problems kennen, finden Sie hier, was Sie für seine Lösung tun können. Dieser Abschnitt des Buchs soll Ihnen helfen, destruktive Konflikte zu vermeiden und sie in produktive Kollegialität umzuwandeln. Hier geben wir Ihnen Ratschläge zu Problemen, die sich etwa bei Beförderungen ergeben, zur Beilegung von Streitereien unter Frauen und zur Führung weiblicher Teams, wobei wir stets die Pflege stärkender weiblicher Allianzen im Auge behalten.

Bücher über Konflikte unter Männern und zwischen Männern und Frauen am Arbeitsplatz gibt es en masse, sogar Pat hat zusammen mit unserer Ko-Autorin Susan Golant eins geschrieben: *Frauen lernen fighten. »Warum gerade die?«* ist jedoch das erste Buch, das eine fundierte Theorie zu der Frage entwickelt, warum wir uns gegenüber unseren Geschlechtsgenossinnen so verhalten, wie wir es tun, und das erste Buch, das Ihnen dabei hilft, Ihr persönliches Verhältnis zu anderen Frauen zu klären. Wir bieten ein Modell an, dass sich sofort auf die Lebenswirklichkeit anwenden lässt. Zu verstehen, was einen Konflikt auslöst, kann dazu beitragen, die bei der Attacke einer Frau empfundenen Gefühle von Verwirrung, Schmerz und Zorn zu entschärfen. So können Sie analysieren, was in der Beziehung schief läuft und eine Strategie zur Lösung des Problems entwickeln. Mit unserem Modell haben Sie sogar die Chance, destruktive Konflikte zu vereiteln, ehe sie sich anbahnen.

In unserem Buch erfahren Sie:

- Alles über Ihre Einstellung zur Zusammenarbeit mit Ihren Geschlechtsgenossinnen und wie Sie sie verbessern können;
- Alles über unsere biologischen und evolutionären Anlagen, die erhellen, weshalb man uns zu einem bestimmten Verhalten gegenüber anderen Frauen erzogen hat;
- Warum es unter Frauen eine solche Aufregung verursacht, wenn eine von uns befördert wird;
- Wie Sie konstruktive Beziehungen zu Ihren Kolleginnen, Ihren weiblichen Vorgesetzten und Untergebenen aufbauen können;
- Mehr über spezifisch weibliche Führungsqualitäten;
- Alles über unsere Ausdrucksmittel (verbal und nonverbal), die die Interaktion unter Frauen aufheizen können, und wie man Arbeitsbeziehungen durch Kommunikation verbessert;
- Wie Sie auch mit Kolleginnen, die unfreundlich zu Ihnen und zueinander sind, ein Traumteam aufbauen;
- Wie Sie und Ihre Kolleginnen einander zu großen Leistungen anspornen, statt sich gegenseitig herunterzumachen.

Alles in allem wird »*Warum gerade die?*« Ihnen zeigen, dass Sie die Herausforderungen, die der Umgang mit unseren Geschlechtsgenossinnen mit sich bringt, annehmen können und dass, wenn Sie es tun, am Ende alle gewinnen.

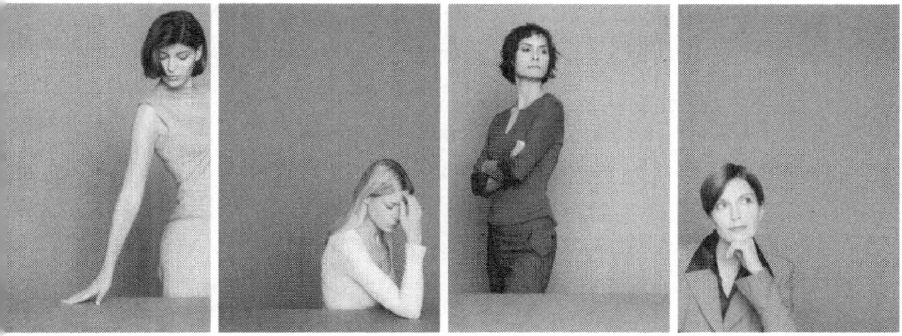

Teil I
KONFLIKT
Warum Frauen tun, was sie tun

Eins

Das Goldene Dreieck: Beziehungen, Macht und Selbstwertgefühl

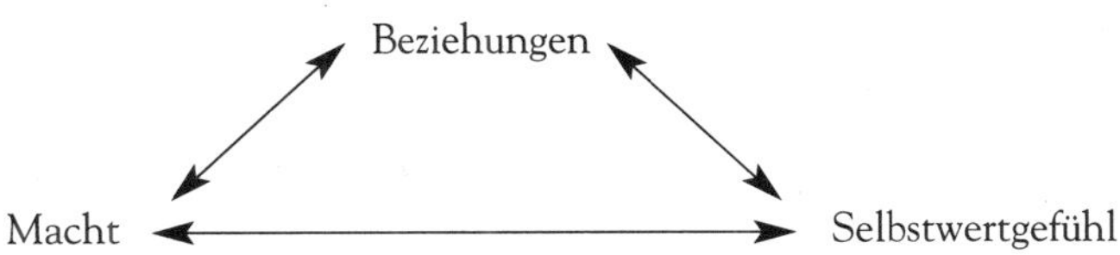

Wir nennen dieses Diagramm »Goldenes Dreieck«, und wollen damit verdeutlichen, welche Rolle die drei Schlüsselbestandteile Beziehungen, Macht und Selbstwertgefühl für das Glück von Frauen spielen. Die Zusammenhänge zwischen diesen Elementen sind komplex – wie viel oder wenig wir von einem besitzen, wirkt sich darauf aus, wie viel wir vom anderen haben oder bekommen. In diesem Kapitel beschäftigen wir uns damit, was jedes dieser Elemente für uns bedeutet und wie die Ausgewogenheit der Elemente die Wahrscheinlichkeit, dass wir uns in destruktive Konflikte verwickeln, beeinflusst.

Beziehungen sind unsere Verbindungen zu anderen Menschen, zu Freunden, Familienmitgliedern, Kollegen. Sie haben einen entscheidenden Anteil an unserem Wohlbefinden; ja, sie tragen sogar zu unserer Selbstdefinition bei. Das Element *Macht* bezieht sich auf die äußere Macht, die wir in der Welt ausüben. Sie kann sich in verschiedenen Formen äußern, etwa in der beruflichen Position, in einem Titel, in der Beziehung zum Vorgesetzten, in der Attraktivität und der Arbeitskraft einer Person, in der Stellung Ihres Partners, Ihrer Kleidung, Ihrer Persönlichkeit und so weiter. Dies sind die ganz realen oder greifbaren Faktoren, die Sie und andere tatsächlich beobachten können. Das Elemente *Selbstwertgefühl* ist die innere Macht – das Gefühl innerer Stärke und Selbstbewusstseins. Die Stärke oder Schwäche dieser Komponente ist im Allgemeinen leichter zu verbergen und weniger sichtbar als die der anderen beiden Elemente.

Lassen Sie uns die drei Elemente nun etwas genauer betrachten.

Beziehungen

Heute betrachten wir es als unverrückbaren Grundsatz, dass Frauen in einem Netz von Beziehungen leben. Wir haben eine große Fähigkeit zur Bezogenheit entwickelt, und wir brauchen all diese Kontakte, um uns wohl zu fühlen. Jean Baker Miller, Professorin und Psychiaterin an der Boston University of Medicine, erklärt, dass sich für Frauen »jedes persönliche Wachstum innerhalb von emotionalen Bindungen vollzieht, und nicht getrennt davon. (…) Sich ›einem anderen Menschen verbunden zu fühlen‹ heißt, dass man sich durch ihn in seinem Selbst gesteigert, und nicht etwa bedroht, fühlt. Es bedeutet nicht Selbstverlust; sondern ist ein Schritt zu größerem Wohlbefinden und größerer Bewusstheit.«[1]

Beziehungen sind ein *so* entscheidendes Element in der Welt der Frauen, dass sie auch in unserem Berufsleben eine zentrale

Rolle spielen. Auch im Büro tendieren wir zum zwischenmenschlichen Denken und zu einem eher beziehungsorientierten als hierarchischen Arbeitsstil (wir vertiefen dies in den Kapiteln drei, vier und fünf). Häufig definieren Frauen ihren Karriereerfolg über ihre Fähigkeit, Verbindungen zu knüpfen und auch innerhalb des Arbeitsumfelds Beziehungen aufzubauen: »In meiner Zeit bei Acme wurde meine Chefin meine beste Freundin, und heute, zehn Jahren später, ist sie es immer noch.« Die Betriebspsychologin Carol Gallagher hat festgestellt, dass die Fähigkeit zu dauerhaften Beziehungen zu den vier entscheidenden Erfolgsfaktoren in den Karrieren der 200 von ihr untersuchten Topmanagerinnen gehörte. »Die Fähigkeit, Beziehungen aufzubauen, ist unbedingt nötig, um die nächste Leitersprosse zu erklimmen«, schreibt sie in *Going to the Top*. Eine ihrer Interviewpartnerinnen erklärte: »Auf einer Skala von eins bis zehn würde ich Beziehungen eine zehn geben ... Ich glaube nicht, dass man ohne sie weiterkommen kann.«[2]

Die Pflege von Beziehungen am Arbeitsplatz ist also für Frauen weit bedeutsamer als für Männer. In ihrer Dissertation über 21 der Karriere mehr oder weniger förderlichen Werte (wie Risikofreudigkeit, ökonomische Sicherheit oder Altruismus) stellte Susan fest, dass *die Bedeutung des sozialen Austauschs am Arbeitsplatz den wichtigsten Unterschied zwischen den Geschlechtern darstellt.*[3] Susans Forschungsarbeit sowie Dutzende anderer Studien haben bewiesen, dass Frauen sozialen Austausch und Freundschaft deutlich höher schätzen als Männer. Sie betrachten zwischenmenschliche Beziehungen als sehr wichtig für ihre Karriereentwicklung. Und sie beziehen ihren Lebenssinn in erster Linie über das zwischenmenschliche Geschehen, aus der Beobachtung und dem Lernen von anderen ebenso wie aus der eigenen Lebenserfahrung.

Wegen unserer Konzentration auf Beziehungen neigen wir Frauen auch dazu, Menschen eher aufgrund ihrer persönlichen Eigenschaften zu beurteilen und zu schätzen als aufgrund ihrer Stellung in der Unternehmenshierarchie. Und folglich tendieren weibliche Manager eher zu einem kollegialen Führungsstil, zum offenen Informationsaustausch und zur Einbeziehung anderer in den Entscheidungsprozess. Wir brauchen unsere Kolleginnen, damit wir unsere Arbeit als erfüllend und beglückend erleben können, aber auch, um unsere maximale Produktivität zu erreichen. Aus diesem Grund sind wir eher bereit, gefühlsmäßige Aspekte bei der Arbeit zu berücksichtigen und anzusprechen. Häufig unternehmen wir große Anstrengungen, um mit unseren weiblichen Mitarbeitern zurechtzukommen. Wir öffnen uns und wir zeigen Mitgefühl, um Irritationen zu vermeiden oder in einer schwierigen Situation zu vermitteln.

Frauen, die im Hinblick auf ihre Arbeitsleistungen Erfolge erzielt haben, nicht aber auf der persönlichen Ebene, fühlen sich häufig leer, einsam und isoliert. Susan berät hochrangige Managerinnen der Finanzwirtschaft und war überrascht zu entdecken, dass viele der weiblichen Angestellten keine taktischen Ratschläge suchten, sondern vielmehr Empathie. Während ihrer Beratungsgespräche schütteten ihr diese Frauen ihr Herz aus, schilderten ihr die Qual, die sie anderer Frauen wegen empfinden. So hatten beispielsweise zwei Frauen in Cynthias Abteilung gekündigt, und Cynthia glaubte, die Art, wie sie die beiden behandelt hatte, sei der Grund dafür. Fast eine Stunde lang klagte sie, wie mies sie sich fühle, bis Susan schließlich meinte: »Warum fragen Sie die beiden nicht einfach?«

In der folgenden Woche erzählte Cynthia, dass sie die Frauen angerufen habe und beide ihr gesagt hatten, dass sie aus ganz anderen Gründen gekündigt hätten. Ob die früheren Angestellten nun die Wahrheit sagten oder nicht – ihre Vorgesetzte fühlte sich jedenfalls viel besser, da sie glauben konnte, dass ihr diese Beziehungen erhalten geblieben waren.

Gerade weil Beziehungen für Frauen so große Bedeutung haben, empfinden sie ihre Verschlechterung umso schmerzhafter. Wir werden dies noch ausführlicher in Kapitel zwei behandeln.

Macht

Macht ist die Fähigkeit, etwas zu erreichen. Sie besitzt ungeheure Bedeutung: Ohne Macht wäre es uns unmöglich, unsere persönlichen und beruflichen Ziele zu verwirklichen. 1959 identifizierten die Psychologen John French und Bertram Raven von der UCLA sechs Arten von Macht, derer sich beide Geschlechter sowohl am Arbeitsplatz als auch in anderen Lebensbereichen bedienen:

- *Belohnungsmacht:* die Fähigkeit, jemandem etwas zu geben. Man kann eine andere Person durch eine Beförderung, durch Geschenke oder Lob belohnen. Man hat etwas, das sie begehrt.
- *Erzwingungsmacht:* die Fähigkeit, eine Person zu bestrafen, zu degradieren oder ihr anderweitig beruflich zu schaden. Auch abwertende Bemerkungen fallen unter diese Kategorie.
- *Legitime Macht:* Macht, die man von seinem Unternehmen übertragen bekommt, wenn man etwa in den Vorstand berufen oder zur Abteilungs- oder Gruppenleiterin befördert wird.
- *Expertenmacht:* Macht, die auf Ihren besonderen Fähigkeiten beruht. Sie sind die Einzige im Büro, die weiß, wie man Com-

puter programmiert oder haben vielleicht die seltene Gabe, mit der Chefin klarzukommen.

- *Beziehungsmacht:* Macht, die Ihrer persönlichen Zuneigung oder Identifikation mit einer anderen Person oder Gruppe entspringt. Die Leute tun, worum Sie sie bitten, weil sie Sie mögen und Ihnen vertrauen. Beziehungsmacht hat man z. B. über eine Freundin, die es einem gern recht machen will.
- *Assoziierte Macht:* Macht, die Sie eher über die Menschen, die Sie kennen, und ihre Beziehung zu Ihnen als aus Ihrem eigentlichen Wissen (Expertenmacht) beziehen. Sie gewinnen Macht, indem Sie beiläufig wichtige Namen erwähnen.[4]

Macht existiert in Bezug auf jemanden oder etwas – nie in einem Vakuum. Sie kann sich, vor allem für Frauen am Arbeitsplatz, als zweischneidiges Schwert erweisen, weil Machtausübung im Beruf für Männer viel selbstverständlicher ist als für sie. Nimmt ein Mann eine Situation in die Hand, gilt er als resolut und zuverlässig. Dabei konzentriert er sich auf den Erfolg und übernimmt Verantwortung. In Krisensituation können solche Eigenschaften als positiv, ja sogar als befreiend empfunden werden. Einen mächtigen Mann können wir respektieren, vor allem, wenn er einer Gruppe in einer chaotischen Phase Struktur und Richtung zu geben versteht.

Frauen befinden sich, wenn sie mächtig erscheinen wollen, in einer prekären Situation. Denn leider lassen sich für Frauen Macht und Freundschaft nur schwer miteinander verbinden; Freundschaft heißt, einem anderen etwas zu geben und ihn teilhaben zu lassen, während Macht mitunter dazu führt, dass man einem anderen etwas wegnimmt oder über sein Tun und Lassen entscheidet. Und dies sind für Frauen keine freundschaftlichen Handlungen. Im Gegenteil: Derartiges Verhalten kann als absolut feindselig empfunden werden. Folglich können Sie, wenn Sie im Job wie ein Mann Macht über die Frauen ausüben, leicht einen Catfight provozieren.

Freundschaft und Macht: eine gefährliche Verbindung

Männer pflegen eher einen »freundlichen Umgang« mit ihren Kollegen als Freundschaften. Um innerhalb der hierarchischen Welt der Unternehmen zu überleben, sind sie auf der Hut, wenn es um die Preisgabe persönlicher Dinge gegenüber Kollegen geht. Abgesehen davon konzentrieren sie sich stärker auf berufliche Ziele und ihre politische Position in ihrem Unternehmen, während Frauen stärker auf den Erhalt ihrer Beziehungen bedacht sind.

Weil Beziehungen für Frauen so wichtig sind, spielt auch Beziehungsmacht (die Macht von Freundschaft, gegenseitiger Zuneigung und wechselseitigem Vertrauen) für uns eine größere Rolle als für Männer. Und es ist die Sorte von Macht, die die meisten Probleme aufwirft. Frauen sind viel stärker als Männer mit der Erwartung konfrontiert, ihre Macht mit den ihr Nahestehenden zu teilen. Stellen Sie sich folgendes Szenario vor: Ihre Freundin und frühere Kollegin ist befördert worden. Mit einem Mal verfügt sie über mehr legitime Macht als Sie. Verärgert über dieses Ungleichgewicht, fühlen Sie sich vielleicht versucht, ihr ihre Zuneigung (ihre Beziehungsmacht) zu entziehen. Ein zerstörerischer Konflikt ist die Folge.

Auch das Gegenteil ist denkbar: Sie schätzen eine Ihrer Angestellten wirklich sehr und lassen ihr großen Freiraum bei ihrer Zeiteinteilung. Eine solche Angestellte kann eine Menge Beziehungsmacht über einen haben. Unter Umständen hat man sogar Angst, durch ein Wort der Kritik oder eine Anordnung die Freundschaft zu gefährden. Schließlich stellen Sie allerdings fest, dass die Leistung dieser Angestellten nachlässt. Nun machen Sie Ihre legitimen Machtbefugnisse geltend und unterhalten sich mit ihr über ihren nicht hinnehmbaren Leistungsabfall. Wenn Sie dabei ihre jährliche Evaluation zur Sprache bringen, setzen Sie Ihre Erzwingungsmacht ein (Sie weiß, dass Ihre Missbilligung negative Folgen haben wird). Quasi um einen Ausgleich in diesem Machtspiel herzustellen, zieht sie nun ihre Beziehungsmacht von Ihnen zurück. Sie geht, ohne Sie zu fragen, mit anderen Mittag essen, wirft Ihnen die fertige Arbeit auf den Schreibtisch, statt sie Ihnen zu überreichen, und sie reagiert kurz angebunden, wenn Sie sich nach ihrer Familie erkundigen.

Manche weibliche Manager schrecken sogar vor der konsequenten Durchsetzung von Disziplin zurück, aus Angst vor dem Schaden, den sie damit ihrer Beziehung zu einer Kollegin zufügen könnten. Letztlich aber gilt: Sie können sich nicht von irgendwelchen Beziehungsmächten Ihr Führungsverhalten diktieren lassen, auch wenn es zuweilen einfacher erscheinen mag.

Die Chip-Theorie: Der weibliche Weg zur Macht

Am klügsten ist es, Macht auf weibliche Art anzupeilen, damit Sie auch wirklich Erfolg haben. So sollten Sie einmal eine Methode probieren, die Patricia Palleschi aus dem Vorstand der Firma Disney als »Chip-Theorie« bezeichnet. Bei der Chip-Theorie geht es um gerechten Tausch: Jede von uns verfügt über eine gewisse Anzahl von Beziehungsmacht-Chips – positive Eigenschaften oder Aktivitäten –, die wir ständig mit anderen austauschen. Diese Macht-Chips besitzen, geben und bekommen wir auf drei verschiedene Arten:

- *Durch Interaktionen:* Wenn Sie etwa eine bestimmte Kollegin bei jeder Begegnung mit »Hallo, wie geht's?« begrüßen und sich tatsächlich für ihre Familie, ihren Urlaub oder ihr neues Projekt interessieren.
- *Durch Geburt:* Manche Leute kommen einfach schon mit einem dicken Haufen Chips auf die Welt – man denke nur an die Rockefellers. Solche glücklichen Chips-Millionäre sind nicht nur mit einem guten Aussehen und sportlichen Fähigkeiten, sondern auch mit allen möglichen Begabungen und hoher Intelligenz – eben angeborenen Eigenschaften – gesegnet.
- *Durch aktiven Erwerb:* Diese Leute suchen sich ihre Chips selbst aus. Sie studieren Betriebswirtschaft, promovieren oder bemühen sich aktiv, in den Vorstand ihres Unternehmens gewählt zu werden. Manche heiraten attraktive oder wohlhabende und bedeutende Ehepartner, um ihren Chip-Vorrat zu vergrößern, oder sie frequentieren Schönheitschirurgen, die ihr Chip-Konto durch Fettabsaugen oder Heben schlaffer Lider und Kinne künstlich vergrößern.

Auch wenn Sie es bisher noch nicht so gesehen haben, trägt doch jeder Mensch, mit dem Sie zu tun haben, ein Chip-Konto mit sich herum. Den ganzen lieben langen Tag gewinnt oder verliert man Chips bei direkten Untergebenen, Gleichrangigen und Vorgesetzten. Und sie alle wissen, wie man zu einem bestimmten Zeitpunkt zu ihnen steht (ob das Chip-Konto im Plus oder im Minus ist), ebenso wie man es umgekehrt von ihnen weiß.

In der Tat besteht eine der wichtigsten Regeln der Chip-Methode darin, dass wir immer einen Ausgleich anstreben. Das heißt, sollte jemand versuchen, uns unsere Chips wegzunehmen, werden wir eine Möglichkeit finden, wieder Punktgleichheit herzustellen. Wird Ihre herzliche Begrüßung am Morgen von Ihrer Kollegin nur mit einem müden »Ah, Hallo!« quittiert, so werden Sie die Betreffende in Zukunft wohl kaum mehr so überschwänglich begrüßen. Ja vielleicht wünschen Sie ihr dann überhaupt keinen guten Morgen mehr. Umgekehrt fühlen Sie sich gegenüber einer Kollegin, die freundlich und großzügig mit ihren Beziehungsmacht-Chips umgeht, geneigt, ihr Verhalten ebenso großzügig zu erwidern.

Diese Lektion lernte Pat als Universitätsprofessorin. Sarah, ihre Sekretärin, arbeitete den ganzen Tag in einer fensterlosen Kabine, und Pat wusste, dass sie Beziehungs-Chips in Form von netten Fragen wie »Hi, wie geht's Ihnen?« – »Was machen Sie gerade?« – »Was gibt's Neues?« überaus schätzte.

Eines Tages saß Pat mit ihrer Chefin Kim in deren Büro. Sarah kam herein, drückte Pat eine eben erledigte Schreibarbeit in die Hand und verschwand wieder. Irritiert wandte sich Kim an Pat und fragte: »Wann haben Sie ihr das aufgetragen?«

»Heute Morgen.«

»Bringt sie die Sachen immer vorbei, wenn sie fertig ist?«

»Ja, natürlich«, erwiderte Pat, ein wenig erstaunt über diese Fragen.

»Nun ja, ich habe ihr vor drei Tagen etwas gegeben, und sie hat es immer noch nicht erledigt. Und sie bringt mir nie etwas, wenn sie fertig ist. Immer muss ich sie danach fragen.« Kim hatte Sarah ihre Beziehungs-Chips vorenthalten, und Sarah hatte einen Weg gefunden, es ihr heimzuzahlen.

Auch das Verschicken von Weihnachtskarten kann man als Illustrierung der Chip-Methode verstehen. Erhalten wir einen solchen Kartengruß, fühlen wir uns in der Regel verpflichtet, ihn zu erwidern. Geschenke müssen etwa gleich wertvoll sein – sind sie es nicht, fühlt sich sowohl der Schenkende als auch der Beschenkte unbehaglich. (Manche Leute haben sogar immer kleine Geschenke zu Hause für den Fall, dass jemand sie mit einer unerwarteten Gabe überraschen sollte.) Männer schätzen den Austausch von Grußkarten-Chips gewöhnlich weniger als Frauen; nur selten werden sie ihren männlichen Freunden Geburtstagskarten schicken. Männer schenken stattdessen Eintrittskarten für Fußball- oder Baseballspiele, die weit größere Bedeutung für sie besitzen.

Wenn wir über die Chip-Methode sprechen, kommt manchmal der Einwand: »Aber das ist doch Manipulation, oder nicht?« Unsere Antwort lautet: »Ganz richtig.« Allerdings soll man auch dies nicht vergessen: Wir alle haben im selben Augenblick mit der Manipulation anderer begonnen – an dem Tag nämlich, an dem wir gemerkt haben, dass es einen Zusammenhang gibt zwischen Schreien und Gefüttertwerden – und seither betreiben wir diese Art von Manipulation ohne Unterlass. Nur sind wir uns dessen nicht bewusst und gleichzeitig natürlich auch versierter darin geworden.

Wir alle müssen unsere Beziehungen zu anderen auf irgendeine Weise gestalten, und das Haushalten mit Beziehungs-Chips ist lediglich *ein* Mittel, um dieses Ziel zu erreichen.

Quitt sein

Managerinnen glauben oft, dass ihre Angestellten ihre Anweisungen schon allein deshalb, weil sie die Chefin sind, auch ausführen müssen. Doch wir haben festgestellt, dass weibliche Untergebene ihnen diese Vermessenheit irgendwann und auf irgendeine Weise heimzahlen werden. Jill wurde als Leiterin einer Gruppe von Angestellten engagiert, die relativ unattraktive Städte bereisen mussten. Während dieser Geschäftsreisen gestand man ihnen einen »Safe-Arrival-Call« zu, das heißt, wenn sie ihr Ziel erreicht hatten, durften sie zu Hause anrufen und auf Betriebskosten sagen, dass sie sicher angekommen waren.

Kurz nachdem Jill den Job übernommen hatte, stellte sie fest, dass es für diese »Safe-Arrival-Calls« ein bestimmtes Limit gab. Sie ging die alten Akten durch und bemerkte, dass mehrere ihrer Angestellten diesen erlaubten Betrag überschritten hatten. Anstatt nun die Sache auf sich beruhen zu lassen und die Regelung in Zukunft durchzusetzen, ging sie von Schreibtisch zu Schreibtisch und sammelte 3,10 Dollar von Lila, 7,45 Dollar von Terri, 11,52 Dollar von Debbi ein – und so weiter und so fort.

Die Gruppe war bis zu diesem Zeitpunkt nicht besonders motiviert gewesen, doch wie elektrisiert plötzlich alle waren und was für ein Teamgeist sich entwickelte, war verblüffend. Auf mysteriöse Weise begannen die Angestellten kurz danach, zur falschen Zeit mit der falschen Ausrüstung am falschen Ort aufzutauchen. Und zwar immer wieder. Die Kunden waren außer sich. Zwar löschte Jill einen »Brandherd« nach dem anderen, aber es kostete sie weit mehr an Zeit und Energie als die 50 Dollar Telefongebühren, die sie von ihren redseligen Angestellten eingesammelt hatte. Jill redete sich ein, der Fehler sei bei der Terminplanung zu suchen, und merkte nicht, dass der wirkliche Fehler in der Beziehungs-Chip-Knappheit lag, die sie durch ihre eigene Kleinlichkeit geschaffen hatte. Hier hatte sie etwas in Ordnung zu bringen.

Wir Frauen haben ein Gedächtnis wie Elefanten. Wir grollen lange und ausdauernd. Für uns ist das Spiel niemals zu Ende, sodass Chip-Defizite, die nicht ausgeglichen werden, ein ganzes Leben lang bestehen bleiben können.

Machtdemonstrationen

Ostentative Zurschaustellungen (siehe Kasten S. 50) von Pelzen, protzigen Diamanten, luxuriösen Villen und auffälligen Automobilen mögen einem zwar als Verschollenem in der Wüste Kalahari nicht weiterhelfen, doch handelt es sich um Machtsymbole unserer Gesellschaft, die andere Frauen womöglich mit Ressentiments und Vergeltungsgelüsten erfüllen. All diese Dinge müssen Sie mit großer Sorgfalt behandeln, da die Kolleginnen sie sehr krumm nehmen können.

Statussymbole können mehr ausdrücken als bloßen materiellen Wohlstand. Angenommen man hat Sie befördert, sodass Sie die Vorgesetzte Ihrer früheren Kolleginnen geworden sind. Dann tun Sie gut daran, sich der Symbole der Macht mit Vorsicht zu bedienen. Wenigstens in den ersten paar Wochen sollten Sie selbst kopieren und sich Ihre Faxe selber abholen, statt eine Untergebene damit zu beauftragen. Und wenn Sie dann zum ersten Mal um Hilfe ersuchen, sollten Sie Ihre Bitte höflich umschreiben: »Könnten Sie mir vielleicht einen Gefallen tun …« Neue Angestellte werden wahrscheinlich nicht dieselben Schwierigkeiten mit Ihnen haben und nähern sich Ihnen mit anderen Erwartungen. Doch wie wir in Kapitel sieben noch näher ausführen werden, dürfen einige symbolische Demonstrationen von Macht nur sehr bewusst eingesetzt werden, wenn aus ehemals Gleichrangigen Untergebene geworden sind.

Selbstdiagnose: Statussymbole

Überprüfen Sie, ob Sie über eines oder mehrere der folgenden Statussymbole verfügen. Diese Symbole können Hindernisse im Umgang mit anderen Frauen darstellen. Wenn Sie Catfights vermeiden wollen, ist es wichtig, sich ihrer negativen Wirkung bewusst zu sein:

- O Titel
- O akademischer Abschluss
- O geräumiges Büro
- O Aufmerksamkeit des Chefs
- O Untergebene
- O Beförderungsaussichten
- O besondere Talente
- O teure Kleidung/Schmuck
- O große/elegante Wohnung(en)
- O Selbstsicherheit
- O blendendes Auftreten
- O Jugend
- O finanzielle Unabhängigkeit
- O teure Ferienreisen
- O attraktiver Lebenspartner
- O erfolgreicher Lebenspartner
- O Luxuswagen
- O schickes Wohnviertel

Auch Körpersprache (offene Körperhaltung, erhobener Kopf, raumgreifende Gebärden), selbstbewusstes Auftreten und ein gönnerhafter Ton können als Machtdemonstrationen ausgelegt werden. Als bei einem von Pats Workshops in Chicago Führungsstile diskutiert wurden, erkundigte sich einer der Männer nach Mike Ditka. Pat musste gestehen, dass sie ihn nicht kenne – was ihr aber nichts ausmachte. Später beim Lunch jedoch wurde ihr diese »Wissenslücke« von einer ihrer Workshop-Teilnehmerinnen unter die Nase gerieben. »Ich kann es einfach nicht fassen, dass Sie nicht wissen, wer Mike Ditka ist«, meinte sie in geringschätzigem Ton.

Pat erklärte, dass sie weder aus dem Mittleren Westen stamme, noch den Sportteil der Zeitung lese, worauf Diana kühl entgegnete: »Auch wenn Sie über Los Angeles oder San Diego reden würden, wüsste ich, wer die Trainer sind.«

»Ich mache mir halt nichts aus Football«, wandte Pat ein.

»Ich auch nicht, aber ich halte mich über alles auf dem Laufenden«, lautete die hochmütige Antwort der Frau.

Sofort verspürte Pat den Impuls, diese versnobte Person mit einem Thema wie der Komplexität des Human-Genom-Projekts zu konfrontieren, in der Hoffnung, dass Diana auf diesem Gebiet weniger beschlagen war und Pat konversations- und punktemäßig mit ihr gleichziehen konnte. Doch Pat schwieg und versuchte, zu verstehen, wie die Welt in Dianas Augen aussah. Und sie kam zu dem Schluss, dass Diana es wohl nicht nur mit ihr so machte, sondern auch gegenüber den Kolleginnen am Arbeitsplatz. Pat war die Leiterin des Workshops und verfügte über eine beträchtliche Menge an legitimer Macht und an Expertenmacht, von der sich Diana womöglich bedroht fühlte.

Hätte sich Pat auf Dianas Machtspiel eingelassen, wäre der Schuss – ironischerweise – nach hinten losgegangen. Pat fühlte sich aber nicht herabgesetzt, weil sie Mike Ditka nicht kannte. Doch Dianas scheinbar arrogante Machtdemonstration hätte bei einem weniger selbstbewussten und vorsichtigen Menschen schnell einen destruktiven Konflikt auslösen können und sie selbst vor ihren versammelten Kollegen als hochnäsige Zicke erscheinen lassen.

Ihr Machtprofil

Macht existiert nur in Beziehung zu etwas oder jemandem, nie in einem Vakuum. Dieser Fragebogen kann Ihnen helfen, eine schwierige Beziehung zu einer Kollegin besser zu verstehen.

Vergegenwärtigen Sie sich die betreffende Person und überlegen Sie sich, wie viel Macht Sie ihr gegenüber demonstrieren, und ob es sich dabei um positive oder negative Macht handelt.

	Gar nicht zutreffend ❶	❷	❸	❹	*Sehr zutreffend* ❺
1. Ich habe Zugang zu Ressourcen, die ihr von Nutzen sein könnten.	①	②	③	④	⑤
2. Ich habe Zugang zu Ressourcen, auf die sie gern Zugriff hätte, aber ich halte meine Hand darauf.	①	②	③	④	⑤
3. Ich habe ihr Zugang zu Dingen verschafft, die sie sich wünschte.	①	②	③	④	⑤
4. Ich habe die Macht, ihr Schwierigkeiten zu machen.	①	②	③	④	⑤
5. Ich habe dafür gesorgt, dass sie negative Folgen zu spüren bekam, die sie als ungerecht empfindet.	①	②	③	④	⑤

	Gar nicht zutreffend ❶	❷	❸	❹	Sehr zutreffend ❺
6. Ich habe verhindert, dass sie unter unverdienten negativen Folgen zu leiden hatte.	①	②	③	④	⑤
7. Ich habe legitime Macht über sie.	①	②	③	④	⑤
8. Ich habe legitime Macht über sie, die sie, ihrer Meinung nach, eigentlich über mich haben sollte.	①	②	③	④	⑤
9. Ich verfüge über legitime Macht, und sie empfindet die Art, wie ich diese Macht gebrauche, als angenehm.	①	②	③	④	⑤
10. Ich besitze Fachwissen, das ihr, ihrer Ansicht nach, zugute kommen kann.	①	②	③	④	⑤
11. Zuweilen halte ich mein Fachwissen, das ihr, ihrer Meinung nach, von Nutzen sein könnte, zurück.	①	②	③	④	⑤
12. Ich habe mein Fachwissen, das ihr, wie sie meint, von Nutzen sein kann, mit ihr geteilt.	①	②	③	④	⑤
13. Ich konnte ein Vertrauensverhältnis zu ihr aufbauen, das sie zu schätzen weiß.	①	②	③	④	⑤
14. Weder vertraut sie mir, noch schätzt sie unsere Beziehung.	①	②	③	④	⑤

	Gar nicht zutreffend				*Sehr zutreffend*
	❶	❷	❸	❹	❺
15. Sie vertraut mir und schätzt unsere Beziehung.	①	②	③	④	⑤
16. Ich besitze Kontakte, die ihr von Nutzen sein könnten.	①	②	③	④	⑤
17. Ich mache keinen Gebrauch von meinen Verbindungen, um ihr damit weiterzuhelfen.	①	②	③	④	⑤
18. Ich habe meine Kontakte genutzt, um ihr weiterzuhelfen.	①	②	③	④	⑤

Errechnen Sie nun Ihre Punktzahl, indem Sie die der jeweiligen Antwort zugeteilte Ziffer in die entsprechende Spalte eintragen. Wenn Sie beispielsweise die erste Aussage als »sehr zutreffend« beurteilt haben, so tragen Sie bei Frage 1 eine 5 ein.

Frage	*Frage*	*Frage*
1. _____	3. _____	2. _____
4. _____	6. _____	5. _____
7. _____	9. _____	8. _____
10. _____	12. _____	11. _____
13. _____	15. _____	14. _____
16. _____	18. _____	17. _____
Summe _____	*Summe* _____	*Summe* _____
Machtpotenzial	**positive Macht**	**negative Macht**

Auswertung: Wir wollen Ihre Punktzahl für das Machtpotenzial, für die positive und die negative Macht, die Sie über Ihre Kolleginnen ausüben, gesondert betrachten.

Machtpotenzial

Bei einer Punktzahl zwischen 20 und 30 haben Sie eine hervorragende Chance, einen positiven (oder auch negativen) Einfluss auf die Frau, an die Sie bei dieser Übung dachten, auszuüben. Werfen Sie einen Blick auf die sechs auf S. 41f. aufgeführten Machtkategorien und überlegen Sie sich, welche davon sich bei dieser Frau am effektivsten einsetzen lassen.

Falls Sie weniger als 20 Punkte erreicht haben und ein oder mehrere Einzelergebnisse mit vier oder fünf Punkten haben, so sollten Sie im konkreten Fall prüfen, wie Sie Ihre Macht gebrauchen müssen, um die Beziehung zu verbessern.

Bei einem Ergebnis unter 20 Punkten und Einzelpunktzahlen zwischen einem und drei Punkten wird es schwieriger für Sie werden, die Beziehung positiv zu beeinflussen, es sei denn, die Frau ändert selber ihr Verhalten und wird positiver.

Positive Macht

Wenn Ihre Punktzahl in der Spalte »positive Macht« zwischen 20 und 30 liegt, haben Sie höchstwahrscheinlich eine gute Beziehung zu dieser Frau. Vermutlich haben Sie sich auch ganz schön Mühe dafür gegeben, etwa indem Sie sie gegenüber Vorgesetzten lobend erwähnt oder sie für ein tolles Projekt empfohlen haben. Ist die Beziehung aber nicht so großartig, sollten Sie sich fragen: »Weiß sie eigentlich, was ich für sie tue? Ist sie sich im Klaren darüber, dass ich mich, wenn ich ihren Erfolg bei einem Projekt herausstreiche, ausdrück-

lich darum bemühe, ihre Fähigkeiten ins rechte Licht zu rücken?« Wir wollen damit nicht sagen, dass Sie alles, was Sie für diese Frau tun, überdeutlich signalisieren müssen, aber vielleicht sieht sie die Zusammenhänge nicht klar genug.
Wenn Sie in dieser Spalte weniger als 20 Punkte erreicht haben, aber auf eine hohe Punktzahl bei Ihrem Machtpotenzial verweisen können, wird es Zeit, Ihre Beziehungs-Chips großzügiger zu verteilen. Was könnten Sie für diese Frau tun, das sie zu schätzen weiß?

Negative Macht

Liegt Ihr Wert zwischen 20 und 30 Punkten, gibt es eine ganze Reihe von Möglichkeiten. Dass Sie Probleme mit dieser Frau haben, hat wahrscheinlich mit der Art Ihres Machtgebrauchs zu tun. Vielleicht lassen Sie sich Ihre Position zu sehr »heraushängen« oder wirken angesichts Ihrer persönlichen Sorgen zu wenig einfühlsam. Um die Situation zu verbessern, sollten Sie sich überlegen, wie Sie Ihre Macht auf positivere Weise ausüben können. Könnten Sie Ihre Anweisungen auf andere Weise geben? Vielleicht sollten Sie sich auch häufiger nach der Familie Ihrer Mitarbeiterin erkundigen.
Bei einem Ergebnis von 12 bis 19 Punkten haben Sie Ihre Macht nicht gut genug eingesetzt, um einen positiven Einfluss auf die Beziehung zu haben.
Bei weniger als 11 Punkten befinden Sie sich zwar noch im Rahmen eines tolerierbaren negativen Machtgebrauchs, aber sicher ließe sich auch diese Punktzahl noch verringern. Konzentrieren Sie sich auf Ihre Möglichkeiten, Ihre positive Macht über diese Frau auszuweiten.
Der Freundschafts-Quotient ist ein weiterer Faktor in dieser Spalte. Falls die Frau, um die es geht, eine Freundin ist oder war, und Sie

eine hohe negative Macht-Bilanz mit ihr verzeichnen müssen, wird Ihr Problem noch gravierender. Haben Sie in der Spalte »negative Macht« mehr als 20 Punkte, dann addieren Sie zu diesem Wert:

5 Punkte für beste Freundin
3 Punkte für gute Freundin
1 Punkt für Bekannte oder Kollegin

Werten Sie nun die neue Gesamtpunktzahl noch einmal aus.

Der Faktor Selbstwertgefühl

Das Selbstwertgefühl bezieht sich auf unsere Selbsteinschätzung, auf den Wert, den wir uns beimessen, auf die Macht, die wir uns zugestehen. Matthew McKay, Psychologe und klinischer Direktor des Psychologischen Dienstes Haight-Ashbury in San Francisco, erklärt in seinen Buch *Self-Esteem:* »Einer der Hauptfaktoren, der Menschen von anderen Säugetieren unterscheidet, ist das Bewusstsein eines Selbst; die Fähigkeit, eine Identität auszubilden und dieser einen Wert zuzuschreiben. Mit anderen Worten: Sie sind in der Lage, zu definieren, wer Sie sind, und zu entscheiden, ob Sie diese Identität mögen oder nicht.«[5]

Wenn Sie die Höhe Ihres Selbstwertgefühls einschätzen, fassen Sie so genannte »intrinsische« Qualitäten in den Blick, etwa, ob Sie glauben, ein nützlicher Mensch zu sein, ob Sie Selbstvertrauen haben und zufrieden mit sich sind. Sind Sie froh oder unglücklich über das, was Sie bisher erreicht haben? Wie sind Ihre Beziehungen zu anderen Menschen? Wie leicht fällt es Ihnen, Verantwortung für Ihr Handeln zu übernehmen? Die Höhe Ihres Selbstwertgefühls ist abhängig von Ihrer Einstellung zu folgenden Punkten:

- *Dem Gefühl, etwas wert zu sein:* Glauben Sie, dass Sie gute Eigenschaften besitzen? Akzeptieren Sie sich und Ihre Gefühle?
- *Ihren Leistungen:* Glauben Sie, dass Sie Ihre selbst gesteckten Ziele erreichen können, Ihre Mühen anerkannt werden und Sie fortwährend an der Weiterentwicklung Ihrer persönlichen Fähigkeiten arbeiten?
- *Ihren Beziehungen:* Sind Sie in der Lage, anderen nahe zu sein, sich ihnen zu öffnen und Vertrauen zu ihnen zu entwickeln?
- *Ihren Fähigkeiten:* Haben Sie Vertrauen in Ihre Produktivität und in Ihre Fähigkeit, selbstbeherrscht zu handeln, Entscheidungen zu treffen und Ihr Leben zu gestalten?
- *Ihrem Verantwortungssinn:* Fühlen Sie sich für Ihre Misserfolge verantwortlich? Übernehmen Sie eine aktive Rolle bei der Lösung der Konflikte, an denen Sie beteiligt sind?
- *Der Wahrnehmung Ihrer Person durch andere:* Behandeln Freunde, Kollegen und Familienangehörige Sie mit Respekt? Werden Ihre Talente, Fähigkeiten und Ihre Einzigartigkeit von diesen Menschen geschätzt?

Wie bei Ihrem Machtprofil können Sie auch Ihre Selbstdefinition nicht in einem Vakuum vornehmen. Vielmehr tun Sie es aufgrund einer Vielzahl von Hinweisen, die Ihnen zeigen, wie die Welt Sie wahrnimmt. Es ist schwer, ein positives Selbstbild aufrechtzuerhalten, wenn die Menschen in unserem Umfeld uns gegenteilige Botschaften zukommen lassen – auch wenn sie alle falsch sind. Manchmal beruhen diese Fehlurteile auf purer Gehässigkeit. Die anderen wissen zwar, dass sie grausam sind, wenn sie uns ihr negatives Feedback um die Ohren hauen, aber in ihrer Rachsucht fühlen sie sich irgendwie dazu berechtigt. Manchmal tun Leute ihr Bestes, damit Sie sich einfach schlecht fühlen, und wenn Sie diese Meinungen persönlich nehmen, kann Ihr Selbstbewusstsein in einer rasanten Abwärtsspirale in nie gekannte Tiefen abstürzen.

Jeder Mensch strebt nach einem guten Selbstgefühl, und wenn unsere Selbstachtung ins Wanken gerät, empfinden wir den natürlichen Drang, die Sache wieder ins Lot zu bringen. Doch unser Selbstwertgefühl wird durch unser ständiges Vergleichen und Abgleichen mit anderen Frauen viel stärker beeinflusst, als dies bei Männern der Fall ist. Frauen neigen stärker dazu, gnadenlos gegenüber sich selbst zu sein und sich selber fertigzumachen, also ihr Selbstbewusstsein zu schmälern. Sie führen häufiger negative Selbstgespräche (»Ich bin ja so blöd. Wie konnte ich nur so was sagen?«) und gehen mit ihren Fehlleistungen hausieren (»Du glaubst gar nicht, was für einen Mist ich heute gebaut habe!«). Wenn diese selbstschädigenden Verhaltensweisen auch kurzfristig als Ventil für unsere Frustrationen dienen mögen, führen sie doch langfristig immer zu einem verminderten Selbstwertgefühl.

Auch zwischenmenschliche Konflikte können der Selbstachtung schaden. So meint etwa Carol Gilligan, Autorin von *Die andere Stimme:* »Frauen definieren sich nicht nur in einem Kontext menschlicher Beziehungen, sondern beurteilen sich auch selbst nach ihrer Fähigkeit der Anteilnahme.«[6] Da Frauen ihre auf Anteilnahme basierenden Beziehungen zu ihren Kolleginnen so hoch bewerten, fühlen sie sich bei Uneinigkeiten und Streitereien oft ungenügend, worunter ihr positives Selbstgefühl leidet. Dies gilt vor allem auch deswegen, weil die Gespräche zwischen Kolleginnen so viele Lebensbereiche jenseits der Arbeitswelt berühren: Freunde, Familie, Menstruation, Essengehen, Reisen … Wenn solche Beziehungen zerbrechen, sind Frauen nicht nur in ihrer Arbeitsumwelt davon betroffen.

Eine der Frauen, die auf unseren Online-Fragebogen antwortete, beschrieb, wie kompliziert ihr Leben wurde, als sie sich in einen destruktiven Konflikt mit ihrer Vorgesetzten verstrickte. »Eine weibliche Vorgesetzte gab uns, mir und meiner Geschäftspartnerin, die erste Chance und wurde unsere Mentorin«, schrieb sie. »Aber als wir die Zeit für reif hielten, etwas Neues zu beginnen und ›die Flügel auszubreiten‹, nahm unsere Mentorin das persönlich. Sie fühlte sich buchstäblich betrogen und konnte nicht begreifen, wie wir ›ihr das antun konnten‹. Zuletzt begleiteten wir sie sogar zu ihrer Therapeutin, um das Problem zu lösen, aber unsere Beziehung hat sich nie wieder ganz davon erholt.« Wahrscheinlich fühlte sich die Vorgesetzte in ihrem Selbstwertgefühl getroffen, als ihre beiden Schützlinge beschlossen, sich von ihr zu lösen. Ja, sie fühlte sich vielleicht ganz persönlich von ihnen verlassen.

Das Dilemma der Frauen

Frauen untergraben ihre Selbstachtung nicht nur durch negative Selbstgespräche, sondern versäumen es auch, dies wieder auszugleichen, indem sie sich bei Erfolgen entsprechend aufbauen. Meist schreiben wir unsere Leistungen Faktoren, die außerhalb unserer selbst liegen, zu, etwa der Leichtigkeit der Aufgabe (»Jeder hätte das geschafft; das war doch kinderleicht«), oder dem

Glück (»Es ist mir in den Schoß gefallen: Ich war einfach zur richtigen Zeit am richtigen Ort«). Unsere Erfolge sind nicht unser eigenes Werk – behaupten wir –, unsere Misserfolge allerdings schon. Da glauben wir, dass es uns an den entsprechenden Fähigkeiten mangelt, sodass wir etwa sagen: »Ich werde nie genug Willenskraft aufbringen, um abzunehmen« – »Wenn ich nur klüger wäre, dann würde ich es schaffen« oder: »Ich hab ein Gedächtnis wie ein Sieb.« Das gilt sogar über Kulturgrenzen hinweg: Eine kürzlich durchgeführte Studie mit mehr als 13 000 Kindern in zwölf Ländern, darunter Australien, Jamaika, Deutschland, Thailand und Israel ergab, dass Mädchen sich konsequent selbst die Schuld gaben, wenn etwas schief ging.[7]

Diese unproduktive Art, unsere Leistungen und uns selbst zu beurteilen, kann schnell zu einer sich selbst erfüllenden Prophezeiung werden. Sagt eine Frau etwa: »Gott, da hab ich ja wieder mal Dusel gehabt; ich wusste gar nicht, was ich da tue. Die Sterne standen offenbar günstig, und es hat sich herausgestellt, dass die Daten erhältlich waren.« Wenn sie ständig so redet und ihre Erfolge immer wieder Faktoren zuschreibt, die außerhalb ihrer selbst liegen, werden ihr die Leute schließlich glauben, dass sie nicht für ihre Erfolge verantwortlich ist, und ihr diese Einstellung zurückspiegeln. Und über die Rückkopplungsschleife wird die Überzeugung »Das war nicht mein Verdienst« noch tiefer in ihrer Psyche verankert.

Interessanterweise tendieren Männer genau zum Gegenteil. Ein Mann schreibt seine Erfolge den eigenen Fähigkeiten eher zu (»Der Grund für meinen Erfolg ist, dass Sie mich baten, dies zu tun und ich einfach gut darin bin«), während er seine Misserfolge äußeren Umständen in die Schuhe schiebt (»Ich bin nicht fertig geworden, weil Sie mir nicht genug Zeit dafür gelassen haben«). Folglich neigen auch die Menschen in seiner Umgebung viel eher zu der Überzeugung, dass er wegen seiner angeborenen Fähigkeiten so umwerfend ist. Und greift er doch mal daneben, dann hat es nicht an ihm gelegen. »Nun gebt dem Jungen doch mal 'ne Chance!« Genau wie bei Frauen verstärkt diese Rückkopplungsschleife den Glauben der Männer an sich selbst und damit ihr Selbstwertgefühl.

Abgesehen davon organisieren sich Männer in unserer Gesellschaft von Kindesbeinen an in hierarchischen Gemeinschaften (Sportmannschaften, Klubs, Vereine etc.). Jeder steht in dieser Hackordnung über oder unter einem anderen. Deshalb kämpfen Männer ständig miteinander, um ja nicht am unteren Ende zu landen. Eine effektive Methode, in der Hierarchie aufzusteigen, besteht darin, Macht auch dann zu signalisieren, wenn man sich gar nicht mächtig fühlt. Verhält man sich so, als sei man ein »toller Kerl«, und reagiert die Welt auf dieses Bild, so erfüllt sich die Prophezeiung, die wiederum das positive Selbstwertgefühl von Männern unterstützt, von selbst.

Frauen aber wachsen nicht in Hierarchien auf. In ihrer Kindheit geht es vor allem darum, »nett zu sein« und Macht zu teilen. Für Spiele ist niemand ausdrücklich verantwortlich; die Mädchen bilden eine kooperative Gruppe und greifen wechselseitig die Ideen der anderen auf: »Gut, und jetzt bin ich die Mama!« – »Und ich backe jetzt die Sandkuchen.« Es gibt – anders als in den Jungenspielen mit ihren Mannschaftskapitänen und Star-Spielern – keine Gewinnerinnen und Verliererinnen in der Phantasiewelt der Mädchen. Natürlich verändert sich auch die weibliche Sozialisation und immer mehr junge Mädchen treiben Wettkampfsportarten, im Allgemeinen aber tendieren Frauen auch heute noch dazu, die unter ihnen bestehenden Hierarchien einzuebnen. Das macht ihre Beziehungen gleichberechtigter, kann nach außen hin aber auch den Eindruck erwecken, als ob sie sich auf subtile Weise selber herabsetzen: »Dein Bericht ist wirklich großartig«, sagt Liz. Und als Mary darauf erwidert: »Ach was, die meisten Informationen lagen ja schon vor. Ich habe sie nur geordnet«, scheint sie ihren eigenen Wert zu verleugnen. In Wirklichkeit aber unterstützen die beiden Frauen einander in ihrem Selbstwertgefühl.

Aussprachen fördern das Selbstwertgefühl

In ähnlicher Weise ist das Mitteilen von Schwierigkeiten und Schwächen für Frauen eine der Hauptmethoden, sich miteinander zu verbünden: »Ich bin so eine Null in Mathe.« – »Wenn es um die Anwendung einer neuen Software geht, bin ich einfach nicht zu gebrauchen.« – »Meine Kinder treiben mich noch zum Wahnsinn.« – »Mein Mann ist ständig geschäftlich unterwegs, und ich sitze allein zu Hause.« – »Ich habe so furchtbar zugenommen.« Die Kommunikationsexpertin Deborah Tannen bezeichnet solche Gespräche als *troubles talk*[8] (Problem-Klatsch), und für Frauen sind sie eine praktische Möglichkeit der Beziehungspflege.

Dieses Verhalten ermöglicht es, die äußere Macht unter Frauen abzubauen: Falls Sie diejenige sind, die mit dem Problem-Klatsch beginnt, öffnen Sie sich bereitwillig und verleihen der Person, mit der Sie sprechen, dadurch Macht. Problem-Klatsch kann hilfreich sein, wenn die Frau, mit der Sie reden, einfühlend und ehrlich interessiert ist, aber es kann Sie auch aus der Bahn werfen, wenn

Empathie und Interesse auf sich warten lassen. Falls die andere Frau sich über Sie lustig macht oder Ihr Erleben entwertet, z. B. indem sie noch eins draufsetzt (»Du meinst, das ist schlimm – dann hör dir erst mal an, was mir passiert ist!«), werden Sie sich verletzt, leer und wütend fühlen, weil dieses Übertrumpfen egoistisch ist und das genaue Gegenteil von weiblicher Kultur darstellt. Das Selbstwertgefühl kann auch leiden, wenn die Frau, der man seine Sorgen mitteilt, sich nicht revanchiert und von eigenen Problemen erzählt. Tut sie es aber, so gehen Sie durch die Einfühlung in ihren Schmerz und den Versuch, sie zu trösten, aus sich heraus und nähren Ihrer beider Selbstwertgefühl.

Ihr Selbstwertprofil

Der folgende Fragenkatalog soll Ihnen dabei helfen, Ihr Selbstwertgefühl einzuschätzen. Denken Sie daran, dass es sich lediglich um einen Schnappschuss Ihrer momentanen Befindlichkeit handelt, und nicht um eine allgemeine Einschätzung dessen, wer Sie sind. Unser Selbstwertgefühl kann sich – je nachdem, was in unserem Leben passiert und in welche Situationen wir geraten – ändern. Kreuzen Sie jeweils die Ziffer an, die Ihrem momentanen Gefühl am nächsten kommt.

	Gar nicht zutreffend				*Sehr zutreffend*
	❶	❷	❸	❹	❺
1. Ich glaube, dass ich eine ganze Reihe positiver Eigenschaften habe.	①	②	③	④	⑤
2. Wenn ich mir ein Ziel setze, erreiche ich es auch.	①	②	③	④	⑤

	Gar nicht zutreffend ❶	❷	❸	❹	**Sehr zutreffend** ❺
3. Ich finde, dass ich anderen nur selten trauen kann.	①	②	③	④	⑤
4. Ich bin sehr produktiv.	①	②	③	④	⑤
5. Es fällt mir nicht leicht, zu sagen: »Es tut mir Leid.«	①	②	③	④	⑤
6. Menschen, die ich kennen lerne, reagieren positiv auf mich.	①	②	③	④	⑤
7. Ich traue mir zu, in sehr vielen Situation zurechtzukommen.	①	②	③	④	⑤
8. Ich fühle mich nicht besonders erfolgreich.	①	②	③	④	⑤
9. Ich begegne meinen Mitmenschen offen, auch wenn sie anders sind als ich.	①	②	③	④	⑤
10. Ich stelle mich nicht dümmer an als die meisten.	①	②	③	④	⑤
11. Ich übernehme Verantwortung für mich.	①	②	③	④	⑤
12. Andere versuchen mich auszunutzen.	①	②	③	④	⑤
13. Ich wünschte, ich hätte mehr Selbstbewusstsein.	①	②	③	④	⑤

	Gar nicht zutreffend				*Sehr zutreffend*
	❶	❷	❸	❹	❺
14. Meine Leistungen werden nur selten anerkannt.	①	②	③	④	⑤
15. Ich habe gern mit Menschen zu tun, und sie mögen mich auch.	①	②	③	④	⑤
16. Ich kann mein Leben selbst gestalten.	①	②	③	④	⑤
17. Meine Misserfolge habe ich mir meist selber zuzuschreiben.	①	②	③	④	⑤
18. Meine Kollegen behandeln mich mit Respekt.	①	②	③	④	⑤
19. Ich glaube, andere sind mehr wert als ich.	①	②	③	④	⑤
20. Ich entwickle meine Fähigkeiten ständig weiter.	①	②	③	④	⑤
21. Ich komme anderen nahe und teile mich auch ihnen mit.	①	②	③	④	⑤
22. Ich agiere selbstbeherrscht.	①	②	③	④	⑤
23. Das Schicksal meint es nicht gut mit mir. Ich habe immer nur Pech.	①	②	③	④	⑤
24. An meinem Arbeitsplatz hat man keine Vertrauen in meine Fähigkeiten.	①	②	③	④	⑤

	Gar nicht zutreffend				*Sehr zutreffend*
	❶	❷	❸	❹	❺
25. Ich akzeptiere mich und meine Gefühle.	①	②	③	④	⑤
26. Ich weiß, dass ich alles erreichen kann, was ich will.	①	②	③	④	⑤
27. Ich bin misstrauisch, wenn man mir Komplimente macht.	①	②	③	④	⑤
28. Es fällt mir schwer, wichtige Entscheidungen zu treffen.	①	②	③	④	⑤
29. Wenn ich einen Fehler mache, fällt es mir schwer, ihn einzugestehen.	①	②	③	④	⑤
30. Meine Kollegen betrachten mich als wertvolles Mitglied unseres Teams.	①	②	③	④	⑤
31. Ich glaube, dass ich ein nützlicher Mensch bin.	①	②	③	④	⑤
32. Ich wünschte, ich könnte mehr von meinen Zielen erreichen.	①	②	③	④	⑤
33. Ich schalte auf Abwehr, wenn andere meine Arbeit oder mein Verhalten beurteilen.	①	②	③	④	⑤
34. Ich fühle mich manchmal nutzlos.	①	②	③	④	⑤
35. Ich nehme die Lösung meiner Konflikte selbst in die Hand.	①	②	③	④	⑤

	Gar nicht zutreffend				*Sehr zutreffend*
	❶	❷	❸	❹	❺
36. Hinter meinem Rücken wird über mich hergezogen.	①	②	③	④	⑤
37. Meine Selbstgespräche kreisen häufig um Negatives.	①	②	③	④	⑤
38. Es gibt vieles, worauf ich stolz sein kann.	①	②	③	④	⑤
39. Ich bin eine gute Zuhörerin und Freundin.	①	②	③	④	⑤
40. Nach Rückschlägen fällt es mir schwer, einfach weiterzumachen.	①	②	③	④	⑤
41. Ich bin in der Lage, mit den Herausforderungen des Lebens fertig zu werden und sie zu akzeptieren.	①	②	③	④	⑤
42. Andere schätzen meine Talente, meine Fähigkeiten und meine Besonderheit.	①	②	③	④	⑤

Auswertung: Das Selbstwertgefühl lässt sich in sechs Kategorien unterteilen: Werte, Leistungen, Beziehungen, Fähigkeiten, Verantwortung/Zuverlässigkeit sowie die Wahrnehmungen anderer in Bezug auf Ihre Person. Um die Höhe des Selbstwertgefühls in jeder dieser Kategorien zu ermitteln, übertragen Sie Ihre Punktzahl für jede Aussage in die unten stehende Zeile neben der Nummer der entsprechenden Aussage.

Ergebnisse Einzelkategorien

Werte: Diese Kategorie sagt etwas darüber aus, wie sehr Sie sich selber respektieren und vertrauen, wie Sie Ihre besonderen Eigenschaften und Ihren Nutzen sehen und wie positiv oder negativ Ihre (inneren) Selbstgespräche ausfallen. Notieren Sie die Zahlen, die Sie sich bei den folgenden Fragen in den Spalten A und B gegeben haben. Addieren Sie beide Spalten. Zur Ermittlung Ihrer Gesamtpunktzahl wird die Summe von Spalte B von der Summe von Spalte A abgezogen.

	Spalte A		*Spalte B*	Ergebnis
	1. _______		13. _______	**Werte** =
	7. _______		19. _______	Summe Spalte A
	25. _______		37. _______	minus
	31. _______			Summe Spalte B
Summe	_______	*Summe*	_______	_______________

Leistungen: Diese Kategorie misst, wie hoch Sie Ihre bisher erreichten Ziele, Ihren Erfolg und die Kraft Ihrer Überzeugung, noch mehr erreichen zu können, einschätzen. Errechnen Sie Ihre Punktzahl wie bei der Kategorie Werte.

	Spalte A		*Spalte B*	Ergebnis
	2. _______		8. _______	**Leistungen** =
	20. _______		14. _______	Summe Spalte A
	26. _______		32. _______	minus
	38. _______			Summe Spalte B
Summe	_______	*Summe*	_______	_______________

Beziehungen: Diese Kategorie ermittelt, wie Sie sich in Ihrem Umgang mit anderen bewerten, ob Sie ihnen vertrauen und sich ihnen öffnen können und inwieweit Sie zu einem echten Austausch und tiefen Freundschaften fähig sind. Sie errechnen Ihre Punktzahl wie bei der Kategorie Werte beschrieben.

Spalte A	*Spalte B*	Ergebnis
9. _______	3. _______	**Beziehungen =**
15. _______	27. _______	Summe Spalte A
21. _______	33. _______	minus
39. _______		Summe Spalte B
Summe _______	*Summe* _______	_______________

Fähigkeiten: Diese Kategorie sagt etwas darüber aus, wie Sie Ihre Fähigkeit zu produktiver Arbeit, zur Gestaltung Ihres Schicksals sowie Ihre Widerstandskraft gegenüber Rückschlägen einschätzen. Ermitteln Sie Ihr Gesamtergebnis wie unter »Werte« beschrieben.

Spalte A	*Spalte B*	Ergebnis
4. _______	28. _______	**Fähigkeiten =**
10. _______	34. _______	Summe Spalte A
16. _______	40. _______	minus
22. _______		Summe Spalte B
Summe _______	*Summe* _______	_______________

Verantwortung/Zuverlässigkeit: Mit Hilfe dieser Kategorie ermitteln Sie, wie gut Sie sich für die Herausforderungen des Lebens gerüstet fühlen, wie viel Kontrolle Sie über Ihre Lebensumstände zu haben glauben und wie ausgeprägt Ihre Fähigkeit ist, für Fehler einzustehen. Zur Berechnung Ihrer Gesamtpunktzahl lesen Sie bitte unter der Kategorie Werte nach.

Spalte A	*Spalte B*	Ergebnis **Verantwortung/ Zuverlässigkeit =**
11. _______	5. _______	Summe Spalte A
17. _______	23. _______	minus
35. _______	29. _______	Summe Spalte B
41. _______		
Summe _______	*Summe* _______	_______________

Wahrnehmung durch andere: Diese Kategorie misst, wie Sie Ihre Person, Ihren inneren Wert, Ihre Talente und Ihre Fähigkeiten von anderen wahrgenommen fühlen. Errechnen Sie Ihren Gesamtwert wie unter Kategorie Werte beschrieben.

Spalte A	*Spalte B*	Ergebnis **Wahrnehmung durch andere =**
6. _______	12. _______	Summe Spalte A
18. _______	24. _______	minus
30. _______	36. _______	Summe Spalte B
42. _______		
Summe _______	*Summe* _______	_______________

Interpretation Ihrer Ergebnisse in den sechs Kategorien

Achten Sie bei den sechs Kategorien darauf, wo Sie die höchsten und wo Sie die niedrigsten Punktzahlen erreicht haben. Die Möglichkeiten rangieren zwischen – 11 bis + 17.

Überrascht es Sie, dass Sie in Beziehungen ein hohes, bei Verantwortung dagegen ein niedriges Ergebnis erzielt haben? Jedes Resultat unter – 4 ist ein Hinweis darauf, dass Sie in dieser Kategorie aktiv Ihr Selbstwertgefühl stärken sollten. Ist z. B. Ihr Ergebnis bei Werte niedrig, so sollten Sie sich überlegen, ob Sie nicht in Zukunft positivere (innere) Selbstgespräche führen sollten. Falls Ihre Leistungen der Schwachpunkt sind, sollten Sie sich eine Liste machen und dann erst einmal sämtliche wichtigen Ziele und Erfolge, die Sie im Leben erreicht haben, feiern. Anschließend notiert man sich die momentanen Ziele und entwickelt einen Plan zu ihrer Verwirklichung.

Gesamtergebnis Selbstwertgefühl

Addieren Sie die Summen von:

Werte	____________
Leistungen	____________
Beziehungen	____________
Fähigkeiten	____________
Verantwortung/Zuverlässigkeit	____________
Wahrnehmung durch andere	____________
Summe	____________

Die Interpretation Ihres Gesamtergebnisses

Das mögliche Gesamtergebnis des Fragenkatalogs zum Thema Selbstwertgefühl bewegt sich zwischen + 102 und – 66 Punkten:

+ 60 oder darüber: Ihr Selbstwertgefühl ist hoch, und Sie besitzen eine gesunde, von Selbstachtung getragene Selbsteinschätzung. Sie haben viel an sich gearbeitet, um dieses Niveau zu erreichen. Herzlichen Glückwunsch!

+ 40 bis + 59: Ihr Ergebnis ist beeindruckend und zeigt, dass Ihr Selbstwertgefühl auf den meisten Gebieten eine solide Grundlage besitzt. Sie haben offensichtlich Zeit und Mühe auf die Entwicklung Ihrer Talente, Ihrer Besonderheit und Ihrer Beziehungen zu anderen verwandt. Um Ihr Selbstwertgefühl noch weiter zu erhöhen, sollten Sie sich auf die Kategorien konzentrieren, bei denen Ihr Ergebnis noch Raum für Verbesserungen lässt.

+ 20 bis + 39: Ihr Selbstwertgefühl ist verglichen mit dem vieler anderer Frauen recht hoch, wenn es auch immer noch einige Bereiche gibt, in denen Sie sich nicht die Anerkennung gönnen, die Sie eigentlich verdient hätten. Konzentrieren Sie sich auf Verbesserungen in den Kategorien, in denen Ihre Punktzahl unter + 4 liegt, und Ihr Selbstwertgefühl wird sich auf *noch* gesünderem Niveau stabilisieren.

+ 10 bis + 19: Ihr Selbstwertgefühl könnte definitiv eine Steigerung vertragen. Sie haben die Tendenz, nicht nur sich sondern auch die Meinung zu unterschätzen, die andere von Ihnen haben. Es wird Ihnen aufgrund Ihrer momentanen niedrigen Selbsteinschätzung womöglich schwer fallen, Ihr Machtbewusstsein zu erhöhen, sodass Sie sich vielleicht lieber auf den Aufbau Ihres Selbstbewusstseins konzentrieren sollten (Methoden dazu finden Sie in diesem Buch), um Ihre Beziehungen zu anderen Frauen zu verbessern.

0 und darunter: Sie haben in vielen der Kategorien nur niedrige Ergebnisse erzielt, was darauf hindeutet, dass Sie keine positiven Gefühle in Bezug auf sich selbst, Ihre besonderen Talente und Ihre einzigartige Persönlichkeit haben. Ihr niedriges Selbstwertgefühl kann sich auch negativ auf Ihre Weltsicht auswirken und Ihre Fähigkeit zu einer echten, gesunden Beziehung zu sich selber und zu anderen Menschen beeinträchtigen.

Die Einschätzung des Selbstwertgefühls einer anderen Frau

Dies ist ein schnelles Quiz, mit dem Sie das Selbstwertgefühl einer Kollegin, die Ihnen Schwierigkeiten bereitet, ermitteln können. Diese Informationen werden Ihnen auch bei der Lektüre des folgenden Kapitels von Nutzen sein.

Beantworten Sie folgende Fragen ehrlich mit Ja oder Nein und denken Sie dabei an die gewisse Kollegin.

Haben Sie den Eindruck, dass Ihre Kollegin	**Ja**	**Nein**
sich selbst respektiert?	○	○
gut über sich selbst spricht?	○	○
selbst gesteckte Ziel erreicht?	○	○
Tadel akzeptiert, statt ihr Pech oder andere dafür verantwortlich zu machen?	○	○
Komplimente annimmt?	○	○
eine gute Zuhörerin und Freundin ist?	○	○
auch in Bezug auf sich selber Humor besitzt?	○	○
sich selber mag?	○	○

	Ja	Nein
Rückschläge wegstecken kann?	○	○
sich etwas zutraut?	○	○
sich entschuldigen kann?	○	○
Fehler zugeben kann?	○	○
sich von anderen geschätzt fühlt?	○	○

Je mehr »Ja«-Antworten Sie angekreuzt haben, umso höher schätzen Sie das Selbstwertgefühl dieser Kollegin ein. Falls Sie häufiger »Nein« als »Ja« angekreuzt haben, haben Sie es wahrscheinlich mit einer Frau mit niedriger Selbsteinschätzung zu tun. Vergleichen Sie dieses Ergebnis mit Ihrer eigenen Punktzahl beim Selbstwert-Profil. Falls Ihr eigenes Ergebnis niedrig ist, Sie aber das Selbstbewusstsein der Kollegin als hoch einschätzen (oder umgekehrt), sollten Sie vor zwischenmenschlichen Explosionen auf der Hut sein.

Das Wechselspiel von Macht und Selbstwertgefühl

Bisher haben wir die Themen Macht und Selbstwertgefühl als zwei voneinander getrennte Persönlichkeitsmerkmale betrachtet. Es besteht jedoch eine Beziehung zwischen den beiden: Wenn ein hohes Selbstwertgefühl auch nicht automatisch das Machtempfinden steigern muss, so haben Studien doch einen positiven Zusammenhang zwischen hohem Selbstwertgefühl und hohen Leistungen (welche zur Aneignung von Macht führen können) nachgewiesen. Umgekehrt wirkt sich ein vermindertes Selbstwertgefühl negativ auf die Wahrnehmung der eigenen objektiven Macht aus. Fängt man erst einmal an, sich klein und unfähig zu fühlen, sendet man auch die entsprechenden Signale aus (niedergeschlagener Blick, hängende Schultern), die die eigene Machtlosigkeit zum Ausdruck bringen, worauf einen die anderen auch entsprechend behandeln.

Erica, eine einstmals selbstbewusste Klientin von Pat, verlor durch eine plötzliche Kündigung ihren tollen Job. Obwohl sie die Kündigung für absolut ungerechtfertigt hielt, stellte sie während der folgenden Vorstellungsgespräche fest, dass ihr Selbstwertgefühl immer schwächer wurde. Jetzt war sie auch in ihren eigenen Augen zu einer »Gekündigten«, zu Ausschussware, geworden. Und ihre Körpersprache teilte der Welt diese Gemütsverfassung nur allzu deutlich mit: Die Worte kamen ihr nur noch zögernd über die Lippen, ihr Gang wirkte weniger selbstbewusst und sie schien weniger Raum einzunehmen. Weil all diese nonverbalen Hinweise Erica »kleiner« erscheinen ließen, als sie war, riet ihr Pat, wenigstens selbstbewusst aufzutreten, sich in die Rüstung der Macht zu gürten und so zu tun »als ob« – auch wenn sie sich momentan gar nicht stark fühlte.

Funktioniert das Wechselspiel von Selbstwertgefühl und Macht auch in die andere Richtung? Kann man also seine äußere Macht durch eine Beförderung, einen Titel oder irgendeine andere sichtbare Verbesserung vergrößern, um auf diese Weise auch sein Selbstwertgefühl zu erhöhen? Logisch wäre es, aber es handelt sich um eine heikle Angelegenheit, die stark vom bereits vorhandenen Selbstwertgefühl abhängt.

Manche Frauen sind in der Lage, sich von gestiegener äußerer Macht aufbauen zu lassen, und folglich wächst auch ihr Selbstbewusstsein. Dies traf z. B. auf Carrie zu, die erst seit kurzer Zeit in einem High-Tech-Unternehmen arbeitete. Obwohl sie zu den Jüngsten in ihrer Firma gehörte, war sie energiegeladen, extrovertiert, zielorientiert und optimistisch und steckte im Verkauf alle ihre Kollegen in die Tasche. Sie erhielt den Jahrespreis des Unternehmens für die drei besten Verkäufer in den Vereinigten Staaten. Diese Ehre bestätigte Carries Fähigkeiten, und sie präsentierte die Plakette stolz in ihrem Büro. Mit Sicherheit steigerte diese äußere Auszeichnung Carries bereits hohes Selbstwertgefühl und verhalf ihr zu noch größeren Erfolgen.

Bei anderen Frauen aber kann – bedauerlicherweise – keine »Macht« der Welt das geknickte Selbstwertgefühl aufrichten, weil sie sich selber zu gering schätzen. Man betrachte nur das kurze und tragische Leben von Prinzessin Diana, einer Frau, die über große äußere Macht verfügte, aber unter einer so niedrigen Selbstachtung litt, dass sie ein ständiges Gefühl des Unerfülltseins zu plagen schien. Die scheinbar überaus mächtige Performerin Madonna, berühmt für ihre selbstbewussten und aufmerksamkeitsheischenden Auftritte, enthüllte vor einigen Jahren in einem Fernsehinterview, wie verletzlich und unsicher sie sich manchmal fühle – weil sie den Tod ihrer Mutter, den sie mit fünf Jahren erlebte, nie verwunden habe.

Diese beiden prominenten Beispiele zeigen, dass große öffentliche Macht und die Demonstrationen äußerer Stärke nicht automatisch auch die innere Selbstachtung stärken. Ähnlich trügerisch können die Insignien der Macht auch am Arbeitsplatz sein und werden daher von Frauen mit schwachem Selbstgefühl besonders betont. So ist Kathryn, Vorstandsmitglied eines Finanzunternehmens, überaus attraktiv und kompetent. Pat gegenüber jedoch gestand sie, dass Komplimente oder Auszeichnungen »einfach durch mich durch gehen. Es ist, als flössen sie wieder aus mir heraus. Nichts davon bleibt hängen.« Eine solche Frau wird, wenn sie nicht an ihrem Selbstwertgefühl arbeitet, niemals Erfüllung finden.

Das Hochstapler-Syndrom

Frauen wie Kathryn leiden unter Symptomen, die die Psychologinnen Rose Clance und Suzanne Imes unter der Bezeichnung *Hochstapler-Syndrom* zusammenfassen. Dieser Begriff beschreibt, was geschehen kann, wenn unsere äußere Macht größer ist als unser Selbstwertgefühl: Man fühlt sich wie eine Hochstaplerin, weil man über eine Machtfülle verfügt, die man nicht wirklich verdient zu haben glaubt. Dieses vor allem unter sehr erfolgreichen Menschen (und vor allem unter Frauen) verbreitete Syndrom umfasst ein breites Spektrum selbstschädigender Einstellungen wie etwa:

- Die anhaltende Überzeugung mangelnder Kompetenz, Geschicklichkeit oder Intelligenz, die den objektiven Tatsachen widerspricht.
- Das Gefühl, eine Hochstaplerin zu sein, und die tiefe Angst, als solche enttarnt zu werden.
- Das Gefühl, weder den Erfolg noch die mit ihm verbundenen Vergünstigungen verdient zu haben.
- Die Befürchtung, vergangene Erfolge nicht wiederholen zu können, und die Überzeugung, dass frühere Leistungen nur besonders glücklichen Umständen zu verdanken waren.

- Die Überzeugung, dass Erfolge nicht auf eigene Anstrengungen oder Fähigkeiten zurückzuführen sind, sondern auf Schicksal, Glück, gutes Timing, Charme oder geschickte Manipulation anderer.[9]

Treffen eine oder mehrere dieser weit verbreiteten Einstellungen auch auf Sie zu? Paradoxerweise kann das bedeuten, dass Sie Erfolg haben und Ihre beruflichen Ziele erreichen, was ja eigentlich etwas Gutes ist, auch wenn es sich momentan noch nicht so anfühlt. Vielleicht sollten Sie sich den Abschnitt Leistungen in Ihrem Selbstwertgefühl-Profil auf Seite 69 noch einmal anschauen und sich auf die Steigerung Ihres Selbstwertgefühls konzentrieren, indem Sie sich Ihre Leistungen bewusst machen und sich von ihnen aufbauen lassen. Im zweiten Kapitel stellen wir einige Strategien und Methoden vor, die Ihnen genau dabei helfen.

Dies kann von entscheidender Bedeutung sein; denn wenn man sich im Griff des Hochstapler-Syndroms wiederfindet, kann das negative Selbstgefühl jegliche Erfolgschance untergraben. Und leider kann es auch unterschwellig und ungewollt Catfights anheizen. Wie Sie im nächsten Kapitel erfahren, gefährdet die Instabilität der heiklen Balance zwischen Selbstwertgefühl und äußerer Macht alles Gute, das in weiblichen Beziehungen steckt.

Zwei

Die Regel der ausgeglichenen Machtbalance

Der WorldCom-Manager Thomas E. Beall sah sich mit einer schwierigen Situation konfrontiert, als er eine seiner weiblichen Spitzenangestellten befördern wollte. Das war im Herbst 1998. Die Übernahme MCIs durch WorldCom war schon seit einer Weile im Gange, und Beall war mit all den Problemen befasst, die mit der Fusion zweier Unternehmenskulturen einhergehen. Damals leitete er ein großes Team von Telefon-Analysten für das interne Informationscenter für alle drei Schichten sowie ein Team von vier Frauen der Resource Management Support (RMS)-Gruppe, deren Aufgabe es war, technologische Unterstützung für das gesamte Unternehmen bereitzustellen. »Diese Frauen«, erklärte Beall uns, »waren alle ausgesprochene Erfolgstypen und ausnahmslos mit überdurchschnittlicher Intelligenz gesegnet.« Beall beschloss, eine der Frauen aus der RMS-Gruppe zur Teamleiterin zu befördern, um weniger direkte Untergebene zu haben, mit denen er sich auseinandersetzen musste.

Er besprach seine Idee mit seinem Vorgesetzten, der den Vorschlag billigte. Als dieser sich nach der besten Kandidatin für die Aufgabe erkundigte, erwiderte Beall: »Eine der Angestellten, Maria, wäre ideal. Sie bringt sowohl Hintergrund und Erfahrung als auch die Ausbildung für eine gute Teamleiterin mit.« Auf die Idee, die Stelle intern auszuschreiben, kam Beall überhaupt nicht. »Schließlich«, erklärte er uns, »lag die Entscheidung für mich auf der Hand. Ich war mir sicher, dass Marias Kolleginnen einverstanden wären und sich mit ihr freuen würden.«

»Wie falsch ich damit lag!«, meint Beall heute. Als er mit Maria über ihre Beförderung gesprochen hatte, gab er ihre neue Position per E-Mail bekannt. Die Reaktion traf ihn völlig unvorbereitet. »Der Aufruhr war gewaltig, unvermittelt, ja geradezu bösartig«, erzählte Beall. »Auch in einer Männergruppe hätte es vielleicht einige Eifersüchteleien gegeben, aber dann hätte man dem neuen Gruppenleiter gratuliert und einfach weitergearbeitet. Nicht so die Frauen! O nein! Die ganze Gruppe stürzte sich unter Tränen, Protest und Getöse auf unseren Geschäftsleiter.

›Warum hat man den Job nicht ausgeschrieben?‹, fragte eine.

›Ich bin genauso qualifiziert wie sie‹, meinte eine andere.

›Ich wäre auch gerne zu einem Vorstellungsgespräch gekommen‹, sagte die Dritte. ›Wenn diese Beförderung durchgeht, dann bringen wir das vor den Betriebsrat!‹

Stellen Sie sich meinen Verdruss und die Verwunderung meines Chefs angesichts dieser Reaktionen vor«, fuhr Beall fort. »Und vergessen Sie nicht, dass ich zu allen vier Teammitgliedern eine sehr enge und gute Beziehung hatte. Ich litt sehr unter der Situation. Ich musste nicht nur feststellen, dass ich einen Fehler gemacht hatte, sondern fühlte mich auch selber betrogen! Es war dieses unangenehme Gefühl, wenn man mit der Hand in der Keksdose erwischt wird – nur dass ich mir hier nicht sicher war, wer eigentlich wem Unrecht getan hatte.«

Zu diesem Zeitpunkt hielt Beall es für klüger, die Sache abzublasen und noch einmal zu überdenken. Er überlegte, ob er die Beförderung durchziehen und warten sollte, bis der Zorn wieder verraucht war, oder ob er die Beförderung rückgängig machen, die Stelle ausschreiben und auch die anderen Frauen zu Bewerbungsgesprächen einladen sollte. Eine dritte Möglichkeit hätte darin bestanden, mit Maria zu sprechen und die neue Stelle mit ihrem Einverständnis dem Teamfrieden zuliebe ganz zu streichen. Er entschied sich für letztere. »Ich hatte das Gefühl, dass es besser wäre, mich zu entschuldigen und auf den Rückzug zu begeben, um bei anderer Gelegenheit weiterzukämpfen«, meinte er. »Ich sprach mit Maria und war erleichtert, dass auch sie es so sah und die Gruppe weiter arbeiten konnte wie gehabt. Ich weiß, dass sie enttäuscht war, aber ihre Reife und ihr Urteilsvermögen ermöglichten es ihr, die richtige Entscheidung zu treffen.«

Aus Bealls Sicht war das Problem damit gelöst. Er bekam nur wenige oder gar keine Nachwirkungen dieses Debakels mit. »Das Team beruhigte sich wieder und lieferte weiterhin Höchstleistungen. Bis heute gibt es keine Gruppenleiterin, denn ich behalte sie lieber unter meiner Direktion. Sie kommen so gut miteinander klar, dass sie eine Gruppenreise nach Las Vegas gebucht haben und ihre Männer mit der Sorge um Haus, Hund und Kinder betrauen. Meiner Meinung nach ist da keine Verstimmung zurückgeblieben.«

Nun, Beall mag das Problem zu seiner eigenen Zufriedenheit gelöst haben, doch werfen wir einen Blick auf die möglichen Kosten dieser Entscheidung: Zumindest eine weibliche Führungskraft musste daran glauben – Maria wurde um ihre absolut verdiente Chance, in die Ränge der WorldCom-Teamleiter aufzusteigen, und wahrscheinlich auch um eine ordentliche Gehaltserhöhung betrogen. Der Aufruhr störte die Büroroutine außerdem noch eine ganze Weile. Darüber hinaus hat Beall uns mitgeteilt, dass die Ermittlerin in ein anderes Unternehmen gewechselt hat. Zum Glück für alle Beteiligten herrscht nun zwischen den Frauen wieder ein von Respekt und Professionalität bestimmtes Verhältnis, aber dies war eine schwierige Episode in der Geschichte des Teams.

Das ungeschriebene Gesetz der Frauen

Inzwischen ist uns allen klar, dass Marias Kolleginnen sich in einen Catfight mit ihr verstrickt hatten. Wir wissen, dass es diese Konflikte gibt, auch wenn wir es nicht gerne zugeben oder darüber sprechen. Wir wissen, dass alle Beteiligten – finanziell wie emotionell – darunter leiden. Und wir wissen, dass Frauen eine gewaltige Kraft darstellen: Wenn wir lernen, echte Kolleginnen zu sein, können wir Berge versetzen; wenn wir aber an unserem bisherigen destruktiven Verhalten festhalten, bleiben wir in unserer jetzigen Situation stecken und verlieren womöglich sogar weiter an Einfluss. Aber: Wissen wir eigentlich, weshalb dieses Phänomen existiert?

Bisher war niemand in der Lage, das Rätsel zu lösen. Bei unseren Untersuchungen jedoch gelangten wir zu der Erkenntnis, dass es einen *direkten* Schlüssel zu dem ganzen Problem gibt: Bei allen *Catfights* bricht das Gleichgewicht innerhalb des Goldenen Dreiecks von Beziehungen, Macht und Selbstwertgefühl zusammen und es wird gegen eine quasi gesetzmäßige Erscheinung, die wir als die *Regel der ausgeglichenen Machtbalance* bezeichnen, verstoßen.

Die Regel von der ausgeglichenen Machtbalance stellt einen echten Durchbruch für das Verständnis der komplexen und häufig verblüffenden Hass-/Liebesbeziehungen unter Frauen dar. Es handelt sich dabei um ein bisher nicht sichtbares Naturgesetz, das unter der Oberfläche wirksam wird und unsere Reaktionen auf die anderen Frauen in unseren Leben beeinflusst. Es erklärt die Wechselwirkungen zwischen Beziehungen, Macht und Selbstwertgefühl und auch, warum Marias Kolleginnen mit derartiger Vehemenz gegen ihre Beförderung angekämpft haben.

Damit eine positive Beziehung zwischen zwei Frauen möglich ist, müssen Selbstwertgefühl und Macht der einen in der Wahrnehmung beider Frauen dasselbe Gewicht besitzen wie Selbstwertgefühl und Macht der anderen. Diese entscheidenden Elemente müssen absolut ausgeglichen sein. Eine Ausnahme bildet eine Situation, in der eine Frau älter oder erfahrener als die andere ist und daher a priori mehr Macht besitzt. Eine weitere Ausnahme ist ein Mentorverhältnis, in dem eine der Frauen aktiv an der Vermehrung der Macht der anderen arbeitet.

Unseren Beobachtungen zufolge fühlen sich Frauen bei einer mächtigen Frau, die ihre Bedeutung herunterspielt, etwas wohler als bei einer, die das nicht tut. In Lebenssituationen, in denen die Macht einer Frau schwindet (weil sie ihre Stelle verliert, eine erwartete Beförderung ausbleibt, oder sie auf andere Weise öffentlich scheitert), kann sie mit großer Unterstützung von Seiten ihrer Kolleginnen rechnen. Umgekehrt aber ist das Umfeld einer Frau, die mehr Macht besitzt als andere und das auch zeigt oder die im Verdacht steht, größere Macht anzustreben, auf Konflikt programmiert. Und wenn sie wie Maria befördert wird, einen besser bezahlten Posten erhält oder öffentlich vom Chef gelobt wird, ist dies der entscheidende Faktor, der das Goldene Dreieck aus dem Gleichgewicht bringt. Die anderen Frauen glauben, dass sie mehr Macht (und vielleicht auch ein höheres Selbstwertgefühl) besitzt als sie selber, und das löst ihre feindseligen Reflexe aus. Einfacher gesagt: Wenn Macht und Selbstwertgefühl unter Kolleginnen nicht mehr im Gleichgewicht sind, also gegen die Regel von der ausgeglichenen Machtbalance verstoßen wird, sind Catfights die Folge.

Den meisten von uns hat man eingeschärft, »nett zu sein« und uns bei Konflikten Formen der indirekten Aggression zu bedienen. Wenn wir daher spüren, dass die ungeschriebene Regel der ausgeglichenen Machtbalance verletzt worden ist, stampfen wir mit dem Fuß auf, tratschen, schneiden die Kollegin und entziehen ihr unsere Freundschaft, statt sie zur Rede zu stellen, was jedoch eine direkte Konfrontation erfordern würde. Die indirekte Form der Aggression ermöglicht es uns, die wir uns zornig und machtlos fühlen, Macht und Selbstwertgefühl zu wahren.

Ironischerweise ist die Regel der ausgeglichenen Machtbalance trotz ihres gewaltigen Einflusses auf alle weiblichen Beziehungen für die meisten Frauen unsichtbar. Vielleicht weil wir einen Streit mit einer anderen Frau fast immer als persönlich und einmalig empfinden. Wir glauben einfach lieber, das ganze Problem liege darin, »dass Mary ein Aas ist«.

Die Regel der ausgeglichenen Machtbalance in Aktion

Im Folgenden wollen wir illustrieren, wie die Regel der ausgeglichenen Machtbalance in einer harmonischen Beziehung zwischen zwei Frauen, Rose und Amy, funktioniert. In unserem Modell repräsentiert jeder Doppelkreis eine der Frauen. Die großen äußeren Kreise stehen für die Macht, das heißt den äußerlich wahrnehmbaren Einfluss, über den die Frauen durch ihre berufliche Stellung, ihren Nutzen für das Unternehmen, ihre Attraktivität und so weiter in unserer Gesellschaft verfügen. Der innere Kreis steht für ihr Selbstwertgefühl, ihr Bewusstsein von innerer Macht sowie für verborgene Empfindungen über persönliche Stärke und persönlichen Wert.

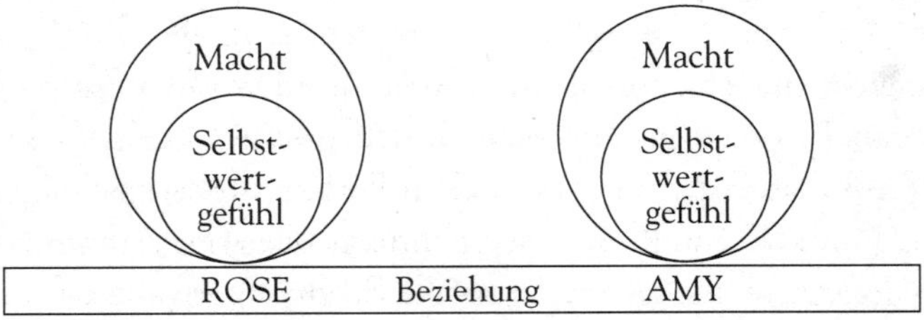

Roses und Amys Macht und Selbstachtung sind in etwa gleich groß, wodurch auch ihre Beziehung ausgeglichen ist. Auf der Basis dieses Gleichgewichts kann sich eine gute Arbeitsfreundschaft entwickeln.

Betrachten wir nun die Wirkung der Regel der ausgeglichenen Machtbalance für den Fall, dass die Beziehung »Schlagseite« bekommt. Wird Rose auf einen neuen Posten befördert und Amy dadurch zu ihrer Untergebenen, so kann Rose zumindest ihre äußere Macht beträchtlich steigern, während die von Amy gleich bleibt. (Denken Sie daran, dass ein Machtzuwachs für eine Frau nicht unbedingt mit einer Steigerung ihres Selbstwertgefühls einhergehen muss.) Aber wie immer es in Rose nun auch aussehen mag, die Beziehung ist – wie im Folgenden illustriert – nicht mehr ausgeglichen.

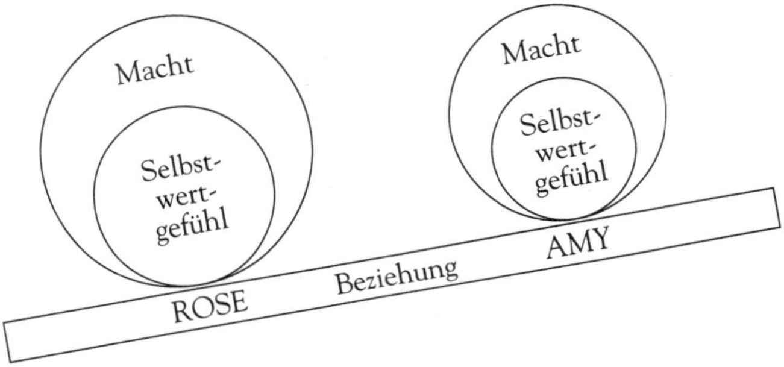

Damit ist eine konfliktträchtige Situation entstanden. Amy ärgert es, dass Rose nun mehr Macht zu haben scheint als sie selber – schließlich soll die Macht zwischen Frauen ja ausgeglichen sein. Und wenn Rose in ihrer neuen Führungsrolle Amy Anweisungen erteilt oder Aufträge gibt, kann die Spannung eskalieren. Denn der neue Titel vermehrt nicht nur Roses Macht, sondern vermindert auch die der früher gleichrangigen und jetzt untergebenen Amy. Wenn Rose nun jetzt Anweisungen gibt, beschleicht Amy womöglich das Gefühl, ihre Chefin wolle sie herabsetzen und dadurch auch ihr Selbstwertgefühl untergraben. Roses Beförderung kann sogar dazu führen, dass Amy ihre frühere Freundin als »Bienenkönigin« wahrnimmt.

Von der Bienenkönigin gestochen

Vor Jahren war Pat selber die Leidtragende einer derartigen plötzlichen Verwandlung. Sie arbeitete damals in einem großen Unternehmen und hatte zu einer ihrer Kolleginnen eine sehr enge Beziehung. Pat und Marci hatten einander vieles anvertraut, sodass

Pat über die Schwierigkeiten in Marcis Ehe, ihre Hormonbehandlung und auch über den Mann, den sie fast geheiratet hätte, Bescheid wusste – intime Details, wie nur Frauen sie austauschen. Eines Tages wurde Marci zur Geschäftsführerin befördert und verschwand gleich danach in einen dreiwöchigen Urlaub.

Bei ihrer Rückkehr merkte Pat, dass sich in ihrer Beziehung zu ihrer Freundin etwas Grundlegendes verändert hatte. Marci war höflich, aber kühl. Sie unterhielten sich oft miteinander, aber nur noch über die anstehende Arbeit. Etwa zur gleichen Zeit holte sich Pat eine schwere Erkältung und beschloss, einen Tag im Bett zu bleiben. Obwohl sie schon eineinhalb Jahre bei der Firma arbeitete, war es ihr erster Krankheitstag. Sie rief an und verlangte ihre Chefin Marci, die aber in einer Sitzung war. Nachdem sie Marci nicht hatte erreichen können, teilte Pat deren Sekretärin mit, dass sie heute nicht zur Arbeit kommen könne.

Als Pat am nächsten Morgen mit einem Taschentuch in der Hand und mit roter Nase wieder im Büro auftauchte, ließ Marci sie als Erstes in ihr Büro rufen. Sie wollte wissen, wo Pat am Vortag gewesen sei. Nach entsprechender Erklärung und dem Hinweis auf die Anrufe, schnauzte Marci nur noch: »Wenn du nicht kommst, musst du *mir* das sagen.« Genau das habe sie versucht, begann Pat zu erklären, doch Marci schnitt ihr das Wort ab. Verwirrt, schockiert und immer noch benommen von ihrer Erkältung brachte Pat nur ein »Oh« heraus und ging.

Tief getroffen von diesem Angriff einer Frau, die sie als ihre Freundin betrachtet hatte, verbrachte Pat ihre einstündige Mittagspause in Tränen aufgelöst. Dabei kam sie zu dem Schluss, dass sie die Beziehung nicht in einem derart angespannten Zustand belassen konnte; sie musste die Sache klären. Nach der Pause suchte sie Marci in ihrem Büro auf, fragte, ob sie ein paar Minuten Zeit für sie habe und zog die Tür hinter sich zu. »Nach unserem heutigen Gespräch habe ich den Eindruck, dass du mir nicht mehr vertraust«, begann Pat.

»Das ist dein Problem«, versetzte Marci.

Völlig baff über dies Reaktion, verschlug es Pat zum zweiten Mal die Sprache (was selten vorkam). Sie sagte nur »Okay« und ging hinaus. Ende des Gesprächs, Ende der Beziehung, Ende von Pats Bemühungen, Marci noch einmal entgegenzukommen.

Wie konnte das geschehen? Pat und Marci arbeiteten in einem hierarchischen Unternehmen, das von Anwälten geleitet wurde. Marci war eine der führenden Managerinnen; wollte sie Erfolg haben, musste sie hart werden und sich panzern, um sich gegenüber der männlichen Konkurrenz zu behaupten. Manchmal muss man sich wie eine »Bienenkönigin« verhalten und sich ganz bewusst männlicher als ein Mann geben, was allerdings die Beziehungen zu anderen Frauen stören muss. In einem Interview über ihr Buch *Sex & Power* beschreibt Susan Estrich, Juraprofessorin der University of Southern California, das Dilemma weiblicher Führungskräfte: »Wenn man sich mit Frauen unterhält, die Spitzenpositionen erreicht haben«, erzählte sie der Zeitschrift *Working Woman*, »wird einem klar, dass ihr Erfolg unter anderem auf ihrer Fähigkeit beruht, Männer davon zu überzeugen, dass sie nicht wie andere Frauen sind. (...) Die Verleugnung ihrer Weiblichkeit wird quasi zum Reflex. Und auch wenn sie die Spitze erreicht haben, sind Managerinnen – weit davon entfernt, es nachrückenden Frauen leichter zu machen – immer noch damit beschäftigt, den Kerlen zu beweisen, dass sie im Grunde nicht zu den Mädels gehören.«[1]

Unglücklicherweise wurde Pat zum Opfer von Marcis Drang, es sich selbst und den Jungs zu beweisen. Auch die anderen Frauen ihrer Abteilung behandelte die neue Vorgesetzte distanziert, womit sie jedoch, paradoxerweise, die eigene Machtbasis untergrub. Obwohl Marci sich in der neuen Rolle wirklich ein wenig zurücknehmen musste, um sich gegenüber früher Gleichrangigen als Vorgesetzte zu etablieren, brachte ihr der Abbruch der Freundschaft zu Pat keinen Vorteil, da sie sehr von Pats Hilfe profitiert hätte (ebenso wie vom Wohlwollen anderer früherer Kolleginnen).

Dieses Verhalten höherrangiger Frauen, die sich von untergebenen Kolleginnen distanzieren, ist so verbreitet, dass man es als »Bienenköniginnen-Syndrom« bezeichnet hat. Die folgende Illustration zeigt, warum Freundschaften zwischen Untergebenen und Bienenköniginnen aufgrund der Regel von der ausgeglichenen Machtbalance meistens in die Brüche gehen.

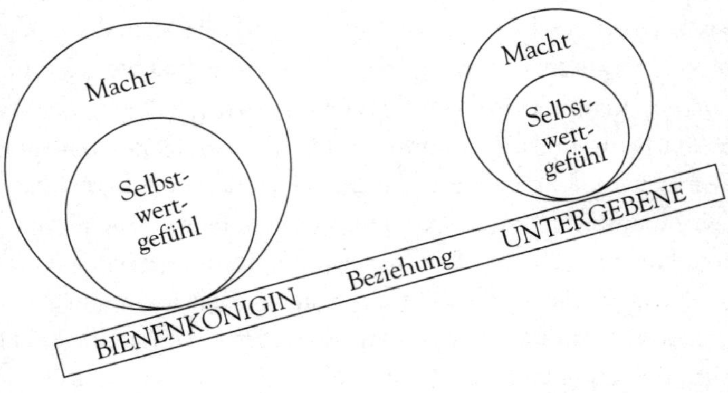

Die Macht liegt im Auge des Betrachters

Wie man sieht, kann die Beziehung zwischen zwei Frauen irreparablen Schaden nehmen, wenn Macht und Selbstachtung der einen im Verhältnis zu Macht und Selbstachtung der anderen wachsen oder abnehmen. Der Balanceakt zwischen Macht und Selbstachtung ist heikel und komplex, vor allem wenn er mit Statusänderungen verbunden ist. Abgesehen davon kann er aber auch bloß auf der Wahrnehmung der beteiligten Frauen beruhen. Machtsymbole und -demonstrationen können innerhalb eines bestimmten sozialen Kontexts und gemeinsamen Wertesystems beträchtlichen Eindruck hinterlassen, doch liegt die Macht dabei stets im Auge des Betrachters.

Bedenken Sie etwa Carlas Situation: Carla war Nachwuchsingenieurin in einem großen Unternehmen für Biomedizin. Sie bereitete gerade ihren Besuch auf einer Verkaufskonferenz ihrer Firma in einem anderen Bundesstaat vor – eine Premiere für sie. Eines Nachmittags wurde sie von Nancy, einer Marketing-Assistentin, angerufen, die sie bat, Material auf die Konferenz mitzunehmen, da sie selber nicht hinfahren würde. Carla und Nancy waren beide Ende Zwanzig, wobei Carla ihr eigenes Büro hatte und niemandem direkt weisungsgebunden war, während Nancy in einer kleinen Kabine hockte und die Anrufe für ihren Chef entgegennahm. Als Carla sich bereiterklärte, das Material mitzunehmen, erwiderte Nancy: »Toll. Sie können es jederzeit abholen.«

Da sah Carla rot. »Noch einen Wunsch?«, bellte sie in den Hörer und legte auf.

Eine Stunde später rief Nancy erneut an: »Sie haben das Material immer noch nicht abgeholt.«

Carla, die sich für die passiv-aggressive Verhaltensvariante entschieden hatte, platzte heraus: »Ich hatte angenommen, dass Sie, wenn Sie mich schon um einen Gefallen bitten, das Zeug wenigstens zu mir bringen würden.«

»Damit begann ein riesiges Durcheinander«, vertraute Carla Susan Jahre später bei einem Workshop an. »Als ich auf der Konferenz ankam, erfuhr ich, dass Nancy ihren Chef angerufen und den Vorfall wüst übertrieben und verfälscht hatte. Ich hätte mich geweigert, die Sachen mitzunehmen, behauptete sie, und meinen höheren Rang als Begründung dafür angeführt. Am Ende bekam ich ernsthafte Probleme.

Wenn man die Regel von der ausgeglichenen Machtbalance ins Feld führen will, so hatten wir wohl beide weniger Macht, als wir gerne gehabt hätten. Nancy war Assistentin von irgendwem, und ich war die Letzte bei den Ingenieuren. Andererseits sah sie mich als Bedrohung, da ich, wenn ich auch die unterste auf der Prestigeleiter war, immerhin über ein Büro und einen Titel verfügte. Ich wiederum fand, dass sie mir wegen dieses Titels, den ich mir durch harte Arbeit erworben hatte, einen gewissen Respekt schuldete. Und verschlimmert wurde das Problem noch durch mein Gefühl, dass sie ein übertriebenes Selbstbewusstsein zur Schau stellte – wo doch wohl eher ich an einem miesen Selbstwertgefühl litt, an dem zu arbeiten mir meine Freunde schon lange geraten hatten.«

Carla machte mehrere interessante Beobachtungen. Mitunter wird Macht auf eine Art und Weise wahrgenommen, die mit der Realität nichts zu tun hat, und dasselbe gilt für das Selbstwertgefühl. Viele Frauen haben entweder mehr oder weniger Macht, als sie selber glauben. Macht und Selbstwertgefühl müssen sich nicht unbedingt entsprechen, und häufig schätzen uns andere als selbstbewusster oder unsicherer ein, als wir es tatsächlich sind. Unter einem niedrigen Selbstwertgefühl leiden viel mehr Frauen als Männer, sodass uns der Umgang mit einer Frau, deren Selbstbewusstsein wir für sehr hoch halten, besonders schwer fällt.

Auch in unserem Fall deutete Carla Nancys Verhalten fälschlicherweise als Zeichen für hohes Selbstwertgefühl. Im Grunde glauben wir, dass beide Frauen nur geringes Selbstwertgefühl besaßen und einander zu übertrumpfen versuchten. Nancy wollte Carla die Macht, die sie bei ihr einklagte, nicht zugestehen, und durch ihre Forderung, Carla solle die Sachen selber abholen, wollte sie vermutlich ihr niedriges Selbstwertgefühl erhöhen. Eine Frau mit geringem Selbstwertgefühl versucht häufig, ihre Macht größer erscheinen zu lassen, als sie tatsächlich ist, oder die geringe Macht, die sie besitzt, besonders offensiv auszuüben – wie dies in Nancys Forderungen an Carla zum Ausdruck kommt. Womöglich versucht die Frau auch, ihre Macht auf verstecktere Art zu erweitern, indem sie die andere hinter deren Rücken bei Vorgesetzten anschwärzt. Eine Person mit hohem Selbstwertgefühl hingegen verspürt daher nur selten das Bedürfnis, sich an solchen Machtspielen zu beteiligen.

Wegen der mit ihrer Position verknüpften Machtsymbole glaubte Carla, dass Nancy ihr etwas Ergebenheit schulde. Leider kann eine derartige Einstellung unter Frauen problematisch werden, da ja jeder Versuch, die andere zu übertrumpfen, als Verstoß gegen die Regel von der ausgeglichenen Machtbalance angesehen wird.

Machtsymbole gelten nur dann, wenn Menschen sie durch ihr Verhalten legitimieren, indem sie auf die Wünsche und Bedürfnisse der »mächtigen« Person reagieren. In unserem Falle wollte Nancy Carla jedoch offen zeigen, dass sie sich von ihrem Büro und

Titel nicht beeindrucken ließ. Abgesehen davon fällt Frauen ihre Macht durch Beziehungen zu und nicht durch äußere Symbole. Es verhält sich bei ihnen genau umgekehrt wie bei Männern, wo derlei Symbole einen positiven Eindruck erzeugen und eine gewisse herrscherliche Attitüde unterstützen. Eine Vertreterin, die mit einem protzigen Diamantring zu einem Geschäftstermin mit einer anderen Frau erscheint, könnte Probleme haben, mit ihr zu einem Abschluss zu kommen, da derartige Zurschaustellungen die Machtbalance stören, während ein Mann vom offensichtlichen Reichtum und vermuteten Erfolg seines Gegenübers (egal, ob männlich oder weiblich) beeindruckt wäre und folglich erpicht darauf, mit ihm (oder ihr) zusammenzuarbeiten.

In manchen Fällen wird uns die Macht, auf die wir ein Recht zu haben meinen, von anderen Frauen nicht zugestanden. Oder sie erkennen unsere Macht zwar an, versuchen sie aber zu mindern, indem sie sich selbst mit Hilfe von Klatsch, Verleumdung und übler Nachrede zu erhöhen und so wieder einen Machtausgleich herzustellen versuchen. Leider wird es eine Frau mit geringem Selbstwertgefühl auch bei noch so großem Zugewinn an äußerer Macht immer schwer haben, Arbeitsfreundschaften mit Kolleginnen zu schließen, weil sie sich – nach ihrem Empfinden – nie in einer ausgeglichenen Machtbalance mit ihnen befinden wird.

Das Streben nach Ausgleich

Dies führt uns zu einem weiteren wichtigen Bestandteil der Regel der ausgeglichenen Machtbalance, der es unserem Selbstgefühl quasi vorschreibt, nach Homöostase zu streben. »Homöostase«

bedeutet die menschliche Tendenz, das Gefühl innerer Stabilität und Ausgeglichenheit zu wahren. Ist unser Selbstbewusstsein in einem Bereich unseres Lebens, beispielsweise dem Beruf, niedrig, so werden wir versuchen, es in einem anderen Bereich – unserem Aussehen oder unserem Familienleben – zu steigern. So wahren wir unser Selbstbewusstsein und unsere innere Zufriedenheit.

Stellen Sie sich vor, Ihr Chef lässt Sie wissen, dass der Bericht, mit dem Sie sich abgemüht haben, »Schrott« sei. Sie können jetzt:

1. Den Verursacher Ihres Ärgers oder Ihrer Verletztheit verantwortlich machen: »Der Chef ist ein Idiot« (besonders beliebt bei Männern).
2. Andere Meinungen einholen, etwa andere um eine Bewertung des Berichts bitten.
3. Sich selber die Schuld geben: »Ich bin ja so unfähig« (besonders beliebt bei Frauen).
4. Es an jemand anderem auslassen. Leider sucht man sich dafür meistens eine Person – eine Kollegin oder eine enge Angehörige –, die einem selber ähnlicher ist als dem Verursacher.

Werfen wir einen Blick auf die letzte Möglichkeit. Elaine, die als Schreibkraft arbeitet, fühlt sich nach acht Stunden »Bringen Sie mir einen Kaffee!« – »Sehen Sie zu, dass Sie das bis um drei Uhr getippt haben« – »Holen Sie mir doch auf dem Rückweg vom Mittagessen meine Wäsche ab« wie eine Dienstbotin. Das Selbstwert- und Machtgefühl, über das sie innerhalb ihrer eigenen Welt verfügt, ist völlig aufgebraucht, wenn sie nach der Arbeit nach Hause fährt. Um wieder ins Gleichgewicht zu kommen, muss sie beides wieder aufbauen.

Bedauerlicherweise und zum Ärger ihrer Angehörigen und Freunde vollzieht sich dieser Ausgleich häufig zu ihren Lasten. Elaine schnauzt sie an. Sie weigert sich, ihre Bitten zu erfüllen. Kurz: sie verlangt von anderen, es *ihr* recht zu machen. Oder aber sie nervt ihre Lieben durch stundenlanges Fitnesstraining und rigorose Diäten, durch die sie versucht, die Macht über den eigenen Körper und dadurch ihr Selbstwertgefühl zu steigern. (»Wenn ich noch fünf Pfund abgenommen habe, werde ich attraktiver sein.«) Durch dieses Verhalten wirkt Elaine auf andere egozentrisch, »gemein« oder sogar selbstzerstörerisch, aber im Grunde versucht sie nur, zu überleben – versucht sie, eine innere Homöostase zu erreichen.

Diese Dynamik lässt sich bei vielen Schreibkräften beobachten, die von ihren Vorgesetzten wie Leibeigene behandelt werden und dadurch für Besucherinnen und sogar für Kolleginnen zum Problem werden – nicht aber für die Männer, die sie so schlecht behandeln.

Ebenso bei zahlreichen Krankenschwestern: Sie nehmen die Weisungen und Kritik der Ärzte hin, weil sie keine andere Wahl haben, aber dann lassen sie ihren Ärger und Frust an den Ausbildungsschwestern aus. Deswegen gelten sie auch als die Berufsgruppe, die »ihren Nachwuchs auffrisst«. Wenn eine frisch gebackene Ausbildungsschwester den Dienst aufnimmt, muss sie sich oft einiges gefallen lassen. Man könnte erwarten, dass die älteren Schwestern die jüngeren unter ihre Fittiche nähmen und ihnen zeigten, wo es lang geht. Das ist aber meistens nicht der Fall. Unter einem geringen Selbstwert- oder Ohnmachtsgefühl leidend, verlegen sich viele Frauen darauf, ihren jüngeren oder unerfahreneren Geschlechtsgenossinnen zu signalisieren »Ich bin dir überlegen, warte nur ab«, was ihnen offenbar zu innerer Ausgeglichenheit verhilft, aber zugleich die Möglichkeit nimmt, eine Machtbalance unter Frauen herzustellen.

Wenn das Kind in den Brunnen gefallen ist

Das schwache Selbstwertgefühl einer Frau kann sie dazu bringen, ihre Beziehungen zu anderen Frauen auf eine Art und Weise zu beschädigen, die für sie selbst und ihr »Opfer« oft kaum nachzuvollziehen ist. Lara schilderte eine Situation, die ihr viel Kummer bereitet hat: »Ich arbeitete als Kundendienst-Vertreterin einer Versicherungsgesellschaft, und mein Boss war eine Frau«, erzählte sie uns. »Ich kam gerade mit einer Kollegin aus der Kantine und wollte zurück an meinen Schreibtisch. Es war eine Minute vor eins – das Ende meiner Mittagspause. Da betrat meine Chefin Melanie die Kantine, und als sie mich sah, warf sie einen Blick auf ihre Uhr und meinte, ›Zeit, wieder an die Arbeit zugehen!‹ Wie ein Kind hat sie mich behandelt, obwohl ich eine verantwortungsvolle und engagierte Mitarbeiterin bin und auch nicht um Punkt fünf den Computer runterfahre.

Ich war sehr gekränkt und entgegnete: ›Ich weiß, wie spät es ist, ich habe noch eine Minute bis zum Ende meiner Pause.‹ Für mich war es unfassbar, dass sie diese Kleinigkeit derart aufbauschte. Schließlich arbeiteten wir ja nicht mit Stechkarte. Als Melanie vom Mittagessen zurückkam, bat sie mich, in ihr Büro zu kommen. Ich folgte ihr, und sie fragte mich, ›Haben Sie ein Problem?!?‹

Ich war schockiert angesichts dieser offensichtlichen Beschuldigung. Ich sagte, ›Bevor Sie mich hereingebeten haben, hatte ich kein Problem, aber jetzt sieht es aus, als seien *Sie* mein Problem.‹«

Lara konnte nicht ahnen, dass Melanie, eine der wenigen Manager*innen* des Unternehmens, sich in einer prekären Lage befand. In der Führungsetage war man sich nämlich nicht sicher, ob man mit ihrer Beförderung den richtigen Schritt getan hatte. Man schloss Melanie häufig von offiziellen Anlässen, sprich Konferenzen oder informellen Treffen wie Golfausflügen, aus. Und sie hätte den Job schon vor Monaten verloren, hätten der Firma in dem Falle nicht rechtliche Konsequenzen gedroht. All dies bewirkte, dass Melanie sich mies fühlte und spürte, wie ihr ihre öffentliche Macht immer mehr entglitt. Vermindertes Selbstbewusstsein und schwindende Macht bedeuten, der Regel von der ausgeglichenen Machtbalance zufolge, ein Ungleichgewicht – trotz Melanies leitender Stellung! Der Angriff auf Lara dagegen war Melanies fehlgeleiteter Versuch, wieder eine Art persönlicher innerer Ausgewogenheit herzustellen.

Melanies Kritik an Lara war ihr unbewusster Versuch, sich selber ein besseres Gefühl zu verschaffen, indem sie die geringe, ihr verbliebene Macht einer Untergebenen gegenüber ausspielte, während ihre Vorgesetzten an ihrer Position rüttelten.

Ein Gefühl für die richtige Balance

Wie Sie sehen, besteht ein wichtiger Bestandteil des Catfight-Gleichgewichts darin, wie viel Ihre Kolleginnen von sich halten. Falls eine bestimmte Kollegin in ihrem Handeln und Reden zum Ausdruck bringt, dass sie sich für überaus wichtig hält, und Sie selber sich nicht ebenso bedeutsam vorkommen, lässt das nichts Gutes für die Beziehung ahnen. Umgekehrt gilt das Gleiche.

Aber es gibt ein Mittel dagegen. Um die Beziehung zu einer anderen Frau ausgewogen zu gestalten und auf diese Weise Catfights zu vermeiden, kann man ihr Selbstbewusstsein systematisch aufbauen. Dies lässt sich durch ehrlich gemeinte Komplimente wie auch durch Mitgefühl und Unterstützung erreichen. Denn wenn man einer Frau zeigt, dass einem an ihr liegt, wirkt sich dies positiv auf ihr Selbstbild aus. Sie fühlt sich verstanden und geschätzt. Wir alle wollen ernst genommen werden. Durch positive, unterstützende Energie spürt eine Frau, dass sie in den Augen ihrer Kollegin etwas wert ist.

Auch wenn sie noch nie von der Regel von der ausgeglichenen Machtbalance gehört haben, scheinen viele Frauen instinktiv zu wissen, wie sie ihr Selbstwertgefühl in ihren Arbeitsbeziehungen zu anderen Frauen ausbalancieren können. Stellen Sie sich folgende Situation vor: Sandra hat bemerkt, dass Martha ein schickes neues Kostüm trägt. »Martha, das ist ein tolles Outfit«, sagt sie deshalb. »Ist es neu?«

Worauf Martha entgegnet: »Ach, das ist uralt! Das hab ich aus dem Schlussverkauf.« Damit hält Martha die Machtbalance. Mit ihrem Kompliment hat Sandra Martha Macht zugesprochen und dadurch ihr Selbstwertgefühl erhöht, doch Martha spielte diese Macht (wenn auch nicht ihr eigenes Selbstwertgefühl) wohlweislich herunter, indem sie ihr elegantes Ensemble schlecht machte. Allerdings achtete sie darauf, es so zu tun, dass Sandra sich nicht herabgesetzt fühlt. Martha sagte nicht: »Der alte Fetzen? Ich habe ihn immer ein bisschen hausbacken gefunden«, denn das hätte Sandras Geschmack beleidigt.

Ähnlich könnte Laura zu Barbara sagen: »Ich mag deine neue Frisur. Steht dir wirklich gut!«

Und Barbara könnte antworten: »Danke. Übrigens, ich wollte dich fragen, wo du die wunderschöne Kette gekauft hast, die du gestern anhattest.«

Wieder sorgt Barbara für ein ausgewogenes Machtgleichgewicht. Laura hat ihr zusätzliche Macht verliehen, indem sie ihr Haar bewunderte, worauf Barbara im Gegenzug Lauras Macht aufbaute, indem sie ihr ein Kompliment zu ihrer Halskette machte. Alle vier Frauen fühlten sich nach diesen Interaktionen glücklich und empfanden ihre Beziehungen als intakt und befriedigend.

Ironischerweise ziehen Männer, die Zeugen derartiger Gespräche werden, daraus häufig den Schluss, dass Frauen ein zu schwaches Selbstbewusstsein besitzen. »Warum setzen sie sich selber herab?«, fragen sich die Männer. »Warum können sie ein Kompliment nicht einfach annehmen?« Viele Frauen wissen jedoch intuitiv, dass es sich anders verhält. Ihr Selbstbewusstsein wird jedoch durch ein solches Verhalten nicht geschmälert, sondern gestützt, weil sie so ihr gemeinsames Hauptziel, nämlich ihre Beziehungen zu schützen, erreichen. Darüber hinaus ist Macht manchen Frauen sogar peinlich, sodass sie, Susan Estrich zufolge, den äußeren Anschein von Macht bewusst vermeiden. »Sie werden nur schwer eine Frau finden, die sagt, ›Ich will an die Macht‹«, meint Estrich. »Vielmehr werden Sie diese mächtigen Frauen dabei beobachten können, wie sie wiederholt erklären, dass sie gar nicht mächtig seien oder gar keine Macht anstrebten.«[2] Ist das möglicherweise ihr Versuch, sich im Rahmen der Regel von der ausgeglichenen Machtbalance zu bewegen?

Ein Ausbalancieren der Macht hätte den Konflikt zwischen Pat und Marci nach Pats Krankheit und Marcis aufgebrachter und fehlgeleiteter Reaktion womöglich lösen können. Hätte Marci etwa gesagt: »Wie kommst du darauf, dass ich dir nicht mehr vertraue?« oder: »Man hat mir nicht erzählt, dass du angerufen hast« oder: »Wenn du in Zukunft krank bist, und ich nicht hier bin, wäre es mir lieber, wenn du es noch mal probieren würdest, damit wir direkt miteinander reden können«, dann hätte Pat gespürt, dass Marci genug an ihrer Beziehung lag, um die Sache anzusprechen, und ihr Verhältnis hätte wieder in Ordnung kommen können. Wenn man die Sorgen einer anderen Frau abtut, kann die Betroffene dies als Beeinträchtigung ihrer Macht und ihres Selbstwertgefühls empfinden, während ein winziges Schuldeingeständnis, wie »Man hat mir nicht gesagt, dass du angerufen hast«, viel zur Minderung eines Ungleichgewichts beitragen kann.

Wenn eine Kollegin wenig Selbstvertrauen hat

Am Arbeitsplatz kann es hilfreich sein, sich bewusster der Strategien zur Ausbalancierung von Macht zu bedienen. Wenn Sie wissen, dass Ihr Selbstbewusstsein größer ist als das einer Kollegin, deren Freundschaft Sie jedoch schätzen, so sollten Sie Mitgefühl und Bestätigung in Ihre Interaktionen einfließen lassen, indem Sie die Leistungen und Talente der Kollegin betonen. Dies drückt sowohl Ihre Rücksicht auf die Gefühle der anderen Frau wie auch Ihren Wunsch, ihr auf jede nur mögliche Weise zu helfen, aus. Allerdings könnten manche nicht so selbstsichere Frauen neidisch auf Ihr Selbstvertrauen sein und Ihr positives Selbstwertgefühl als zu mächtig empfinden. Diese Frauen versuchen unter Umständen, Sie »von Ihrem Podest zu holen«, sodass Vorsicht geboten ist, wenn Sie deren Selbstvertrauen heben wollen.

Angenommen, Paula und Sie haben jahrelang als Kolleginnen zusammengearbeitet und nun sehen Sie sich mit der schwierigen Situation konfrontiert, dass Paula durch Ihre Beförderung zu Ihrer Untergebenen geworden ist. Da werden zwangsläufig Probleme auftauchen, doch um die Machtbalance zu wahren, könnten Sie Folgendes tun:

- *Vermindern Sie Ihre Macht in Paulas Augen:* »Sicher, man hat mir einen neuen Titel gegeben, aber eine Lohnerhöhung habe ich nicht gekriegt.« Oder: »Ich hab das doch nur meinen längeren Dienstjahren zu verdanken.«
- *Stärken Sie Paulas Selbstwertgefühl:* »Paula, ich weiß, dass Sie sehr qualifiziert sind. Gut möglich, dass die nächste Beförderung Ihnen zugute kommt.« – »Ich finde, dass Sie eine hervorragende Angestellte dieser Firma sind.« Sie äußern dabei Ihre ehrliche Meinung.
- *Stärken Sie Paulas äußere Macht.* Falls Sie die Möglichkeit dazu haben, beauftragen Sie Paula mit einer wichtigen Aufgabe, die ihr Gelegenheit gibt, einen sichtbaren Erfolg zu landen und ihre Fähigkeiten unter Beweis zu stellen.

Versuchen Sie jedoch nicht, das eigene Selbstvertrauen zu untergraben, indem Sie etwa behaupten: »Ich hab das doch gar nicht verdient. Ich bin doch völlig ungeeignet. Ich weiß nicht, warum sie mir diesen Job gegeben haben.« Wenn Frauen auch von Natur aus zu solchen Äußerungen neigen, können wir sie nicht als brauchbare Option empfehlen. Negative Selbstgespräche helfen auf lange Sicht weder Ihnen noch Ihrer Kollegin.

Und wenn Ihr eigenes Selbstwertgefühl schwächelt?

Nicht nur das Selbstbewusstsein ihrer Kolleginnen sollten Sie beachten, sondern auch Ihr eigenes. Wenn man sich bedrückt fühlt, reagiert man womöglich heftiger auf etwas, das man normalerweise als alltägliches Geplänkel oder konstruktives Feedback ansehen würde. Man stellt vielleicht fest, dass man Kleinigkeiten plötzlich persönlich nimmt. Werfen Sie noch einmal einen Blick auf Ihre Antworten im Selbstwert-Profil in Kapitel eins! Wie war ihr Ergebnis? Ist Ihr Selbstwertgefühl eher niedrig, kann das zu Konflikten mit anderen Frauen beitragen.

Es gibt viele Methoden, unser Selbstwertgefühl zu steigern, unter anderem die Psychotherapie. Und es gibt eine Vielzahl von Büchern, Informations- und Kursangeboten, die man nutzen kann. (Einige davon haben wir in Anhang A für Sie aufgelistet.) Eine Soforthilfe besteht darin, auf die inneren Selbstgespräche zu achten und positivere Muster einzuüben. In seinem Buch *Anleitung zum Positiven Denken* beschreibt der Psychologe Shad Helmstetter typische negative Botschaften an unser Selbst:

- Es hat ja doch keinen Sinn.
- Wann werde ich das jemals kapieren?
- Ich habe einfach kein Talent.
- Nichts klappt.[3]

Solche Botschaften sind in der Regel Anzeichen eines schwachen Selbstwertgefühls. Eine befreundete Schriftstellerin empfahl eine Technik, um sich mit diesen selbstschädigenden Botschaften auseinanderzusetzen, die sie »ein Brief an den inneren Kritiker« nennt. Setzen Sie sich hin und bringen Sie all die kleinen gemeinen inneren Dialoge zu Papier, die Sie davon abhalten, das zu tun, was Sie eigentlich wollen, wie Sie sind nicht gut genug, nicht klug genug, wichtig genug, um das zu tun, was Sie anstreben, oder das zu besitzen, was Sie gerne hätten. Wiederholen Sie dieses Aufschreiben. Hilfreich ist dabei, dass man all die negativen Botschaften, die man sich selber schickt, visualisiert und man sie dann demonstrativ in den Papierkorb schmeißen kann.

Helmstetter schlägt vor, diese negativen inneren Botschaften durch positivere Selbstgespräche zu ersetzen. So empfiehlt er folgende Affirmationen (Selbstbestätigungen):

- *Ich kann alles schaffen, was ich mir zutraue!* Ich habe alles, was ich dazu brauche und eigne mir jeden Tag noch mehr davon an. Ich besitze das nötige Talent, die entsprechenden Qualifikationen und Fähigkeiten.
- *Ich habe vor nichts und niemandem Angst.* Ich besitze Kraft, Macht, Überzeugung und Zuversicht! Ich liebe Herausforderungen und stelle mich ihnen, direkt und ohne auszuweichen – vor allem heute.
- *Nichts kann mich aufzuhalten.* Ich bin absolut entschlossen. Ich münze Probleme zu Vorteilen um. Ich erkenne Möglichkeiten, wo andere nicht die geringste Chance gesehen hätten.[4]

Ein ganz anderer Ansatz lautet: »Denke nicht darüber nach; handle einfach!« Diese Aufforderung basiert auf der Theorie der Selbstwahrnehmung: Verhält man sich anders, als man sich fühlt, so wirkt das Verhalten auf das Gefühl zurück. »Ich fühle mich nicht sicher dabei, zu dieser Konferenz zu gehen und dieses Referat zu halten, aber ich werde mich wie ein selbstbewusster Mensch verhalten. Ich werde erhobenen Hauptes hineingehen, gelassen reagieren und mich sicher bewegen. Und siehe da, schon *fühle* ich mich auch sicherer, und die Leute behandeln mich, als hätten sie es mit einer selbstbewussten Person zu tun.«

Diese Methode ist auch als die »Fake-it-till-you-make-it«-Strategie (»Tu-so-als-ob-bis-du-es-bist«) bekannt. In der Physik besagt eine Formel, dass es schwierig ist, einen Gegenstand aufzuhalten, wenn er sich einmal in Bewegung befindet. Deshalb: Wenn Sie sich unsicher fühlen, stehen Sie auf und setzen Sie sich in Bewegung. Ein Erfolg führt zum nächsten.

In diesem Kapitel haben wir gezeigt, wie das ungeschriebene Gesetz der ausgeglichenen Machtbalance unter Frauen funktioniert. Doch wo liegt sein Ursprung? Warum wollen wir – quasi um jeden Preis – dieses Gleichgewicht zwischen uns und anderen Frauen wahren? Und weshalb schlagen wir mit solcher Boshaftigkeit zu, wenn die Balance gestört ist? In den nächsten beiden Kapiteln wollen wir die biologischen und soziologischen Ursachen des weiblichen Strebens nach Machtbalance erforschen.

Drei

Aus den XX-Akten: Die Ursprünge des Frau-Frau-Konflikts

Stellen Sie sich vor, man hat Sie und eine Ihrer Kolleginnen mit einem begehrten Projekt beauftragt, das Ihnen viel Aufmerksamkeit und womöglich sogar eine Beförderung verschaffen wird. Sie arbeiten schon seit Jahren mit dieser Kollegin, Angela, zusammen und sind glücklich, diese Chance zu bekommen. Doch genau in dem Augenblick, als das Projekt ins Rollen kommt, müssen Sie die Stadt für eine Woche verlassen, um Feuerwehr bei einem schon laufenden Auftrag zu spielen. Während Sie sich auf die Reise vorbereiten, bitten Sie Angela, alle laufenden Verantwortlichkeiten mit Ihnen zu teilen. Sie verabschieden sich im sicheren Glauben, dass man Sie fair behandeln wird.

Bei Ihrer Rückkehr stellen Sie fest, dass Angela die Aufgaben des Tagesgeschäfts tatsächlich gerecht verteilt hat. Anders als erwartet jedoch, hat sie die Filetstücke des neuen Projekts – die, die Anerkennung und Bekanntheit versprechen – für sich reserviert, und Ihnen die wenig befriedigende Knochenarbeit überlassen. Sie fühlen sich verletzt, betrogen und wütend. Enttäuscht wenden Sie sich Bestätigung heischend an Ihre Kolleginnen Irene und Miriam und weihen sie in die fiesen Einzelheiten von Angelas Verrat ein. Sie leiden und müssen Ihrem Schmerz Luft machen, aber Sie suchen auch Kontakt zu Menschen, denen Sie vertrauen können. Und wenn Sie drei Angela das nächste Mal auf dem Gang begegnen, grüßen Sie sie nur mit einem frostigen Blick und kehren ihr den Rücken.

Von außen betrachtet könnte man annehmen, dass Sie vielleicht tratschen oder – schlimmer noch – bewusst einen Catfight schüren. Bei unseren Nachforschungen aber haben wir festgestellt, dass eine derartige Reaktion tief im weiblichen Körper und Gehirn verankert ist. Unser evolutionäres Erbe, unsere spezifische Gehirnstruktur und die weiblichen Hormone haben zusammenwirkend den Drang nach engen emotionalen Bindungen zu anderen Frauen hervorgebracht – Bindungen, die sich, wenn wir uns enttäuscht oder betrogen fühlen, schlagartig in Feindschaft verkehren können.

Die finnische Psychologin Kaj Björkqvist, eine der wichtigsten Erforscherinnen der weiblichen Aggression, erklärt: »Mädchen tendieren zur Bildung enger Zweierbeziehungen und haben sehr hohe psychologische Erwartungen an ihre besten Freundinnen. Weil die Erwartungen so hoch sind, fühlen sie sich, wenn die Freundschaft scheitert, ungeheuer betrogen. Und zeigen sich dann ebenso feindselig, wie sie vorher freundlich waren.«[1] Auch wenn aus Mädchen Frauen werden, ändert sich diese Dynamik kaum.

Dank unserer weiblichen Intuition sind wir in der Lage, andere Frauen zutreffend zu interpretieren, und erwarten, dass sie sich als vertrauenswürdig, großzügig, ehrlich und fürsorglich erweisen. In der Regel werden wir dabei auch nicht enttäuscht. Wenn allerdings eine andere Frau gegen die Regel der ausgeglichenen Machtbalance verstößt und uns bei der Arbeit sabotiert oder (entweder aus eigenem Antrieb oder durch eine dritte Partei) ihre

Machtposition ausbaut, sind wir verletzt und zornig. Dann suchen wir bei anderen Frauen Unterstützung, um den Erfolg unserer neuen Feindin zu untergraben.

Wie widerwärtig ein solches Verhalten auch erscheinen mag (vor allem wenn wir selber darunter zu leiden haben), so war es doch in evolutionärer Hinsicht womöglich entscheidend für unser Überleben. In diesem Kapitel sichten wir Arbeiten zur Primaten-, Gehirn- und Hormonforschung, um den biologischen Ursprüngen des Catfighten auf die Spur zu kommen.

Hierarchien im Namen der Fortpflanzung

Wenn es um unsere geschlechtliche Natur geht, lautet die Parole für Männer wie für Frauen: Fortpflanzung. Wir streben – so will es Mutter Natur – danach, unsere Gene in den menschlichen Gen-Pool einzubringen. Wir fühlen den Drang, uns zu vermehren. Sind Sie ein Mann, so nimmt das unter Umständen nur ein paar Minuten in Anspruch, und wenn Sie Glück haben, können Sie es mehrmals täglich tun. Leider sind Ihre Geschlechtsgenossen auf dasselbe Ziel programmiert, und auch sie kämpfen um den Zugang zu den Weibchen. So entstehen Konflikte. Die männlichen Vertreter vieler Spezies konkurrieren mit anderen Männchen um die Chance, ihre Erblinie fortzusetzen – manche (von winzigen Mäusen bis zu mächtigen Löwen) fressen sogar die Nachkommenschaft ihrer Rivalen, um ihre eigene genetische Dominanz zu sichern.[2]

Als Pat in Boulder/Colorado studierte, konnte sie den männlichen Reproduktionsanspruch direkt beobachten – aber nicht etwa, weil sie von Hunderten von Studenten umgeben war. Ihre

Universität stand an einem Ausläufer der Rocky Mountains, und jeden Herbst hallten die Schluchten vom beängstigenden Brunftgeschrei der männlichen Elche wider, die sich oben im Gebirge aufeinander stürzten, die Köpfe gegeneinander rammten und die Geweihe ineinander verhakten. Manche starben sogar bei diesen heftigen Zusammenstößen. Pat war es ein Rätsel, weshalb sich diese majestätischen Tiere derart aufführten. Doch nach und nach erfuhr sie, dass Elche ihre jährlichen blutigen Kämpfe zur Ermittlung der stärksten Männchen benutzten – derer, die sich dann mit den Weibchen paaren durften.

Der angeborene Instinkt, bis aufs Blut um seine Stellung in der Gemeinschaft zu kämpfen, mag uns brutal erscheinen, hat aber möglicherweise einen Sinn, der über die bloße Fortpflanzung hinausgeht. Viele Sozialwissenschaftler glauben, dass er zur Schaffung hierarchischer Gesellschaften dient (mit einem Alpha-Männchen an der Spitze, unter dem die schwächeren Männchen ihre Plätze in einer Pyramidenstruktur einnehmen). Eine solche Ordnung verhindert ständiges Blutvergießen und Anarchie unter den Männchen. Ein weiterer Vorteil dieser Art von Herrschaftshierarchie besteht darin, dass sie für Sicherheit und Frieden sorgt. Jedes männliche Tier kennt seinen Platz und nimmt ihn so lange ein, bis es sich bereit fühlt, das Leittier herauszufordern.

Ein paar Lektionen von unseren Vettern

Wenn es auch nicht möglich ist, direkte Parallelen zwischen Primaten und Menschen zu ziehen – schließlich besitzen wir einen Grad von Intelligenz, der ihnen fehlt –, wäre es nach Psychologieprofessor Shelley E. Taylor und ihren Kollegen von der University of California in Los Angeles »töricht zu behaupten, dass wir vom Verhalten der Primaten nichts zu lernen hätten«.[3] Schimpansen sind unsere nächsten lebenden Artverwandten, deren Gene sich mit den unseren zu 99 Prozent decken. (Im Gegensatz dazu decken sich nur 50 Prozent des Maus-Genoms mit dem unseren.[4]) Wenn wir die Unterschiede in der sozialen Rangordnung unter männlichen und weiblichen Schimpansen betrachten, finden wir erstaunliche Ähnlichkeiten zu uns Menschen. Und wir entdecken dort vielleicht sogar die Wurzeln unseres weiblichen Verhaltens.

Werfen wir zunächst einen Blick auf die Bindungen unter den männlichen Schimpansen. Sie sind überaus kurzlebig. Männchen bilden Koalitionen, um Prestige zu erwerben: Sie setzen gemeinsam das Alpha-Tier ein; sie tun sich auch zusammen, um ihr Abendessen zu jagen, um sich gegen Eindringlinge zu verteidigen oder den niedrigsten Affen am Totempfahl zu attackieren. Frans de Waal, Zoologe und Ethnologe und einer der weltweit führenden Erforscher des Primatenverhaltens am Yerkes Regional Primate Research Center, hat bei seinen Forschungen festgestellt, dass »erwachsene Schimpansenmännchen in einer hierarchischen Welt zu leben scheinen, in der … es nur ein einziges Ziel gibt: Macht.«[5] Sobald das Ziel erreicht ist, löst sich die Koalition auf, nur um sich bei einer neuen Herausforderung in einer anderen Zusammensetzung aufs Neue zu formieren.

Die Beziehung unter den Männchen beruht auf einer »Wie du mir, so ich dir«-Strategie: Hilfst du mir, dann helf ich dir. Tust du mir weh, so zahle ich es dir heim. Solche männlichen Schimpansenkoalitionen seien nur schwer vorherzusagen, erklärt de Waal in

Peacemaking Among the Primates: »Die unzuverlässige macchiavellistische Natur der männlichen Machtspiele beinhaltet, dass jeder Freund ein potenzieller Feind ist und umgekehrt.«[6] Tatsächlich sind männliche Schimpansen – wie Deborah Blum, Autorin von *Sex on the Brain*, schildert – »ständig damit beschäftigt Komplotte zu schmieden und günstigere Allianzen zu verhandeln.«[7] Kommt einem das nicht irgendwie bekannt vor?

Die männliche Hierarchie unter Schimpansen ist eine förmliche Angelegenheit, und ständig teilen die Mitglieder der Gruppe einander ihren jeweiligen Status mit. Das dominierende Männchen zeigt seine Überlegenheit, indem es buchstäblich die Haare sträubt – was den Eindruck erweckt, es sei größer, als es tatsächlich ist. Untergeordnete Tiere demonstrieren ihren niedrigeren Rang durch Grunzen und unterwürfige Verbeugungen. Bricht diese Status-Kommunikation zusammen, kommt es zu Kämpfen. De Waal zufolge kommt es zwischen männlichen Schimpansen 20-mal so häufig zu aggressiven Zwischenfällen wie zwischen den Weibchen. Allerdings vertragen sie sich auch schnell wieder; 47 Prozent der Männchen sind nach einem Konflikt versöhnlich.[8] »Man kann formale Hierarchien also als Mittel betrachten, trotz Rivalitäten den Zusammenhalt zu wahren«, erklärt de Waal.[9]

Unter den Männchen erweist sich das Signalisieren der jeweiligen Stellung als sehr hilfreich. Wenn man nicht mehr ständig um die Gesellschaftsordnung kämpfen muss, begreift man automatisch die Grenzen des eigenen Verhaltens. Diese Art von Solidarität wird dann wichtig, wenn die Männchen sich zusammenschließen müssen, um sich gegen aggressive Rivalen aus Nachbarterritorien zu verteidigen.

Sollten Sie aber meinen, derartige Dominanzkämpfe fänden

nur bei niedrigeren Arten statt, so täuschen Sie sich; Sozialpsychologen haben dokumentiert, wie männliche Heranwachsende um ihre Stellung in Gruppen ringen. In einer interessanten Testreihe, die sich über einen Zeitraum von acht Jahren erstreckte, untersuchte der Forscher Ritch Savin-Williams von der Universität Chicago das Verhalten von Kindern im Alter zwischen 11 und 17 Jahren während mehrerer Sommerlager in Neuengland, Michigan und New York. Die Jugendlichen wurden beim Aufstehen und Zubettgehen, bei den Mahlzeiten und beim Putzen, während der Hüttenbesprechungen sowie bei der Teilnahme an sportlichen Aktivitäten beobachtet.

Savin-Williams stellte fest, dass es schon während der ersten paar Tage ihres Zusammentreffens zu Machtkämpfen unter den Jungen kam (zu den Mädchen später mehr). Die dominanteren Jungen kommandierten die weniger dominanten herum: Sie verspotteten und unterbrachen sie, rempelten sie an, prahlten, drängelten und stießen Drohungen aus oder versuchten anderweitig, ihre Lagergefährten zu kontrollieren. Bald übernahmen die körperlich am weitesten entwickelten Jungen die Stellung von Gruppenführern.

Diese Atmosphäre der Feindseligkeit war allerdings nicht von Dauer. Mit der Zeit, »als sich allmählich eine Hierarchie herauskristallisierte«, so Savin-Williams, »nahm die Häufigkeit von Dominanzakten innerhalb der Gruppe ab; und auch das Signalisieren des jeweiligen Status wurde deutlicher.« Sobald also jeder Junge seinen Rang in der sozialen Ordnung kannte, verschwand die Notwendigkeit der Positionskämpfe.[10] Die Jungen beruhigten sich und widmeten sich den Freuden des Lagerlebens.

Gemeinsam sind wir stark

Der Fortpflanzungstrieb wirkt auch bei uns Frauen, auch wir wollen unsere Gene in den Gen-Pool einbringen; doch müssen wir dabei anders vorgehen als die Männer. Sobald ein Weibchen befruchtet ist, wird die Trächtigkeit sie je nach Spezies für einen Zeitraum von mehreren Wochen bis mehreren Monaten physisch belasten. In dieser Zeit ist sie verletzlich und weniger in der Lage, sich zu verteidigen. Und sobald das Baby geboren ist, muss sie sich um den Nachwuchs kümmern, bis dieser selbstständig geworden ist und sich selber durchbringen kann.

Anders als die Männchen benötigen Weibchen für den Fortbestand ihrer Gene und zur Sicherung der Hierarchie meist keine offenen Konflikte. Anstatt mit anderen Weibchen zu konkurrieren, zählen sie eher auf die Hilfe ihrer Freundinnen, um das Überleben der Nachkommenschaft zu sichern. Weibchen kämpfen nicht um den Zugang zur Macht. Ihre Kämpfe drehen sich eher um den Zugang zu den Ressourcen, wie Lebensmittel, Schutz der Jungen, Männchen, Beförderungen, begehrte Aufträge.

Die Aufzucht des Nachwuchses ist, ob es sich um Menschen oder niedrigere Säugetieren handelt, eine zeit- und energieaufwendige Angelegenheit. Um beide Ressourcen optimal zu nutzen, kümmern sich Schimpansinnen häufig wechselseitig um ihre Jungen und säugen sie sogar abwechselnd. Wenn sich aber ein Schimpansenweibchen mehr als den ihm zustehenden Teil am Fressen nimmt oder eines der Jungen aus der Gruppe in Gefahr bringt, wird sie von den anderen Weibchen radikal bestraft. »Wenn es auch eher ungewöhnlich ist«, heißt es dazu bei de Waal, »so scheinen die Weibchen zuweilen völlig die Beherrschung zu verlieren und sich derart zu zerfleischen, dass Krüppel und Schlimmeres auf dem Schlachtfeld zurückbleiben.« Sogar Groll scheinen Schimpansen gegeneinander zu hegen. De Waal beschreibt die gekränkten Weibchen als »rachsüchtig und unversöhnlich. Tagelang, wenn nicht länger, sind sie wütend; sie schlagen, stoßen die Exfreundin und kommen ihr nicht zu Hilfe.« Verglichen mit den männlichen Schimpansen scheinen es die »Weibchen sehr viel schwieriger zu finden, das Versagen einer Freundschaft, auf die man vertraute, zu verzeihen«.[11]

Im Gegensatz zum versöhnlichen Verhalten der Männchen im Anschluss an Konflikte schließen nur 18 Prozent der weiblichen Schimpansen nach einem Kampf wieder Frieden miteinander. Sie haben auch allen Grund Gruppen-Vergehen persönlich zu nehmen, denn die Verletzung einer weiblichen Freundschaft kann den Nachwuchs in Gefahr bringen, und biologisch ist eine Bedrohung des Nachwuchses in der Tat ein hohes Risiko, das anhaltenden Zorn vielleicht so lange nötig macht, bis die Bedrohung völlig ausgeräumt ist.

Weitere Lektionen von unseren Primaten-Schwestern

In weiblichem Umfeld demonstrieren weibliche Primaten eine auffällige Verbundenheit, und ihre Beziehungen sind in der Regel konstanter als männliche. Auch unter Schimpansenweibchen gibt es Hierarchien, doch ihre Strukturen sind ziemlich vage und nur selten demonstriert man einander seinen jeweiligen Status. Weibliche Schimpansenhierarchien sind weit weniger auf Dominanz oder Macht hin orientiert als die sehr wechselhaften männlichen Hierarchien. Und während die männlichen Gruppen einander fortwährend mittels Konflikt neu erschaffen, bleiben Gesellschaftsverträge zwischen Weibchen über viele Jahre und häufig auch über Generationen unverändert. An weiblichen Koalitionen beteiligen sich in der Regel nur nahe Verwandte, während Weibchen und Nachkommen anderer mütterlicher Linien ausgeschlossen bleiben.[12] Erwachsene Schimpansenweibchen, erläutert de Waal, leben in »einer Welt horizontaler sozialer Beziehungen«, in der es nicht um Macht, sondern um *Sicherheit* geht. Deswegen ist es von großer Bedeutung, innerhalb des kleinen Kreises von weiblichen Angehörigen und Freundinnen gute Beziehungen aufrechtzuerhalten: Auch wenn manche Weibchen beträchtliche Macht ausüben, werden sie sich nicht gegen eine Freundin oder weibliche Verwandte wenden, sondern ihre Aggression im Kampf mit einer Rivalin austoben.[13]

Eine wesentliche Veränderung tritt ein, sobald die Bedrohung von Seiten eines erwachsenen Männchen erfolgt. Wenn ein Weibchen etwas von einem Männchen will – sei es eine Banane, oder dass er aufhört, ihr auf die Nerven zu gehen, oder ob sie ihr Junges vor ihm schützen möchte –, kann sie keinen direkten körperlichen Angriff auf ihn starten. Eine Primatin ist oft nur halb so groß und stark wie ihr männliches Pendant, und jede direkte Aggression ihrerseits würde sowohl sie als auch ihren Nachwuchs in Gefahr bringen. Daher lernt sie, sich das Gewünschte auf Umwegen zu verschaffen (vielleicht schleicht sie hinter ihm vorbei und stibitzt die Banane, wenn er gerade nicht hinsieht), oder sie schmiedet eine Allianz mit anderen Weibchen der Herde, weil sie gemeinsam stärker und mächtiger sind und ihr Ziel eher erreichen können.

Der Primatenforscherin Barbara Smuts zufolge schließen sich viele Primatinnen bei Bedrohung von Seiten eines Männchens »zu Koalitionen mit Weibchen (derselben Spezies) zusammen, die keine engen Verwandten sind. Solche Koalitionen können als Reaktion auf männliche Aggression sehr rasch mobilisiert werden, da jedes in der Nähe befindliche Weibchen in Frage kommt.«[14] Man hat beobachtet, dass Primatenweibchen sich auf diese Weise zusammentaten, wenn Männchen eines von ihnen belästigten, verfolgten oder erschreckten.[15]

In *Good Natured: The Origins of Right and Wrong in Humans and Other Animals* gibt Frans de Waal ein faszinierendes Beispiel dafür, wie Schimpansenweibchen einer Herdengefährtin zu Hilfe kamen, als sie von Jimoh, dem Alpha-Tier in der Yerkes Field Station-Gruppe bedroht wurde. Jimoh entdeckte, dass dieses Weibchen, eines seiner Lieblinge, sich von Socko, einem jungem Heranwachsenden, begatten ließ:

> Socko und das Weibchen waren klugerweise von der Bildfläche verschwunden, aber Jimoh hatte sie gesucht. Normalerweise hätte das alte Männchen den Übeltäter bloß verjagt, aber aus irgendeinem Grund – vielleicht weil das Weibchen sich an diesem Tag wiederholt geweigert hatte, sich mit Jimoh zu paaren – raste er diesmal in Höchstgeschwindigkeit hinter Socko her und gab nicht auf. Er jagte ihn durch die gesamte Anlage …
>
> Doch ehe er sein Ziel erreicht hatte, stimmten mehrere Weibchen, die sich in der Nähe aufhielten, das so genannte »Woaw«-Gebell an. Dieser Entrüstungslaut wird üblicherweise gegen Aggressoren und Eindringlinge eingesetzt. Zunächst blickten die Ruferinnen um sich, um die Reaktion der anderen abzuschätzen; doch als andere, und vor allem

das höchstrangige Weibchen, sich ihnen anschlossen, wurden die Rufe schnell schriller, bis ein ohrenbetäubender Chor entstanden war. Die zunächst vereinzelten Anfänge erweckten beinahe den Eindruck, als ob die Gruppe abgestimmt hatte. Sobald der Protest zu einem Chor angeschwollen war, brach Jimoh seinen Angriff mit einem nervösen Grinsen ab; er hatte begriffen. Hätte er nicht reagiert, wäre es zweifellos zu einer konzertierten Weiberaktion gekommen, um dieser Störung ein Ende zu machen.[16]

Man könnte glauben, dass der überlegene Rang, ebenso wie Größe und Stärke eines Männchens diese defensiven Angriffe unterbinden – in Wirklichkeit aber fällt es den Männchen, wenn sich die weiblichen Affen einmal zusammengeschlossen haben, sehr schwer, sie zu bändigen. Natalie Angier, Wissenschaftsautorin der New York Times, erinnert uns daran, dass »weibliche Allianzen die Freiheit der Frauen garantieren können«.[17]

Nach Kämpfen mit anderen Weibchen außerhalb ihres kleinen vertrauten Kreises, haben Schimpansenweibchen kaum Grund, sich wieder auszusöhnen. De Waal stellte fest, dass die Weibchen sogar oft ein, zwei Leibfeindinnen haben, mit denen eine Versöhnung überhaupt nicht in Frage kommt. »Anstatt die Weibchen ›unversöhnlicher‹ zu nennen als die Männchen, ziehe ich es vor, sie als ›selektiver‹ zu bezeichnen«, schreibt er. »Die Unterscheidung zwischen Freund und Feind scheint bei Weibchen sehr viel schärfer zu sein.«[18] Weil männliche Koalitionen kurzlebig sind, sind ihre »Freundlichkeit« und ihr Gemeinschaftsgeist eher zweckmäßig – man setzt sie ein, um ein Ziel zu erreichen. Die Beziehungen unter Männchen besitzen keine so große Intensität, folglich ist auch die Verletzung bei wechselnden Koalitionen nicht so groß. Verrat unter Weibchen dagegen, die langlebige, tiefe Beziehungen miteinander unterhalten, kann gravierende und dauerhafte Folgen haben.

De Waals Beobachtung stützt die Annahme, dass das, was wir einen Verstoß gegen die Regel der ausgeglichenen Machtbalance nennen, die angeborene Reaktion einer Frau darstellt, die glaubt, dass ihr symbolischer (ebenso wie ihr tatsächlicher) Gen-Pool bedroht ist. Und möglicherweise können diese evolutionären Faktoren uns auch erklären, warum kleinen Mädchen schon so früh eingeimpft wird, miteinander »zu teilen« und »schön zu spielen« und damit instinktiv die Regel der ausgeglichenen Machtbalance zu befolgen. Wie Natalie Angier in *Frau: Eine neue Biografie des weiblichen Körpers* schreibt:

> In den Annalen unserer Primatenvergangenheit zieht es die Weibchen zu anderen Weibchen, auf dass man gemeinsam stark sei. (…) Das wiederkehrende Thema ist eines von Zusammenschluss und Nähe, eines aggressiven Bedürfnisses nach weiblicher Allianz. Hier liegt womöglich die Wiege für die Phantasie von der besten Freundin, und der Grund, warum uns andere Mädchen und unsere Stellung unter unseren Arbeitskolleginnen oder Generationsgenossinnen so wichtig sind, warum weibliche Freundschaften eine Sache auf Leben und Tod sind …[19]

Um noch einmal zu Ritch Savin-Williams Arbeiten über Heranwachsende in Sommerlagern zurückzukehren – seine Ergebnisse zeigten, dass die soziale Struktur unter Mädchen (sogar unter »hochrangigen« Mädchen) weit flexibler war als die unter Jungen. Die Mädchen in seinen Studien behaupteten ihren Einfluss nur selten durch körperlichen Einsatz oder Streit, da es ihnen gar nicht um Macht ging. Es gab keine eindeutige Führerin – und manchmal schlüpfte ein Alpha-Mädchen während des Lageraufenthalts in eine Beta-Rolle und wieder in die Alpha-Rolle zurück. Tatsächlich gingen oft mehrere Anführerinnen aus diesen Gruppen hervor: ein Mädchen etwa, das eine gute Organisatorin war, und ein anderes, das den Mädchen bei ihren Gefühlsverstrickungen half.

Das weibliche Gehirn

Stellen Sie sich vor, eine beliebte Mitarbeiterin ist am Morgen entlassen worden, und Sie und Ellen, eine Teamkollegin, unterhalten sich darüber, weil es Sie beide erschüttert hat. Ihr Chef sieht Sie miteinander »tuscheln« und fragt verwundert, warum Sie Ihre Zeit mit Klatsch vergeuden. »Sie ist gefeuert«, brummt er wegwerfend. »Warum müsst ihr auf der Sache herumreiten? Zieht einen Schlussstrich und macht einfach weiter.« Er kann das, was Ellen und Sie für überaus wichtig halten, weder verstehen noch schätzen. Emotionen und Worte sind im weiblichen Gehirn eng miteinander verbunden – angesichts einer derart bedeutsamen Angelegenheit zu schweigen, wäre quälend und isolierend. Da Sie keine Lust haben, Ihr Gespräch über Marys Entlassung abzubrechen, verschwinden Sie und Ellen auf die Toilette, um ihr Gespräch fortzusetzen.

Derartige Unterschiede zwischen Männern und Frauen werfen ein Schlaglicht auf die Tatsache, dass männliche Gehirne sich deutlich von weiblichen unterscheiden. Da der Drang, sich fortzupflanzen, ein primäres Motiv ist, kann man nur vermuten, dass sich unsere weiblichen Gehirne über die Jahrtausende auf genau diese Weise entwickelt haben, damit wir über die Mittel für unser eigenes und das Überleben unserer Nachkommenschaft verfügen. Wissenschaftler haben festgestellt, dass Frauen auf Austausch ausgelegt sind, auf Mitgefühl, und dass sie über beträchtliche positive wie negative verbale Fähigkeiten verfügen. (Wir sind sehr geschickt im Umgang mit Worten, mit denen wir andere besänftigen oder aber auch angreifen können.) All diese Fähigkeiten helfen uns, erfolgreich in intensiven, überlebenswichtigen weiblichen Beziehungen zu leben.

Bis noch vor kurzer Zeit wurde angenommen, dass das männliche und das weibliche Gehirn mehr oder weniger identisch sind. Die meisten von uns haben in der Schule gelernt, dass die Hirnrinde beziehungsweise die grauen Zellen der rechten Gehirnhälfte für künstlerische Begabung, Musik und nichtsprachliche Klänge, Intuition sowie visuelle und räumliche Beziehungen verantwortlich ist. Sie beschäftigt sich sowohl mit Gefühlen wie Abstraktionen und hilft uns bei der Wiedererkennung von Formen und Muster. Die Hirnrinde der linken Gehirnhälfte dagegen verfolgt weit geradlinigere Ziele. Sie soll für Logik, konkretes Denken, sowie für kognitive und analytische Fähigkeiten wie Sprache oder Mathematik zuständig sein. Beide Hemisphären sind durch ein dickes Bündel von Fasern, *Corpus callosum* genannt, miteinander verbunden, das die Kommunikation zwischen rechter und linker Hälfte ermöglicht.

All dies mag durchaus zutreffen – auf die Männer. Der Großteil der frühen Forschungen zu einer derartigen Aufteilung des Gehirns beruhte nämlich auf der Untersuchung männlicher Soldaten, die unter kriegsbedingten Gehirnschäden litten. In jüngerer Zeit allerdings haben Wissenschaftler mit Hilfe hoch entwickelter bildgebender Verfahren, wie funktionaler PET-Scans (die detailliert anzeigen, welche Gehirnstrukturen bei bestimmten Handlungen aktiviert werden) festgestellt, dass das weibliche Gehirn nicht ganz so klar aufgeteilt ist. Die Zentren etwa, die Sprache und Gefühlsreaktionen steuern, können sich auf beiden Seiten des weiblichen Gehirns befinden. Darüber hinaus gilt: Während die männliche Gehirnrinde etwa 13 Prozent mehr Neuronen beherbergt, enthält das weibliche Gehirn 13 Prozent mehr *Neuropils*, Zellfortsätze der Neuronen, die es den Gehirnzellen erlauben, miteinander zu kommunizieren.

Das Corpus callosum ist bei Frauen sehr viel dicker als bei Männern, was ebenfalls bedeutet, dass mehr Kommunikation und Zusammenarbeit zwischen den Hemisphären stattfindet. Je umfangreicher die Verbindungen zwischen linker und rechter Gehirnhälfte, umso ausgeprägter sind die verbalen Fähigkeiten. Das komplexer verschaltete weibliche Gehirn ermöglicht einen intensiveren Austausch von Informationen zwischen den beiden Hälften: Die Gefühle sind besser mit unseren verbalen Fähigkeiten verknüpft, was uns eine größere Geläufigkeit im Gefühlsausdruck verleiht.[20] Vermutlich ist dies auch der Grund, warum ein Mann es sehr viel schwieriger findet, über seine Gefühle zu sprechen als eine Frau: Die Übermittlung der Information von einer Gehirnhälfte in die andere ist bei ihm mit größeren Schwierigkeiten verbunden.

Darüber hinaus läuft auch die Aufnahme und Verarbeitung von Informationen bei Frauen anders. Aufgrund der weiblichen Gehirnentwicklung sehen, riechen und spüren wir Gefahren schneller. Sogar unsere periphere Sicht ist ausgedehnter. Vielleicht helfen diese intensiveren Sinneswahrnehmungen weiblichen Tieren, in Situationen, die für ihre Jungen bedrohlich sind, früher zu reagieren. Auch unsere Reflexe unterscheiden sich von denen der Männer. Bei Frauen ist diese Funktion mit einer verbalen Reaktion verknüpft – wir rufen Verbündete um Hilfe –, während sie bei Männern mit körperlicher Aktivität – Kampf oder Flucht – verbunden ist.

Untersuchungen bei Neugeborenen tragen auch zum besseren Verständnis angeborener Geschlechterunterschiede bei, die kulturellen und gesellschaftlichen Einflüssen zugrunde liegen. Beispielsweise haben Forschungen ergeben, dass laute Geräusche und körperliches Unbehagen weibliche Säuglinge stärker irritieren und beängstigen als männliche. Auch unser Tast- und Hörsinn ist bereits bei neugeborenen Mädchen besser ausgeprägt. Weibliche Babys sind zudem geschickter im Aufnehmen sozialer Signale: Sie zeigen größeres Interesse an Menschen und Gesichtern als neugeborene Jungen. In einer Säuglingsstudie über zwei bis vier Tage alte Kinder hielten Mädchen den Augenkontakt mit schweigenden Erwachsenen fast doppelt so lange wie Jungen. Wenn der Erwachsene sprach, fixierten ihn die Mädchen noch länger. Mit vier Monaten können die meisten Mädchen Fotos von bekannten Menschen von denen von Fremden unterscheiden; die meisten Jungen sind dazu nicht in der Lage.[21]

Auch für emotionale Einflüsse sind Mädchen empfänglicher als Jungen; die Untersuchungen zeigen durchweg, dass Mädchen schon im Alter von einem Tag bereits stärker auf das Weinen anderer Babys reagieren als Jungen (was nicht nur mit ihrer größeren Sensibilität für Töne zu tun hat, denn auf ebenso laute computererzeugte Sprache und Tierlaute reagierten sie weniger stark). Man glaubt, dass diese stärkere Reaktion der Entwicklung von Empathie zugrunde liegt.[22]

In der Sprachentwicklung sind die Mädchen den Jungen weit voraus. Sie sind aktiver im Glucksen und Gurren mit erwachsenen Spielgefährten – während Jungen genauso gern auf ihre Spielsachen einbrabbeln. Sowohl die ersten Worte als auch die ersten kurzen Sätze lernen sie früher als Buben, weil ihre Gehirne für den Spracherwerb einfach besser ausgestattet sind. Folglich sind Mädchen dann auch während der Kindergartenzeit sprachlich gewandter; sie lesen besser und zeigen in den sprachlichen Grundlagen wie Grammatik, Interpunktion und Orthographie eine größere Lernfähigkeit. Auch lassen sie sich durch beruhigende Worte und Lieder leichter trösten. Jungen brauchen etwa ein Jahr, um diesen Vorsprung aufzuholen.[23]

Vielleicht erklärt dieser verbale Vorteil, warum Frauen sich manchmal geradezu gezwungen fühlen, miteinander zu kommunizieren. In einer Firma, in der sowohl Pat als auch Susan arbeiteten, gerieten zwei Sekretärinnen unter den Beschuss ihrer männlichen Chefs, die meinten, die Frauen verbrächten zu viel Zeit mit Ratschen. Die Männer verstanden nicht, dass bei Frauen aufgrund ihres Gehirnaufbaus die Fähigkeit, mehrere Aufgaben gleichzeitig zu erledigen, stärker ausgeprägt ist. Die Unterhaltung der Sekretärinnen schloss die gleichzeitige Erledigung anderer Aufgaben nicht aus.

Als die beiden Frauen ihre Gespräche, unbeeindruckt von den Mahnungen ihrer Vorgesetzten, fortsetzten, zogen ihre Chefs eine gläserne Trennwand zwischen den Schreibtischen ein, um jeden weiteren verbalen Austausch zu unterbinden. Doch auch das konnte die beiden vom Reden nicht abhalten. Gegen den ausdrücklichen Wunsch ihrer Vorgesetzten verständigten sie sich nun durch übertriebene Mundbewegungen und Zeichensprache.

Frauen sind in ihren emotionalen Reaktionen sehr viel schneller als Männer. Die führende kanadische Gehirnforscherin Sandra Witleson stellte beispielsweise fest, dass Frauen emotionale Inhalte in beiden Gehirnhälften erkennen und verarbeiten, statt nur auf der rechten Seite wie die Männer.[24] In anderen Experimenten, bei denen man Männer und Frauen aufforderte, an die traurigsten Bilder zu denken, die ihnen einfielen, zeigten PET-Scans, dass der Bereich an der Vorderseite des limbischen Systems, der dabei aufleuchtete, bei den Frauen acht Mal so groß war wie bei den Männern.[25]

Frauen sind auch geschickter im Aufgreifen sozialer Hinweise und wichtiger Bedeutungsnuancen aus Tonfall und Gesichtsausdruck; wir bezeichnen diese, zuweilen geradezu unheimliche Fähigkeit als »weibliche Intuition«. Wir Frauen sind derart auf das Entschlüsseln nonverbaler Botschaften geeicht, dass wir gelegentlich dazu neigen, sie zu überinterpretieren, was uns in Schwierigkeiten bringen und zu einem Catfight führen kann. In eine solche Situation geriet Lisa, eine von Susans Klientinnen. Lisa wurde von ihrer Chefin Marsha zum Mittagessen eingeladen, bei dem diese ihr dann ganz deutlich zu verstehen gab, dass Lisas mangelndes Mienenspiel sie störe. Lisa war perplex. Sie hatte nicht einmal geahnt, dass sie einen so nichtssagenden Gesichtsausdruck hatte – es war einfach nur ihre normale, entspannte Miene. Doch Marsha fühlte sich von Lisas neutralem Gesichtsausdruck geradezu beleidigt, weil sie eine negative Absicht, mangelndes Interesse oder gar Feindseligkeit dahinter vermutete.

Susan riet Lisa dringend, ihre Gefühle im Austausch mit anderen Frauen sowohl verbal als auch durch ihre Mimik stärker zum Ausdruck zu bringen. »Wenn es sich am Anfang vielleicht auch dumm anfühlt«, sagte Susan zu ihr, »versuchen Sie, vor dem Spiegel zu lächeln und verschiedene Mienen aufzusetzen.« Diese Konfliktursache ist der männlichen Kultur übrigens fremd, da Männer für solche feinen Ausdrucksnuancen keine Antennen haben. Im Gespräch mit Männern musste sich Lisa um dieses Problem deshalb auch nicht sorgen. Ganz abgesehen davon, dass Männer zu häufiges Lächeln als Zeichen von Schwäche und Machtlosigkeit deuten. Und in solchen Fällen könnte sich Lisas wenig ausgeprägte Mimik als Vorteil erweisen.

Hegen und Pflegen gegen Stress

Eine letzte biogenetische Ursache für potenzielle Catfights liegt womöglich in unseren Hormonen. Nach Jahrzehnten biomedizinischer Forschung über den Einfluss von Hormonen auf unser Verhalten, sind wir überzeugt, dass sie sich auf das Verhalten von Ratten, Affen – und natürlich Menschen – auswirken. Hormone sind chemische Botenstoffe. Sobald sie durch spezielle Zellen im Gehirn, den Fortpflanzungs- und anderen Organen in den Blutstrom ausgeschüttet worden sind, wandern sie in andere Teile des Körpers, wo sie ganz bestimmte Reaktionen hervorrufen. Die Beziehung zwischen unserem Verhalten und unseren Hormonen ist wechselseitig: Hormone beeinflussen unser Handeln, aber unser Handeln beeinflusst auch die Freisetzung von Hormonen.

Eines der Hormone, das für unser Verständnis des Frau-Frau-

Verhältnisses von Belang ist, heißt Oxytocin. Der Name des vor allem für Muskelkontraktionen zuständigen Hormons leitet sich vom griechischen Wort für »rasche Geburt« ab. Das während des Geburtsvorgangs gebildete Hormon bewirkt, dass sich die Gebärmutter bei den Wehen zusammenzieht, und löst den Milcheinschuss beim Stillen aus. Oxytocin ist im Blutstrom vorhanden, wenn eine Mutter ihr Neugeborenes in Empfang nimmt, und wird jedes Mal, wenn sie ihr Kind stillt, aufs Neue ausgeschüttet. Die Evolutionsbiologin Sarah Blaffer Hrdy und die Biologin C. Sue Carter sind der Auffassung, dass Oxytocin eine wichtige Rolle bei der Entstehung der Mutter-Kind-Bindung spielt.

1968 führten Joseph Terkel und Jay Rosenblatt von der Rutgers University ein Experiment durch, das ein Verständnis der chemischen Komponenten der Mutter-Kind-Bindung ermöglichen sollte. Die beiden Wissenschaftler injizierten das Blut einer Ratte, die gerade geworfen hatte, in ein jungfräuliches Rattenweibchen, um zu sehen, wie es auf neugeborene Junge reagieren würde. Ratten, die keinen natürlichen Hegetrieb haben, ignorieren die Babys anderer Ratten, zeigen sich von ihnen irritiert oder fressen sie sogar auf. Das Ergebnis dieses Experiments aber war erstaunlich: Die Ratte leckte die fremden Jungen, beschützte sie und holte sie zu sich zurück, wenn sie sich entfernten. Man glaubt inzwischen, dass das Oxytocin das Verhalten der Ratte so radikal veränderte.[26]

Aufgrund dieser seiner intimitätsfördernden Eigenschaften (es wird bei Frauen und Männern auch während des Beischlafs und nach dem Orgasmus freigesetzt), wird Oxytocin auch »Liebeshormon« genannt.[27] Es bewirkt, dass wir uns in Gegenwart anderer Menschen wohler fühlen und verstärkt unseren Wunsch nach Nähe und Verbundenheit. Forscher haben entdeckt, dass Menschen mit höherem Oxytocin-Spiegel ruhiger und entspannter, geselliger und weniger ängstlich sind. Dies kann zu einer positiven Feedback-Schleife führen, denn die meisten Leute sind gern mit Menschen zusammen, die diese Eigenschaften besitzen.

Im weiblichen Körper spielt Oxytocin noch eine weitere Rolle: Es trägt dazu bei, unsere Reaktionen auf Gefahr zu steuern. Dies wurde kürzlich durch die Forschung der Psychologin Shelley E. Taylor und ihrer Mitarbeiter an der University of California in Los Angeles entdeckt. Dr. Taylor unterhielt sich eines Tages mit einem ihrer promovierten Studenten, der eher nebenbei anmerkte, dass die meisten Tieruntersuchungen zum Thema Stress an *männlichen* Ratten durchgeführt worden seien. Dr. Taylor fand dies beachtenswert, und weitere Nachforschungen ergaben, dass das Gleiche auch für Untersuchungen an Menschen galt. Tatsächlich waren nur 17 Prozent der Versuchspersonen in der Stressforschung Frauen. In einem Artikel über Dr. Taylor erklärt die Gesundheitsjournalistin der *New York Times* Erica Goode: »Die Vorstellung eines einsamen Kriegers, der nur den Kampf oder die Kapitulation kennt, passt nicht so recht zu den Belegen psychologischer Studien, die zeigen, dass Frauen in Stresssituationen häufig die Gesellschaft und Unterstützung anderer suchen, oder ihren Stress bewältigen, indem sie sich um ihre Kinder kümmern.«[28]

Angesichts dessen, was wir heute über unser genetisches Erbe und unsere Gehirne wissen, sollte uns dies nicht überraschen. Dr. Taylor hat mehrere hundert Studien zu hormonellen Stressreaktionen einer Nachprüfung unterzogen und kam zu folgendem Ergebnis: Oxytocin spielt eine zentrale Rolle für die weibliche Reaktion auf Stress. Die Wirkungen des Oxytocin werden dabei durch das Schwangerschaftshormon Östrogen stark modifiziert.[29]

Die von männlichen Tieren vermehrt gebildeten Hormone Testosteron und Vasopressin *hemmen unter Stressbedingungen die Oxytocin-Freisetzung.*[30]

Während Männer, von ihren Stress-Hormonen überschwemmt bei Bedrohung also die »Kampf-oder-Flucht«-Reaktion erleben, reagieren Frauen in solchen Situationen mit einem Oxytocin-gesteuerten Schutz- und Pflegeverhalten. Taylor hat dieses spezifisch weibliche Phänomen als den Drang zu »hegen und pflegen« bezeichnet. Ihre Arbeiten legen nahe, dass sich die Stress-Reaktionen weiblicher Tiere auf genau diese Weise entwickelt haben, weil dadurch weder die eigene Gesundheit noch die der Nachkommen gefährdet wird (wie es durch Kampf oder Flucht leicht geschehen könnte). Oxytocin mit seinen beruhigenden Eigenschaften löst in den Weibchen ein »Hege«-Verhalten aus; das heißt, sie beruhigen ihre Jungen und kümmern sich um sie, gehen auf andere Weibchen zu und tun sich mit ihnen zusammen – ein weiteres Beispiel dafür, dass weibliche Allianzen weibliche Freiheit garantieren.

Taylor zitiert eine faszinierende Studie des Sozialpsychologen R. L. Repetti, die zeigt, wie diese chemischen Reaktionen in Menschenfamilien zum Tragen kommen. Als Repetti die Auswirkungen eines anstrengenden Arbeitstags auf das Elternverhalten untersuchte, befragte er Väter, Mütter und ihre Kinder. Wenn Väter – so stellte er fest – einen Arbeitstag mit vielen zwischenmenschlichen Konflikten hinter sich hatten, neigten sie am Abend gegenüber der Familie stärker zu gereiztem Verhalten. Im Gegensatz dazu zeigten sich Frauen nach einem schlechten Tag häuslicher und fürsorglicher als üblich. An Tagen, an denen Mütter sich als »besonders gestresst« bezeichnet hatten, schilderten ihre Kinder sie als »besonders liebevoll«.[31]

Dieser Unterschied in der Stress-Verarbeitung ist bemerkenswert. Wie Taylor erläutert, »zeigen Forschungsarbeiten über Männer und Frauen, dass bei Frauen in Stresssituationen der Wunsch, sich mit anderen zu verbinden, weit stärker ausgeprägt ist als bei Männern. Und dies ist tatsächlich einer der gravierendsten Geschlechterunterschiede beim menschlichen Verhalten, wenn man von jenen, die direkt mit der Schwangerschaft und dem Stillen zusammenhängen, einmal absieht.«[32]

Und vielleicht kann er uns auch erklären, weshalb Sie sich in unserem hypothetischen Szenario zu Beginn dieses Kapitels an Ihre weiblichen Kollegen wenden würden, obwohl Sie überzeugt sind, dass eine andere weibliche Mitarbeiterin Ihre Beförderung sabotiert hat. Und womöglich hilft er uns auch verstehen, weshalb Sie die plötzliche Entlassung einer Kollegin mit einer Freundin besprechen müssen – trotz der Forderung Ihres Chefs, das Thema zu den Akten zu legen und weiterzumachen. Wenn Frauen unter Stress stehen, wenden sie sich ihrer Natur gemäß Unterstützung und Sicherheit suchend an andere Frauen. Und sind Fürsorge und Trost dort nicht zu haben, fühlen wir uns betrogen und verletzt. Dies erklärt auch, warum Pat die kühle Reaktion ihrer früheren Freundin Marci auf ihre Bitten um Verständnis derart erschüttert hat.

Die Biologie weiblicher Konflikte

Aus all diesen Studien geht hervor, dass unser genetisches Erbe, unsere Gehirnstruktur und unsere Hormone mit unserem Bedürfnis, enge Beziehungen zu anderen, und vor allem zu Frauen herzustellen, zusammenhängen. Wir sind quasi auf Empathie, Intuition und Verbundenheit programmiert. Wir besitzen eine besondere Geläufigkeit im Hinblick auf Sprache und Emotionen, die es uns ermöglicht, unsere tiefsten Gefühle zum Ausdruck zu bringen. In Zeiten der Krise suchen wir bei unseren Freundinnen Trost. Sie ist auch der Grund, weshalb wir glauben, dass wir andere Frauen verstehen, und weshalb wir so hohe Erwartungen an sie und unsere Verbundenheit mit ihnen stellen. In unsere nichthierarchischen Netzwerke eingebunden, verlassen wir uns darauf, dass diese gegenseitige Abhängigkeit uns und unsere Familien durch gute und schlechte Zeiten begleitet und uns unter Umständen sogar beim Überleben hilft.

Ist es da ein Wunder, wenn uns ein vorsätzlicher, aber auch ein unbeabsichtigter Verstoß gegen die Regel der ausgeglichenen Machtbalance – ein Schritt in Richtung männlichen Ehrgeizes und hierarchischen Verhaltens – uns verletzt und verärgert? »Für wen hält sie sich eigentlich?«, murren wir dann vielleicht erbost oder angewidert. »Weshalb führt sie sich auf, als wär sie was Besseres? Wie kann sie mir das nur antun?« Vielleicht denken wir aber auch im tiefsten Herzen: »Sitzen wir nicht alle im selben Boot?«

Wie unseren Schimpansen-Schwestern fällt es uns viel schwerer, einen Verstoß, einen Verrat, das Versagen einer verlässlichen Freundschaft, den heimlichen oder auch den unverhohlenen Griff nach wertvollen Ressourcen zu verzeihen, weil er unser Leben, das Wohlergehen unserer Kinder und unser Selbstwertgefühl bedrohen kann. Wir glaubten diese Person zu kennen; wir dachten, wir könnten uns auf sie verlassen; glaubten, wir seien Freundinnen, mit allem, was weibliche Freundschaft beinhalten kann.

Und wenn wir plötzlich schockiert entdecken, dass wir uns in unserer Einschätzung getäuscht haben, zweifeln wir womöglich an unserem eigenen Urteil und fühlen uns bis ins Mark getroffen. Wir ziehen uns zurück oder schlagen verletzt und zornig und auf die vererbte weibliche Art um uns – ein Catfight entbrennt.

Vier

Die Lehren der Kindheit

Aus den im vorigen Kapitel präsentierten Ergebnissen geht klar hervor, dass wir alle genetisch, biologisch und hormonell »vorprogrammiert« sind, um uns auf eine ganz bestimmte Art und Weise zu verhalten – wie es eben unserer Natur entspricht. Doch biologische und neurologische Faktoren sind nicht die einzigen Faktoren, die unsere Persönlichkeit und unser Verhalten bestimmen. Wir dürfen den Einfluss der Gesellschaft und unserer weiblichen Erziehung nicht vergessen; auch sie sind ein wichtiger Faktor für die Entstehung von Catfight-Verhalten.

Vielleicht meinen Sie jetzt, dass das alles auf die Uralt-Kontroverse »Natur contra Erziehung« hinausläuft. Sind wir so, wie wir sind, aufgrund unserer genetischen Ausstattung oder aufgrund unserer Erziehung? Niemand kennt die Antwort auf diese Frage. Lassen Sie uns davon ausgehen, dass *sowohl* unsere Biologie *als auch* unsere Kindheit unser Erwachsenenverhalten beeinflussen – es gibt keine Entweder-oder-Antwort.

Als Frauen haben wir eine genetische Neigung, uns mit anderen weiblichen Wesen zu verbünden, weshalb uns die Gesellschaft von Kindesbeinen an einimpft, zu »teilen« und »schön miteinander zu spielen« (und uns damit dem Gesetz der ausgeglichenen

Machtbalance zu unterwerfen), um später den Fortbestand unserer Art zu sichern und in weiblichen Allianzen den Nachwuchs zu schützen.

Wir halten an der Ampel

Seit wir Säuglinge waren, wurde uns durch unsere Familien (durch ihr Vorbild und direkte Eingriffe) wie auch durch die Gesellschaft (in der Schule, durch religiöse Gebräuche und Überzeugungen, durch die Medien und so weiter) beigebracht, uns gewisser »akzeptierter« Verhaltensweisen zu befleißigen. Man nennt das *soziales Lernen* oder *Sozialisation*.

Wir alle leben mit solchen, uns von der Gesellschaft auferlegten Verhaltensbeschränkungen. Man stelle sich nur vor, keiner von uns würde an roten Ampeln anhalten oder wir würden uns alles, was uns in den Sinn kommt, nehmen, ob es nun gehört oder nicht. Das Leben wäre völlig chaotisch und ein einziger Kampf. Deshalb halten wir uns an gewisse Regeln, die auf gegenseitiger Übereinkunft beruhen und die wir uns zu unserem eigenen Besten und dem Besten der Allgemeinheit auferlegt haben. Diese Regeln verbürgen unsere Sicherheit und unser Wohlergehen und ermöglichen den Menschen, in Gesellschaften zusammenzuleben.

Auch eine Familie ist eine Gemeinschaft, und jede Familie besitzt ihre eigenen Verhaltensregeln. Manche davon werden explizit ausgesprochen (»In unserem Haus hat das Medizinstudium eine lange Tradition!« – »In einem solchen Aufzug verlässt mir keiner von euch das Haus!«), während man andere einfach stillschweigend voraussetzt oder unbewusst befolgt.

Beschränkungen und Regeln variieren von Familie zu Familie, Region zu Region, Kultur zu Kultur, doch überall, wo Menschen mit Menschen in Kontakt treten, gibt es sie. Allen Gesellschaften und Familien der Welt ist die Notwendigkeit gemeinsam, gewisse Konventionen einzuführen und einzuhalten. Diese Konventionen betreffen in erster Linie folgende Bereiche:

- Aggression und Passivität
- Sexualität und Geschlechterrollenidentität
- Abhängigkeit und Unabhängigkeit
- Emotionale Entwicklung und zwischenmenschliche Bindungen
- Leistung
- Zusammenarbeit und Konkurrenz
- Individualität und Gemeinschaft
- Richtig und Falsch
- Konkrete Lebenserfahrungen wie Essen, Arbeiten, Sauberkeit, Kleidung, Schmerz, Geburt, Tod und so weiter.

Die Entwicklung einer Geschlechterrollenidentität

Gesellschaftliche Regeln können offen oder verborgen sein. In unserer Kultur beispielsweise existiert ein allgemein akzeptierter Grundsatz in Bezug auf die Tischsitten darin, dass man mit Gabel, Messer und Löffel von einem sauberen Teller isst, dass man die Ellbogen nicht auf der Tischplatte aufstützt, das Essen mit geschlossenem Mund kaut, Nudeln nicht schlürfend verzehrt und auf Stühlen bei Tisch sitzt, statt auf dem Boden zu hocken. Andere uns prägende Regeln und Konventionen dagegen sind weniger offensichtlich. Dies gilt vor allem für die Prinzipien, die uns unsere Geschlechterrolle diktiert. Wie wir als Männer und Frauen in der Welt agieren, ergibt sich aus einer Kombination der in Kapitel drei erörterten biologischen Faktoren und sozialen »Gesetzen«.

Die Geschlechterrollenidentität ist ein wichtiger, unveränderlicher Teil unserer Persönlichkeit, der sich bereits früh entwickelt. Dem Psychoanalytiker Robert Stoller zufolge ist sie »mit seltenen Ausnahmen bei beiden Geschlechtern im Alter von etwa drei Jahren fest und unumkehrbar verankert«.[1] Kinder lernen aus der Art und Weise, wie ihre Eltern, Betreuer und Lehrer mit ihnen umgehen, wie man als Junge oder Mädchen agieren »sollte«; und zwar durch Beobachtung des Verhaltens der Erwachsenen sowie durch den Verhaltensdruck Gleichaltriger, durch Fernsehen, Zeitschriften und Kino. All diese Faktoren hinterlassen prägende Eindrücke, die uns bis ins Erwachsenenalter begleiten.

Obgleich wir in derselben Gesellschaft leben, werden Jungen und Mädchen in klar unterschiedenen Kulturen sozialisiert. Wir gehen davon aus, dass man aufgrund des Zusammenlebens im selben Land auch dieselben Werte teilen müsste. Schließlich sind die Unterschiede zwischen deutschen Frauen und Männern nicht so groß, wie gegenüber Männern aus Pakistan, Bali oder Nigeria.

Aber stimmt das auch? In diesem Kapitel wollen wir den Unterschieden im sozialen Lernen und in der Geschlechterrollenentwicklung in den westlichen Ländern auf den Grund gehen und ihre Auswirkungen auf weibliche Konflikte. Gibt es einen Unterschied im Verhalten der Eltern gegenüber ihren männlichen und weiblichen Säuglingen? Welchen Einfluss haben die typischen Spiele, die Jungen und Mädchen spielen, auf ihre spätere Geschlechteridentität? Wie lernen die Geschlechter Konflikte und Konkurrenz im Spiel beizulegen und auszuhalten? Was geschieht mit der Geschlechterrollenidentität, wenn Jungen und Mädchen in die Schule kommen? Was vermitteln Lehrer und Lehrbücher dem jungen fragenden Geist? Wie beeinflussen die Unterschiede der männlichen und weiblichen Kultur ein Kind beim Erwachsenwerden?

Die Forschungsergebnisse beruhen auf einem Kindheitsverlauf, wie ihn die *meisten* Männer und Frauen erlebt haben. Dabei gilt nicht zu vergessen: Im Hinblick auf menschliches Verhalten gibt es immer Ausnahmen.

Rosa Schleifchen und blaue Schuhe

Trotz der unterschiedlichen neurologischen Ausstattung von Männern und Frauen haben Untersuchungen wiederholt gezeigt, dass Erwachsene angesichts von Säuglingen und Kleinkindern, die man nicht an der Farbe ihrer Kleidung (rosa oder hellblau) erkennen kann, nicht in der Lage sind, allein aus dem Verhalten der Babys zu schließen, welches männlich oder weiblich ist. Erwachsene sind häufig der Überzeugung, dass es sich bei den aggressiveren Babys um Jungen handelt – treffen damit aber nur in etwa fünfzig Prozent der Fälle ins Schwarze! In *Frau: Eine neue Biografie des weiblichen Körpers* weist Natalie Angier auf andere Forschungen hin, aus denen hervorgeht, dass Leute – denen man das Video eines weinenden Babys zeigte und die man darauf hinwies, dass es sich um einen Jungen handelte – das Aussehen des Jungen als zornig beschrieben. Erzählt man ihnen, dass es ein Mädchen sei, so meinten sie, dass es verängstigt oder unglücklich wirke.[2] Wir neigen dazu, unsere eigenen Überzeugungen auf das Verhalten von

Kindern zu projizieren, entsprechend unseren persönlichen geschlechtsspezifischen Erwartungen und Vorurteilen – in diesem Falle etwa, dass Jungen aggressiver sind als Mädchen, die wir für emotional verwundbarer halten.

Die Wahrheit ist, dass – egal, ob männliche und weibliche Säuglinge sich wirklich unterschiedlich verhalten – wir sie in unserer Gesellschaft von dem Moment an, in dem wir sie gleich nach der Entbindung in hellblaue oder rosafarbene Strampler stecken, unterschiedlich behandeln. Die Eltern befestigen sogar rosa Schleifchen auf den Glatzköpfen ihrer kleinen Töchterchen oder ziehen den Jungen gleich nach der Heimkehr aus dem Krankenhaus blaue Schuhe an, damit Fremde das Geschlecht des Kindes erkennen und es entsprechend behandeln. Manche der Eltern, die wir beobachteten, entwickelten bereits während der Schwangerschaft, nachdem ein Ultraschall über das Geschlecht des Kindes Aufschluss gegeben hatte, unterschiedliche Einstellungen zu ihren Kindern. Ist der Fötus ein Junge, prahlen sie bei jedem Tritt, was für ein guter Fußballer er einmal werden wird; handelt es sich um ein Mädchen, so streichen sie als Reaktion auf dasselbe Verhalten sanft über den Bauch, als müssten sie es trösten.

Sozialpsychologen, die die Geschlechterrollenentwicklung untersuchten, stellten fest, dass man durch derart unterschiedliche Behandlung während der gesamten Kindheit den Mädchen vermittelt, sie seien zerbrechlich, abhängig, fügsam, hilfsbereit und liebevoll; während man Jungen beibringt, robust, unabhängig, aktiv, selbstbewusst, aggressiv und unemotional zu sein. Dr. Sandra L. Bem, Expertin für Geschlechterrollen, schrieb 1983: »Erwachsenen fällt nur selten auf und sie kommentieren kaum, wie stark ein kleines Mädchen ist oder wie liebevoll ein kleiner Junge.«[3]

Die Grundlage für die unterschiedliche Entwicklung der Geschlechterrollen wird sehr früh gelegt. Dr. Lori Roggman von der Universität Arkansas und Dr. J. Craig Peery von der Brigham Young Universität stellten bei der Untersuchung der Interaktionen zwischen vier Monate alten Säuglingen und ihren Eltern fest, dass die Zeit, die die Eltern mit dem Berühren und Betrachten ihrer Säuglinge (und dem erwiderten Blick der Babys) verbrachten, sowohl durch das Geschlecht der Eltern als auch das Geschlecht der Kinder beeinflusst wurde. Väter, so fiel ihnen auf, berührten ihre Söhne häufiger als ihre Töchter. Umgekehrt blickten kleine Jungen ihre Väter länger an als ihre Mütter. Andere Wissenschaftler fanden heraus, dass Mütter ihre kleinen Töchter häufiger betrachten und mehr mit ihnen reden als mit ihren kleinen Söhnen.[4] Roggman und Peery schlossen daraus, dass elterliche Unterschiede wie diese »ein deutliches Potenzial für eine unterschiedliche Sozialisierung von Jungen und Mädchen durch Väter wie Mütter während der ersten Lebensmonate darstellen.«[5]

Berichte von derartigen geschlechtsabhängigen Unterschieden in der Behandlung finden sich in sozialpsychologischen Zeitschriften zuhauf. Untersuchungen haben etwa gezeigt, dass Väter ihre kleinen Jungen häufig auf einem Arm tragen (wie ein Football-Spieler sich den Ball unter den Arm klemmt), während sie ihre kleinen Mädchen oft vorsichtiger mit beiden Händen tragen, sie enger an die Brust halten und sie mehr knuddeln als die Jungen. Jungen werden in die Luft geworfen, und die Väter toben mit ihnen herum; sie werden auch öfter gekitzelt. Wir lassen sie länger weinen, ehe wir sie hochnehmen, während wir uns um Mädchen häufig schon beim ersten Wimmern kümmern. Auf diese Weise lernen Mädchen schon ganz früh, dass sich jemand um sie kümmern und ihren Schmerz lindern wird und ihre Bedürfnisse zu befriedigen versucht – während man Jungen beibringt, den Mangel auszuhalten.

In einer Studie beobachteten die Forscherin Alyson Burns und ihre Kollegen von der University of California Hunderte von Familien im Zoo von Sacramento und stellten dabei fest, dass die Mädchen eher getragen oder im Wagen geschoben wurden, während gleichaltrige Jungen eher liefen, vor allem an der Hand ihrer Väter.[6] Auf diese und zahllose andere, oft kaum beachtete Weisen lernen Mädchen Abhängigkeit und Jungen Unabhängigkeit.

Sogar die Sprache verwenden wir gegenüber unseren Kindern unterschiedlich. Männer und Frauen sprechen mit männlichen Babys lauter als mit weiblichen, bei denen die Eltern öfter »gurren«. Jungen werden häufiger geneckt und man gibt ihnen lustige Spitznamen, während wir unsere Mädchen mit verniedlichenden Spitznamen benennen. Sogar Eltern, die überzeugt sind, ihre Babys geschlechtsneutral zu behandeln, kann man dabei beobachten, wie sie ihre Kinder unterschiedlich halten und anders mit ihnen sprechen.[7] Diese linguistischen Unterschiede bleiben auch später erhalten, und gelten nicht nur für die Eltern, sondern für Erwachsene generell. Die Psycholinguistinnen Jean Berko Gleason und Esther Blank Greif haben festgestellt, dass die meisten Väter im Umgang mit ihren Kindern befehlsartige Ausdrücke gebrauchen. Darüber hinaus geben Väter Söhnen mehr Anweisungen als Töchtern. Dies mag ein Grund dafür sein, warum viele Jungen dazu neigen, ihre Spielkameraden herumzukommandieren und unhöflicher zu sein als Mädchen, wobei sie häufig Ausdrücke wie: »Gib her!« oder: »Verschwinde!«[8] benutzen. Mütter bedienen sich eher der Sprache von Beziehung und Engagement. Statt zu befehlen, machen sie Vorschläge: »Lasst uns doch mal …« oder: »Gehen wir doch …«[9] Im Grunde vermitteln sie ihren Töchtern, wie sie andere dazu bringen, das Gewünschte zu tun, ohne es direkt zu verlangen, und so das Risiko eines Konflikts zu verringern.

Kulturelle Einflüsse

Kinder lernen ihre Geschlechterrollen nicht nur durch Nachahmung ihrer Eltern, sondern auch über Kinderlieder, Märchen, Comics, Fernsehsendungen, Filme, Geschichten, Video- oder Internetspiele, Zeitungen, Zeitschriften und Bücher. Als wir, die heutige Elterngeneration, Kinder waren, lautete die unterschwellige Botschaft dieser diversen kulturellen Einflüsse, dass Frauen charmant, freundlich und gütig zu sein hätten.

In den meisten volkstümlichen oder populären Geschichten unserer Kindheit wurden starke weibliche Persönlichkeiten, die in der Welt aktiv waren, als grausame, gehässige, böse Hexen dargestellt. Aschenputtel und Schneewittchen vermitteln den Mädchen, dass sie, um in der Welt Erfolg zu haben, liebenswürdig und bescheiden, statt fordernd und fies wie die Stiefschwestern oder die bösartige Königin sein müssen. In Alice im Wunderland schreit die böse Herzkönigin »Herunter mit ihren Köpfen!«, Hänsel und Gretel wehren sich gegen eine Hexe, die die Kinder verspeisen will, und Dorothy aus *Der Zauberer von Oz* begegnet der bösen Hexe des Westens, die sie (und ihr Hündchen) umbringen will. Alle diese starken Frauen werden letzten Endes geächtet oder vernichtet.

Der Psychologin Dana Crowley Jack zufolge wird der Mythos, dass gute Frauen passiv und sanft seien, durch die folgende Art von Geschichten verstärkt.

> Die Erzählung »Die Schöne und das Biest« verkörpert die westliche Mythologie von Geschlecht, Aggression und Sexualität. Der Mann ist die Bestie; die Frau die liebevolle Schönheit. In Bezug auf den Mann besitzt die Frau »magische« Fähigkeiten, mit denen sie entweder seine aggressive Natur weckt, wie es die Hexe getan hat, als sie den Prinzen in ein wildes Tier verwandelte, oder aber die Bestie wieder in den Prinzen verwandelt, wie es die Schöne schließlich tut.[10]

Für die heutigen Mädchen sind die Grenzen nicht mehr so klar gezogen wie damals für uns. Die zeitgenössischen Medien überhäufen sie mit einer Unzahl von Bildern guter und böser Jungen und Mädchen. Mächtige weibliche Rollenvorbilder sind in unsere Kultur eingesickert – Buffy, die Vampir-Jägerin und Xena, die Krieger-Prinzessin lassen Wonder Woman weit hinter sich. Pokémon-Figuren beider Geschlechter verfügen über Armeen, mit denen sie in den Krieg ziehen. Die großen Studios wie Disney haben ihre Zeichentrickspielfilme auf starken Heldinnen aufgebaut – wie etwa Pocahontas und Mulan, einem chinesischen Mädchen, das sich als Junge verkleidet und sein Land im Krieg verteidigt. Fernseh- und Internet-Figuren wie Sailor Moon und die Powerpuff Girls werden in Spiele eingebaut, die auf ein Mädchenpublikum abzielen. Die Powerpuff Girls, die ironischerweise Blossom, Bubbles und Buttercup heißen, rüsten sich für den »Straßenkampf«. Die Spieler werden ermahnt: »Zunächst ein Trainingsprogramm wählen und dann euren Lieblingsverteidiger von

Townsville für die letzte Herausforderung. Die Mädchen zählen auf euch, also: Langt hin!« Von der Passivität eines Dornröschen vergangener Tage ist hier nichts mehr zu spüren.

Führte man jedoch eine Umfrage über die Halloween- oder Faschingskostümierungen der Kinder durch, so fände man trotz dieses die Rollenunterschiede einebnenden Pop-Kultur-Trends immer noch Unmengen kleiner Mädchen, die sich als Märchenprinzessinnen verkleiden, mit Tutus herausgeputzte Ballerinas und viele kleine Hexen. Und die Jungen tendieren noch immer zu Piraten-, Teufel-, Soldaten- und Cowboykostümen. Nach Dorothy Clark, einer Professorin für Kinderliteratur an der California State University Northridge, vermittelt »die Kultur den Mädchen doppelte Botschaften«.[11] Sie empfangen die Botschaft, dass sie tatsächlich nur *power puffs* (Windbeutel der Macht) sind.

Das Spiel mit den Geschlechterrollen

Was, glauben Sie, ist – trotz einer Unmenge geschlechtsneutraler Spielsachen wie Lego, Playmobil, Buntstiften, Farben, Knetmasse oder Bauklötzen – das beliebteste Spielzeug kleiner Mädchen? Ja, Sie haben Recht. Noch immer ist Barbie die Spitzenreiterin. Laut Dana Crowley Jack behauptet der moderne Mythos, dass die heutige westliche Kultur die Kinder nicht mehr in Geschlechterrollen presse. Tatsächlich aber haben sich die Spielsachen seit Jahrzehnten kaum verändert.[12] Während die drei wesentlichen Aspekte für Jungenspielzeug Geschwindigkeit, Macht und Lautstärke sind, geht es bei den Mädchensachen ums Nähren, Hegen und Liebhaben. Spielzeug spiegelt sowohl das Spiel der Kinder als auch die unterschiedlichen Kulturen wider, in denen sie leben. Jungenspielzeug ist eher kriegerisch (Nija Turtles, Wasserpistolen, Pokémon), während die Spielsachen für Mädchen Hilfsbereitschaft und Fürsorglichkeit betonen (Stofftiere, Puppenhäuser, Babypuppen).

Unsere Gesellschaft – und vielleicht auch unsere Natur – tun eine Menge, um sicherzustellen, dass die beiden Kulturen strikt voneinander getrennt bleiben.

Vor allem Väter neigen dazu, den geschlechtstypischen Gebrauch von Spielzeug bei ihren Kindern zu fördern und zu verstärken. In einer texanischen Studie setzten die Forscher Jungen und Mädchen in Räume, die mit geschlechtsspezifischen Spielsachen gefüllt waren. Dann wurden sowohl Jungen wie Mädchen in das Spiel mit den »Mädchen-Spielsachen« eingewiesen, so wie ein Mädchen mit ihnen spielen würde, und danach in das Spiel mit den »Jungen-Spielsachen« – und zwar so, wie ein Junge damit spielen würde. Im Anschluss daran führten die Wissenschaftler die Eltern der Kinder in die Zimmer und beobachteten, ob sie am Spiel teilnahmen und ihren Kindern halfen, oder ob sie negativ reagierten, indem sie sie störten oder ihren Unmut bekundeten. Väter, so stellte man fest, monierten das Verlassen der eigenen Geschlechterrolle im Spiel bei Jungen fünfmal häufiger als bei Mädchen. Die Mütter zeigten sich in dieser Hinsicht flexibler.[13] Beide Eltern fühlen sich jedoch wohler mit einem Mädchen, das sich wie ein »richtiger Junge« benahm, als mit einem Jungen, der sich wie eine »Memme« aufführte.

Einige der Eltern versuchten, sich politisch korrekt zu verhalten und diese Traditionen umzukehren. Die Ergebnisse waren zuweilen überraschend. Eine Mutter erzählte uns, dass ihr fünfjähriger Sohn, dem sie mehrere Barbies geschenkt hatte, die Puppensammlung in Bataillone einteilte und »Krieg der Barbies« spielte. Eine andere Frau schenkte ihrer kleinen Tochter Jessica ein Sortiment von Spielzeuglastern. Nach einer Stunde ging sie nachsehen, weil es im Spielzimmer so still geworden war, und stellte fest, dass das kleine Mädchen tatsächlich »Mutter, Vater, Kind« mit den neuen Lastern spielte. Sie hatte sich eine Autofamilie mit Papi-Laster, Mami-Laster und Baby-Laster geschaffen.

Jessicas Spiel mit der Lasterfamilie ist besonders interessant, weil Untersuchungen nahe legen, dass Hege- beziehungsweise Brutpflegeverhalten sowohl eine biologische Grundlage hat als auch eine erlernte Fähigkeit bei weiblichen Primaten darstellt, denen erst gezeigt werden muss, wie sie ihre Jungen zu betreuen haben. (Wenn Forscher weiblichen Affen während der ersten acht Lebensmonate den Kontakt zu ihren Müttern und anderen Weibchen vorenthielten, konnte es geschehen, dass diese – wenn sie selbst Mütter geworden waren – ihren Nachwuchs trotz Oxytocin misshandelten oder gar töteten.) Dem UCLA-Psychologen Shelley E. Taylor zufolge kann das Brutpflegeverhalten bei menschlichen Weibchen »sowohl auf Oxytocin beruhen, gesellschaftlich oder durch höhere Hirnfunktionen vermittelt sein oder aber durch eine Kombination aller drei Faktoren«.[14] Was auch immer der Grund war, die kleine Jessica jedenfalls hatte sich bereits in ihre Rolle als »Mammi« hineingefunden.

Die Schwierigkeiten der Mattel Toy Company bei der Namensgebung einer ihrer neuen Barbie-Modelle zeigen die Probleme, die entstehen können, wenn ein Mädchen-Spielzeug mit Macht assoziiert werden soll. Jill Barad, die damalige Generaldirektorin des Unternehmens, soll gesagt haben: »Zuerst nannten wir sie CEO

(Generaldirektor)-Barbie, aber kein Mädchen wusste, was ein CEO ist. Dann wollten wir sie Präsidentin-Barbie nennen, aber alle glaubten, damit sei der Präsident der Vereinigten Staaten gemeint. Als Nächstes hieß sie Boss-Barbie, aber die Mädchen fanden den Namen zu grob, weil Bosse ja auch fies sein können. Also machten wir einen Deal mit der gleichnamigen Zeitschrift und nannten sie *Working Woman*, und sind nun überzeugt, dass dies die kinderfreundlichste Bezeichnung ist.«[15] Man beachte Barbies Abstieg von der mächtigen Generaldirektorin zu einer unbestimmbaren, undifferenzierten »Berufstätigen«.

Die Festigung der Identität

Carol Nagy Jacklin, Psychologieprofessorin an der University of Southern California, weist darauf hin, dass kleine Kinder bereits viel mehr über das ihrem Geschlecht »angemessene« Verhalten wissen, als bisher angenommen. Gemeinsam mit der Entwicklungspsychologin Eleanor Maccoby von der Stanford University hat Jacklin gezeigt, dass Kinder bereits im Alter unter 33 Monaten Spielkameraden ihres eigenen Geschlechts bevorzugen. Sie fanden heraus, dass Viereinhalbjährige dreimal so viel Zeit mit gleichgeschlechtlichen Spielkameraden verbrachten wie mit denen des anderen Geschlechts, auch wenn sie mit geschlechtsneutralen Tätigkeiten wie etwa Karussellfahren, Klettern oder Malen beschäftigt waren. Im Alter von sechseinhalb Jahren verbrachten sie schon elf Mal so viel Zeit mit gleichgeschlechtlichen Freunden. In einer anderen Studie sagten 36 Prozent der Vorschulkinder, dass sie andersgeschlechtliche Freunde hätten. Und in der zweiten Klasse gab es Freundschaften zwischen den Geschlechtern fast überhaupt nicht mehr.[16]

Zu dieser Geschlechtertrennung kommt es, weil Jungen und Mädchen völlig unterschiedliche Spielstile entwickeln, was wohl auf biologische Unterschiede, aber auch die voneinander abweichende Sozialisation im Säuglings- und Kleinkindalter zurückzuführen ist. Abgesehen davon fällt es Mädchen mit ihren typischen indirekten Aufforderungen schwer, unter Jungen ihren Einfluss geltend zu machen (etwa sie dazu zu bringen, sie in Ruhe zu lassen), stellte Maccoby fest, während Jungen ihr Verhalten zwar ändern, wenn andere Jungen, nicht aber wenn Mädchen es ihnen befehlen. Maccoby vertritt die Theorie, dass schon kleine Mädchen (wie ja auch der Rest von uns Frauenzimmern) es nur ungern mit unempfänglichen Menschen zu tun haben und daher das Spielen mit Jungen bald aufgeben.

Die getrennten Spielgruppen in der mittleren Kindheit (im Alter von etwa sechs bis zehn Jahren) lassen mächtige Sozialisierungsmilieus entstehen, in denen Jungen und Mädchen ganz unterschiedliche Kulturen ausbilden. Wenn die Kinder sechs oder sieben Jahre alt sind, haben sie bereits eine klare Vorstellung von ihrer Geschlechterrolle, und Mädchen wie Jungen bemühen sich, sie zu erfüllen.[17] Jungen und Mädchen wachsen im Grunde in völlig verschiedenen Welten auf, denn während des betreffenden Zeitraums verfestigen sich die mit der weiblichen und männlichen Rolle einhergehenden Verhaltensweisen zu den klar unterschiedenen Mustern, die wir an Erwachsenen wahrnehmen.

Die Spiele, die wir spielen

In jeder Kultur werden Kinder sowohl durch die Spiele, die sie spielen, als auch durch die Personen, mit denen sie sie spielen, sozialisiert. Der berühmte Schweizer Psychologe Jean Piaget beschrieb das Spiel als entscheidendes Kriterium der sozialen Entwicklung während der Schuljahre. Aus ihren Spielen lernen die Kinder wichtige Lektionen darüber, wie sie sich später als Erwachsene »angemessen« verhalten. So wird das Spiel der Kinder zu einem Laboratorium, in dem wir beobachten können, wie sie soziale Fähigkeiten und Geschlechterrollenidentitäten erwerben.

Dabei ist es wichtig, das »informelle, kooperative Spiel« ohne besonderes Ziel, ohne Regeln, Punkte und auch ohne Gewinner und Verlierer – etwa das Spiel mit Puppen oder Lego – von Spielen wie Fußball oder Schach zu unterscheiden. Bei diesen anderen Spielen handelt es sich um wettbewerbsorientierte Interaktionen mit festen Regeln, einer klaren Zielvorgabe und einem festgesetzten Ende. Bei solchen Spielen gibt es immer einen Gewinner und daher – konsequenterweise – auch einen Verlierer. Gewisse Aktivitäten wiederum, z. B. Fahrradfahren, können sowohl als Spiel im ersten wie im zweiten Sinne betrachtet werden, als gemeinsamer Zeitvertreib oder aber als Wettstreit.[18]

Mit einer Reihe zukunftsweisender Studien dokumentierte Janet Lever, Sozialpsychologin der Northwestern University, in den 1970ern, auf welche Weise sich die Aktivitäten von Jungen und Mädchen genau unterschieden. Ein Jahr lang beobachtete und befragte Lever fast 200 Fünftklässler während der Pausen, im Sportunterricht und nach der Schule. Levers Ergebnissen zufolge verbrachten die Kinder mehr als die Hälfte ihrer Freizeit mit Spielen, doch, wie Sie vielleicht schon erraten haben, zeigten sich deutliche geschlechtsspezifische Unterschiede im Hinblick darin, wie Mädchen und Jungen ihre Aktivitäten organisierten.

Jungen spielen sehr viel häufiger im Freien als Mädchen. Ihre Lieblingsspiele – Basketball, Baseball, Fußball, Cowboy und Indianer, Räuber und Gendarm sowie Kriegsspiele – müssen draußen gespielt werden, weil sie viel Platz erfordern. Sie ermöglichen es den Jungen, sich weiter von zu Hause fortzuwagen und ihre Unabhängigkeit zu erproben. Mädchen beschäftigen sich lieber mit ihren Barbies oder spielen Brettspiele, wobei man beides am besten zu zweit und im Haus praktiziert. Jungenspiele werden dagegen meist in größeren Gruppen gespielt. Aber auch wenn Mädchen im Freien spielten, blieben die Gruppen kleiner als bei den Jungen. Die Art der Mädchenspiele (Himmel und Hölle, Seilhüpfen, Gummitwist) erfordern keine größere Teilnehmerinnenzahl, und, was noch bedeutsamer ist, die Mädchen schienen einfach lieber zu zweit, mit einer vertrauten Freundin, zu spielen. Lever betrachtete diese häuslichen Aktivitäten der Mädchen als »Privatangelegenheiten«, während die Jungenspiele »öffentliche« Veranstaltungen waren, öffentlich im Hinblick auf Zuschauer wie auch auf mögliche Überwachung.

Darüber hinaus spielten die von Lever untersuchten Jungen in altersmäßig ziemlich heterogenen Gruppen. Auch wenn sie wahrscheinlich lieber mit gleichaltrigen Kindern gespielt hätten, waren sie eher bereit, auch jüngere Spieler zuzulassen – nach der Maxime »Besser ein Knirps als Verteidiger als gar keiner.« Die jüngeren Buben versuchten mit den älteren Schritt zu halten und lernten ihre Schrammen hinzunehmen, ihren Frust hinunterzuschlucken oder wurden nicht mehr zum Mitspielen eingeladen.

Die paar Male, die Lever zehnjährige Mädchen im Spiel mit jüngeren beobachtete, behandelten die Älteren die Jüngeren wie lebendige Puppen und übten an ihnen mütterliche Verhaltensweisen ein.

Schließlich neigten die von Lever beobachteten Mädchen eher dazu, Jungenspiele zu spielen als umgekehrt – vermutlich weil dieser Fall weniger geächtet ist. Wenn Jungen sich in die Spiele der Mädchen einmischten, dann in der Regel nur, um diese zu stören und sich als Clowns oder Nervensäge aufzuspielen.

Konkurrenz versus Gleichbehandlung

Von großem Interesse für uns ist, dass die von Lever beobachteten Jungen deutlich mehr Wettkampf- oder Mannschaftsspiele spielten als die Mädchen. 65 Prozent der Jungenaktivitäten bestanden aus solchen formalen Spielen im Vergleich zu nur 35 Prozent der Mädchenspiele.[19] Mannschaftsspiele sind durch Hierarchien bestimmt: Es gibt Trainer, Mannschaftskapitäne (häufig von den Kindern selbst gewählt), Starspieler, Durchschnitts- und Ersatzspieler; und es ist offensichtlich, dass Jungen in solchen Sportarten vor allem Konflikte miteinander austragen und gemeinsam mit ihrem Team um Sieg und Spitzenplatz ringen.

Alan Dundes, Anthropologe an der University of California, schrieb in seinem Essay »From Game to War«, dass sämtliche Sportarten und Mannschaftsspiele »das Thema eines rein männlichen Reviers variieren, in dem ein Junge seine Stärke, seine Männlichkeit *auf Kosten eines männlichen Gegners* demonstriert«.[20] Manche Jungen sind mächtiger und/oder geschickter als andere –

das ist eine schlichte Tatsache – und Jungen lernen es, ihre Stellung innerhalb der Hierarchie zu akzeptieren, wie uns ein leitender Angestellter bei AT&T einmal erzählte: »Als Junge war mir mein Platz in der Hackordnung immer bekannt.« Und es habe ihm geistigen Freiraum verschafft, nicht mehr um einen Status rangeln zu müssen, sondern sich wirklich aufs Spiel konzentrieren zu können.

Eleanor Maccoby betont die Bedeutung der männlichen Peer-Gruppe als einen Rahmen, in dem »der Junge all das entdeckt, was notwendig ist, um seinen Status in der männlichen Hierarchie zu wahren«.[21] Was passiert bei solchen Spielen? Meistens üben sich die Jungen darin, »starke« Konkurrenten zu sein – quasi als Vorbereitung aufs Erwachsenenleben. In *Staying the Course* beschreibt der Sozialpsychologe Robert Weiss, wie Jungen lernen, ihren Platz in der Rangordnung in ihrer Spielumgebung zu halten:

> Gleichaltrige sind die wirksamsten Vermittler von Werten und Normen. Kaum sind die Jungen dem Kindergartenalter entwachsen, (...) lernen sie bei Spielen auf dem Spielplatz der in mehr oder weniger organisierten sportlichen Wettkämpfen, Betrüger und Angeber, Transusen und Nichtskönner, Feige und Egoisten zu verdammen. In der Auseinandersetzung mit anderen kleinen Jungs lernen sie, aggressivem Verhalten zu trotzen, Furcht zu überwinden oder wenigstens zu verbergen und sich selber zu verteidigen. In der Welt der Knirpse eignen sie sich Mut und Dreistigkeit an, lernen, nicht zu weinen, wenn ihre Gefühle verletzt werden, (...) lernen, schlechte Leistung nicht durch irgendwelche Vorwände zu entschuldigen, und nicht um Hilfe zu bitten (...) und lernen auch, nichts über ihre Unsicherheiten und Ängste verlauten zu lassen, es sei denn, sie wollen sie überwinden.[22]

Für Mädchen existiert keine derartige Schule – ganz im Gegenteil. Wenn sie mit ihrer Barbie spielen, gibt es weder einen Star-Spieler noch einen Trainer. In ihren gemeinsamen Spielen mit der besten Freundin spielen Mädchen im Grunde immer nur »Beziehung«. In ihren Spielaktivitäten bevorzugen sie Intimität und Wechselseitigkeit; weit davon entfernt, ihre Gefühle zu verbergen, erzeugt der Austausch von Geheimnissen ein enges Band zwischen ihnen und gilt als Zeichen von Freundschaft. Mädchen wirken bei der Erfindung von Spielen und Phantasiewelten zusammen und genießen tiefe emotionale Verbundenheit. Das Ausplaudern von Geheimnissen gegenüber Außenstehenden kann eine Trennung verursachen, verletzt sich jedoch ein Mädchen oder beginnt es während des Spiels zu weinen, wird es rasch zum Mittelpunkt einer besorgten und stützenden Gruppe von Spielkameradinnen.[23] In Mädchenspielen wird Macht gleichmäßig verteilt – kein Mädchen versucht, das andere zu übertrumpfen.

Konflikt, ein dem Wettbewerb innewohnendes Element, bedeutet, dass wir uns über eine Sache uneinig sind. Freundschaft dagegen heißt, dass wir uns miteinander im Einklang befinden. Da das »Beziehungs«-Spiel in der weiblichen Kultur so zentral ist, müssen Konflikte vermieden werden, denn sie können Freundschaften beschädigen. Folglich werden Mädchen, wenn sie sich zanken, immer wieder ermahnt, »sich zu vertragen und lieb zu sein«. Dies ist quasi das Code-Wort für Konfliktvermeidung um jeden Preis. Eine Frau erzählte uns, dass sie ihre Tochter, wenn diese ihre Freundinnen herumkommandiere, »Fräulein Feldwebel« nenne. Auf die Frage, wie sie ihren Sohn bezeichnen würde, wenn er dasselbe Verhalten an den Tag legen würde, wurde sie blass und erwiderte dann: »Den geborenen Anführer, selbstverständlich.« Schlagartig war dieser Frau bewusst geworden, dass sie einen doppelten Maßstab anlegte, und es machte sie fassungslos.

Mädchen wachsen mit anderen Regeln auf als Jungen: immer wird die Macht genau ausbalanciert. Sogar wenn Mädchen spontane Wettbewerbsspiele wie Himmel und Hölle oder Seilhüpfen spielen, konkurrieren sie nicht direkt miteinander. Bei all diesen Spielen kommt man nämlich nacheinander an die Reihe, und es gibt weder ein ausdrückliches Ziel noch eine Gewinnstrategie noch ein klar definiertes Ende. Beim Seilhüpfen etwa wartet jedes Mädchen geduldig, bis es drankommt, und wenn die Spielerinnen müde sind oder aufhören müssen, vergleichen sie ihre Ergebnisse. Der Erfolg der einen muss nicht unbedingt eine Niederlage für die andere bedeuten, wie es bei einem direkten Wettkampf, wo es immer Gewinner und Verlierer gibt, der Fall wäre.

Frauen bevorzugen Situationen, in denen alle profitieren, sodass man seine Beziehungen aufrechterhalten kann. Diese Praxis des sich Abwechselns und der indirekten Konkurrenz kommt – wie wir noch sehen werden – auch zum Tragen, wenn aus Mädchen berufstätige Frauen werden.

Unter Mädchen ist es wichtiger, beliebt zu sein als zu gewinnen. Tatsächlich ist ein sich Brüsten mit überragenden Fähigkeiten fast eine Garantie dafür, dass die Prahlerin keine Freundinnen findet und von anderen isoliert wird. Weil Mädchen der Vertrautheit mit anderen Mädchen einen so hohen Wert beimessen, ist Ächtung furchtbar schmerzhaft. In der weiblichen Kultur nehmen Beliebtheit und Vertrauen die Stelle von Statussymbolen ein und besitzen einen höheren Wert als Erfolg oder Leistung. In der männlichen Kultur dagegen zählt vor allem die hohe Stellung innerhalb der Hierarchie.

Die vielleicht interessanteste Erkenntnis von Levers Studie besteht darin, dass die Spiele der Jungen viel länger dauern als die der Mädchen. 72 Prozent aller Jungenaktivitäten, die Lever dokumentierte, erstreckten sich über eine Stunde oder länger, während dies nur für 43 Prozent der Mädchen-Aktivitäten galt. Während der Unterrichtspausen konnte sie keine einzige Mädchenaktivität beobachten, die länger als 15 Minuten dauerte. Bei den Jungenspielen dagegen war es üblich, dass sie die gesamte 25-minütige Pause ausfüllten.

Aber wie kommt das alles? Lever liefert mehrere Erklärungen, von denen einige auch für unser Verständnis weiblicher Konflikte am Arbeitsplatz von Bedeutung sind. Zunächst einmal sind die Wettkampfspiele der Jungen regelgebunden, was sie sehr viel komplexer macht als die Spiele der Mädchen. Aufgrund der vielen Regeln verstricken sich die gegnerischen Teams häufig in prozedurale oder sonstige Streitigkeiten. Und die Jungen waren, wie Lever feststellte, in der Lage, diese Uneinigkeiten effektiv zu lösen. Wenn sie auch beobachtete, dass die Jungen sich permanent stritten, wurde kein einziges Spiel wegen eines Streits abgebrochen – Hauptziel war und blieb, das Spiel in Gang zu halten. Bei den schlimmsten Auseinandersetzungen einigten sich die Jungs darauf, das Spiel einfach zu wiederholen. Ein Sportlehrer von einer der Schulen aus Levers Studie bemerkte, dass die Jungen diese Debatten offenbar ebenso sehr genossen wie das eigentliche Spiel, und dass die älteren Jungen den jüngeren vorführten, wie man derartige Dispute beilegt.

Die in solchen Mannschaftsspielen gewonnene soziale Erfahrung bietet den Jungen eine überaus wertvolle Lektion in Sachen Konfliktlösung. Sie fördert die Entwicklung organisatorischer Fähigkeiten, wie sie bei der Koordination verschiedener Aktivitäten und Personen nötig sind. Sie bietet Gelegenheit zum Üben erfolgreicher Konfliktlösung. Und wahrscheinlich verbessert sich durch sie sogar die Fähigkeit der Jungen zum offenen Umgang mit Konkurrenz und Konflikt.[24] Lever erläutert dies:

> Ein Junge und sein bester Freund finden sich häufig in gegnerischen Teams wieder. Daher müssen beide lernen, Konflikte so zu lösen, damit die spielerischen Streitereien nicht derart ausarten, dass sie die Freundschaft gefährden. Jungen lernen also, »Angriffe zu depersonalisieren«. Auf diese Weise gewöhnen sie sich nicht nur daran, mit Freunden zu konkurrieren, sondern auch daran, mit Mannschaftskameraden – unabhängig davon, ob sie sie mögen oder nicht – zusammenzuarbeiten. Im Geschäftsleben besitzen derartige zwischenmenschliche Fähigkeiten einen hohen Wert.[25]

In den von Lever beobachteten Mädchenspielen, bei denen man sich abwechselte, wurden dagegen nur wenig Erfahrungen im Beilegen von Streitigkeiten gesammelt. Brach zwischen den Mädchen Streit aus, war das Spiel sofort zu Ende, ohne dass ein Versuch zur Konfliktlösung unternommen wurde. Für die meisten Mädchen besteht das Ziel eines Spiels wie Himmel und Hölle weniger im Gewinnen als vielmehr in dem, was sich zwischen ihnen abspielt; es bietet einen Vorwand zum Reden und zur Mitteilung von Gefühlen. Endet ein Spiel, kann es zu Tränen kommen, zu Drohungen wie »Ich bin nicht mehr deine Freundin«, Gegendrohungen und Schmollen.[26] Manche Mädchen in Levers Studie beschwerten sich sogar, dass ihre Freundinnen »es nicht einmal fertigbrachten, sich für eine Seite oder eine Mannschaftsführerin zu entscheiden, oder dafür, welches Team beginnen sollte, beziehungsweise welches Spiel man überhaupt spielen wollte!«[27]

Derartige Beobachtungen lassen nur vermuten, dass die Mädchen, die in ihren Spielen weit weniger Erfahrung mit Konkurrenz sammelten, sich auch die für direkte Konflikte nötigen Fertigkeiten nicht aneignen konnten. In späteren Arbeiten über die Komplexität des Spielens bemerkte Lever über die Mädchen, dass »ihr Wettbewerbsstil eher indirekt als konfrontativ, eher individuell als teamorientiert ist. Führungsrollen fehlen entweder ganz oder werden nur auf gut Glück ausgefüllt.«[28]

Wenn Mädchen auch weniger in den Kategorien von Gewinnen und Verlieren denken als Jungen, haben sie doch ihre spezifische Art, mit Niederlagen fertigzuwerden. Dem Psychologen und Eheexperten John Gottman zufolge »ermutigen Mädchen – anders als Jungen, die ihre Gefühle eher verbergen oder unterdrücken – einander, ihre Ängste direkt zum Ausdruck zu bringen, und übernehmen dann die tröstende Elternrolle und beruhigen die andere durch Versicherungen ihrer Zuneigung, Loyalität und Zärtlichkeit«.[29] Jungen hingegen lernen: Sobald das Spiel zu Ende ist, ist die Sache gelaufen. Weil sie aber in der Lage sind, »den Angriff zu entpersönlichen«, gehen sie, nachdem sie sich auf dem Spielfeld niedergemacht haben, zufrieden miteinander eine Coke trinken und einen Hamburger essen.

Für kleine Mädchen ist das Spiel niemals zu Ende. Und kommt es zum Konflikt, wird nicht bereitwillig vergeben und vergessen. Wenn Mädchen das Verhalten ihrer Freundinnen stark missbilligten – das stellte die Anthropologin Marjorie Harness Goodwin fest –, übten sie größtmögliche soziale Kontrolle aus, indem sie sie mit einer bis zu sechs Wochen anhaltenden Ächtung bestraften.[30]

Im Erwachsenenalter ändert sich diese Dynamik nur geringfügig. Zwei Frauen, die die Vorschläge der jeweils anderen während einer Sitzung abgelehnt haben, geben danach nur selten untergehakt zum Mittagessen; die Feindseligkeit bleibt bestehen. Unter Männern dagegen, die es gewöhnt sind, in einer Welt des Wettbewerbs zu leben, werden derartige Zusammenstöße bald als »zum Spiel gehörig« abgetan. So ist eben das Geschäft, denken sie sich.

Die Schule des Lebens

Die Erziehung der Mädchen zum Liebsein, zum Nichtkonkurrieren und zur Konfliktvermeidung beginnt zu Hause und in der Nachbarschaft, wird später in der Schule fortgesetzt und kann sich auch auf die Schulleistungen auswirken. In der achten Klasse gewann Susan ein Stipendium für eine angesehene Mädchen-High-School. Das allerdings brachte sie in ein Dilemma: Einerseits machte das Stipendium sie und ihre Eltern ja sehr glücklich, andererseits jedoch fürchtete sie, bei den Mädchen der alten Schule an Beliebtheit einzubüßen, weil die sie nun für klüger halten mussten, als sie selbst es waren. Um den Anschein, klüger als ihre Freundinnen zu sein, zu minimieren, machte Susan bei Probearbeiten immer wieder einmal Fehler, um nicht 100 Punkte zu erhalten.

Die Geschlechterrollenidentität eines Kindes wird in der Schule auch dadurch weiter gefestigt, dass die Lehrer die Geschlechter unterschiedlich behandeln. In der schulischen Umgebung lernen Mädchen, »wo sie hingehören«. Sie erfahren beispielsweise, dass man sie, wenn sie ihre Meinung sagen, wenn sie in ihrem Wissensdrang, ihren Leistungen und in der Zurückweisung zu schlichter Erklärungen selbstbehauptend oder gar aggressiv auftreten, als »dominant und angeberisch«, als »merkwürdig« und »unweiblich« betrachtet. Traurigerweise führt dies dazu, dass Mädchen ihre Fähigkeiten und Interessen verbergen und den Wettbewerb künftig scheuen.

Diese Art, Geschlechtsrollen einzuüben, beginnt bereits im Kindergarten. Ein vor kurzem im *Wall Street Journal* erschienener Artikel nahm Kindergarten-Preise für fünfjährige Jungen und Mädchen in einer Gesamtschule im Mittleren Westen unter die Lupe. Die Preise wurden in folgenden Kategorien verliehen:

Preise für Jungen	*Preise für Mädchen*
Bester Denker	Jedermanns Liebling
Eifrigster Schüler	Netteste Persönlichkeit
Größte Phantasie	Süßeste Persönlichkeit
Größte Begeisterung	Beste »Teilerin«
Größter Wissenschaftler	Größte Künstlerin
Bester Freund	Größtes Herz
Stärkste Persönlichkeit	Beste Manieren
Fleißigster Arbeiter	Beste Helferin
Größter Humor	Größte Kreativität[31]

Es ist unübersehbar, dass die Mädchen in diesem Kindergarten weder für ihr Denken, Lernen noch ihren Fleiß oder wissenschaftlichen Forscherdrang ausgezeichnet wurden. Vielmehr betonte man ihre Fähigkeit zu Kooperation und ihre Sorge für andere – sicher keine schlechten Eigenschaften, aber auch keine, die das berufliche Fortkommen von Frauen fördern. In Grundschulen werden Mädchen ebenfalls vor allem für nichtakademische Leistungen wie Schönschreiben oder Verträglichkeit gewürdigt und gelobt. Lehrer und andere Erwachsene vermitteln ihnen den irrigen Eindruck, dass Nettigkeit und gute Laune ihnen auch in der Welt der Erwachsenen zustatten kommen werden; und eine angenehme Person vermeidet Konfrontationen und erregt kein Aufsehen.

In ihrer faszinierenden Studie über Viert-, Fünft- und Sechstklässler fanden Myra und David Sadker heraus, dass »die Jungen in allen Jahrgängen und allen Fächern das Gespräch im Klassenzimmer beherrschten«. Die Forscher beobachteten, wie Lehrer auf Schüler reagierten, die ihre Antwort einfach dazwischenriefen: Antworteten Jungen ohne Erlaubnis des Lehrers, so wurde das akzeptiert; wagten Mädchen dasselbe, wurden sie ermahnt, sich zu melden. Den Sadkers zufolge erhielten beide Geschlechter die Botschaft vermittelt, dass »Jungen sich auf akademischem Gebiet behaupten und die Aufmerksamkeit des Lehrers erzwingen sollten; Mädchen sich dagegen damenhaft benehmen und den Mund halten sollten«.[32] Solche Lehrer fördern bei den Mädchen die typisch weiblichen Werte unserer Kultur, wie: Regeln beachten, warten, bis man an der Reihe ist, Höflichsein. Die typisch männlichen Werte dagegen definiert unsere Kultur als verbale Konkurrenz, Aggressivität und sogar Unhöflichkeit.

Eine wichtige Studie der American Association of University Women von 1992 hat gezeigt, dass Lehrer Mädchen unabsichtlich aber konsequent übers Ohr hauen. So zwingen Lehrer etwa die Jungen, unverstandene Probleme selber zu lösen, während sie den Mädchen vorsagen, was sie tun müssen, insbesondere in Fächern wie Mathematik oder Naturwissenschaften, für die Mädchen – angeblich naturgemäß weniger Begabung mitbringen (eine nachweislich falsche Wahrnehmung, wie viele Studien belegen). Auch im Hinblick auf Disziplin sind die Lehrer bei Mädchen großzügiger, weswegen Jungen mehr Kritik abbekommen und daher auch als Erwachsene besser damit umgehen können (von der harschen Kritik, die sie sich oft von ihrem Trainer in den Mannschaftssportarten anhören müssen, ganz zu schweigen.) Jungen bekommen in der Schule ein sehr viel deutlicheres Feedback als Mädchen. Mädchen gewöhnen sich folglich nicht an Kritik, lernen nicht damit umzugehen und sie produktiv zu nutzen und nehmen sie deshalb als Erwachsene persönlich und fühlen sich durch solche niedergeschmettert.

Und wenn Sie glauben, diese doppelte Moral ende mit der Kindheit, müssen wir Sie enttäuschen. Auch Hochschul-Dozenten nehmen männliche Diskussionsbeiträge ernster als weibliche. Auch sie lassen es zu, dass die männlichen Studenten die Seminare beherrschen. Forschungsarbeiten ergaben, dass Hochschul-Professoren sich die Namen ihrer männlichen Studenten eher merken, sie eher aufrufen und ihre Antworten ernster nehmen. Und dieselben Professoren finden nichts dabei, Frauen zu unterbrechen und ihnen »nachrangigere« Fragen wie etwa die nach dem Datum eines Ereignisses statt nach seiner Bedeutung zu stellen.[33]

Abgesehen vom Feedback der Lehrer beeinflussen auch Schulbücher die Einstellung der Kinder zu ihrem Platz in der Welt. Als der überwiegende Teil von uns zur Schule ging, gab es nicht nur weniger Frauenporträts in unseren Geschichts- und Lesebüchern, sondern es wurden auch meistens Männer in Führungsrollen und akademischen Berufen präsentiert. Frauen erschienen nur in der Rolle der Pflegenden, Sorgenden – der der Mutter, Lehrerin oder Krankenschwester. Viele Forscher sind überzeugt, dass diese Bücher uns die Überzeugung eingeimpft haben, dass Männer führen und Frauen folgen, Männer die Entscheidungen treffen und Frauen helfend, ausgleichend, indirekt agieren.

Die heutigen Schulbücher sind sehr viel ausgewogener und präsentieren eine Vielfalt von Familienkonstellationen ebenso wie mächtige weibliche Rollenvorbilder. Wie oder ob diese Bücher kommende Generationen beeinflussen werden, muss sich erst noch zeigen.

Sowohl auf dem Spielplatz wie im Klassenzimmer findet eine subtile Verstärkung des für Jungen und Mädchen »richtigen« Verhaltens statt. Diese unterschiedlichen Maßstäbe fördern die Fähigkeit des Jungen im Umgang mit Konkurrenz und Macht, während sie sie bei Mädchen untergraben.

Macht

Viele Forschungsarbeiten haben gezeigt, dass Kinder ganz klare Vorstellungen davon haben, wie mächtig Männer und Frauen zu sein haben und wer die Interaktionen zwischen ihnen kontrollieren sollte. In einer Studie wussten schon Zweijährige, dass »Mädchen nicht hauen, Jungen aber gerne kämpfen« und dass »Jungen, wenn sie groß sind, der Boss sind«.[34] In einer anderen Befragung waren sich Fünfjährige völlig klar darüber, dass »Frauen sanft und zärtlich sein sollen und Männer stark, aggressiv und beherrschend«.[35]

Konkurrenzverhalten und direkter Machtgebrauch sind nicht gerade die Eigenschaften, die man mit Frauen verbindet. In ihrer Studie über Fünftklässler bat die Sozialpsychologin Dorothea Braginsky Gruppen von Mädchen und Jungen, eine(n) Gleichaltrige(n) dazu zu bringen, bitter schmeckende Cracker zu essen. Hatten sie damit Erfolg, sollten sie für jeden Cracker, den der/die Klassenkamerad(in) verspeiste, fünf Cents bekommen. Die erfolgreichen Jungen manipulierten ihre Kameraden, indem sie sie anlogen oder sie aggressiv und direkt angingen. Nach Braginsky »dachten sie dabei weniger an spätere Begegnungen mit ihren »Opfern«, als an den kurzfristigen Erfolg«, und ihre Methoden waren primitiv. Die erfolgreichen Mädchen verfuhren dagegen weniger direkt und bedienten sich »einer subtilen, gerissenen Methode der Beeinflussung«.

Viele der Mädchen benutzten ein Technik, die Braginsky als »Bestechung durch Teilen« bezeichnet – sie verrieten ihren Klassenkameradinnen, was die Forscherin von ihnen verlangt hatte und boten ihnen dann an, das Geld mit ihnen zu teilen, wenn die Mädchen die Cracker aßen. Obwohl Braginsky dies als negative Manipulation betrachtete (schließlich machten die Mädchen nie das Angebot, sich selber am Verzehr der bitteren Cracker zu beteiligen), sind wir geneigt zu glauben, dass die Mädchen eine nicht-konfrontative, nicht-aggressive Art gefunden hatten, eine Win-Win-Situation zu schaffen und ihre Beziehungen zu erhalten. Braginsky zufolge gingen diese Mädchen »erfolgreich aus der Situation hervor, insofern sie sich das Vertrauen und die Freundschaft der Zielperson (d. h. ihrer Klassenkameradin) erworben hatten«.[36] Und interessanterweise konnten Mädchen, die sich der aggressiveren Methoden der Jungen bedienten, keine Erfolge verzeichnen.

Aus dieser Forschungsarbeit geht hervor, dass Frauen, die direkte Zwangsstrategien anwenden, in der Regel auf Widerstand stoßen. Indirekte Methoden versprechen bei Frauen und Mädchen im Allgemeinen größeren Erfolg.

Die Wissenschaftlerin Diane Carlson Jones hat festgestellt, dass der »entscheidende Unterschied zwischen Mädchen und Jungen in der Wahrnehmung der Machthaber liegt. Jungen akzeptieren die Inhaber von Spitzenstellungen bereitwillig, während Mädchen die Mächtigen ablehnen.« Bei der Suche nach den möglichen Ursachen für diese Unterschiede mutmaßte Jones, dass aggressives Verhalten bei Jungen unserem Geschlechterrollenklischee von ihnen entspricht. Was für Mädchen nicht zutrifft. Aggression bei Mädchen läuft unseren Normen zuwider. »Für Frauen und Mädchen (…) ist nur der indirekte Stil der Machtausübung gesellschaftlich akzeptiert; der aggressive Stil wird zunehmend ausgeschlossen. Aggressives Verhalten wird bei weiblichen Menschen egal welchen Alters niemals bestärkt, sondern, im Gegenteil, sogar mit emotionalem Entzug bestraft«[37] – eine der schlimmsten Konsequenzen für das beziehungsorientierte weibliche Wesen. Kein Wunder, dass Frauen Macht eher fürchten.

Bescheidenheit ist eine Zier?

Weil man sie dazu erzogen hat, Konflikte, Konkurrenz und Aggression zu vermeiden, neigen Mädchen dazu, andere Mädchen, deren Verhalten ihnen wettbewerbsorientiert erscheint, zu kritisieren und abzulehnen. Mädchen, deren Verhalten Überlegenheit signalisiert, die ihre Fähigkeiten ins rechte Licht rücken oder zu heftig mit ihren Freundinnen konkurrieren, werden mit großer Wahrscheinlichkeit zurückgewiesen.[38] Tatsächlich schärft man jungen Frauen in unserer Gesellschaft ein, »bescheiden zu sein«: Mädchen lernen rasch, wie Deborah Tannen in ihrem Buch *Job-Talk* hervorhebt, dass zu viel Selbstbewusstsein bei Freundinnen und Kolleginnen gar nicht gut ankommt. Tannen zitiert die Anthropologin Marjorie Harness Goodwin, die herausfand, das Mädchengruppen ein zu selbstbewusst wirkendes Mädchen mitunter bestrafen oder sogar ächten. »Was die sich nicht alles einbildet«, heißt es dann, oder: »Die hält sich wohl für die Größte!?«[39]

Diese Art von Missbilligung findet man nicht nur unter Kindern. Auch Erwachsene kritisieren ein – wie sie meinen – übertrieben selbstbewusstes Mädchen. So erzählt Tannen die Geschichte der zehnjährigen Heather deLoach, die durch ihren Stepptanz im Bienenkostüm auf einem Musikvideo zur Kinderberühmtheit wurde. In einem Zeitschrifteninterview wurde Heather folgendermaßen zitiert: »Ich bin sehr talentiert. Und als der Direktor mich gesehen hat, hab ich ihm wohl gleich gefallen. Ich bemühe mich sehr, eine gute Schauspielerin zu werden, und ich bin einfach toll. Ich bin das unvergleichliche und einzigartige Bienenmädchen.« Worauf eine echauffierte Leserin schrieb: »Vielleicht sollte die zehnjährige Heather Hummel sich lieber mal ein bisschen zurücknehmen, damit sie nicht völlig durchdreht.«[40]

Von Mädchen erwartet man Bescheidenheit; sie sollen nicht ins Rampenlicht drängen, und eher das an sich betonen, was sie mit allen gemeinsam haben – das Besondere aber eher herunterspielen. Diese gesellschaftliche Herabwürdigung gilt für alle weiblichen Menschen – egal in welchem Alter oder welcher Situation.

Wenn wir einem Sperrfeuer derartiger Botschaften über weibliches Verhalten ausgesetzt sind, lernen wir, dass selbstgewisses Handeln uns auf lange Sicht nur schaden kann.

Konflikte wollen gelernt sein

In diesem Kapitel konnten Sie nachvollziehen, wie man uns als Mädchen dazu erzogen hat, enge Beziehungen zu Freundinnen zu entwickeln und diese Beziehungen um jeden Preis aufrechtzuerhalten. Wie man uns beigebracht hat, immer sanft und liebevoll zu sein und uns aufeinander zu verlassen. Auf Mitgefühl und Bescheidenheit programmiert, haben wir auch die Überzeugung verinnerlicht, dass Macht und Gemeinheit gleichbedeutend sind. Wir haben gelernt, unsere Geheimnisse mit unseren besten Freundinnen zu teilen und zu erwarten, dass sie uns in jeder Verwirrung trösten. Wir haben gelernt, zu warten, bis wir an der Reihe sind, ob beim Spiel oder im Klassenzimmer.

Niemals kämpfen – das haben wir gelernt, nicht aber, was wir mit unserer erstickten Wut anfangen sollen; unser Kindheitsmilieu hat uns nicht darauf vorbereitet, einen Streit unter unseresgleichen beizulegen. Ja, wir haben weder gelernt zu konkurrieren, noch unsere Meinung zu sagen, noch uns ins rechte Licht zu rücken, und ganz bestimmt nicht, wie man machtbewusst handelt – denn sonst könnten uns die anderen Mädchen ja vielleicht nicht mehr mögen oder gar verstoßen.

Jungen haben ganz andere Lektionen verinnerlicht, beispielsweise, wie man in hierarchischen Strukturen überlebt. Sie sind Konflikte und unterschiedliche Grade interpersoneller Macht gewöhnt. Auch mit heftigen Aggressionen sind sie vertraut, ebenso wie mit der Macht, die sie entweder über andere ausüben oder um die sie miteinander kämpfen. Jungen haben reichlich Übung im Beilegen von Streit und Konflikten, und sie sind in der Lage, sich bei Angriffen innerlich vom »Gegner« zu distanzieren.

Es überrascht nicht, dass sich Jungen und Mädchen, Männer und Frauen – als Produkte zweier so unterschiedlicher Welten – auch unterschiedlich auf Menschen reagieren. Männer erfahren in ihren Beziehungen zu anderen Männern Freundlichkeit, während Frauen tiefe und langjährige Freundschaften entwickeln. Wenn Frauen Freundinnen sind, dann sind sie es immer – im Privaten genauso wie im Beruf. Die Freundlichkeit von Männern dagegen kann je nach Bedarf entstehen und wieder verschwinden. Zu Beginn eines Workshops baten wir einmal die Männer im Raum, uns zu schildern, was sie aus den Mannschaftsspielen ihrer Kindheit gelernt hätten. »Loyalität!«, rief einer aus, »Loyalität zum Team.« Auf unsere Frage, wie er reagieren würde, wenn man ihn an ein anderes Team verkaufen würde, erwiderte er ohne zu zögern: »Loyal gegenüber dem neuen Team.«

Tiefe Freundschaften, die alle Bereiche des Lebens umfassen, sind ein wunderbarer und bereichernder Teil des Frauenlebens. Leider tragen sie aber auch zu unseren destruktiven Auseinandersetzungen bei. Während ein Mann sich in einen Disput mit einem Kollegen hineinsteigern und die Sache dann aber auch gleich wieder fortwischen kann, vergessen wir Frauen eine Unstimmigkeit oder Beleidigung nie. Dazu sind uns Beziehungen einfach viel zu wichtig.

Männer können ihre Differenzen austragen, indem sie bei Streitigkeiten ihre Macht ins Feld führen – nicht anders als männliche Schimpansen, die einander taxieren, indem sie mit herausgestreckter Brust und hin und wieder sogar einen Schlag andeutend herumstapfen und sich zornig anfunkeln. Sobald die Konfrontation vorbei ist, sind auch alle Unstimmigkeiten ausgeräumt. Bei Frauen jedoch, die weder zu diesem Verhalten erzogen wurden noch daran gewöhnt sind, funktioniert diese Art von Machtkampf nicht. Frauen nehmen Machtdemonstrationen viel persönlicher als Männer. Eine Frau, die signalisiert, dass sie sich für besser hält als ihre Geschlechtsgenossinnen oder Macht über sie auszuüben versucht, fügt der Beziehung unheilbaren Schaden zu. Machtgebärden gehören zum männlichen Alltag, eine Frau aber, die mit geschwellter Brust auftritt, wird von den Kolleginnen sofort als »Aas« oder »Feldwebel« etikettiert. Und genau das soll uns im nächsten Kapitel beschäftigen.

Fünf

Das »Aas«: Der Angriff aus dem Hinterhalt

Wenn eine Frau in einer Frauenfreundschaft das Prinzip der ausgeglichenen Machtbalance ignoriert oder untergräbt, wird sich die andere Frau darüber ärgern und nach Möglichkeiten suchen, es ihr heimzuzahlen. Doch auch wenn sie sich bemüht, das Machtgleichgewicht wiederherzustellen – was fängt sie inzwischen mit ihrem Ärger an? Mädchen bringt man bei, Beziehungen um jeden Preis aufrechtzuerhalten und Konflikte zu vermeiden. Nur selten bietet sich die Möglichkeit, die Beilegung von Konflikten oder die Entpersönlichung eines Angriffs zu üben. Wie sollen erwachsene Frauen ihre Frustration oder das Gefühl des Betrogenseins zum Ausdruck bringen, wenn jemand sie verletzt oder auf andere Weise gegen die Regel der ausgeglichenen Machtbalance verstoßen hat? Was sollen sie mit ihrem ganz natürlichen Ärger anfangen?

Frauen und indirekte Aggression

Im Allgemeinen bringt man Verärgerung durch aggressive Verhaltensweisen zum Ausdruck, die direkt, offen, körperlich sind und sich durch Schimpfen, Brüllen, Fluchen, Schlagen, Boxen, Treten, Verfolgen, Bedrängen oder durch noch gewalttätigere und bedrohlichere Mittel äußern können. Aggression ist zwar nicht mit Ärger gleichzusetzen, aber doch die Verhaltensweise, die am engsten mit ihm verbunden ist und die aus dem Gefühl der Verärgerung hervorgeht. Aggression ist ein Verhalten mit dem Ziel, einen Menschen körperlich oder emotional zu verletzen.[1]

Auch durch indirektes oder verdeckt aggressives Verhalten lässt sich Ärger zum Ausdruck bringen, etwa wenn man Lügen oder Gerüchte über jemanden verbreitet, mit dem Fuß aufstampft oder schmollt, Menschen vor den Kopf stößt, gezielt schädliche Informationen oder Andeutungen streut, sich durch Sabotage oder Zerstörung von Eigentum rächt, eine Zielperson aus einer sozialen Gruppe ausstößt, sich weigert, Augenkontakt aufzunehmen, oder so tut, als sei der Betreffende Luft, etwa indem man anderen gegenüber Grimassen schneidet oder herabsetzende Gesten macht – alles Verhaltensweisen, die wir als Kennzeichen von Catfights definiert haben.

Die meisten von uns glauben, Frauen seien indirekt, Männer direkt aggressiv. Denken wir an Klatsch und Cliquenwirtschaft, sehen wir eher Frauen vor uns; bei lautem Fluchen und Faustkämpfen denken wir meist an Männer. Aber treffen diese Stereotype denn auch zu? Und treffen sie deswegen zu, weil Frauen von Haus aus weniger aggressiv sind als Männer?

Viele Jahre lange schienen die Wissenschaftler von solchen Annahmen auszugehen, da sie das männliche Geschlecht grundsätzlich für das kampflustigere hielten. Eleanor Maccoby und Carol Nagy Jacklin behaupteten dies etwa in ihrem Buch *The Psychology of Sex Differences* aus dem Jahr 1974, und auch andere Arbeiten schienen diese Annahme zu stützen.[2] So ging etwa aus einer

1977er Studie über Kinder in einem israelischen Kibbuz, wo Geschlechterunterschiede ausdrücklich nivelliert werden, hervor, dass Mädchen halfen, teilten, zärtlich und liebevoll waren, während Jungen eher zu Ungehorsam, Gewalttätigkeit, Beschimpfungen und Konfliktverhalten neigten.[3] Dies wurde in der Hauptsache mit dem hohen Testosteron-Spiegel im männlichen Körper erklärt, der sowohl in Tier- als auch in Menschenversuchen mit Feindseligkeit und aggressivem Verhalten in Verbindung gebracht wurde.[4]

In einem kulturübergreifenden Vergleich von Kindern aus Europa, Nordamerika, dem Nahen Osten und Asien stellte die Wissenschaftlerin Kaj Björkqvist dagegen fest, dass sich überall auf der Welt Jungen *und* Mädchen körperlich aggressiv verhalten. Bei Kindern unter drei Jahren existieren keine Unterschiede zwischen männlicher und weiblicher Aggression. »Ehe sie eine Sprache besitzen, haben sie ihre Körper«, erläutert Björkqvist. »Mittels des Körpers kann man Aggressivität ausdrücken, folglich tun sie es auch, so einfach ist das.«[5] Jeder, der schon einmal kleine Kinder beiderlei Geschlechts betreut hat, weiß, dass kleine Mädchen durchaus treten, beißen, schlagen, zwicken oder stoßen können. Genau wie Jungen werden sie körperlich aggressiv, wenn man ihnen einen Strich durch die Rechnung macht.

Denn wie Natalie Angier in *Frau: Eine neue Biografie des weiblichen Körpers* bemerkt hat, sind Mädchen »natürlich aggressiv. Schließlich sind sie lebendig, nicht wahr! Sie sind Primaten. Soziale Wesen. Vielleicht mögen sie ja gerne mit Barbies spielen, aber mach einen falschen Schritt, Schwester, und deine Spielgefährtin steckt deine Barbie in den Mülleimer, nackt, geschoren und mit Bissspuren im Busen.«[6]

So wie Männer und Frauen direktes aggressives Verhalten an den Tag legen können, wurde auch nachgewiesen, dass beide Geschlechter einen Drang zu indirekter Aggression entwickeln. Man kann dies sogar als Teil unseres normalen Reifungsprozesses betrachten. Da Jungen und Mädchen im Kleinkindalter noch die entsprechenden verbalen Möglichkeiten fehlen, setzen sie körperliche Mittel ein, um ihre Botschaften an den Mann zu bringen. Die Verfeinerung der sozialen Fertigkeiten im Laufe des kindlichen Reifungsprozesses – so Björkquist – »schafft die Möglichkeit, ein drittes Stadium aggressiver Strategien zu entwickeln, die indirekte Aggression nämlich, bei der soziale Netzwerke eingeschaltet werden, um dem Ziel unserer Aggression Schaden zuzufügen«.[7] Im Erwachsenenalter wählen – sieht man von häuslicher Gewalt und Bandengewalt ab – die meisten Männer und Frauen diesen eher umständlichen Weg; und das ist auch gut so, denn sonst gäbe es in unseren Straßen, Fabriken und Vorstandsetagen ein grauenvolles Blutvergießen.

Der Einfluss der Erziehung

Zusätzlich zum natürlichen Reifungsprozess in Richtung indirektem aggressiven Verhalten werden vor allem Mädchen heftig davon abgehalten, ihrem Ärger handgreiflich Luft zu machen. Wir halten dies für einen schlagenden Beweis für die Macht der Sozialisation. Nicht nur gegen offensiven Streit und Kampf – wozu sie biologisch durchaus in der Lage wären – werden die Mädchen erzogen; auch Verteidigungsstrategien bringt man ihnen nur selten bei.[8] Der Einfluss der Sozialisation ist derart groß, dass einer in

Die zehn Goldenen Regeln für brave Mädchen

Von frühester Kindheit an werden die meisten Mädchen zu der Überzeugung erzogen, dass das »Luder, Miststück oder Rabenaas (das böses Mädchen) zu verabscheuen sei«. Und wie oft hat man uns in unserer Kindheit und Jugend an die Vorschriften und Verbote des braven Mädchens erinnert:

- Beziehungen sind von wesentlicher Bedeutung; daher erhalte sie dir.
- »Sei lieb!« – »Vertrag dich!« – »Passt aufeinander auf!« – »Vergesst nicht, dass wir alle im selben Boot sitzen.«
- Meide Konflikte um jeden Preis, denn sie schaden stets der Beziehung.
- Mädchen brauchen Gespräche, um einander nahe zu sein. Geheimnisse sind überaus wichtig. Zieh deine beste Freundin ins Vertrauen.
- Bediene dich niemals körperlicher Gewalt.
- Nimm die Bedürfnisse anderer wichtiger als deine eigenen.
- Konkurrenz schafft Konflikte. Vermeide jeden direkten Wettbewerb.
- Nimm dir niemals mehr, als dir zusteht – ob es sich um Bonbons oder Aufmerksamkeit handelt, um gute Noten, schicke Kleider, Schönheit oder Jungs.
- Gib nicht an. Prahle nie mit deinen Leistungen oder positiven Eigenschaften. Gib anderen niemals das Gefühl, du seist etwas Besseres.
- Kommandiere andere Mädchen nicht herum. Tu nicht, als seist du der Boss.

Kapitel vier zitierten Studie zufolge bereits Dreijährige glauben, dass Mädchen niemals hauen und Jungen gerne kämpfen. In diesem Alter hat sich der Sozialisierungsprozess bereits der Überzeugungen und Verhaltensweisen der Kinder bemächtigt.

Frauen, die das Leben konfrontativ angehen, begegnet man in unserer Gesellschaft mit großer Missbilligung; aggressive Mädchen sind meist selber unglücklich über diesen Persönlichkeitszug und wären gern weniger dominierend[9], während man männliche Aggression derart hochjubelt, dass sie geradezu als Ausweis von Männlichkeit und Tüchtigkeit dient. Im Allgemeinen gilt weibliche Aggression in unserer Gesellschaft als pathologisch[10], weshalb es kaum überraschen kann, dass der überwiegende Teil der Mädchen und Frauen ihre Aggressionen gegenüber anderen so weit als möglich versteckt. In Befragungen von Frauen aller Schichten, Rassen und Berufe fand die Psychologin Dana Crowley Jack heraus, dass hauptsächlich zwei Faktoren Frauen veranlassen, ihre Aggression zu verbergen: ihre Erziehung und die gesellschaftlichen Erwartungen. Zwei Drittel der Interviewten meinten, sie hätten die Vermeidung aggressiver Konflikte von ihrer Mutter gelernt.[11] Und entsprechend ihrer Sozialisierung neigen Jungen ab der dritten Klasse dreimal so häufig wie Mädchen dazu, einem Menschen, der sie verärgert hat, einen Tritt zu verpassen.

Was also fangen Mädchen mit ihren Aggressionen an? Schließlich verdampft der Wunsch zu schlagen, treten, beißen oder boxen nicht einfach, nur weil er Missbilligung hervorruft. Dazu Natalie Angier in *Frau: Eine neue Biografie des weiblichen Körpers:* Statt ihre Aggression körperlich auszuleben »lernen Mädchen, zu sticheln. Die Aneignung von Flüchen und bissigen Beleidigungen gehört zu den wichtigen Aufgaben der Kindheit.« Oft schneiden

Mädchen auch Grimassen. Sie strecken die Zunge heraus, verdrehen die Augen, grinsen spöttisch. All dies kann auf Erwachsene komisch wirken, Untersuchungen aber zeigen, dass dieses Verhalten durchaus wirkungsvoll ist, um seine Wut oder Ablehnung zu äußern oder um ein verabscheutes Kind zu ächten.[12] Mit etwa elf Jahren wird indirekte Aggression zum vorherrschenden Konfliktstil eines Mädchens.

Auch wenn die meisten erwachsenen Frauen weder Sticheleien noch Grimassen benutzen, finden sie andere Mittel, um ihre Gegner zu attackieren. Forscher haben herausgefunden, dass Männer anderen zwar häufiger körperliche Schmerzen zufügen, Frauen aber bei ihren Racheversuchen nicht weniger aggressiv sind. Sie allerdings fügen emotionale Schmerzen[13] zu.

Die biologischen Ursachen weiblicher Indirektheit

Wenn Menschen sich in Konflikte verwickeln lassen, wird ihr Handeln – unbewusst (oder bewusst) – von einer Variable bestimmt, die Psychologen als das »Verhältnis von Wirkung und Gefahr« bezeichnen. Der Aggressor wünscht sich eine maximale Wirkung auf sein Opfer, bei minimaler Gefahr für sich selbst. Direkte Aggression kann für beide Geschlechter riskant werden und den grundlegenden Überlebensinstinkt untergraben. Schließlich kann das Opfer der Aggression sich rächen und zurückschlagen. Doch da Männer in der Regel größer und stärker sind als Frauen, kann die ungleiche Machtrelation plus die damit einhergehende Angst vor Verletzung und Vergeltung direkte weibliche Aggression hemmen.[14]

Indirekte Aggression dagegen stellt eine Form sozialer Manipulation dar, bei der die Aggressorin verborgen und anonym bleibt – sie greift ihr Opfer auf Umwegen an –, um gesellschaftliche Missbilligung und mögliche Vergeltungsmaßnahmen zu vermeiden. Weil es vom biologischen Standpunkt her sicherer ist, wählen Frauen die indirekte Aggression, um ihren Zorn zum Ausdruck zu bringen. Stellen Sie es sich so vor: Wenn eine Frau ihr Überleben (und das Überleben ihres Nachwuchses) sichern will, würde sie dann vielleicht sich und ihre Kinder einem Risiko aussetzen, indem sie sich auf eine gefahrvolle körperliche Auseinandersetzung einließe? Vermutlich nicht. Der Preis wäre, im Sinne des *Wirkung/Gefahr*-Verhältnisses, einfach zu hoch.

Männer wiederum können sich auf gefährliche körperliche Konfrontationen einlassen, weil ein Sieg ihnen einen größeren Gewinn verspricht. Als Sieger aus einer Auseinandersetzung hervorzugehen, kann den Status eines Mannes innerhalb der Hierarchie erhöhen. Folglich sind Männer eher bereit, sich in Macht- oder Territorialkämpfen direkter Aggression zu bedienen. Forscher, die sich mit dem »Jungmann-Syndrom« beschäftigten, stellten fest, dass junge Männer sich manchmal an offensichtlich trivialen Auseinandersetzung beteiligten, die letztlich sogar zu Morden führten, nur weil sie, von einem anderen Mann herausgefordert, das Gesicht wahren wollten.[15] Zu blutigen Revierkämpfen kommt es auch häufig in Banden-Vierteln, wenn die Mitglieder einer Gang absichtlich oder versehentlich »Flagge« zeigen oder ins Territorium der anderen eindringen. Denken Sie auch an das Geschrei und die Raufereien, zu denen es nach kleineren Unfällen oder dann, wenn der eine dem anderen den Parkplatz wegschnappt, zwischen zwei Männern kommen kann.

Obwohl inzwischen auch häufiger über weibliche Banden oder wütende Ausbrüche von Frauen auf der Straße berichtet wird, scheint die körperliche Aggression bei Frauen auf potenziell lebensbedrohliche Situationen beschränkt zu sein. Der Kampf um knappe lebensnotwendige Ressourcen (Nahrung oder Männer) kann bei Frauen direkte Aggression auslösen[16], ebenso wie Situationen, die die Verteidigung der eigenen Person wie schutzloser Kinder nötig machen. So haben Forscher etwa herausgefunden, dass erwachsene Rättinnen vor allem während der Schwangerschaft und Stillzeit gegenüber unbekannten Männchen und Weibchen aggressiv reagieren, dieses Verhalten jedoch mit dem Heranwachsen der Jungen rasch verschwindet.[17] Während sowohl Menschenmütter als auch -väter einem bedrohten Kind zu Hilfe eilen würden, würde sich eine Frau wohl kaum wegen eines weggeschnappten Parkplatzes oder eines eingedellten Kotflügels in handgreifliche Auseinandersetzungen verwickeln lassen. Frauen haben gelernt, dass das Austeilen von Schlägen sie evolutionär teuer zu stehen kommen kann, und dass es sich einfach nicht lohnt.

Dieses Verhalten könnte mit dem uralten Beschützerinstinkt des Menschenweibchens zusammenhängen. Weil stillende Mütter ihren Sprösslingen während ihrer verletzlichsten frühen Entwicklungsjahre lebenswichtige Nahrung liefern, meint Anne Campbell, Psychologieprofessorin an der englischen Universität Durham, muss eine Frau, wenn sie das Überleben ihrer Kinder sichern will, »sich gleichermaßen um ihr eigenes Überleben sorgen. Deswegen sollten wir erwarten, dass Frauen eine Psychologie entwickeln, in der die Kosten körperlicher Gefahr höher eingeschätzt werden als in der des Mannes.«[18]

Dr. Campbell glaubt, dass Weibchen aufgrund des potenziell höheren Preises gewalttätiger Auseinandersetzungen in derselben Situation (in der das Gesicht gewahrt werden soll) ein höheres Maß an Furcht empfinden als Männchen. Für Weibchen zahlen sich diese Kämpfe nicht durch höheren gesellschaftlichen Status aus, vielmehr haben sie – wenn sie verkrüppelt oder getötet werden – viel zu verlieren.

Campbells Theorie wurde durch Untersuchungsergebnisse bestätigt, welche belegen, dass auch das aggressive Verhalten unserer Primatenschwestern indirekt sein kann.

So wurden Schimpansenweibchen beobachtet, wie sie, in einen Konflikt geraten, ein Männchen anstachelten, das gegnerische Weibchen anzugreifen. In seinem Buch *Peacemaking Among the Primates* beschreibt Frans de Waal, wie dies geschieht: »Sie sitzt dabei neben dem Männchen, legt den Arm um seine Schulter und gibt einige hohe Belltöne in Richtung der Rivalin von sich. Geht das Männchen darauf ein und stürzt sich auf das andere Weibchen, so verbuchen wir dies als weiteres Beispiel männlicher Aggression; aber nur deshalb, weil unsere Maßstäbe zu stereotyp sind. Auch unter Menschen wird weibliche Konkurrenz häufig übersehen.«[19] Dieses Schimpansenweibchen bediente sich sozialer Manipulation. Sie schikanierte ihr Opfer auf Umwegen, blieb auf diese Weise im Hintergrund und in Sicherheit und vermied eine mögliche Gegenattacke. Sie brachte ihren männlichen Freund dazu, stellvertretend für sie zu kämpfen!

Weibliche und männliche Formen indirekter Aggression

Weil Frauen von Natur aus zögern, direkt aggressiv zu werden und ihnen von der Gesellschaft aktiv davon abgeraten wird, bleiben ihnen im Grunde nur indirekte Methoden. Männer wiederum werden weder von der einen noch der anderen Form von Aggression abgehalten. Obwohl Männer häufiger direkte, körperliche Gewalt ausüben – so die Psychologin Kaj Björkqvist –, bedienen sich beide Geschlechter gleichermaßen der indirekten Aggression. Männer sind sogar ziemlich gut darin. Sie setzen dabei vorzugsweise das ein, was Björkqvist als »rational erscheinende Aggression« bezeichnet, um so ihrem Opfer die Chance zu nehmen, seine Sicht zu äußern. Der verdeckt aggressive Mann unterbricht andere, kritisiert ihre Arbeit in ungerechtfertigter Weise, setzt sie herunter oder stellt ihre Urteilsfähigkeit in Frage, wenn er etwa schreit »*Was* hast du vor?«

All dies geschieht in der ausdrücklichen Absicht, den anderen zu verletzen und sein Selbstgefühl zu untergraben. Unterbrechungen und Kritik mögen ein normaler Bestandteil des Berufsalltags sein, aber wenn sie – wie Björkqvist beschreibt – »systematisch als Schikane« eingesetzt werden, »können sie zu hochaggressiven Handlungen werden«.[20] Der wahre Zweck derartiger Kritik besteht darin, einen anderen Menschen zu schädigen, wobei ihr Inhalt als rational, objektiv und sogar hilfreich verkauft wird: »Ich wollte dir das nur rückmelden zu dem Projekt. Schließlich beschäftige ich mich seit zehn Jahren damit, aber wenn du meine Hilfe nicht willst, auch gut …«

Auch wenn es sich hier vor allem um einen männlichen Stil handelt, sind auch viele Frauen ganz gut darin. Eine Schauspielerin beschrieb in einem Interview, wie rivalisierende Schauspielerinnen versuchen, andere Künstlerinnen zu sabotieren: »Einige Schauspielerinnen sind berüchtigt. Sie kommen vom Vorsprechen und verkünden strahlend, dass sie die Rolle haben, auch wenn es gar nicht stimmt, nur damit die anderen das Gefühl kriegen, keine Chance zu haben. Oder sie sagen Sachen zu einem wie »Behältst du *das da* wirklich an?«, ehe man zum Vorsprechen reingeht.[21]

Andere Frauen sind zuckersüß, wenn sie ihr Gift verspritzen. Ein honigsüßer Ton verbunden mit schneidendem Vokabular – das kann einen ganz schön verwirren. Wenn man etwa während einer Konferenz eine innovative Idee geäußert hat, könnte eine übertrieben nette und als vernünftig getarnte Attacke so klingen: »Oh, das ist ja eine überaus interessante, ganz *einzigartige* Betrachtungsweise.« Auf dem Papier wirken die Worte harmlos, der Ton aber verrät unmissverständlich, dass die Frau in Wirklichkeit ruft: »Was für eine Idiotin!« Falls Sie die Sache direkt ansprechen und fragen würden: »Haben Sie ein Problem mit meinem Vorschlag?«, würde sie sich hinter ihren völlig akzeptablen Worten verstecken und erwidern: »Oh nein, Sie betrachten die Welt eben nur ganz anders als wir anderen.« Sie spüren, dass man Sie und Ihre Idee in den Schmutz zieht, aber man verabreicht Ihnen das Gift in einer gezuckerten Pille.

Ist eine Frau allerdings keine Virtuosin des frontalen Angriffs, können diese rational scheinenden Attacken sie teuer zu stehen kommen. Werden ihre Absichten zu deutlich, riskiert sie nämlich Vergeltung. Folglich ziehen viele Frauen die Manipulation als indirektes Aggressionsmittel vor. Sie lassen z. B. beleidigende Bemerkungen über das Privatleben des Opfers fallen. Oder sie lästern, verbreiten Gerüchte, äußern Andeutungen und Behauptungen ohne direkt zu beschuldigen, setzen vielsagende Blicke ein, verdrehen missbilligend die Augen, um anderen ihre Ansicht zu verdeutlichen, zeigen der Rivalin die kalte Schulter und bedienen sich anderer »Sprich-mich-bloß-nicht-an«-Verhaltensweisen.[22]

Der Vorteil aber liegt eindeutig beim männlichen Stil. Ein Mensch, der sich rational erscheinender Aggression bedient, kann seine feindseligen Absichten wirksam verschleiern, indem er offenbar stichhaltige Argumente zur Untermauerung seiner Sicht vorbringt. Er vermindert das Risiko sozialer Verurteilung, und das Opfer erleidet dennoch psychischen Schmerz. Das Manipulieren von Menschen, wie durch bösartigen Klatsch, dagegen lässt sich schneller als indirekte Aggression erkennen und ist im Hinblick auf das Wirkung/Gefahr-Verhältnis weniger vorteilhaft, denn das Opfer kann die Quelle der üblen Nachrede leichter ausfindig machen.

Die männliche Methode indirekter Aggression ist effektiv, während die weibliche Methode den Frauen oft den Ruf einer »Zicke« einbringt!

In der Zwickmühle

Eine Frau, die fauchend ihre Krallen ausfährt, wird als »Aas« oder »Miststück« bezeichnet. Wir alle kennen diese Ausdrücke, und die meisten von uns hassen sie, denn sie werden eindeutig sexistisch gebraucht.

Im Wörterbuch wird die umgangssprachliche Bedeutung des Wortes »Miststück« mit »gemeine, hinterhältige Person« angegeben. Weshalb handeln sich Frauen, die sich in einem Konflikt befinden, den zweifelhaften Ruf ein, »gemein und hinterhältig« zu sein? Was lässt uns – vor allem im Hinblick auf unsere Beziehung zu anderen Frauen – als »Aas« erscheinen?

Irgendwie haben wir Frauen, auch wenn Männer und Frauen sich gleichermaßen der indirekten Aggression bedienen, immer den schwarzen Peter. Sind Frauen indirekt, fallen sie unter die negativen Klischees weiblichen Verhaltens. Sie werden der Boshaftigkeit und der Klatschsucht bezichtigt: Man hält sie für fest entschlossen, ihre Feinde durch Verbreitung von Lügen zu vernichten. Dass Problem dabei ist, dass Frauen nur deswegen auf indirekte Aggression verfallen, weil ihnen von körperlicher Aggression abgeraten wird. Und dann werden sie genau wegen dieser Indirektheit als gemein, boshaft und gehässig bezeichnet. Wie Dana Crowley Jack erläutert, werden den Frauen »die indirekten Aggressionsäußerungen von der Gesellschaft vorgeschrieben und zu Hause und in den Schulen anerzogen, gleichzeitig aber von unserer Kultur verdammt und als Beweis dafür genommen, dass Frauen hinterhältiger und von weniger hohen Grundsätzen bestimmt seien als Männer«.[23] Welch scheußliches Dilemma!

Am besten können sich Frauen aus dieser Zwickmühle befreien, wenn sie verstehen, *warum* sie tun, was sie tun, und wenn sie erkennen, dass das, was man herkömmlicherweise als Klatsch und Cliquenwirtschaft verunglimpft, in Wirklichkeit völlig normale weibliche Verhaltensweisen sind. Betrachten wir diese Verhaltensweisen genauer, erkennen wir, dass sie gar nicht so negativ sein müssen, wie man annimmt. Vielmehr handelt es sich um sorgsam entwickelte Strategien, die Frauen helfen, an benötigte Ressourcen und Informationen heranzukommen.

Zur Verteidigung des Klatsches

Der Klatsch ist vielleicht auch deswegen in Verruf geraten, weil sich in ihm eine weibliche Seinsweise spiegelt. Die Verachtung, die in diesem Wort häufig mitschwingt, zeugt von einer patriarchalischen Be- und Verurteilung weiblichen Austausches. Frauen tendieren dazu, mit anderen Frauen über Beziehungen und Gefühle zu reden – Männer nennen dies Klatsch. Männer reden eher über andere Dinge – Autos, Fußball, eine Beförderung, ihren neuen Computer-Dingsbums – und nennen es Fachsimpeln. Zu den Zielen weiblicher Kommunikation gehört die Schaffung von Vertrauen und Beziehungen. Daher erfüllt der Klatsch im Leben von Frauen viele wichtige Aufgaben.

Allerdings ist es ein gewaltiger Unterschied, ob man über jemanden *redet* oder über jemanden *herzieht* (das, was wir als »destruktiven Klatsch« bezeichneten). Im positiven Sinne ist das Reden über jemanden eine Möglichkeit, die Person ins Gespräch zu bringen, obwohl sie nicht anwesend ist. Ein Verfahren, das Intimität erzeugt – sowohl mit dem Menschen, *mit* dem man, als auch mit dem, *über* den man spricht. Eine Frau kann das Sprechen über Dritte auch benutzen, um die Meinung ihrer Gesprächspartnerin zu einer bestimmten Frage in Erfahrung zu bringen. Wissen Sie etwa nicht, wie Ihre Kollegin Stephanie zum neuen Generaldirektor steht, könnten sie sagen: »Harriet ist der Überzeugung, dass Mark schlecht für das Unternehmen ist.« Entgegnet Stephanie darauf »Tatsächlich? Das überrascht mich aber«, so erfahren Sie etwas über ihren Standpunkt, ohne sie direkt danach zu fragen.

Vor kurzem sang die Kolumnistin Liz Smith das Lob des Klatsches, den sie für geradezu kathartisch hält. »Er ist nützlich«, schrieb sie. »Er dient allen möglichen Zwecken. Klatsch entspannt, baut auf, man fühlt sich einfach besser danach – mir ist sogar eine Studie untergekommen, in der behauptet wurde, dass Klatsch einen länger leben lässt. Klatsch ist eine erstaunliche Methode des Informations- und damit auch des Machtaustauschs. Es ist Macht, wenn man jemandem sagen kann, dass man etwas weiß oder zu wissen meint.«[24]

Obwohl das Wort Klatsch meistens abwertend gebraucht wird, erfüllt das Klatschen zahlreiche Zwecke, die nicht alle bösartig sind. Und nicht jeder Klatsch ist eitel und müßig. Im Grunde ist Klatsch nichts anderes als die Übermittlung von Informationen. Unsere Geschichtsschreibung soll angeblich auf Klatsch beruhen und Homer nur der erste in einer langen Reihe besonders klatschsüchtiger Menschen sein. Wie Liz Smith meint: »Klatsch beruht auf dem verbreiteten Impuls: Nun hör dir mal diese Geschichte an. So wird er zur Grundlage für historische Untersuchungen, für Biographik und Autobiographik, Memoiren, Schlüsselromane, Tagebücher und Briefe. Alles ist Wasser auf die Mühlen der Geschichte, sogar oder vielleicht gerade der Klatsch.«[25]

Frauen fühlen sich verpflichtet, ihre Freunde über die neuesten Geschehnisse ihres Lebens auf dem Laufenden zu halten, und dazu gehören auch Geheimnisse, die einen selbst und Dritte betreffen. Frauen suchen Trost bei ihren Freundinnen, indem sie über schwierige Situationen in ihrem Leben sprechen – so genannten »Problem-Klatsch« betreiben. Bedauerlicherweise kommt es dazu häufig erst, weil andere ihnen übel mitgespielt haben. Die Linguistin Jennifer Coates erklärt, dass Frauen ihre Themen entwickeln, wobei sie jeweils auf den Argumenten der anderen aufbauen: »Das ist auch meiner besten Freundin passiert.« – »Meine

Schwester hatte genau dieses Problem mit ihrem Mann.« All dies hilft Frauen, sich aufeinander zu beziehen und ihre Vertrautheit zu stärken. (Auch Männer »klatschen« über andere, doch ihre Gespräche kreisen gewöhnlich um strategische Beziehungen, Machtfragen, Geschäftsabsprachen, Beförderungen und so weiter. Außerdem neigen sie dazu, Gesprächen eine neue Wendung zu geben, um auf diese Weise ihre Macht zu demonstrieren.«)[26]

Einer anderen Frau etwas anzuvertrauen, stärkt die Beziehung und kann eine Bekannte in den Rang einer Freundin befördern. Wie Deborah Tannen erläutert, ist »die Mitteilung von Geheimnissen nicht nur ein Zeichen von Freundschaft; sie kann, wenn die Zuhörerin erwartungsgemäß reagiert, eine Freundschaft stiften«.[27]

Smalltalk, eine Form des Klatsches, hilft Freundinnen und weiblichen Verwandten, das Gefühl von Kameradschaft und Verbundenheit aufrechtzuerhalten. Frauen schwelgen in den Details des Lebens ihrer Freundinnen – dem ausgefallenen Kleid, das die Cousine zur Hochzeit trug, was es zu essen gab, wie sich der Gatte und die Kinderchen aufgeführt haben – einfach deswegen, weil kleine Mitteilungen Vertrautheit erzeugen. Diese anscheinend unbedeutenden Informationen sind so wichtig für Frauen, dass sie – sollte die Freundin einen Vorfall oder eine Person aus ihrem Leben vergessen – dies als kränkend und als Indiz mangelnden Interesses empfinden. Abgesehen davon, fühlen sich Frauen, wenn sie keine guten Freundinnen haben, mit denen sie sich austauschen können, schrecklich alleine.

Weil uns Frauen diese Art der Interaktion so viel bedeutet, pflegen wir auch im Job den Smalltalk (denken Sie an die beiden Chefsekretärinnen, die nicht einmal durch eine Glasbarriere davon abzuhalten waren, miteinander zu kommunizieren). Tannen beschreibt einen ähnlichen Fall, bei dem Angestellte eines Beratungszentrums 75 Prozent ihrer Zeit mit persönlichen Gesprächen verbrachten, sich aber in den verbleibenden 25 Prozent mit hoher Effizienz ihrer Arbeit widmeten. Natürlich fanden die Männer des Teams, dass die Frauen furchtbar viel Zeit verschwendeten, aber die Direktorin des Zentrums legte großen Wert auf eine angenehme Arbeitsatmosphäre und meinte, wie Tannen berichtet, »solche persönlichen Gespräche würden ein Gefühl der Verbindung schaffen, das die Frauen in ihrem Team glücklich mache und die Basis für ihre Arbeitsbeziehung bilde, welche sie wiederum erst befähige, ihre Arbeit so effizient zu erledigen«.[28]

Klatsch kann auch eingesetzt werden, um Prestige zu gewinnen und das Selbstbewusstsein aufzubauen. So schreibt Liz Smith: »Wenn Sie immer nur sagen, ›Hallo. Sie sehen großartig aus. Ist das Wetter nicht herrlich?‹ wird man Sie als Langweilerin betrachten. Sagen Sie aber, ›Ich muss Ihnen da was erzählen, das glauben Sie nicht‹, dann werden Sie unvergesslich. Klatsch macht einen interessant und steigert das Selbstbewusstsein, weil man diejenige ist, die etwas zu erzählen hat.« Dies spielt sich unter weiblichen Wesen jeden Alters ab. Mehreren Anthropologen zufolge, die die Freundschaftsmuster von Schülern untersuchten, erwarben sich viele der weiblichen Teenager ihren Status durch ihre Freundschaft mit Mädchen von höherem Status – den Cheerleadern, den Hübschen und den Mädchen, die bei den Jungs beliebt waren. Ihr wichtigstes Mittel, die Tiefe ihrer Freundschaft mit diesen Mädchen zu beweisen und an dem daraus resultierenden Ruhm teilzuhaben, bestand darin, ihnen die Geheimnisse von anderen Mädchen zu erzählen. Für Jungen ist Klatsch kein heißes Thema, da sie mehr Gelegenheit haben, Prestige durch Leistungen zu erringen.

Zu guter Letzt stellt Klatsch auch eine wichtige soziale Kontrolle dar. Sätze wie »Was werden die Leute sagen?« – »Die werden sich die Mäuler zerreißen«, die früher Frauen davon abhielten, Sex mit verschiedenen Männern zu haben, uneheliche Kinder zu bekommen oder andere Tabus zu brechen, beruhten zum Großteil auf Angst vor Klatsch. Jahrtausendelang haben Frauen solche Mechanismen benutzt, um Geschlechtsgenossinnen zu kontrollieren und unerwünschte Verhaltensweisen einzudämmen. Die kanadische Historikerin Susan Mann Trofimenkoff schreibt, dass Klatsch »einen Verhaltenskodex von Frauen für Frauen definiert, der für Zuwiderhandelnde strenge Sanktionen in Aussicht stellt. ›Was werden die Leute sagen?‹ ist ein weit mächtigerer Abschreckungsfaktor als jedes von Menschen gemachte Gesetz.«[29]

Weil Klatsch so wichtig für die Menschen ist, stellt er auch einen integralen Bestandteil des Arbeitsalltags dar. Laut Trofimenkoff haben sogar Management-Ausbilder die Macht solchen »Geredes« erkannt. In ihren Lehrbüchern wird Klatsch als eines der wichtigsten Informationsnetzwerke in großen Unternehmen benannt, wo »die Analysten lieber die Unterhaltungen (das ›Nachrichtensystem‹ quasi) und seine Schlüsselfiguren (›die Verbindungsleute‹) anzapfen, um an den Klatsch heranzukommen. Angestellte aber, die sich nicht am Kaffeeklatsch beteiligen, sind vermutlich ›schlecht angepasst‹.« Entsprechend verlassen sich große Unternehmen oft stärker auf die Empfangsräume bei Kongressen als auf offizielle Seminare oder Industriespionage, um herauszufinden, was bei der Konkurrenz los ist. Auch hier hat der Klatsch seinen festen Platz.

Vom richtigen Umgang mit einer scharfen Zunge

Sobald wir Klatsch in einem Catfight zur Beseitigung eines Machtungleichgewichts benutzen, wird aus dem Reden über jemanden üble Nachrede. Und das ist etwas völlig anderes. Wann und wodurch aber überschreiten wir diese Grenze? Oft hängt es davon ab, *wem* wir eine Geschichte erzählen.

Stellen sie sich vor, Sie hatten eine anstrengende Auseinandersetzung mit einer anderen Frau. Sie können sich an eine vertraute Kollegin wenden, um ihren Frust und die Geschichte bei ihr loszuwerden. Während andere dies womöglich als Klatsch betrachten, bedienen Sie sich nur einer ganz natürlichen Verhaltensweise zur Stressminderung – denken Sie daran: Frauen zieht es zu ihren Freundinnen, wenn sie sich bedroht fühlen. Erzählen Sie einer Freundin von dem Vorfall, dann suchen Sie wahrscheinlich nach Unterstützung. Wenn Sie aber den Kreis Ihrer Vertrauten auf Kolleginnen, Vorgesetzte oder Untergebene ausweiten, müssen Sie sich auch fragen: »Suche ich wirklich Unterstützung, oder will ich bloß über Marta herziehen, damit sie bei den anderen Macht-Chips verliert?« Es ist wichtig, sich über seine Motive im Klaren zu sein, ebenso wie über den Schaden, den man mit Klatsch anrichten kann. Er lässt sich vielleicht nie wieder gutmachen.

Wenn Sie einer Kollegin etwas Schlechtes nachsagen, so offenbaren Sie anderen deren Charaktermängel, Misserfolge und Schwächen. Sie tun dies in der Hoffnung, die Macht der Kollegin zu schmälern. Manchmal benutzen Frauen auch Klatsch und Tratsch, um gezielt Unwahrheiten zu verbreiten. Eine unserer Web-Site-Besucherinnen schilderte eine solche Situation: »Ich arbeitete mit einer Frau zusammen«, schrieb sie, »die sich wie ein eifersüchtiger Teenager aufführte. Ich glaube, sie wollte einfach das ›jüngste und hübscheste Mädchen auf dem Ball‹ sein, und fühlte sich bedroht, als ich, eine jüngere Frau, bei der Firma anfing. Sie lehnte mich schon ab, ehe ich überhaupt wusste, wer sie war. Ich dachte, das würde sich mit der Zeit geben, aber es ist nie besser geworden. Unserer Vorgesetzten jammerte sie die Ohren voll über irgendwelche Kinkerlitzchen, die ich angeblich verbrochen hatte, mir persönlich aber sah sie nie in die Augen. Sie setzte ein grässliches, lächerliches Gerücht über mich in Umlauf – dass ich eine Affäre mit einem der verheirateten Vorstände hätte – und noch ein paar andere haarsträubende, aber ziemlich einfallsreiche Lügen. Ich schwor mir, mich nicht auf ihr Niveau zu begeben und versuchte sie, so gut ich konnte, zu ignorieren. Aber es war schwer für mich, meine Aufgaben zu erledigen, und ich fühlte mich sehr unwohl und war ungeheuer wütend, als ich von den Gerüchten hörte. Glücklicherweise stieg ich innerhalb der Firma zu anspruchsvolleren Aufgaben auf und muss mich nun nicht mehr mit ihr abgeben.«

Obwohl wir überzeugt sind, dass diese Frau, die diese Unwahrheiten in die Welt gesetzt hat, ihr Verhalten vor sich selbst rechtfertigen konnte – ganz offensichtlich versuchte sie, die Machtbalance zwischen sich und der »Neuen« wiederherzustellen –, können wir sie nur als Prototyp eines »Miststücks« betrachten.

Einer anderen Mail-Schreiberin zufolge waren üble Nachrede und destruktiver Klatsch in der Personalabteilung ihrer Versicherungsgesellschaft derart verbreitet, dass sie quasi zur Unternehmenskultur zu gehörten. »In meiner Abteilung arbeiten etwa 25 Frauen«, schrieb Melissa, »und *jede* tratscht über *alle anderen*. Wenn einem auch nur der geringste Fehler unterläuft (wie er uns allen mal passiert), wird da mit derartiger Heftigkeit gelästert und sich aufgeblasen und mit Fingern gezeigt, dass Aschenputtels Stiefschwestern sich eine Scheibe davon abschneiden könnten. Statt an der Lösung der Probleme zu arbeiten, sich als Team zusammenzuraufen und dafür zu sorgen, das dasselbe nicht noch mal passiert, geht es nur darum, die Schuldige zu finden und sie mit so viel selbstgerechter Empörung wie nur möglich an den Pranger zu stellen.

Etwas auf sich bewenden lassen, nachdem es sich erledigt hat? Niemals! Dinge, die schon vor Jahren ein alter Hut waren, werden immer wieder hervorgezerrt – mindestens eine halbe Stunde verschwenden wir bei jeder Konferenz damit, immer wieder dieselbe Sau durchs Dorf zu treiben. Und mit ganz allgemeinen Ausreden zieht sich jede aus der Affäre: ›Man hat mir erzählt …‹ oder ›Die Gruppe hat Aufforderungen zur Kontrolle nicht durchgezogen …‹ Wer? Was? ›Oh, ich weiß nicht … hat mir gerade jemand gesagt.‹ Wie soll man irgendetwas entscheiden, wenn man keine Fakten vorliegen hat? So viel zu Frauen im Berufsleben.«

Das Problem an Melissas Arbeitsplatz war nicht eine einzelne Frau, die ihre indirekte Aggression an einer anderen ausließ. Es handelte sich vielmehr um eine systemische Störung: Leiterin und Teammitglieder arbeiteten nicht zusammen, um gemeinsam ein positives, produktives Arbeitsumfeld zu schaffen, und die Leidtragenden waren im Grunde alle – die sich zankenden Angestellten, die Leute in der Personalabteilung, die Firma und letztlich auch die Kundschaft. In den Kapiteln zehn und elf werden wir zeigen, wie sich das streitgeschwängerte Klima in einer solchen Gruppe verändern lässt.

Cliquen

Klatsch dient auch der Zementierung eines weiteren Aspekts weiblicher Gehässigkeit – der Cliquen nämlich, die durch den Austausch von Geheimnissen, intimen Details und Geschichten über Dritte Zusammenhalt gewinnen. Mädchencliquen sind für viele Frauen ein wunder Punkt; noch als Erwachsene erinnern sie sich genau an das Gefühl des Ausgeschlossenseins: nicht zur Clique gehören zu dürfen und sich fragen zu müssen, weshalb die anderen Mädchen nur so gemein zu ihnen waren. Cliquenbildung lässt sich etwa ab der zweiten Klasse beobachten, wenn die Mädchen enge Beziehungen zu anderen Mädchen kultivieren und diese »Paare« sich oft mit anderen Freundinnenpaaren zusammentun. Sobald sich vier oder sechs solcher Freundinnen miteinander verbünden, ist die Clique geboren.

Wenn am Anfang der Clique auch nicht der Ausschluss anderer steht, führt sie letztlich genau dorthin. George Homan, Forscher am Hawthorne Western Electric-Projekt in Illinois, stellte fest, dass bei Gruppen, deren innerer Zusammenhalt zunimmt, die Außenbeziehungen abnehmen. Ja, je enger die Beziehungen innerhalb der Gruppe, umso exklusiver entwickelt sich das Verhalten der Mitglieder gegenüber Außenstehenden.[30]

Auch unter Frauen am Arbeitsplatz kommt es häufig zu Cliquenbildung. Krankenschwestern etwa arbeiten in verschiedenen Schichten, von denen sich häufig jede zu einer richtiggehenden Clique entwickelt. Die Nachtschicht kann zu einem festen Team zusammenwachsen, weil sie aus weniger Schwestern besteht, schwierige Arbeitszeiten hat, und die Angestellten glauben, ihr Job sei der härteste. In der Cafeteria brennt kein Licht mehr, oft sind auch andere Krankenhaus-Einrichtungen geschlossen, die Ärzte schlafen, und folglich ist diese Gruppe in der Regel isolierter von anderen und kommuniziert häufiger und intensiver unter sich. Diese Dynamik wird durch einen weiteren Befund Homans bestätigt: Sobald man sich stärker austauscht, nimmt auch die Sympathie füreinander zu.

Es überrascht daher nicht, dass sich zwischen Schwestern der Tag- und der Nachtschicht häufig eine gewaltige Kluft auftut. Oft haben diese Gruppen an der Arbeit der jeweils anderen vieles auszusetzen: Die Schwestern der Tagschicht kritisieren die der Nachtschicht wegen verlegter Krankenblätter, nicht aufgefüllter Medikamentenvorräte und liegen gebliebener Arbeit. Die Nachtschwestern wiederum werfen der Tagschicht vor, keine Anweisungen für die Medikamentierung hinterlassen und ihre Arbeit nicht vollständig erledigt zu haben. Die Schwestern der verschiedenen Schichten kennen einander vielleicht gar nicht – das ist sogar oft der Fall –, sodass sie nur selten miteinander zu tun und nur wenig Gelegenheit haben, Respekt und Vertrauen zueinander zu entwickeln. Es fehlt ihnen an Einfühlung für die Arbeitssituation der jeweils anderen, wodurch eine gespannte Arbeitsatmosphäre entsteht.

Zu Cliquenwirtschaft kommt es sowohl auf institutioneller als auch auf persönlicher Ebene. In einem Aufsatz beschreibt die Autorin Jenn Shreve die schwierige Situation, in die sie geriet, als sie wegen eines Jobs in einer frisch gegründeten Firma in einen anderen Bundesstaat zog:

Kaum hatte ich das College hinter mir, musste ich mich in einer neuen Stadt, einem Neunstundentag und einer Büroumgebung zurechtfinden, die mir alle reichlich fremd waren. Da viele meiner neuen Kolleginnen etwa in meinem Alter waren, nahm ich an, sie würden mich mal zu einer Party einladen oder mir ein paar Tipps geben, wo ich nette Leute kennen lernen könnte. Aber falsch gedacht! Sie verabredeten sich unüberhörbar zum Mittagessen oder auf einen Drink nach der Arbeit, luden mich aber nicht ein – oder schlimmer noch, luden mich zwar ein, ließen mich aber dann im Lokal links liegen.

Das Frustrierendste daran war, dass das alles nicht offen geschah. Eine freundliche Fassade und das etwas herablassende Lächeln meiner Kolleginnen verhüllte die Grausamkeit, sodass mir nie so recht klar war, ob sie mir nun die kalte Schulter zeigten oder ob ich mir alles nur einbildete.

Dann fing eine andere Frau bei uns an, die wie ich aus einem anderen Bundesstaat kam. Abgesehen davon hatten wir nicht viel gemeinsam. Wenn die Clique der weiblichen Angestellten mich schon nicht gemocht hatte, so entwickelten sie gegen sie eine regelrechte Abneigung. Sie war, wie sich schließlich herausstellte, für den Job nicht geeignet, aber statt das Ganze von der beruflichen Seite anzugehen, mauerten sie – schickten ihr fiese E-Mails, schnitten sie sowohl in beruflichen wie auch in privaten Gesprächen. Sie wohnte in meiner Gegend, sodass ich anfing, sie im Auto mitzunehmen. Folglich wurde nun auch gegen mich gemauert. Die freundliche Fassade brach weg, und alles, was blieb, waren eisige Blicke.[31]

Cliquen illustrieren gleichzeitig, wie schön und wie schrecklich weibliche Beziehungen sein können. Cliquen entstehen, weil Frauen einander nahe sein wollen, aber sie können auch eine Menge Schaden anrichten, vor allem bei denen, die von ihnen ausgeschlossen sind. Es sind die Gemeinsamkeiten, die die Frauen in diesen Gruppen zusammenbringen, doch es kann sich auch ein Gefühl von Besonderheit oder Auserwähltheit einstellen, wenn andere nicht dieselbe Geschichte, dieselben Eigenschaften, Fähigkeiten oder Interessen teilen.

Die Folgen weiblicher Tücke

Das einzige Ventil, das man Frauen für ihre Wut gestattet, kann – auch wenn es nur *indirekte* Aggression ist – schmerzhafte und schwierige Situationen erzeugen. Während wir dies schreiben, erinnern wir uns an die Tortur, zusehen zu müssen, wie vier Frauen, Partnerinnen in zwei erfolgreichen Unternehmen, einander schnitten und sich in den Rücken fielen, bis ihre Feindseligkeit nicht nur zum Niedergang ihrer Beziehung, sondern auch zum Zusammenbruch ihrer Firmen führte. Als Freundinnen und Kolleginnen dieser Frauen fanden wir es unerträglich, diese Zerwürfnisse zu verfolgen, und noch schwieriger, als Vertraute in die Sache hineingezogen zu werden. Für Susan bedeutete es Kummer und schlaflose Nächte, weil sie mit jeder der Kriegsparteien mitfühlen konnte. Darüber hinaus verbat ihr eine dieser Freundinnen den weiteren Kontakt mit der »Feindin«, ihrer früheren Partnerin.

Pat fand es grässlich mit den beiden sich bekriegenden Freundinnen, und fühlte sich so, als solle sie sich bei einem in Scheidung lebenden Paar für eine Seite entscheiden. Immer wieder fragte sie sich: »Höre ich nur Fran zu, und Toni nicht?« Wenn sie für Tonis Sicht offen war, kam es ihr vor, als verriete sie Fran, und umgekehrt. Besonders peinlich war es ihr, wenn eine der beiden sie mit der anderen sah – sie quasi als »Verräterin« entlarvte.

Weil Frauen dazu neigen, durch das Teilen persönlicher Lebensdetails Bindungen einzugehen, fühlen sie sich auch verletzlicher, wenn sie sich zerstreiten. Frauen wissen alles über die Ehe, die Gewichtsprobleme oder das Sexleben ihrer Freundin. Solche Geheimnisse nicht weiter zu erzählen, ist schon als Mädchen überaus wichtig; es ist sogar die wichtigste Eigenschaft, die Mädchen von ihrer besten Freundin erwarten. Werden diese Geheimnisse im Laufe eines Konflikts ausgeplaudert, kann der Verrat – egal wie alt die Betroffenen sind – verheerend sein. Wir ertappen uns dann dabei, dass wir sagen oder denken: »Wir haben uns so nahe gestanden, und jetzt lässt du mich im Stich, und all meine intimsten Geheimnisse werden in aller Öffentlichkeit breitgetreten. Das kannst du nie wieder gutmachen.«

Wenn ein Streit im Büro und vor aller Augen stattfindet, kann das nicht nur peinlich und zermürbend sein, sondern auch in beruflicher Hinsicht eine Katastrophe bedeuten. Pat hatte zwei Klientinnen, die in derselben Firma angestellt waren und ständig miteinander stritten. Oft stichelten sie gegeneinander wegen irgendwelcher subtiler Detailfragen, dann wieder war ihr Gebrüll so laut, dass alle im Büro es mitbekamen. Mit der Zeit griff ihre Feindseligkeit auch auf ihre Untergebenen über, die immer weniger Bereitschaft zur Zusammenarbeit zeigten. Schließlich wirkte sich das Zerwürfnis sogar auf die Produktivität der Abteilung aus.

Es ist leicht, einer netten Untergebenen auf den Leim zu gehen, die sich mit ihrem Pendant aus einer anderen Abteilung streitet. Wenn Sie nicht auf der Hut sind, haben Sie flugs für sie und gegen die andere, ihre Freundinnen, Kolleginnen und ihre Vorgesetzte Partei ergriffen. Die Konfrontation kann eskalieren, und am Ende stehen sich womöglich zwei geschlossene Abteilungen gegenüber.

Geschäftliche Informationen werden nicht mehr weitergeleitet, Kolleginnen und Vorgesetzte reagieren feindselig, und die gesamte Atmosphäre ist schließlich vergiftet.

In einem ihrer Coachings arbeitete Susan mit Caroline, der Geliebten des Verkaufsleiters, die von Becky, der Marketing-Chefin, sabotiert wurde. Kurz nach Antritt ihres Jobs hatte Caroline Beckys Bruder wegen Unfähigkeit entlassen, und nun versuchte Becky, es ihr heimzuzahlen. Als Caroline ihre Vorgesetzte Jill aufsuchte und zu ihr sagte »Ich habe Probleme bei der Arbeit, weil Becky mich sabotiert«, antwortete ihr diese leider nur, sie solle sich zusammenreißen. In diesem Falle jedoch half Zusammenreißen nicht viel. Caroline wurde verleumdet und gemobbt. Von Jill, die mit ihren eigenen Pflichten überfordert war und eine Einmischung in die Streitereien ihrer Untergebenen scheute, bekam sie keine Unterstützung. Auch Beckys Chefin griff nicht ein, da Becky sie derart einwickelte, dass sie ihre Intrigen nicht durchschaute.

Obwohl Caroline eine Spitzenkraft innerhalb der Verkaufsabteilung war, hätte sie ihren Job aufgegeben, hätte sie nicht ein chronisches Gesundheitsproblem gehabt, für das sie dringend ihre Krankenversicherung brauchte. Und so sah sie sich in einer unhaltbaren Situation gefangen. Becky beschnitt Carolines Einfluss immer mehr, während sie ihre eigene Macht immer stärker ausbaute.

Susan wurde aktiv, verabredete sich mit Jill und erläuterte ihr die Situation: »Sie müssen eine Anlaufstelle für Caroline sein. Dieser Konflikt nimmt sie entsetzlich mit; ohne Ihre Unterstützung fühlt sie sich sehr verwundbar und allein.« Es schien zu funktionieren. Jill kam Caroline nun öfter zu Hilfe, und wenn Caroline wegen der Situation in ihrem Büro die Tränen kamen, hörte

Jill ihr mitfühlend zu, statt sie abzuwimmeln. Wenn Jill Beckys destruktives Verhalten auch nicht völlig unterbinden konnte, sah sich Caroline durch Jills Unterstützung und Engagement doch gestärkt und wurde dadurch besser mit der Situation fertig.

Zoe, eine Achtundvierzigjährige, hatte als Kind eine Unmenge von direkter und indirekter Aggressivität zu spüren bekommen. Die Gehässigkeit ihrer »Freundinnen« hatte lebenslange Auswirkungen auf ihr Selbstbild und auf ihren Umgang mit indirekter Aggression, die ihr am Arbeitsplatz entgegenschlug.

»Als ich klein war, hieß meine beste Freundin Alicia«, erzählte Zoe. »Vor kurzem ist ihr Vater gestorben, und als ich Alicia anrief, um ihr mein Beileid auszusprechen, erzählte sie mir, dass am Tag seiner Beerdigung mehrere der Mädchen aus unserer alten Pfadfinderinnengruppe zusammengesessen hätten und dass auch mein Name gefallen sei. Sie hätten sich gefragt, was wohl aus mir geworden sei. Und dann meinte Alicia plötzlich, ›Es hat mich an damals erinnert und wie Leid mir das alles tut, was damals passiert ist.‹ ›Was meinst du damit?‹, fragte ich sie. ›Und wann soll was passiert sein?‹ ›Na ja, du weißt schon‹, sagte sie, ›du warst immer die Hübscheste, immer die Einser-Schülerin. Hast die besten Klassenarbeiten geschrieben, warst überhaupt bei allem die Beste, und wir haben dich dafür gehasst. Alle haben dir das Leben schwer gemacht. Einmal haben wir dich bei den Pfadfinderinnen in einen Teppich gerollt, und dann haben alle abwechselnd dagegengetreten. Es tut mir so Leid.‹

Was für ein Geschenk das für mich war«, erzählte Zoe Pat. »Stellen Sie sich vor, eine solche Erfahrung zu machen, wenn man so jung und machtlos ist und nichts im Griff hat. Durch Alicias Enthüllung machen so viele meiner Erfahrungen plötzlich einen Sinn. Ich bin auf niemanden böse; es hilft mir nur, mich selber zu verstehen.«

Fast vierzig Jahre lang Zoe die Narben dieses alten Mädchenkriegs mit sich herumgetragen. Bei der Beschäftigung mit seinen Folgen wurde ihr klar, wie sehr die damaligen Erfahrungen dazu beigetragen hatten, dass sie sich als Opfer empfand. »Die Leute wundern sich immer, weshalb ich mir so viel gefallen lasse«, meinte sie. »Für mich war das völlig normal; ich war es nicht anders gewöhnt.«

Als wir über den schlimmen Vorfall bei den Pfadfinderinnen nachdachten, mussten wir uns auch fragen: Inwiefern unterscheiden sich die Absichten dieser Mädchen von denen der Frauen, die wir in der Einleitung dieses Buchs beschrieben haben – unserer Kolleginnen, die sich gegen Christine, die Spitzenfrau des Unternehmens, zusammentaten und um sie fertigzumachen unaufhörlich über sie tratschten? Wie Zoe hatte Christine gegen die Regel der ausgeglichenen Machtbalance verstoßen, weil sie zu perfekt, zu erfolgreich war. Doch da Zoe ihre »Strafe« schon in so frühem Alter bekam, hatte es sie für immer verschreckt.

Wenn eine Frau in ihrem Beruf und in ihrem Leben vorankommen möchte, wird sie vor solchen Angriffen niemals sicher sein. Doch wenn man das Goldene Dreieck weiblicher Beziehungen, die Regel der ausgeglichenen Machtbalance und die Funktionsweise indirekter Aggressivität verstanden hat, kann man die raue See dieser Beziehungen gefahrloser durchschiffen. Im folgenden Teil wollen wir erkunden, wie man die Fallstricke der Luder meidet, sich virtuos durch die Welt weiblicher Beziehungen bewegt und erbitterte Konflikte in kollegiale, respektvolle Arbeitsfreundschaften verwandelt.

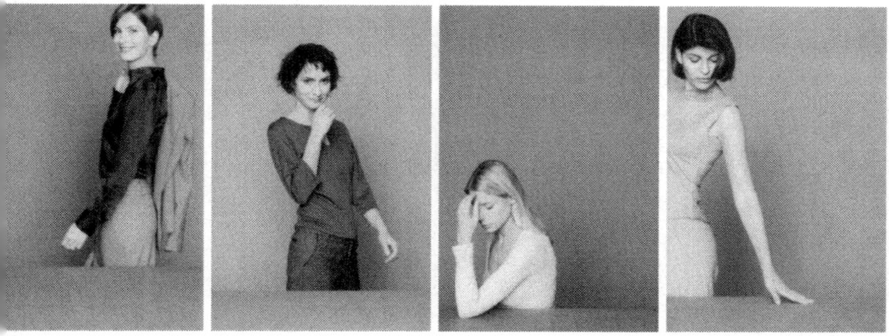

Teil II

KOLLEGINNEN

Wie man am Arbeitsplatz mächtige Verbündete und echte Freundinnen findet

Sechs

Die Beziehung ist das Ziel

Dolores, Vorstand einer kleinen Herstellungsfirma, hatte beträchtliche Schwierigkeiten, einen großen Luft- und Raumfahrtkonzern davon zu überzeugen, sie als Subunternehmer zu akzeptieren. Ihre Angestellten in der Abteilung Geschäftsentwicklung – alles Männer – hatten es nicht geschafft, die Frau, die bei dem Konzern für die Raumfahrtverträge zuständig war, mit dem Angebot von Dolores' Firma zu überzeugen. Elf Monate lang hatten es die Männer versucht: Sie riefen Mona – so hieß die Dame – an; sie schrieben ihr Briefe; sie telefonierten mit ihrem Vorgesetzten und sogar mit dem Vorgesetzten des Vorgesetzten. Es nützte alles nichts. Wenn sie fragten: »Wo ist der Vertrag?«, hieß es bloß: »Er liegt auf Monas Schreibtisch.«

Die Männer fluchten und knurrten über die zickige, unerreichbare Mona, die jede ihrer Anstrengungen vereitelte und damit bewirkte, dass dem kleinen Unternehmen Millioneneinnahmen entgingen.

Hilfe suchend wandte sich Dolores an Susan, um sich von ihr beraten zu lassen. Statt die männlichen Angestellten weiterhin versuchen zu lassen, Mona den Vertrag mit Gewalt zu entreißen, meinte Susan, solle Dolores sich doch direkt einschalten. »Rufen

Sie Mona persönlich an«, schlug sie vor. »Vielleicht bringt ja ein freundliches Gespräch mit ihr die Sache eher Gang.«

Nachdem sie ein paar Tage darüber nachgedacht hatte, beschloss Dolores, Mona anzurufen. Sie redeten über den Vertrag und was Dolores' Firma Monas Unternehmen zu bieten hatte. Doch dann schweifte die Unterhaltung, wie so oft bei Frauen, ins Persönliche ab. Mona fürchtete, dass sie früher nach Hause müsse, weil ihr Sohn an einer Darmgrippe erkrankt war. Dolores erzählte ihr, dass sie die gerade erst hinter sich habe und immer noch nicht ganz auf dem Damm sei. Eine Woche später rief Dolores zwecks Nachfrage noch einmal an, erkundigte sich auch nach ihrem Sohn und lud Mona zum Mittagessen ein, um das keimende Beziehungspflänzchen zu pflegen.

Bei Meeresfrüchtesalat und Mineralwasser unterhielten sie sich ein wenig über ihre Firmen, widmeten jedoch die meiste Zeit dem gegenseitigen Kennenlernen. Mona verriet, dass sie 20 Jahre zuvor als Registraturangestellte in ihrer Firma angefangen hatte; ihr Aufstieg in eine so wichtige Position innerhalb des Konzerns hatte sie selber überrascht und begeistert. Auch über ihre Eheprobleme schüttete sie Dolores ihr Herz aus. Dolores wiederum schilderte ihren eigenen dramatischen Aufstieg zur stellvertretenden Geschäftsführerin in einer reinen Männerbranche.

Zwei Tage nach diesem Mittagessen trafen die unterschriebenen Verträge in Dolores' Büro ein. Die Männer der Abteilung für Geschäftsentwicklung waren sprachlos – Dolores nicht. Susan hatte ihr erklärt, wie wichtig positive Arbeitsbeziehungen unter Frauen sind, und obwohl Dolores den Kontakt zu Mona lediglich aus geschäftlichem Interesse gesucht hatte, hatten beide Frauen nach ihrem Lunch den Eindruck, eine neue Freundin, Kollegin und Verbündete gewonnen zu haben. Beide Frauen hatten die Regel der ausgeglichenen Machtbalance respektiert, und als die Topmanagerin Dolores Mona großzügig ihre Zeit und Aufmerksamkeit schenkte, bestätigte sie damit die frühere Registraturangestellte als wichtige Person in ihrem Konzern. Diese großzügige Anerkennung steigerte Monas Selbstwertgefühl und womöglich auch ihre Macht. Mona revanchierte sich, indem sie Dolores den beruflichen Erfolg verschaffte, den diese gesucht hatte.

Freundschaften sind wichtig und weit verbreitet im Arbeitsleben, vor allem in den Rängen des mittleren Managements, wo Frauen stark vertreten sind.[1] Und diese Beziehungen haben große Bedeutung für die Frauen. Eine groß angelegte Umfrage zur Loyalität von Angestellten ergab, dass Frauen enge Bindungen zu Kollegen als wichtigen Erfolgsfaktor werten: 62 Prozent der Befragten fanden, dass sich das Verhältnis zu den Kollegen auf die eigenen Fähigkeiten auswirkt.[2] Und eine »beste Freundin« am Arbeitsplatz zu haben, geht mit hoher beruflicher Zufriedenheit, Produktivität und Firmentreue einher.

Eine Studie über Telearbeiter ergab, dass die Mehrzahl von ihnen (69 Prozent) männlichen Geschlechts war.[3] Anscheinend ziehen Frauen es tatsächlich vor, ins Büro zu gehen. Aber sogar dann, wenn Frauen Telearbeiterinnen sind oder viel über E-Mail und Internet kommunizieren, bemühen sie sich, persönliche Beziehungen zu anderen Frauen herzustellen und zu stärken. »Etwa zehn Personen, mit denen ich zusammenarbeite, betrachte ich als enge Freundinnen, obwohl ich sie niemals getroffen habe«, erklärte eine Planerin bei IBM vor kurzem in einem Artikel in *Working Woman*. »Wir schicken uns witzige Geschichten und E-Mails zu oder telefonieren regelmäßig miteinander. Wir wissen auch, wenn bei einer das Kind krank geworden ist oder sie sich operieren lässt – im Grunde sind wir eine Art Selbsthilfegruppe.«[4] Für Jean Baker Miller, Professorin und Psychiaterin an der Boston University, stärken enge weibliche Beziehungen am Arbeitsplatz eindeutig das innere Wachstum, das Selbstwertgefühl und die Macht der Frauen. Ein gutes Gespräch mit einer engen Freundin gibt Frauen Auftrieb; es bestärkt sie in ihrem konstruktivem Handeln. Nachdem sie sich über ihre Angst, Schuld, Wut und andere Gefühle ausgesprochen haben, gewinnen sie neue Klarheit über ihre Emotionen, und das Gefühl, dass jemand sich die Zeit nimmt, um ihnen zuzuhören, stärkt ihr Selbstbewusstsein.[5]

Das Fundament weiblicher Beziehungen

Tatsache ist, dass Freundinnen im Leben von Frauen eine entscheidende Rolle spielen. Aus schmerzlicher Erfahrung wissen wir aber auch, dass weibliche Beziehungen eine dunkle Seite haben können. Sobald man einer Kollegin seine Verletzlichkeit offenbart hat, kann sie einen im Falle eines Streits tief verwunden; was mit ehrlicher Besorgtheit und echter Vertrautheit begann, kann sich im Zuge eines destruktiven Konflikts in gefährliche Munition verwandeln. Wenn es um weibliche Beziehungen geht, können wir mit dem Besten und müssen wir mit dem Schlimmsten rechnen; aber die Allianzen von Frauen sind es wert, bewahrt zu werden, und in diesem Kapitel wollen wir erkunden, wie man sie entwickelt und stärkt.

Erreichen kann man dies vor allem durch eine ausgewogene Verteilung von Macht-Chips. Und Möglichkeiten, sie sich anzueignen und anzuhäufen, finden Frauen in ihren beiläufigen alltäglichen Interaktionen. Soziologen und Betriebswirtschaftler haben festgestellt, dass es Männern in ihrem beruflichen Umgang vor allem um den Austausch von Informationen geht. Männer konzentrieren sich sehr rasch auf das, was unter dem Strich herauskommt. Der interaktive Tanz der Frauen dagegen umfasst eine ganze Reihe zusätzlicher Figuren. Gewiss, auch Frauen kommunizieren, um Informationen auszutauschen, aber sie nützen ihre Unterhaltungen auch, um einen »Draht« zur Gesprächspartnerin herzustellen.

Linguisten behaupten, das Ziel von Frauengesprächen sei die Aufrechterhaltung guter sozialer Beziehungen.[6] Und sie haben festgestellt, dass jedes unserer Worte und jede Facette unseres Mienenspiels großen Einfluss darauf hat, wie wir mit anderen Frauen auskommen. Es gibt eine Unzahl linguistischer Hilfsmittel, die wir in unseren Gespräche einsetzen, um die Machtbalance ausgeglichen zu halten. Diese sprachlichen Mittel sind innerhalb der weiblichen Kultur völlig funktional, auch wenn sie Männern merkwürdig oder sogar unsinnig erscheinen mögen.

Frauensprache

Denken Sie an das Gelöbnis der Pfadfinder. Ihr Schwur beginnt mit den Worten: »Ich werde – bei meiner Ehre – …« Wenn wir jedoch weibliche Workshop-Teilnehmer, die früher bei den Pfadfindern waren, bitten, den Schwur vorzutragen, beginnen sie: »Ich werde mich – bei meiner Ehre – bemühen …«, und dann halten sie inne, lachen und rufen aus: »Es ist nicht zu fassen!« Für Frauen ist es ganz natürlich, derart behutsam zu formulieren. Sie haben spezifische, oft unbewusste, sprachliche Mittel und Ausdrücke entwickelt, die dazu beitragen sollen, dass andere Frauen sich wohl fühlen: die Verwendung von Dementis, ausweichenden Antworten und Fragen, Bestätigungsfragen oder eine fragende Intonation, Wendungen wie »Es tut mir Leid«, die Tendenz, erst mal über alles zu reden, statt gleich zur Sache zu kommen und eine nachsichtige Haltung gegenüber Unterbrechungen.

Wenn sich Frauen allerdings gegenüber männlichen Vorgesetzten dieser »Frauensprache« bedienen, wirken sie auf diese unsicher. Deshalb bemühen sie sich häufig, ihren Kommunikationsstil dem brüskeren männlicheren Stil anzunähern. Kehren sie allerdings im Gespräch mit Kolleginnen nicht zur weiblichen Sprache zurück, beschwören Frauen möglicherweise üble Catfights herauf. Die Anwältin Anita war frustriert, weil ihre Sekretärinnen immer nach kurzer Zeit wieder kündigten und sie keine Ahnung hatte, woran es lag. »Meine Kollegen haben dieses Problem nicht, und ich behandle meine Assistentinnen nicht anders als sie«, klagte Anita. Da sie eine viel beschäftigte Frau ist, hatte sich der Austausch mit ihren Sekretärinnen immer nur aufs Nötigste beschränkt. Als wir uns über die Beziehungsgespräche unter Frauen unterhielten, erkannte sie plötzlich, dass ihr »effizienter« Kommunikationsstil an der Misere schuld war.

Werfen wir doch einen näheren Blick auf diese sprachlichen Mittel und wie sie zur Wahrung weiblicher Beziehungen und zur Verhinderung von Catfights beitragen.

Dementis, Abschwächungen und Bestätigungsfragen

Dementis, Abschwächungen und Bestätigungsfragen helfen einer Frau, im Gespräch das Gesicht zu wahren – das eigene ebenso wie das der Gesprächspartnerin. Vielleicht will sie die andere Frau nicht beleidigen, indem sie davon ausgeht, man teile dieselbe Meinung. Oder aber sie reagiert ausweichend, um sich bei einem heiklen Thema nicht festlegen zu müssen.[7]

Zu den Dementis gehören Wendungen wie: »Das klingt vielleicht nicht sehr vernünftig, aber …« oder: »Ich bin mir da zwar nicht sicher, aber …« zu Beginn eines Satzes. Männer verstehen solche Einleitungen häufig als Ankündigung: »Nun mach dich mal auf was Dummes gefasst!«; Frauen aber benutzen Sie untereinander, um weniger autoritär und um bescheidener zu klingen.

Abschwächungen umfassen Ausdrücke wie »irgendwie«, »mal«, »vielleicht«, »womöglich«, »ein bisschen«, »nicht unbedingt«, »versuchen« oder »bemühen« wie etwa in dem Satz: »Wenn sie *irgendwie* so redet, dann klingt sie *ja vielleicht* nicht *unbedingt* so, als wüsste sie, wovon sie spricht, *nicht wahr.*« Wenn ein Mann dabei zuhört, klingt das für ihn, als sei die Frau zutiefst verunsichert; aber sie schwächt ihre Worte lediglich bewusst ab, lässt eine andere Frau wissen, dass sie Respekt vor ihr hat und sie durchaus eine andere Meinung vertreten kann.

Bestätigungsfragen werden am Ende eines Satzes eingefügt. Beispiele dafür wären: »Okay?«, »Weißt du?«, »Findest du nicht?«, »Stimmt's?« Männer interpretieren diese Fragen häufig als ein Heischen nach Bestätigung, für Frauen aber bedeuten sie: »Ich betrachte mich hier nicht als allein maßgebliche Autorität« oder: »Ich würde gern deine Meinung dazu hören.«

Betrachten Sie die folgenden beiden Mitteilungen zum selben Thema, die Jessica an Bob (a) und Laura (b) geschickt hat:

a) Bob:
Gestern nach unserem Treffen ist mir noch einiges eingefallen. Ich glaube, es wäre gut, vor unserer endgültigen Entscheidung eine Umfrage zu machen. Eine Stichprobe von Angestellten würde genügen. Freue mich auf deine Antwort.

Jessica

b) Hallo Laura:
Gestern nach unserem Treffen ist mir noch einiges eingefallen. Ich dachte mir, *vielleicht könnten* wir ja *versuchen*, eine Umfrage zu machen, ehe wir unsere endgültige Entscheidung treffen. Das *könnte* zumindest verhindern, dass wir eine falsche Richtung einschlagen. *Womöglich* sollten wir ja eine stichprobenartige Umfrage der betroffenen Angestellten *ins Auge fassen*, um in etwa zu wissen, wo sie stehen. *Ist nur so eine Idee*. Was hältst du davon?
Liebe Grüße, *Jessica*

Man beachte Jessicas direkteren Ton gegenüber Bob im Gegensatz zu ihrem inklusiven, ehrerbietigen Sprachgebrauch in ihrer Mitteilung an Laura. Beide Nachrichten wurden gut auf die Kommunikationsbedürfnisse der Empfänger zugeschnitten.

Frauen benutzen diese sprachlichen Mittel, um flache Hierarchien zu signalisieren und die Regel von der ausgeglichenen Machtbalance zu befolgen. Wenn Sie zu Ihrer Kollegin Margaret gehen und sagen: »Wir machen das am Dienstag so und so«, wäre Margarets Reaktion vermutlich: »Was bildet die sich eigentlich ein, mir zu sagen, was wir tun?« Die Wahrscheinlichkeit, dass die Botschaft richtig ankommt, ist weit größer, wenn man sie abschwächt und etwa sagt: »Ich bin mir nicht ganz sicher, aber ich habe mir gedacht, wir könnten am Dienstag vielleicht Folgendes machen. Was hältst du davon?« So binden Sie Margaret nämlich sprachlich in den Entscheidungsprozess ein.

»Wir« nicht »ich«

Wenn Frauen auf diesen zwischenmenschlichen Appell in ihrer Kommunikation mit anderen Frauen verzichten, riskieren sie unerfreuliche Konflikte. Ein Mann kann seine Assistentin anschnauzen: »Ich brauch das hier bis um drei«, und kriegt vermutlich, was er braucht. Verhält sich eine Frau aber genauso schroff, so wird ihr Tipp-Auftrag ganz schnell ganz unten im Stapel verschwinden. Für sie ist es ratsam, sich nicht nur auf ihre Aufgabe, sondern auch auf den Austausch von Beziehungs-Chips zur Assistentin zu konzentrieren. Ihre Aussichten auf Erfolg wachsen mit einem beiläufigen »Hallo, wie geht's? Hast dir die Haare schneiden lassen? Sieht gut aus. Wenn du das irgendwie bis drei Uhr noch schaffen könntest, wäre mir wirklich sehr geholfen.«

Darüber hinaus haben Frauen auch gelernt, in Situationen, in denen sie über ihre Leistungen sprechen, vor dem »ich« zurückzuscheuen. Eine Lektorin aus einem großen Verlag erzählte uns einmal, dass ihr und ihren Kolleginnen einmal aufgefallen sei, dass sie, wenn sie den Kauf eines neuen Buchs durch den Verlag bekannt geben, stets sagen: »Wir haben gerade dies oder jenes gekauft«, womit sie das Unternehmen meinen. Oder aber sie berichten: »Wir haben ein Projekt der Top-Agentur Andrea Young an Land gezogen.« Ein männlicher Lektor sagt da viel rascher: »Ich habe eben das hier gekauft« oder: »Ich habe dieses Projekt an Land gezogen …« Um Verstöße gegen die Regel der ausgeglichenen Machtbalance zu vermeiden, nehmen sich Frauen, wenn es um Anerkennung von Leistungen, Ideen und Meinungen geht, eher zugunsten der Gruppe zurück.

»Es tut mir Leid …«

Der Ausdruck »Es tut mir Leid« hat für Frauen viele Bedeutungen und Funktionen, die mit einer wirklichen Entschuldigung nichts zu tun haben. So kann die Floskel »Es tut mir Leid« helfen, die Machtbalance wiederherzustellen. Stellen Sie sich z. B. vor, Sie betreten das Büro Ihrer Kollegin Liz und sehen, dass sie bis über beide Ohren in der Arbeit steckt mit dem Satz: »Tut mir Leid, dich zu stören. Hast du vielleicht eine Minute Zeit?« Sie schicken Ihrer Bitte dieses »Tut mir Leid« voraus, weil Sie der Kollegin nicht den Eindruck vermitteln wollen, Ihre eigene Zeit sei wichtiger als die ihre. Wäre Liz allerdings ein Mann, so hätte die Einleitung »Es tut mir Leid« Sie sofort ins Hintertreffen gebracht. Die Wahrscheinlichkeit, dass Sie Ihr Ziel erreichen, wäre gesunken.

Frauen verwenden »Es tut mir Leid …« manchmal auch aus Empathie, also aus ihrer Fähigkeit heraus, sich in einen anderen Menschen hineinzuversetzen. Stellen Sie sich eine Kollegin vor, die schrecklich heiser ist. Ihr Gespräch mit Ihnen beginnt sie mit den Worten: »Tut mir Leid, dass ich so flüstern muss. Ich habe eine Kehlkopfentzündung.« Worauf Sie erwidern: »Das tut mir aber

Leid für Sie.« Was für ein leidendes Häuflein, denkt sich vielleicht ein Mann, der das Ganze mitbekommt. Für Frauen aber ist dies ein völlig angemessener Kommunikationsstil, weil Frauen ganz selbstverständlich ihre Sorge umeinander zum Ausdruck bringen.

»Es tut mir Leid« heißt nicht unbedingt »Entschuldige!«. Mit letzterem ist meistens eine weit tiefere Zerknirschung über ein echtes Vergehen oder Versäumnis gemeint. »Entschuldige!« heißt ganz eindeutig: »Ich habe einen Fehler gemacht und bitte um Verzeihung.« Manche Männer übersehen diese kleinen, aber bedeutsamen Unterschiede; für sie sind die beiden Ausdrücke Synonyme.

Darüber reden versus zur Sache kommen

Stellen Sie sich vor, Sie schauen in Harrys Büro vorbei und bitten ihn um Zahlen für einen Kostenvoranschlag zu einem etwas chaotischen Projekt. Obwohl Sie es sind, die um die Zahlen bittet, möchte Harry nicht, dass andere (einschließlich Ihnen) glauben, er könne dabei Hilfe gebrauchen – denn dadurch verlöre er in der Betriebshierarchie an Status. Deshalb löst er das Problem stillschweigend und legt Ihnen kurze Zeit später umstandslos sein Ergebnis auf den Tisch.

Sie fragen ihn: »Was sollen wir also tun?« Harrys schlichte Erwiderung: »Tun Sie X.« Dankbar für seinen Tipp sagen Sie noch »Gute Idee« und verabschieden sich.

Und nun stellen Sie sich vor, Sie kommen in Brendas Büro geschneit, bitten sie in derselben Angelegenheit um Rat, und sie sagt: »Tun Sie X.« Wahrscheinlich denken Sie sich: »Hey! Was bildet die sich eigentlich ein?«

Da Sie und Brenda in der nicht-hierarchischen Frauenwelt leben, besteht für Brenda kaum das Risiko eines Prestigeverlusts, ja, sie kann die Beziehung sogar verbessern, wenn sie das Problem mit Ihnen bespricht, statt Sie sofort mit dem Resultat ihrer Überlegungen zu konfrontieren. Daher wird Brenda antworten: »Wir könnten X machen, aber ich bin mir nicht sicher, ob wir genug Geld dafür haben, weswegen ich zu Y tendiere. Was halten Sie davon?«

Diese Art der beteiligenden Entscheidungsfindung wird von Frauen geschätzt. Auf diese Weise lassen sich zwei gegensätzliche Ziele elegant verbinden, nämlich einerseits jemandem Anweisungen zu erteilen (eine hierarchische Handlung) und andererseits die Machtbalance zu wahren. Die Einbeziehung der anderen in den Entscheidungsprozess ermöglicht es den Frauen, sowohl ein Problem zu lösen als auch ihre Verbundenheit zu bekräftigen. Das ist auch der Grund, weshalb Frauen auch die Gründe ihrer Entschlüsse darlegen. Zudem haben beide Beteiligte das Gefühl, die optimale Entscheidung getroffen zu haben, weil alle Einwände und Argumente erwogen wurden.

Als wir vor kurzem über dieses Buch debattierten, gerieten wir plötzlich in eine Situation, die gezeigt hat, welche Bedeutung das gemeinsame Diskutieren und Erarbeiten für Frauen besitzt. Susan hatte die ganze Woche mit Männergruppen gearbeitet, und hatte sich dabei, um sich ihnen verständlich zu machen, um möglichst große Sachlichkeit und Direktheit bemüht. Pat rief sie an, um irgendein Thema aus einem der Kapitel zu besprechen. Susans knappe Antwort lautete: »Wir sollten das weglassen.«

»Warte mal!«, meinte Pat mit einem überraschten Lachen. »Ich bin's! Und ich bin eine Frau. Du musst mir erst mal erzählen, wie du zu dieser Entscheidung gekommen bist.« Wir mussten beide grinsen. Bei Frauen, die sich nicht ganz so nahe stehen oder einander weniger vertrauen, kann eine solche Situation schnell eine unerfreulichere Wendung nehmen.

Diskutieren versus unterbrechen

Nehmen Sie sich mal die Zeit, um Kinder auf einem Schulhof zu beobachten. Die Jungen versuchen ständig, einander verbal zu übertrumpfen: Kaum spricht der eine, fällt ihm der andere schon ins Wort. Ihre Unterhaltung ist ein einziges Geschreie. Und nun beobachten Sie die Mädchen: Eines spricht, dann schweigt es; ein zweites Mädchen spricht und verstummt; und wieder zurück zu Nummer eins. Schon in sehr frühem Alter lernen Mädchen, sich abzuwechseln, um direkte Konkurrenz, ob beim Reden oder Spielen, zu vermeiden.

Im Arbeitsumfeld lässt sich dieses erlernte Verhalten im typischen Hin und Her der Gespräche zwischen Kolleginnen beobachten. Bis zu 30 Minuten[8] können Frauen beim selben Thema bleiben, wobei sie abwechselnd Vorschläge und Ideen beisteuern und schließlich ein gemeines Fazit ziehen. Sie bedienen sich dabei unaufdringlicher Rückmeldungen wie »Hmm« oder »Jaa« oder »Aha«, um Aufmerksamkeit zu signalisieren und die Sprecherin zum Weiterreden aufzufordern. (Gelegentlich kommt es allerdings auch unter Frauen zu legitimen Unterbrechungen, wenn eine der anderen aus lauter Enthusiasmus ins Wort fällt. Manchmal ist man eben so begeistert, dass man sofort seinen Senf dazu geben muss.)

Wissenschaftler haben festgestellt, dass Frauen häufig ihre Diskussionen richtiggehend »entwickeln«, während Männer eher Dialoge führen, in denen Positionen behauptet werden. »Im öffentlichen Bereich«, erklärt die britische Linguistin Jennifer Coates, »wo es zur Norm gehört, dass immer nur einer spricht, und wo es den Teilnehmern vor allem darum geht, selber zu reden, ist Unterbrechung ein Mittel, um das Wort zu ergreifen. In persönlichen Gesprächen unter Gleichrangigen dagegen, wo das Hauptziel der Kommunikation in der Aufrechterhaltung guter zwischenmenschlicher Beziehungen liegt, dient die Unterbrechung dazu, gemeinsam mit den anderen Sprechern ein Gespräch zu führen.«[9] Letzteres ist für die Kommunikation unter Frauen typischer.

Männer neigen dazu, andere männliche Sprecher zu unterbrechen, um dem Gespräch eine andere Wendung zu geben. Sie zerreißen z. B. eine Idee in der Luft, um ihre eigene an deren Stelle zu setzen. Sollten Sie dies aber in einem Gespräch mit einer anderen Frau versuchen, würden Sie sich eines groben Verstoßes gegen die Regel der ausgeglichenen Machtbalance schuldig machen. Eine geeignetere Möglichkeit, einen abweichenden Standpunkt zum Ausdruck zu bringen, ist die Bitte um nähere Erklärung: »Könnten Sie uns vielleicht mehr über Ihre Idee erzählen, damit ich mir vorstellen kann, wie sie sich hier anwenden ließe?« Hilfreich kann es auch sein, den eigenen Gedanken an den einer Kollegin anzuhängen, indem Sie sagen: »Ihr Vorschlag, es mit X zu probieren, gefällt mir. Doch wie wäre es, wenn wir es nach X auch noch mit Y versuchen?« Beide Statements wahren die Gleichheit und erlauben es Ihnen gleichzeitig, Ihre abweichende Vorstellung einzubringen.

Frauen achten auch darauf, ihre Gesprächspartner nicht durch plötzliche geistige Hakenschläge in einer Diskussion zu irritieren. »Sind Sie einverstanden, dass wir kurz mal das Thema wechseln?«, würde eine Managerin vorher fragen. Sie verkleinert sogar ihren eigenen Beitrag durch Bemerkungen wie: »Was habe ich eben gesagt?« oder: »Das war eine blöde Idee.« Die Reaktion der anderen Frau darauf wird lauten: »O nein, nein. Sie hat mir geholfen, das Ganze genauer zu durchdenken.« Eine Frau hat sich ein wenig herabgesetzt – ihr Selbstwertgefühl wurde ein bisschen eingedellt – und die andere hat es wieder aufgebaut.

Der Körper spricht Bände

Von der sprachlichen Kommunikation einmal abgesehen, unterstützen Frauen ihre Beziehungen zu anderen Frauen durch eine Vielzahl nonverbaler Zeichen, wie Nicken, Lächeln, Körperhaltung, Kopfneigung und Gesichtsausdruck. Frauen nicken häufig in Gesprächen, um ihre Zustimmung zu signalisieren oder um die andere zum Fortfahren zu ermutigen oder ihr zu bestätigen, dass sie gehört haben, was sie gesagt hat. Männer hingegen nickten in der Regel nur dann, wenn sie dem Gesagten zustimmen. Frauen lächeln auch häufiger als Männer.[10] Sie drücken ihre Verbundenheit durch den Geschichtsausdruck aus, mit dem sie mitunter die vom Gesprächspartner gezeigten Gefühle nachahmen.

Während Männer im Gespräch eher nebeneinander stehen und in dieselbe Richtung blicken, stehen oder sitzen Frauen bei ihren Unterhaltungen vis-à-vis. Oft scheint es, als hörten Frauen mit dem ganzen Körper zu: Sie beugen sich vor, dem Sprecher entgegen, und verstärken diese Bewegung, wenn sie sich ins Gespräch vertiefen. Dieses Vorbeugen verrät dem Gesprächspartner: »Ich bin ganz aufmerksam und möchte alles hören.« Der zur Seite geneigte Kopf signalisiert: »Was du sagst, ist mir wichtig, so wie du mir überhaupt viel bedeutest.« Frauen neigen in Gesprächen häufig den Kopf zur Seite, eine Haltung, die Verletzlichkeit ausdrückt (die Halsschlagader ist ungeschützt) und Unterordnung anzeigt.

Persönlichkeitsunterschiede

Das Verständnis der subtilen verbalen und nonverbalen Zeichen kann uns helfen, unsere Kommunikationsstrategien auf die Bedürfnisse unserer weiblichen wie männlichen Gesprächspartner abzustimmen, wie es Jessica in ihren Mitteilungen an Bob und Laura (S. 206) tat. Von diesen allgemein gültigen sprachlichen Signalen abgesehen, wird zwischenmenschliche Kommunikation auch durch den persönlichen Stil beeinflusst. Männer und Frauen haben in der Regel ihre ganz eigene Art und Weise, Probleme zu lösen, Informationen zu bekommen, Entscheidungen zu treffen und sich – ob in Vorschlägen, Ideen oder Beschwerden – mitzuteilen. Wenn Sie die unterschiedlichen Persönlichkeitstypen Ihrer Kolleginnen und Kollegen kennen und verstehen, kann Ihnen dies beim Ausbalancieren der Macht sehr nützlich sein. Vor allem bei Frauen ist dies entscheidend.

Denker versus Fühler

Ein ganz wesentlicher Persönlichkeitsunterschied besteht zwischen Menschen, die ihre Entscheidungen eher aufgrund von Überlegung und Logik treffen, und denen, die sich lieber von ihren Gefühlen leiten lassen. Die Bezeichnungen »Denker« bzw. »Fühler« stammen aus dem Werk von den Psychologen Katherine Briggs und Isabel Myers, einem Mutter-Tochter-Team, das eine vielfältig angewandte, auf den Theorien von C. G. Jung beruhende Persönlichkeitstypologie entwickelt hat. Gemäß der Untersuchung von Verhaltensvorlieben basierend auf der Myers-Briggs-Typologie lassen sich 65 bis 70 Prozent der amerikanischen Frauen stärker von Gefühlen leiten, während 60 Prozent der Männer dem *Denken* den Vorzug gaben.

Wer bei seinen Entscheidungen vom Denken gesteuert wird, wird:

- zu logischer Analyse neigen
- sich auf objektive und rationale Kriterien stützen
- Ursache-Wirkungs-Zusammenhänge herstellen
- entschieden und resolut auftreten
- logische Ordnungen schätzen
- skeptisch sein

»Denker« zeigen ihre Gefühle nicht gerne und sind oft überrascht, wenn jemand emotionale Gesichtspunkte in den Entscheidungsfindungsprozess einbringt. Sie treffen rationale Entscheidungen und scheinen den Belangen der anderen – wenigstens aus der Sicht eines »Fühlers« – zu wenig Aufmerksamkeit zu schenken. Allerdings kennzeichnet die »Denker« ein starkes Bedürfnis nach gerechter Behandlung.

Wer bei Entscheidungen dem Gefühl folgt, wird:

- persönliche Prioritäten setzen
- menschliche Werte und Motive, die eigenen und die der anderen, gegeneinander abwägen

- herzliche Beziehungen schätzen und angenehme Menschen mögen
- Harmonie suchen
- anderen leicht vertrauen

»Fühler« sind sich der eigenen Gefühle wie der der anderen immer bewusst. Weil sie Harmonie brauchen, kann ihre Effizienz durch Bürofehden in Mitleidenschaft gezogen werden. Oft lassen sie ihre Entscheidungen durch eigene oder fremde Wünsche und Vorlieben beeinflussen. Sie hassen es, schlechte Nachrichten überbringen zu müssen und haben großes Mitgefühl mit anderen Menschen.[11]

»Denker« oder »Fühler«?

Denken Sie an eine schwere Entscheidung, die Sie treffen mussten. Und stellen Sie sich nun vor, dass Sie einer Freundin oder Kollegin erklären, wie Sie zu dieser Entscheidung gelangt sind. Würden Sie Ihre Zuhörerin logisch zur Lösung hinführen, also etwa so: »Als wir uns für den Kauf dieses Hauses entschieden, habe ich mir zunächst alle vergleichbaren zum Verkauf stehenden Häuser in der Umgebung angesehen, dann haben wir unsere Ersparnisse überschlagen und schließlich auch noch die nächstgelegene Schule angeschaut, um zu sehen, ob sie das erforderliche akademische Niveau hatte«? Wenn Sie so argumentieren würden, gehören Sie zu den »Denkern«. Neigen Sie eher dazu, Ihrer Zuhörerin von den vermuteten Auswirkungen Ihrer Entscheidung auf andere zu erzählen, nach dem Motto: »Als wir beschlossen, dieses Haus zu kaufen, dachte ich mir, wie sehr den Kindern der große Hof gefallen würde. Es lag außerdem etwa auf halber Strecke zwischen den Häusern meiner Mutter und meiner Schwester, und die Lehrer an der Schule sagten uns auch zu«, dann gehören Sie zu den »Fühlern«. Die folgende Übung hilft Ihnen, Ihren Typ zu erkennen.

Sind Sie ein Denker oder ein Fühler?
Wählen Sie die Antwort, die Ihrem üblichen Verhalten am nächsten kommt:

1. Sie strukturieren Ihre Abteilung um. Während Sie über die Veränderungen nachdenken, fragen Sie sich:
   Denken: Ob diese Struktur den Arbeitsfluss beschleunigen wird.
   Fühlen: Ob die Kolleginnen sich über die Veränderungen in ihren Aufgabengebieten ärgern werden.
2. Ihr Chef lässt Sie zu sich rufen, um sich positiv über Ihre Arbeit zu äußern. Was würden Sie lieber hören?
   Denken: Dass Sie logisch und effektiv arbeiten.
   Fühlen: Dass Sie loyal und hilfsbereit sind.
3. Schon zum dritten Mal in diesem Monat kommt eine Angestellte zu spät. Sie haben ihr gesagt, dass Sie es das nächste Mal melden werden. Dies ist ihr dritter Streich. Wie reagieren Sie?
   Denken: Sie wusste, womit sie zu rechnen hatte; ich leite ihr Versäumnis weiter.
   Fühlen: Sie wissen, dass sie Eheprobleme hat, und sie hat ganz verheulte Augen, daher sehen Sie es ihr noch einmal nach.
4. Sie müssen zwei Angestellte entlassen, und die Wahl liegt bei Ihnen.

Denken: Sie entscheiden sich für Marjorie und Scott, weil ihre Kern-Qualifikationen für das Geschäft immer unwichtiger werden.
Fühlen: Sie entscheiden sich für Brenda und Tony. Marjorie können Sie nicht entlassen, weil sie schwanger ist, Scott auch nicht, weil er drei Kinder auf der Uni hat.

5. Sie müssen sich bei einem für eine Druckerei entscheiden.
   Denken: Sie entscheiden sich für Firma A, weil sie die billigste ist.
   Fühlen: Sie entscheiden sich für Firma B, weil die Angestellten so freundlich sind.

6. Sie arbeiten mit mehreren Kollegen an einem Projekt. Was würden Sie am ehesten zu ihnen sagen?
   Denken: »Mir gefällt es, dass wir unsere Entscheidungen auf so überlegte und konsequente Weise treffen und jeden Vorschlag sorgfältig abwägen.«
   Fühlen: »Ich bin froh, dass wir so gut miteinander auskommen. Alle Meinung werden gehört, und niemand versucht, die anderen zu dominieren.«

7. Während Sie in den Personalrichtlinien Ihres Unternehmens lesen, merken Sie:
   Denken: Dass Sie froh sind, dass es Regeln gibt, die dem Unternehmen helfen, alle gerecht und konsequent zu behandeln.
   Fühlen: Dass Sie denken: Richtlinien sind ja schön und gut, solange man sie nicht zu wörtlich nimmt. Es gibt immer Ausnahmen, und wir müssen auf jeden anders eingehen, denn jeder Angestellte ist etwas Besonderes.

Weil mehr Frauen zu den Fühlern gehören, und mehr Männer Denker sind, stellen wir uns beim Kommunizieren bereitwillig auf Geschlechterrollenunterschiede ein, da wir von Männern und Frauen unterschiedliches Verhalten erwarten. Doch auch wenn weibliche Denker und Fühler miteinander zu tun haben, kommt es rasch zu Problemen. Einer fühlenden Frau kann die denkende kalt und unsensibel erscheinen. Umgekehrt hält eine »Denkerin« eine »Fühlerin« häufig für übertrieben emotional und unlogisch.

Im folgenden Brief lässt sich die »denkende« Sarah gegen ihre »fühlende« Chefin aus:

> Hier ein klassisches Beispiel dafür, wie Julie an die Dinge herangeht: Ich wollte auf eine Tagung, über die sie Bescheid wusste und deren Besuch sie gebilligt hatte. Als ich dann aufbrechen musste, sagte ich es ihr nicht extra noch einmal, weil (1) sie selber auf einer Konferenz war; (2) ich sie ja vorher bereits darüber informiert hatte; und (3) sie meine Teilnahme persönlich gebilligt hatte. Außerdem erzählte mir meine Kollegin, die die Tagung ebenfalls besuchte, sie habe Julie schon gesagt, dass wir weg sein würden. Ich meinte, mich nach allen Seiten abgesichert zu haben. Als ich am nächsten Tag ins Büro kam, stellte ich fest, dass Julie mir eine Nachricht auf dem Anrufbeantworter hinterlassen hatte, in der sie mir mitteilte (und ich zitiere wortwörtlich): »Ich weiß zwar, dass du auf dieser Tagung bist, aber es verletzt mich, dass du dich nicht bei mir abgemeldet hast.« Können Sie sich vorstellen, dass einer meiner männlichen Chefs mich anriefe und mir sagte, er sei verletzt, weil ich nicht persönlich bei ihm vorbeigekommen sei, um ihm zu sagen, dass ich auf eine Tagung gehe, deren Besuch er mir bereits genehmigt hat?

Falls Sie zum »Denker«-Typus gehören, finden Sie es vielleicht leichter, mit Männern zusammenzuarbeiten, die zum überwiegenden Teil auch »Denker« sind, als mit anderen Frauen, die meistens zu den Fühlern gehören. Der Persönlichkeitstypus ist hier dem Geschlecht übergeordnet. Doch wie erhalten Sie sich, wenn Sie eine »Denkerin« sind, Ihre Beziehungen zu Frauen des Fühlertyps, und umgekehrt?

Wenn der Persönlichkeitstyp Ihrer Kollegin dem Ihren entgegengesetzt ist, müssen Sie sich, um gehört und verstanden zu werden, der Präferenz der Kollegin anpassen. Sind Sie eher ein Gefühlsmensch und haben es mit einer »Denkerin« zu tun, dann sollten Sie sich bemühen, Ihre Ideen logisch geordnet darzulegen. Sie sollten z. B. die Kosten und Einsparungen eines von Ihnen vorgeschlagenen Objektes auflisten, statt einfach nur zu sagen: »Alle werden begeistert sein!« Falls Sie jedoch eine »Denkerin« sind und es mit einem Gefühlswesen zu tun haben, ist es gut, einen persönlichen oder emotionalen Aspekt in Ihre logische Argumentation einzubauen. Nachdem Sie Ihre Vorstellungen dargelegt haben, könnten Sie noch nachschieben: »Übrigens, Joan und Lilly sind Feuer und Flamme dafür.« Oder: »Das wird die ganze Abteilung beflügeln.«

Direkt versus indirekt

Zu Zusammenstößen kommt es auch zwischen Leuten mit direktem (konkret und sachlich) und solchen mit indirektem Kommunikationsstil (vorsichtig und zögerlich). Wiederum neigen Frauen eher zum indirekten, Männer zum direkten Stil. Doch wie bereits bei »Denkern« und »Fühlern« treten auch hier vor allem dann Probleme auf, wenn Frauen unterschiedlichen Stils miteinander zu tun haben. Genau das passierte Barbara, einer Abteilungsleiterin in einem großen städtischen Krankenhaus. Als Vorsitzende mehrerer Ausschüsse verbrachte Barbara viel Zeit in Konferenzen. Sie war stolz auf ihr gutes Einvernehmen mit den männlichen Kollegen und auf ihre Fähigkeit, Arbeit, Führungsverantwortung und Familienleben unter einen Hut zu bringen.

Eines Tages jedoch erhielt Barbara ein Rücktrittsschreiben von Sandra, der Verkaufsleiterin des Krankenhauses, die auch in Barbaras Ausschuss zur Qualitätsverbesserung mitarbeitete. »Trotz meiner wiederholten Bitte, den Termin unserer Treffen zu ändern, haben Sie sich geweigert, auf meine Bedürfnisse einzugehen«, hieß es in dem Brief. »Daher kann ich die Mühen, die mir die Ausschussarbeit abverlangt, nicht länger auf mich nehmen.«

Barbara war irritiert und verärgert. Wovon redete Sandra da eigentlich? Als sie an die jüngsten Zusammenkünfte zurückdachte, erinnerte sie sich zwar, dass Sandra öfter mal gemurmelt hatte: »Wegen dieser Sieben-Uhr-Treffen brauche ich zwei Tassen Kaffee mehr als sonst. Und muss eine halbe Stunde früher aufstehen. Wie ist das denn für Sie?« Barbara hatte immer nur gelächelt und gemeint, dass auch sie an einem solchen Morgen mehr Koffein in sich hineinschütte. Bezog Sandra sich etwa auf diese beiläufigen Wortwechsel, wenn sie von »wiederholten Bitten, den Termin unserer Treffen zu ändern« sprach?

Barbara ist ein direkter Mensch, während Sandra eher indirekt vorgeht. Leider ist ein Konflikt zwischen den beiden geradezu vorprogrammiert. Direkte Menschen meinen, was sie sagen, und sagen, was sie meinen, sie legen die Fakten auf den Tisch und sagen, was Sache ist. Indirekte Menschen empfinden den direkten Ansatz als zu aggressiv und schroff, sodass sie Probleme nur durch Andeutungen oder Vorschläge anschneiden, beziehungsweise Fragen dazu stellen. Direkte Menschen empfinden diesen Stil oft als manipulativ und unehrlich.

Sind Sie direkt oder indirekt?
Hier finden Sie typische direkte und indirekte Reaktionen auf schwierige Situationen. Wie würden Sie sich verhalten?

1. Es ist sehr heiß im Konferenzraum.
   Indirekt: »Wie viel Grad wir wohl inzwischen hier drinnen haben?«
   Direkt: »Es ist viel zu heiß zum Arbeiten. Stört es jemanden, wenn ich die Klimaanlage einschalte?«

2. Sie befinden sich auf Geschäftsreise und brauchen für eine Taxifahrt mehr Bargeld, als Sie bei sich haben. Sobald Sie Ihr Ziel erreicht haben, sagen Sie zu einem Kollegen:
   Indirekt: »Sie würden mir nicht glauben, wie viel mein Taxi gekostet hat.«
   Direkt: »Kann ich mir 50 Dollar von Ihnen leihen?«

3. Sie sitzen einem Ausschuss vor und haben den Eindruck, dass Sie den Löwenanteil der Arbeit erledigen. Daher sagen Sie zu einem anderen Ausschussmitglied:
   Indirekt: »Letzte Woche haben ich jeden Abend an dieser Sache gesessen.«
   Direkt: »Könnten Sie diesen Teil des Projekts übernehmen und daran weiterarbeiten? Ich brauche ihn bis Freitag.«

4. Sie sind verärgert über Ihre Mitbewohnerin, die ihre Lebensmittel wochenlang im Kühlschrank vor sich hingammeln lässt. Sie fragen sie:
   Indirekt: »Findest du es nicht grässlich, wenn manche Leute von ihren Müttern erwarten, vorbeizukommen und ihnen die Küche zu putzen?«
   Direkt: »Würde es dir etwas ausmachen, die Lebensmittel wegzuwerfen, die du bis zum Wochenende nicht mehr aufessen wirst?«
5. Eine Kollegin unterbricht Sie während einer Sitzung mitten im Satz. Später treffen Sie sie auf dem Flur. Sie sagen:
   Indirekt: »Ich finde, nicht jeder muss jedes Mal seinen Senf dazu geben.«
   Direkt: »Vielleicht ist es Ihnen ja nicht aufgefallen, aber als ich eben versuchte, meine Sicht darzulegen, haben Sie mir das Wort abgeschnitten.«

Manchmal wird die Wahl des direkten oder indirekten Stils durch die Macht unseres Gesprächspartners beeinflusst. Gegenüber einem Mächtigeren wird man sich seltener des direkten Stils bedienen, gegenüber einem Gleichgestellten häufiger des direkten (und einem Untergebenen gegenüber natürlich erst recht). Müssen Sie z. B. Ihrer Chefin beibringen, dass sie falsche Vorstellungen hat, werden Sie wohl nicht sagen: »Das wird nicht funktionieren«, sondern eher: »Das ist interessant, aber ich frage mich, wie es hier funktionieren soll.« Sowohl Männer als auch Frauen wählen zu unterschiedlichen Zeitpunkten den indirekten Stil: Deborah Tannen zufolge sind Frauen dann ausweichender, wenn sie anderen sagen müssen, was sie zu tun haben (denn das ist eine

Verletzung der Regel der ausgeglichenen Machtbalance); Männer werden ausweichend, wenn es um Probleme, Schwächen, Irrtümer und Gefühle geht – Dinge, die ihre Stellung innerhalb der Hierarchie schwächen können.

Kommen wir zurück zu Barbara mit ihrem direkten Umgangsstil und ihren Kommunikationsproblemen mit indirekten Frauen. Noch am selben Tag wurde Barbara von Sherry, die zum Management gehört, auf einen Bericht angesprochen, in dem Barbara ein neues Lasergerät für das Krankenhaus angefordert hatte. »Haben Sie in meinem Bericht alle Informationen gefunden, die Sie brauchen?«, fragte Barbara.

Sherrys vage Entgegnung – »Ich frage mich, ob man nicht die voraussichtlichen Budget-Zahlen angeben sollte« – verwirrte und frustrierte Barbara aufs Neue: Sind die Budget-Zahlen nun von entscheidender Bedeutung für den Bericht oder nicht? Ein direkter Mensch hätte erwidert: »Abgesehen von den Budget-Zahlen ist der Bericht vollständig. Es wäre hilfreich, den geplanten Umfang der Laserbehandlungen sowie der Einnahmen für die ersten beiden Jahre mit dem neuen Laser anzugeben. Diese Information würde uns helfen, unseren Investitionsaufwand zu rechtfertigen. Es wäre gut, wenn Sie mir diese Zahlen bis morgen Abend um fünf bringen könnten, meinen Sie, dass Sie das schaffen?«

Allerdings ist es gefährlich, eine indirekte Frau – für die ein klarer Befehl eine Verletzung der Regel der ausgeglichenen Machtbalance darstellen kann – mit einer so direkten Aussage zu konfrontieren. In einem derartigen Fall können Sie Ihre Botschaft durch verbale Abschwächungen abmildern: *»Ich dachte mir eben, dass mir der Bericht bis auf die Budget-Zahlen vollständig vorkommt. Wenn Sie vielleicht noch den voraussichtlichen Umfang der Laserbe-*

handlungen und der Erträge für die ersten beiden Jahre angeben könnten, so würde uns das helfen, unseren Investitionsaufwand zu rechtfertigen. Was meinen Sie dazu? Glauben Sie, Sie könnten mir das bis morgen um fünf vorbeibringen? Geht das?«

Sowohl direkte wie indirekte Menschen geben sich innerhalb ihres jeweiligen Kommunikationssystems alle Mühe. Dennoch können ihre unterschiedlichen Stile zu Missverständnissen und ernsthaften persönlichen Konflikten führen, wenn ihnen die abweichenden Interpretationen nicht bewusst sind. Wegen der Regel der ausgeglichenen Machtbalance kann es vor allem für Frauen – auch für direkte Frauen – nützlich sein, ganz bewusst auf indirekte Strategien zurückzugreifen, wenn es darum geht, anderen Frauen Anweisungen zu geben.

Um potenziellen Schwierigkeiten aus dem Weg zu gehen, ist es hilfreich zu wissen, ob die jeweilige Gesprächspartnerin sich der direkten oder indirekten Kommunikation bedient und sich ihrem Stil anzupassen. Wenn Sie direkt sind und mit einer indirekten Person zusammenarbeiten, müssen Sie Ihre Bedürfnisse, Probleme und Fragen auf indirektere Weise zur Sprache bringen, z. B.: *»Wenn Sie einen Augenblick Zeit hätten, wäre ich froh, wenn Sie mir ein paar Tipps zu diesem Laser-Antrag geben könnten.«* Auch sollten Sie die Ohren spitzen, wenn man Sie auf indirekte Weise mit Problemen konfrontiert: »Gott, wie schrecklich früh diese Sitzungen doch sind!« kann durchaus bedeuten »Es passt mir nicht, und zumindest mein Missbehagen sollst du spüren.«

Falls Sie jedoch ein indirekter Mensch sind und einer direkten Kollegin etwas klarmachen müssen, werden Sie sich etwas deutlicher als sonst ausdrücken müssen. Versuchen Sie es doch so: »Diese frühen Sitzungen bringen meinen ganzen Tag durcheinander. Könnte man sich vielleicht mal über Alternativen unterhalten?« Oder wenn Ihre direkte Kollegin zu Ihnen sagt »Ich habe Schwierigkeiten mit diesem Seiten-Layout«, dann dürfen Sie nicht vergessen, dass sie nicht unfreundlich sein, sondern bloß über etwas reden will, das für sie ein Problem darstellt.

Wenn zwei indirekte Menschen sich in einen Konflikt verstricken, verstehen sie ihre gegenseitigen Signale, wenn es auch direkten Leuten entgeht, was sich zwischen den beiden eigentlich abspielt. Stellen Sie sich vor, Sie wollten sich am Morgen mit Joanne treffen. Sie waren zur verabredeten Zeit da, Joanne jedoch ist nicht aufgetaucht. Später begegnen Sie ihr auf dem Gang und sagen: »Oh, du bist also doch gekommen.« Obwohl Sie ihr keinen Vorwurf gemacht haben, weiß Joanne, dass Sie sie erwischt haben. Sie erwidert: »Es war so ein wahnsinnig anstrengender Vormittag. Ich hab einfach nicht vorausgesehen, dass ich noch so viel Zeit in das Jones-Projekt investieren muss.« Indirekt signalisiert sie, dass sie wegen eines dringenden Termins nicht kommen konnte.

»Ich bin auch total überlastet«, erwidern Sie, »vor allem, nachdem ich heute Morgen eine geschlagene Stunde verloren habe.« Beiden ist völlig klar, dass Sie Joanne die Schuld daran geben.

Sie dampfen wütend ab, reif für einen Catfight, weil Joanne gegen die Regel der ausgeglichenen Machtbalance verstoßen hat, indem sie einfach nicht aufgetaucht ist und auch nicht telefonisch abgesagt hat. Mit ihrer Unhöflichkeit hat Joanne Ihnen klar gezeigt, dass sie ihre Angelegenheiten für wichtiger hält als die Ihren. Sie hätten gern eine Entschuldigung wegen der nicht eingehaltenen Verabredung oder wenigstens einen Beziehungs-Chip von ihr, mit dem sie Ihnen signalisiert, dass sie die Beziehung wieder aufnehmen möchte.

Um den bevorstehenden Konflikt zu vermeiden, sollte man hier einen direkteren Ansatz wählen und deutlich um das Gewünschte bitten. Man könnte etwa sagen: »Wir sollten dieses Treffen auf nächste Woche verschieben. Ich möchte sicherstellen, dass wir einen Zeitpunkt ausmachen, den du auch einhalten kannst. Und wenn du merkst, dass du es nicht schaffst, könntest du mir dann vielleicht einen Gefallen tun und mir Bescheid sagen?«

»Warum?« versus »Erklär es mir doch!«

Ein ganz wichtiger Konfliktpunkt zwischen direkten und indirekten Menschen ist das Gewinnen von Informationen. Direkte Menschen erfragen Informationen ohne Umschweife – und was könnte direkter sein, als die Frage »Warum«? Als Barbaras Führungsrolle im Krankenhaus sich auf immer weitere Bereiche erstreckte, wuchs auch ihre Neugier auf die Funktionsweise der Einrichtung. Als neugierige Person stellte sie viele Fragen zu Verfahren, Strategien und Sitzungen. »Warum passiert das?« – »Warum macht ihr das so?« Während einige Kolleginnen ihre Fragen gern beantworteten und ihren Wissensdurst schätzten, spürte Barbara bei anderen Mitarbeitern, dass ihr andauerndes »Warum?« sie erstarren ließ, zum Stottern brachte, und beleidigte, ja sie sogar in die Defensive trieb.

Das Wörtchen »Warum?« hilft direkten Menschen wie Barbara, die Welt zu verstehen. Als Mädchen fragte sie sich: »Warum ist der Himmel blau?« – »Warum können Vögel fliegen?« Und heute fragt sie: »Warum wird diese Sitzung am Dienstag abgehalten?« – »Warum werden die Berichte nicht verteilt?« Sie versucht lediglich zu verstehen, wie die Welt funktioniert, nichts weiter. Indirekte Menschen aber verwenden das Wort *warum* nur dann, wenn sie ein Problem signalisieren möchten. Wird so eine schlichte Frage an sie gerichtet, fühlen sie sich angegriffen, weil sie sie als Zweifel an ihren Absichten oder am Wert ihrer Arbeit interpretieren.

Wenn Sie als direkter Mensch Ihre Kollegin fragen: »Warum bist du zu dieser Sitzung gegangen?«, dann deshalb, weil Sie neugierig sind und sich für ihre Beweggründe interessieren. Ist sie aber ein indirekter Mensch, schwingt für sie darin womöglich die Andeutung mit, dass sie nicht hätte gehen sollen. Ihr »Warum?« kann die Kollegin zu Entschuldigungen und Rechtfertigungen veranlassen und sie in die Defensive drängen. Plötzlich befindet sie sich in der unterlegenen Position und das Machtverhältnis zwischen ihnen hat Schlagseite. Eine direkte Person dagegen würde keine unterschwellige Kritik heraushören. Sie würde es Ihnen einfach erklären.

Als Barbara »Warum?« fragte, um besser zu verstehen, wie das Krankenhaus funktioniert, betrachteten ihre indirekteren Kolleginnen dies als Kritik, so, als wolle sie sie auf ihre Fehler hinweisen und zum Ausdruck bringen, sie erledigten ihre Arbeit nicht gut genug. Derartige Fehlinterpretationen müssen zu Konflikten und Missverständnissen führen.

Eine einfache Methode, um der Fehlinterpretation der Frage »Warum?« vorzubeugen, besteht für einen direkten Menschen darin, dass er sie durch ein vorgeschobenes »Erklären Sie mir doch bitte« entschärft. Diese Wendung mindert die Abwehrhaltung einer indirekten Person und macht es dem direkten Menschen leichter, an die gewünschte Information heranzukommen. Statt

Vorwürfe zu machen, bittet die direkte Person um eine Erklärung, wobei die Machtbalance zwischen den Gesprächspartnern gewahrt bleibt.

»Chip«-Management

Bisher beruhten die meisten unserer Strategien zum Aufbau guter Arbeitsbeziehungen auf der Aufrechterhaltung der Machtbalance zwischen Ihnen und Ihren Kolleginnen. Auf einer anderen Ebene lässt sich dies auch als sorgfältiger Umgang mit Macht-Chips verstehen. So wird man bei den Kolleginnen Chips hinzugewinnen, wenn man seinen Kommunikationsstil dem ihren anpasst.

In Kapitel eins haben wir die Chip-Theorie vorgestellt, die auf unserem Sinn für Fairness basiert: Jeder von uns verfügt über eine gewisse Anzahl von Macht-Chips – positiven Eigenschaften oder Handlungen –, die wir ständig mit anderen austauschen. Der Chip-Tausch funktioniert gut unter Frauen: Ich höre dir zu, du mir; ich gebe dir, du gibst mir. Es ist dieser weibliche Sinn für Gegenseitigkeit, für den positiven Austausch von Chips, der das Machtverhältnis zwischen uns ausgewogen hält – Dolores freundet sich mit Mona an und lädt sie zum Mittagessen ein, und Mona revanchiert sich, indem sie den schon lange auf Eis liegenden Vertrag unterschreibt.

Die Chips, die die Frauen austauschen, müssen nicht materieller Natur sein. Bei Befragungen von 204 Mädchen und Frauen im Alter von 8 bis 90 Jahren für ihr Buch *Connecting: The Enduring Power of Female Friendship* hat die Journalistin Sandy Sheehy herausgefunden, dass das »Schenken von Zeit und Aufmerksamkeit

Frauen weit mehr bedeutete ... als wie auch immer geartete materielle Gaben«.[12] In der Regel lassen sich Frauen durch Beziehungs-Chips in Form von Komplimenten zu ihrem Geschäftssinn oder ihrer Kleidung beeindrucken. Und sie wollen von anderen Frauen nach dem Befinden ihrer Familie gefragt werden. Diese Art von Aufmerksamkeit vermittelt ihnen das Gefühl, dass man sich um sie sorgt. Und das Wissen, dass eine andere viel beschäftigte Frau sich an Einzelheiten aus ihrem Lebens erinnert, schmeichelt ihnen. Eine Frau, die sich besonders gut auf diese Art von Austausch versteht, notiert sich sogar die Namen der Familienmitglieder der Kollegin ins Adressbuch, ebenso wie jüngste persönliche Vorkommnisse wie Hochzeiten, Todesfälle oder berufliche Erfolge, sodass sie diese so bedeutsamen Einzelheiten im Gespräch jederzeit abrufen kann.

Frauen geben und erfragen häufiger positives Feedback, als Männer es tun, und sie interessieren sich für Details – nicht nur, ob einem die Präsentation gefallen hat, sondern welche Teile besonders einprägsam waren und weshalb: »Als Sie diese verblüffenden Zahlen nannten, da hatten Sie den Ausschuss vom ersten Moment am Wickel ...« Frauen wollen wissen, was sie gut gemacht haben, damit sie es wiederholen können. Es hilft ihnen, Selbstvertrauen zu entwickeln, und es steigert ihr Selbstwertgefühl.

Chips können auch kleine Geschenke sein, etwa eine Karte, auf der man einer Frau für ein tolles Gespräch, ihre Hilfe in einer Krisensituation oder dafür dankt, dass sie in den höheren Etagen ein gutes Wort für einen eingelegt hat. Vor kurzem erhielt Susan eine knappe E-Mail, die sich als Beziehungs-Chip einer Frau, die sie eben auf einer Konferenz kennen gelernt hatte, verstehen ließe: »Es war mir eine Freude, Sie kennen zu lernen. Immer angenehm, neben jemandem zu sitzen, mit dem es sich so gut reden lässt. Rufen Sie mich doch an oder schicken Sie mir eine E-Mail, damit wir mal wieder zusammenkommen.« Einfache Mitteilungen wie diese sind das Schmiermittel von Beziehungen. Auch aufmunternde Worte sind wichtig. Ebenso wie – im größeren Maßstab – Gehaltserhöhungen, Beförderungen oder Gelegenheiten, jemanden an höherer Stelle vorzustellen.

Auch wenn Sie einer Kollegin etwas Persönliches mitteilen, kann dies ein Chip sein, wobei Gespräche über schmerzliche Dinge noch wertvoller sind als die Mitteilung guter Neuigkeiten. Jemandem zu eröffnen, dass Sie sich scheiden lassen, ist ein sehr kostbarer Chip, weil Sie etwas Intimes enthüllen; und seine Seele zu entblößen ist ein Vertrauensbeweis. Denn im Grunde sagt man damit: »Ich erzähle dir das, weil ich glaube, dass du mich auf eine Art und Weise behandeln wirst, die gut für mich ist.« Wenn Sie sich selber verwundbar machen, ist dies ein großes Kompliment für Ihre Vertraute.

Hier sind vier Schlüsselpunkte für die Verwaltung Ihrer Chips:

Schlüsselpunkt 1: Denken Sie daran, dass wir alle Buchhalterinnen sind. Ihre Kollegin mag Krankenschwester, Ingenieurin oder Sekretärin sein, darüber hinaus aber ist sie auch Expertin im Punkteauszählen. Man sollte sich darüber im Klaren sein, dass die Kolleginnen immer im Auge behalten, wie viele Chips man ihnen noch schuldet und/oder wie viele sie einem schuldig geblieben sind. Wenn wir in der Regel auch nicht bewusst Buch über empfangene und gewährte Vergünstigungen führen, haben wir doch ein Gefühl für die Ausgewogenheit oder Unausgewogenheit einer

Beziehung. Und häufig müssen sich unsere Kolleginnen an einem höheren Maßstab messen lassen als die männlichen Mitarbeiter. Auf einem Seminar fragten wir eine Gruppe von Krankenschwestern, warum sie nur die Ärzt*innen* dafür, dass sie ihre leeren Kaffeetassen stehen ließen, kritisierten, worauf diese erwiderten: »Weil die es besser wissen müssten!«

Schlüsselpunkt 2: Halten Sie sich an die Regeln von Angebot und Nachfrage. Unterschiedliche Menschen schätzen unterschiedliche Chips, und es ist wichtig, diese Unterschiede wahrzunehmen und zu berücksichtigen. Während ihrer ersten Berufsjahre wechselte Pat aus einem von Frauen dominierten Universitäts-Institut in die Welt der Statistiker. Schon sehr bald begriff sie, dass sie durch allzu reichlichen verbalen Austausch mit den neuen Kolleginnen ihren Chip-Vorrat eher gefährdete, als ihn zu mehren. Die Statistikerinnen empfanden das Geplausche, das die Frauen in Pats früherem Job so genossen hatten, nämlich als aufdringlich.

Um zu lernen, wer welche Art von Chips schätzt, müssen Sie mit Ihren Kolleginnen reden und sie genau beobachten. Achten Sie auf ihren Interaktionsstil. Wenn Sie eine Kollegin ins Gespräch ziehen wollen, diese aber eher brüsk reagiert, werden Sie mehr Chips von ihr bekommen, wenn Sie sich kurz fassen und ohne Umschweife auf den Punkt kommen.

Ihre Chips können Sie auch vermehren, indem Sie die Interessen Ihrer Kolleginnen ansprechen. Erkundigen Sie sich nach ihren Wochenendunternehmungen. Wenn sie Ihnen dann begeistert von einem Tennismatch im Garten erzählen, gibt Ihnen das Aufschlüsse über die Interessen und Wertvorstellungen Ihres Gegenübers. Hat eine Kollegin ihr Büro mit Katzenbildern tapeziert, können Sie davon ausgehen, dass Katzen ihr viel bedeuten. Durch interessierte Fragen nach ihren Katzenfreunden können Sie sich immer wieder mal ein paar Extra-Chips bei ihr verdienen.

Schlüsselpunkt 3: Legen Sie ein Chip-Guthaben an. Die beste Chefin (oder der beste Chef), die Sie je hatten, hatte vermutlich ein paar Chips bei Ihnen gut – das heißt, dass sie immer wieder Ihr Wohlwollen gewann, indem sie Ihnen Möglichkeiten eröffnete, kreativ zu sein, im Rampenlicht zu stehen oder sich eine Prämie zu verdienen. Auch durch positives Feedback, das sich wegen seiner Aufrichtigkeit oder weil es vor allen anderen geäußert wurde, so toll angefühlt hat, könnte sie ein Chip-Guthaben angehäuft haben. Mit diesem »Polster« hat Ihre Chefin gute Chancen, dass Sie ihre Aufträge so rasch wie möglich erledigen.

Es ist wichtig, dass man Menschen, die einem etwas bedeuten, aktiv immer wieder etwas Gutes oder einen Gefallen tut – je nachdem, wie viel sie einem wert sind. Wir meinen damit nicht nur Leute, die im traditionellen Sinne bedeutsam sind (wie z. B. der Vorgesetzte). Versuchen Sie auch bei Assistentinnen und Schreibkräften ein Chip-Guthaben zu erwirtschaften. Assistentinnen erleichtern oder erschweren Ihnen das Leben erheblich, je nachdem, wie Sie mit ihnen umgehen. Und freundlich behandelte Firmenhandwerker sind womöglich bereit, sich als Erstes um *Ihr* Büro zu kümmern, wenn die Klimaanlage im Eimer ist.

Wenn eine Kollegin nicht die erwartete Beförderung bekommt, sagen Sie: »Schade, dass es bei Ihnen diesmal nicht geklappt hat; Sie hätten es wirklich verdient.« Solche Aussagen verleihen Ihnen Macht, weil Sie der anderen helfen, ihr Selbstwertgefühl wieder aufzubauen. Im Sinne der Regel der ausgeglichenen Machtbalance ist es sehr wahrscheinlich, dass die andere sich bei Gelegenheit revanchiert.

In Ihrem Bemühen, sich einen Chip-Überschuss anzuschaffen, sollten Sie jedoch nur echte Chips verteilen. Meiden Sie Lobhudelei; Ihre wahren Gefühle werden irgendwann doch verbal oder auf andere Weise zum Ausdruck kommen – und die Menschen hassen es, wenn sie manipuliert werden. Gutes Chip-Management ist weder kalkulierend noch unehrlich.

Schlüsselpunkt 4: Meiden Sie Chip-Defizite. Sogar die schlichtesten Gemüter werden zu kreativen Genies, wenn es darum geht, Chip-Defizite auszugleichen. So hält die eine vielleicht Informationen zurück, »vergisst« Ihnen zu sagen, dass der Oberboss angerufen hat, verlegt dringend benötigte Dokumente, ignoriert die andere Ihre Anweisungen – all die Nachlässigkeiten eben, die uns Hunderte von Frauen von ihren Untergebenen berichtet haben. (Zu letzterer Taktik hat man uns eine tolle Geschichte über einen Schiffskapitän erzählt, der sich seiner Mannschaft gegenüber in einem chronischen Chip-Defizit befand. Unglücklich über das Chaos an Bord, das die Schiffsmechaniker bei der Reparatur der Schiffsschraube angerichtet hatten, brüllte der Kapitän: »Schafft mir das Ding aus den Augen.« Er meinte, sie sollten die beschädigte Schraube nach unten schaffen, aber sie taten genau, was er sagte. Sie hievten die neue Schraube über Bord.)

Wie wir gesehen haben, gibt es am Arbeitsplatz nicht nur Geschlechterunterschiede; auch zwischen Geschlechtsgenossen gibt es noch beträchtliche Differenzen. Denken Sie deshalb nicht nur an die Unterschiede zwischen Männern und Frauen, sondern auch an die zwischen denkenden bzw. direkten und fühlenden oder indirekten Frauen, wenn Sie beruflich Ihren Weg machen wollen.

Auch wenn Sie all die von uns vorgeschlagenen Strategien anwenden – Frauensprache, Körpersprache, Berücksichtigung von Persönlichkeitstypen, Chip-Management – das Risiko, sich in einen Catfight zu verstricken, bleibt bestehen. Weil es eben noch eine zusätzliche Ebene gibt, die die Beziehungen unter Frauen zu einer so verteufelten Sache macht: all die vielen Zwickmühlen und Fettnäpfchen, die aus unabsichtlichen oder bewussten Verstößen gegen die Regel der ausgeglichenen Machtbalance entstehen, wenn wir auf der Karriereleiter nach oben klettern. Sie werden wir im folgenden Kapitel näher betrachten.

Sieben

Stolperfallen auf dem Weg nach oben

Donna war wie betäubt. Dies sollte der stolzeste Moment ihres Berufslebens sein und ein bedeutsamer Meilenstein für die Frauen ihrer Firma. Stattdessen wurde er zum Alptraum. Wie war es möglich, dass sie von ganz oben in dieses Elend abgestürzt war? Was hatte diesen Umschwung bewirkt?

So seltsam es klingt: Sie war befördert worden.

Kurz nachdem Donna als erste Frau ihrer Firma in die oberste Führungsebene aufgestiegen war, begannen Gerüchte die Runde zu machen. Manche sagten, sie hätte die Beförderung eigentlich gar nicht verdient. Andere meinten, jemand anders sei qualifizierter gewesen. Donna wurde diffamiert – sie sei sich inzwischen zu fein für ihre alten Freunde und Freundinnen. Und der demütigendste Kommentar zu ihrer Beförderung war, dass »sie sich nach oben geschlafen« habe. Donna wusste, dass sie sich ihren Vorstandsposten hart erarbeitet und verdient hatte, und sie dachte, dies müsste doch auch allen anderen klar sein. Das war es aber nicht. Statt sich feiern zu lassen, versank Donna in Ärger und Depressionen. Und das Schmerzhafteste an diesen bösartigen Attacken war, dass die meisten von anderen Frauen kamen, ihren Kolleginnen, die sie mal als ihre Freundinnen betrachtet hatte.

Wie konnte es dazu kommen?

Ganz einfach: Donna hatte gegen die Regel der ausgeglichenen Machtbalance verstoßen – und zwar in ganz großem Stil. Wird eine Frau befördert, reagieren ihre Kolleginnen nur selten neutral. Wie wir schon gesehen haben, kann die Art von öffentlicher Zustimmung, wie sie mit einem Karriereschritt oder -sprung einhergeht, Gefühle von Verrat, Eifersucht, Neid, Zorn und Rache unter den »zurückgebliebenen« Frauen auslösen. Um sich wieder besser zu fühlen und um ihr Selbstwertgefühl zu bewahren, werden die Nichterwählten lästern, sabotieren, verleumden oder eine Clique bilden, die die beförderte Frau isoliert und zu ihrer Zielscheibe macht – alles Formen indirekter Aggression, mit deren Hilfe die Abtrünnige fertig gemacht werden soll.

Beförderungen gehören zu den krassesten Beispielen für das, was wir mit »Zwickmühle« meinen – unbeabsichtigte Verstöße gegen die Regel der ausgeglichenen Machtbalance, bei denen Sie, egal was Sie tun, von vornherein verurteilt sind. Es gibt zwei Arten von Zwickmühlen. Die ersteren entwickeln sich unter Frauen, die miteinander konkurrieren. Womöglich begegnen Sie ihnen im Laufe Ihres beruflichen Aufstiegs, da es hier darum geht, wie Sie mit Beförderungen und anderen Auszeichnungen umgehen, z. B. wenn ein wichtiges Projekt – auf Kosten einer anderen Frau – an Sie geht, oder wenn Sie einen höheren Posten bekommen. Scheinbar unschuldige Verhaltensweisen Ihrerseits wie etwa, dass Sie sich überschwänglich freuen oder das Lob für Ihre Erfolge annehmen, können Sie alle in Catfight-Gefahr bringen, obwohl die Ausgangssituation doch offensichtlich so positiv war.

Die zweite Art von Zwickmühlen entsteht ironischerweise gerade aus dem weiblichen Wunsch nach Freundschaft und Bezogenheit. Frauen haben einen starken Drang nach vertrauten Beziehungen, die allerdings am Arbeitsplatz mit Problemen behaftet sein können. Diese Art umfasst erstens Situationen, mit denen man sich konfrontiert sieht, wenn man enge Freundinnen am Arbeitsplatz hat, mit denen man viele seiner Geheimnisse geteilt hat, zweitens Momente, in denen man »mitspielen« und Vertraulichkeit wahren muss, drittens die Neigung, sich in den Konflikt einer Freundin mit einer anderen Frau hineinziehen zu lassen, und viertens den Zorn, den man unter Kolleginnen erweckt, wenn man gut mit Männern auskommt.

In diesem Kapitel untersuchen wir die Konsequenzen solcher Situationen und verraten, was man tun kann, um sich den damit verbundenen Ärger zu ersparen. Werfen wir zunächst einen Blick auf die Zwickmühlen, die sich aus weiblicher Konkurrenz ergeben. Wir werden sämtliche Zwickmühlen auflisten, praktische Tipps zu ihrer Vermeidung geben und dann ein wenig tiefer schürfen und erkunden, wie man Mobbing unterbindet, wenn man eine Frau befördert oder selber neu in einem Unternehmen anfängt.

Viel Lärm um Beförderungen

Folgendes hat uns Peggy, eine unserer Korrespondenz-Partnerinnen, über ihre »tolle« Woche geschrieben:

> Ich bin Rechtsanwaltsgehilfin in einer internationalen Firma. Vor kurzem hatte ich ein Problem mit einer Kollegin, die ich als meine Freundin betrachtete. Maryann wurde Sekretärin in unserer Abteilung, nachdem man ihren Chef entlassen hatte. Ich habe mich damals

für sie stark gemacht und meinen Chef überzeugt, sie zu übernehmen, weil ich gehört hatte, dass sie tüchtig ist auf ihrem Gebiet. Mehr als zwei Jahre lang arbeiteten wir zusammen und kamen prima miteinander klar. Dann aber wurde ich befördert, von einer Stundenkraft zur Festangestellten. Es kam völlig unerwartet, da ich mich nie darum bemüht und auch nichts geahnt hatte.

Gleich nachdem ich am Freitag die aufregende Nachricht bekommen hatte, erzählte ich es Maryann. Ich dachte, sie freut sich für mich. Was auch der Fall zu sein schien – sie hat sogar rumgewitzelt, dass ich von jetzt an unser Mittagessen holen und Botengänge erledigen könnte, damit sie durch das Überziehen der Pause kein Geld mehr verliert. Am Montagmorgen aber kam Maryann zur Arbeit und sagte zu mir, ich solle sie nie wieder ansprechen. Sie ging im Büro herum und erzählte den anderen, ich würde auf sie herabschauen. Als ich etwas aus dem Lagerraum brauchte, folgte sie mir ins Büro und warf mir die Akten auf den Tisch. Dies sei ihr Territorium, meinte sie, und ich solle draußen bleiben – obwohl der Kopierer dort steht. Ich beschloss, die Situation zu entschärfen und mit ihr zu sprechen. Ich begann mit den Worten: »Wenn ich dir irgendwas getan habe, dann tut es mir sehr Leid. Es steckt keine Absicht dahinter.« Woraufhin sie mich mit sehr lauter Stimme wissen ließ, dass sie ohne Zeugen nicht mit mir sprechen werde, da ich hinterhältig sei. Sowohl ihr eigener als auch mein Chef müssen dies gehört haben, aber sie blieben in ihren Büros, zogen die Köpfe ein und verloren nie ein Wort darüber.

Maryann ist kurz darauf in eine andere Abteilung gewechselt, aber noch heute zieht sie über mich her.

Wie so viele der Frauen, mit denen wir in Kontakt kamen, war Peggy einem unbeabsichtigten Verstoß gegen die Regel der ausgeglichenen Machtbalance zum Opfer gefallen. Ihr beruflicher Aufstieg hatte Druck nach unten erzeugt, nämlich auf die Freundschaft mit Maryann. Und damit hätten ihre Probleme noch längst nicht zu Ende sein müssen. Leider müssen viele frisch beförderte Frauen nicht nur die Angriffe von Untergebenen parieren, sondern spüren unter Umständen bald, dass auch die weibliche Unterstützung von oben schwindet. Und das alles, während man ein neues Aufgabenfeld mit größeren Verantwortlichkeiten übernommen hat. Wenn in einem Unternehmen zum ersten Mal eine Frau in eine Führungsposition befördert wird, muss sich häufig der Mann, der sie ausgewählt hat, die negativen Kommentare über sie anhören.

Wenn Sie die Regel der ausgeglichenen Machtbalance als Prüfstein benutzen, werden Sie erkennen, wie Ihr plötzlicher Aufstieg die Beziehung zwischen Ihnen und Ihren Kolleginnen aus dem Gleichgewicht gebracht hat. Ob geringfügig oder dramatisch, Ihre Macht hat sich durch die Beförderung vermehrt, und das gibt den Ausschlag. In den Augen Ihrer früheren Verbündeten steigen sie von einer niedrigeren Macht- und Selbstwertsprosse auf eine höhere. Dieser für Sie selbst scheinbar positive Wechsel löst die Feindseligkeit und das aggressive Verhalten der anderen Frauen aus – der Menschen, mit denen Sie sich austauschen müssen, um sich gut zu fühlen – und schon sitzen Sie in der Zwickmühle.

Das aber ist noch nicht das Ende der Geschichte. Wenn Sie ein wenig Einfühlungsvermögen besitzen, können Sie sich gut vorstellen, wie es ist, wenn man selber zugunsten einer Freundin und Kollegin bei einer Beförderung übergangen wird. Vor kurzem erhielt die Zeitungs-Psychologin Joyce Brothers folgenden Brief von einer gekränkten Leserin:

Liebe Frau Dr. Brothers: Meine beste Freundin hat den Job bekommen, den ich so gern gehabt hätte, und ich komme einfach nicht darüber hinweg. Ich wusste nicht einmal, dass sie sich dafür beworben hatte. Dennoch fühle ich mich betrogen. Mindestens einmal die Woche haben wir uns früher gesehen. Jetzt geht das nicht mehr, und ich kann ihr nicht einmal sagen, warum. Ich hasse sie. Was kann ich sagen und was kann ich tun, damit ich mich nicht mehr so fühle?[1]

Wer kennt den Schmerz der Zurückweisung nicht? Uns ist er mit Sicherheit nicht fremd. Zwei Monate nach Pats Einstellung in einer großen Firma, traten zwei weitere Frauen ins Unternehmen ein. Alle drei hatten eine gleichrangige Position inne, obwohl sie in verschiedenen Staaten lebten und arbeiteten. Nach etwa zwei Jahren im neuen Job wurden die beiden anderen Frauen zu stellvertretenden Vorständen befördert, Pat jedoch nicht. Hätte es die beiden Kolleginnen nicht gegeben, hätte es Pat nichts ausgemacht, nicht befördert zu werden, doch so sah es so aus, dass sie gut waren und Pat nicht. Pat war sauer, verletzt und enttäuscht, doch da sie mit diesem Thema und solchen Gefühlen vertraut ist, zügelte sie ihre Gefühle. Obwohl es sehr schmerzhaft für sie war, rief sie ihre Kolleginnen am nächsten Tag an und gratulierte ihnen.

Dennoch ist der Drang, unter solchen Umständen verletzend zu reagieren, stark, und kann einen frustriert und unzufrieden zurücklassen; übergangen fühlt man sich sowieso.

Für sich selber die Trommel rühren

Frauen sind »Schwestern im Schmerz« – wir hören uns die Sorgen der anderen an und unterstützen einander in schweren Zeiten. Es gibt uns Gelegenheit zu trösten, zu bemuttern und vertraut miteinander zu sein. Wenn wir schlechte Neuigkeiten bekommen, dürfen wir erwarten, dass unsere Freundinnen uns nicht im Stich lassen. Was aber geschieht, wenn uns etwas Gutes widerfährt? Bedauerlicherweise riskieren wir, wenn wir die frohe Botschaft so offen und sorglos herausposaunen wie die Männer, einen Verstoß gegen die Regel der ausgeglichenen Machtbalance.

Um derartige Verstöße zu vermeiden, spielen wir unser Glück herunter. Eine unserer Freundinnen, eine freiberufliche Journalistin, zog kürzlich einen Auftrag bei einer der großen überregionalen Zeitungen an Land. Sie »vergaß« nicht nur, uns anzurufen, als ein wichtiger Teil ihrer Arbeit die gesamte erste Seite des Wirtschaftsteils füllte, sondern meinte auf unsere Gratulation hin auch noch bescheiden: »Ach das! Ist doch nicht der Rede wert.«

Nicht selten ist unsere Unfähigkeit, in eigener Sache die Trommel zu rühren, der Sache der Frauen sehr abträglich. Susan sprach einmal vor einer Gruppe von weiblichen Führungskräften über die Regel der ausgeglichenen Machtbalance, als plötzlich eine der Teilnehmerinnen meinte: »Jetzt begreife ich, was ich letzte Woche angerichtet habe!« Paula, Aufsichtsratsvorsitzende eines der größten Schuhhersteller, hatte mit ihrer Familie auf einer Ferienranch Urlaub gemacht. Paula liebt Pferde. Eines Morgens mistete sie mit Nicole, die ebenfalls ihre Ferien dort verbrachte, die Ställe aus, als Nicole fragte: »Womit verdienen Sie eigentlich Ihre Brötchen?«

»Ach«, antwortete Paula ausweichend, »ich trage Berufskleidung.«

»Sind Sie Verkäuferin?«

»Nein«, erwiderte Paula. »Ich verkaufe nicht.«

»Sind Sie Designerin?«, fuhr Nicole – durch Paulas ausweichende Antwort neugierig geworden – fort.

»Nein, nein«, versetzte Paula und ließ das Thema fallen.

»Wissen Sie«, erzählte sie Susan. »Ich verstand einfach nicht, warum es mir so schwer fiel, Nicole zu verraten, dass ich Aufsichtsratsvorsitzende bin. Wenn ich es mir so überlege, wäre es wohl das Beste gewesen, ich hätte mich als weibliches Vorbild präsentiert und ihr gesagt, womit ich mein Geld verdiene. Ich hätte ihr vermitteln können, wie es ist, wenn man als Frau einen solchen Job macht, und dass es leider noch viel zu wenig weibliche Führungskräfte gibt.« Im Grunde war es für beide Frauen eine verpasste Chance.

Sind wir andererseits aber zu unvorsichtig und jubeln zu laut über einen kleinen Erfolg, fühlen sich andere Frauen – sogar gute Freundinnen – schnell auf den Schlips getreten. Marla, eine erfolgreiche Börsenmaklerin, rief ihre älteste und beste Freundin Penny an, um ihr von dem fetten Jahresbonus zu erzählen, den sie bekommen hatte. »Ich kann es gar nicht fassen«, sprudelte Marla, »ich werde dieses Jahr in Tahiti Urlaub machen!« Penny, die Sozialarbeiterin war, schien am Telefon ganz begeistert, aber bald darauf hatten die beiden einen größeren Streit. Penny war sauer, weil Marla ihre Anrufe angeblich nicht schnell genug beantwortete. Plötzlich meinte sie, Marla nichts mehr zu bedeuten, obwohl sich Marla – ob nun reich oder nicht – immer noch sehr mit ihrer Sandkastenfreundin verbunden fühlte und nicht die Absicht hatte, sie fallen zu lassen. Erst nach vielen endlosen Psycho-Gesprächen und tränenreichen Anrufen konnte Pennys Groll ausgeräumt werden.

Die verdienten Lorbeeren annehmen

Vor kurzem kaufte Pat in einem großen Bürobedarfs-Warenhaus ein. An der Kasse fielen ihr die üblichen Angestelltenfotos an der vorderen Ladenwand auf, Bilder der Abteilungsleiter für Einkauf, Möbel, Bürobedarf usw. Doch dort, wo die Kundendienstleiterin hätte hängen sollen, gähnte über dem Namen Alyssa Meyers nur ein leerer Fleck. Neugierig erkundigte sich Pat bei der Kassiererin. »Was ist denn aus Alyssa Meyers Bild geworden? Es hängt nicht da oben bei den anderen.«

»Oh«, antwortete die Angestellte, »Alyssa wollte es nicht aufhängen.« Pat konnte sich den Ärger, der Alyssa entgegengeschlagen wäre, wenn sie ihre Macht derart offen demonstriert hätte, gut ausmalen. Andererseits aber werden Frauen dadurch, dass sie ihre Macht herunterspielen, faktisch unsichtbar. Diese Zwickmühle zeigt sich auch in der Art und Weise, wie wir unsere Leistungen vermitteln.

So kann sich ein gesundes Selbstvertrauen in einem Vorstellungsgespräch für einen Job oder eine Beförderung schnell gegen einen wenden – obwohl dies die einzige Gelegenheit ist, wo man es für gerechtfertigt hält und sich daher einigermaßen wohl dabei fühlt, wenn man seine Leistungen und Talente vor jemandem ausbreitet. Wenn Frauen in Vorstellungsgesprächen zu selbstbewusst erscheinen, riskieren sie, trotz hoher Kompetenz, einen Verstoß gegen die eiserne Regel der ausgeglichenen Machtbalance. Noch eine Zwickmühle! Genau die Information, die Sie vermitteln müssen, um den Job zu bekommen, hindert Sie daran, ihn zu kriegen, wenn Sie bei einer anderen Frau vorsprechen!

All dies ist durch zahlreiche Untersuchungen belegt. In einer Studie, die auf simulierten Vorstellungsgesprächen beruhte, hatte eine Frau, die gut über sich sprach und der es gleichzeitig gelang, die Position des männlichen Interviewers zu erhöhen, gute Chancen, den Job von ihm zu bekommen. Wenn sie ihm jedoch trotz all ihrer Kompetenz keinen weiteren Vorteil (Zuwachs an Macht oder Selbstwertgefühl) einbrachte, entschied er sich eher für eine bescheiden wirkende Bewerberin. Noch schwieriger wurde die Situation für die Bewerberin, wenn die Interviewer Frauen waren. Sprach die Bewerberin bei einer Frau gut von sich, schmälerte sie dadurch, ob sie die Machtposition der Interviewerin verbesserte oder nicht, sofort ihre Anstellungschancen. Die Psychologin Laurie A. Rudman von der Rutgers Universität schloss aus diesen Befunden, dass »Frauen gegenüber Frauen, die für sich selber die Werbetrommel rühren, strenger sind als Männer«. Zurückhaltende Frauen aber konnten bei beiden Geschlechtern punkten.[2]

Frauen müssen für ihre Verstöße gegen die Regel der ausgeglichenen Machtbalance bezahlen, auch wenn es sich um ungewollte Übertretungen handelt. Was aber kann man tun, wenn man bei einer Frau zum Vorstellungsgespräch muss? Sich vor ihr erniedrigen? Sie durch seine Fähigkeiten demütigen? Wie bekommt man den Job, ohne ihr klarzumachen, wie gut man ist?

Der Umgang mit Lob

Malen Sie sich auch den Ärger aus, den Sie sich einhandeln können, wenn man Sie lobt. Bei einem Treffen leitender Angestellter pries der Generaldirektor ein Projekt, das Rebecca mehrere Jahre lang geleitet hatte. Sie fühlte sich geschmeichelt, dass er ihr »Baby« überhaupt erwähnte, und war begeistert, dass er sie in einem so öffentlichen Rahmen so ausführlich würdigte.

Die Männer am Konferenztisch überlegten in dieser Situation vermutlich, was man wohl tun musste, um selber ein solches Lob vom Generaldirektor zu kriegen. Rebecca und ihre Leistungen waren ihnen vermutlich ziemlich egal, aber die Aufmerksamkeit hätten auch sie sich gewünscht. Ihretwegen brauchte sich Rebecca keine Sorgen machen. Aber von Seiten der anwesenden Frauen musste sie sich auf Schlimmeres gefasst machen. Zumindest einigen von ihnen müssen sich angesichts des Lobs, das der Konkurrentin da zuteil wurde, die Haare gesträubt haben.

Als wir Rebecca fragten, wie ihre Kolleginnen reagiert haben, meinte sie: »Komisch, dass Sie mich das fragen. Ich hatte mir gerade die Haare schneiden lassen, und Lola, eine meiner weniger tüchtigen Angestellten sagte zu mir: ›Ihre Frisur ist sehr hübsch. Ich hoffe, Ihnen gefällt sie auch.‹ Für mich klang das nach einem sehr zweifelhaften Kompliment. Während der Generaldirektor über mich sprach, saß mir Lola mit versteinerter Miene gegenüber, als ob alles Leben aus ihr gewichen wäre.«

Raus aus dem Beförderungs-Dilemma

Tatsächlich werden neue Führungskräfte beider Geschlechter von ihren Untergebenen auf die Probe gestellt. Bei männlichen Chefs taxiert man ihre Kompetenz, oder ob sie Aufgaben, die ihnen unangenehm sind, auf ihre Angestellten abwälzen. Neue Chefinnen sehen sich zwei Prüfsteinen gegenüber: Sie müssen sich, wie die Männer, auf ihre Aufgabe konzentrieren, aber gleichzeitig auch ihre Beziehung zu den anderen Frauen pflegen.

Wenn wir spüren, dass unsere Erfolge die Frauen um uns herum beunruhigen oder bereits aufgebracht haben, liegt es in unserer Verantwortung, sie wieder zu besänftigen. Weiß man beispielsweise, dass eine Beförderung ins Haus steht, sollte man sowohl über die aufregenden neuen Aufgaben nachdenken als auch über die neue Machtkonstellation. Da Sie eine Frau sind, können Sie Ihre Erfolge nicht einfach feiern und ungeniert alle anderen Frauen hinter sich lassen – auch deswegen, weil sie Ihnen womöglich schon auf den Fersen sind, bereit, Ihnen ihre Krallen in den Rücken zu bohren. Sie sollten sich lieber rechtzeitig etwas überlegen. Das ist zwar nicht fair – erfolgreiche Männer müssen sich mit solchen Dingen nicht abgeben –, aber das ist eben der Preis, den wir für unsere starken Bündnisse mit anderen Frauen bezahlen.

Es ist möglich, solche destruktiven Situationen zu verhindern, indem man sich auf sie vorbereitet. Werfen wir einen Blick auf einige der Präventiv- und Schutzvorkehrungen, die Sie treffen können, falls Ihnen Feindseligkeiten von Seiten von Kolleginnen drohen, weil Sie sich unabsichtlich – durch Ihren Erfolg – einer Verletzung der Regel der ausgeglichenen Machtbalance »schuldig gemacht haben«:

1. Die Situation richtig einschätzen.
Wichtig ist, dass Sie sich Ihres Verhaltens vollkommen bewusst sind. Agieren Sie vielleicht irgendwie so, dass es Ihnen als Verstoß gegen die Regel der ausgeglichenen Machtbalance ausgelegt werden könnte? Eine der weiblichen Spitzenangestellten, die Carol Gallagher für *Going to the Top* interviewte, beschrieb ein Phänomen, das sie ungeheuer irritierte und als »Draculas Braut«-Syndrom bezeichnete. »Wenn Frauen, denen ich die Anerkennung ihrer Fähigkeiten immer gewünscht habe, befördert werden, verwandeln sie sich über Nacht in Vampire. Sie werden so machtbesessen, dass sie über Leichen gehen. Am liebsten würde ich sie ohrfeigen und fragen: ›Was ist bloß aus den talentierten Mannschaftsspielerinnen geworden, deren Beförderung ich mir so gewünscht habe?‹«[3]

Wenn andere sich gehässig beschweren, Sie seien eine machtbesessene Hexe, und es stimmt einfach nicht – dann ist das eine Sache. Ganz anders sieht es aus, wenn Sie Ihre neue Macht ungehemmt demonstrieren und allen Ihren Triumph vorführen. Überprüfen Sie Ihr Verhalten und Ihre Einstellung. Ist etwas Wahres an den vorgebrachten Beschuldigungen?

Und nun schlagen Sie noch einmal die Punktzahlen nach, die Sie in Ihrem Macht- und Selbstwertgefühl-Profil in Kapitel eins erzielt haben. Ist Ihre Macht oder Ihr Selbstwertgefühl infolge Ihres Statusgewinns gewachsen? Wie steht es mit denen, die das Gefühl beschleicht, ihre Macht und ihr Selbstwertgefühl hätten aufgrund Ihres Erfolgs Einbußen erlitten? Wie stark hat sich das Gleichgewicht zwischen Ihnen und diesen Frauen verschoben? Natürlich will man nicht seine eigene Macht oder sein Selbstwertgefühl schmälern, um die Beziehung wieder flottzumachen (und sicher will man auch nicht von der neuen Aufgabe zurücktreten), aber es gibt noch ein paar andere Maßnahmen, die die Übergangsphase erleichtern.

2. Den Ball flach halten

Wenn Sie über die zwischenmenschliche Dynamik zwischen Frauen Bescheid wissen, ist das für Sie ein großer Vorteil. Sie wollen Anerkennung für Ihre Leistungen, hassen aber den Ärger mit der ausgeglichenen Machtbalance, der damit verbunden ist. Mitunter ist es um des eigenen Seelenfriedens willen ganz nützlich, seine Macht in Gegenwart anderer Frauen herunterzuspielen.

Es ist wichtig, seine Gespräche mit den Kolleginnen »abzuflachen«, vor allem, wenn man eine Beförderung oder sonstige Auszeichnungen erwartet. Sagt eine Kollegin: »Du musst doch über deine Ernennung ganz glücklich sein«, können Sie durch eine Reaktion wie »Hoffentlich kommen auch noch andere Frauen in diesen Genuss« Punkte einheimsen. Sie können auch hinzufügen: »Das war nicht mein alleiniges Verdienst. Ich hatte das Glück, ein tolles und sehr motiviertes Team hinter mir zu haben.« »Danke, bin schon ganz wild drauf, mich in die Arbeit zu stürzen«, mag bei den Jungs ja ganz gut ankommen, für eine Frau jedoch klingt das einfach zu berechnend.

Die beste Lösung für dieses Dilemma besteht darin, sich weiblicher Körpersprache und der vielen linguistischen Mittel der Frauensprache (siehe Kapitel sechs) zu bedienen. Durch diese Art von Abschwächungen wird der Eindruck, dass Sie sich vielleicht zu begeistert auf die eigene Schulter klopfen, vermieden. Noch ehe Sie überhaupt einen Erfolg ansprechen, signalisieren Sie sprachlich »Aber ich habe keine zu hohe Meinung von mir, nur weil ich

Ihnen erzähle ...« Ihr Lebenslauf darf Ihre Leistungen klar und deutlich verkünden, auch wenn Sie im Vorstellungsgespräch in Bezug auf Ihre Selbstdarstellung umsichtiger und unprätentiöser verfahren sollten. (Achtung: Gegenüber einem männlichen Interviewer wäre es unklug, allzu zurückhaltend zu sein, da dies den gegenteiligen Effekt haben könnte.)

3. Früh mit dem Chip-Management beginnen

Hat man vor der Bekanntmachung eines Lobs oder einer Beförderung ein wenig Zeit, ist es klug, seine Chips entsprechend zu setzen und zu verteilen, vor allem bei den Frauen, von denen man Angriffe oder Sabotage erwartet. Zwecks Aufmöbelung dieser Beziehungen sollte man sich doppelt und dreifach ins Zeug legen, indem man bei ihnen so bald wie möglich ein Chip-Guthaben zu den eigenen Gunsten schafft. Bieten Sie den Kolleginnen Ihre Hilfe an, beziehen Sie sie in Projekte ein, für die sie sich interessieren, und achten Sie auf Fähigkeiten und Leistungen, für die Sie ihnen ehrliche Komplimente machen können.

Vielleicht fühlen Sie sich vor dem Aufstieg gestresster denn je, aber wenn Sie sich die Zeit nehmen und sich interessiert nach den Familien Ihrer Kolleginnen erkundigen und ihre aktuellen Erfolge beachten und kommentieren – z. B. ihr Geschick im Umgang mit schwierigen Kunden –, wird sich das auszahlen. »Ich hab einfach nicht mehr die Zeit für all das Geschwätz«, beklagen sich Aufsteigerinnen häufig bei uns. Unsere Antwort: Sie können jetzt bezahlen, indem Sie diese Beziehungsarbeit leisten, oder Sie zahlen später doppelt, wenn Sie sich mit den Saboteurinnen rumschlagen müssen. Die Frage lautet nicht, ob Sie zahlen, sondern lediglich wann.

4. Ab und zu vom Thron heruntersteigen

Wenn Sie auf einmal mehr Macht besitzen als die Frauen in Ihrer Umgebung, lassen sich gehässige Reibereien am besten vermeiden, indem Sie Ihre Untergebenen durch eine symbolische Reduktion Ihrer überlegenen Position besänftigen. Dies lässt sich schon durch Kleinigkeiten bewerkstelligen. So könnte es hilfreich sein, selbst zum Kopierer zu gehen oder ein Fax abzuholen, wo man früher jemanden schickte – zumindest in den ersten paar Wochen oder bis die neue Situation akzeptiert ist und alle erleichtert sind, dass Sie sich doch nicht in »Draculas Braut« verwandelt haben.

5. Fördern und fordern

Eine großartige Methode, sich aus Beförderungs-Zwickmühlen zu befreien, ist es, sich mit den neuen Untergebenen zur Besprechung ihrer Karriereplanung zusammenzusetzen. Erkundigen Sie sich nach ihren Zielen, und was sie innerhalb des Unternehmens gerne erreichen würden. Suchen Sie Möglichkeiten, ihnen beim Erreichen dieser Ziele zu helfen, und setzen Sie dann zügig einige der entwickelten Strategien in die Tat um. Falls eine Kollegin etwa stärker ins Bewusstsein der oberen Führungsriege gerückt werden sollte, und sich die Gelegenheit zu einer kleinen Präsentation ergibt, dann könnte man zu ihr sagen: »Jetzt bekommen Sie Ihre Chance. Nehmen wir uns das doch gemeinsam vor, damit Sie sie richtig vom Hocker reißen!« Oder wenn eine andere meint: »Ich bin eine schlechte Kostenplanerin«, so schickt man sie zu einem Tagesseminar zu dem Thema.

Man hat also nicht nur davon geredet, diese Frauen zu unterstützen, sondern auch durch entschiedenes Handeln demonstriert, dass man die Sache durchzieht. Auf diese Weise erfahren die Frauen, dass sie wichtig sind, was auf ganz natürliche Weise ihr Selbstwertgefühl steigert. Dies wiederum trägt zum Ausgleich des Machtungleichgewichts zwischen Vorgesetzter und Untergebenen bei.

Wenn man seinen Angestellten gibt, worum sie einen bitten und was sie für ihre berufliche Weiterentwicklung benötigen, so zeigt man ihnen damit seine Achtung und sein Vertrauen und gibt ihnen das Gefühl, dass man auf ihrer Seite steht.

Darüber hinaus ist diese Art der Karriereplanung eine sanfte Methode, seine neue Autorität – ohne offene Machtdemonstration – zu behaupten. Man zeigt Interesse am Wohlbefinden und an der beruflichen Weiterentwicklung seiner Angestellten, wobei jedoch klar wird, dass man das Sagen hat, weil man schließlich diejenige ist, die die Vergünstigungen verteilt. Wenn Ihnen das gelingt und Sie Ihre Beziehungen geschickt handhaben, garantieren wir Ihnen sowohl die Ergebenheit Ihrer weiblichen Angestellten als auch, dass sie Sie und Ihre Ziele unterstützen werden. Wenn Untergebene spüren, dass sie einem wirklich am Herzen liegen, bringt dies zehnfachen Gewinn.

Sie müssen Ihre Angestellten allerdings auch entsprechend ihrer jeweiligen Pflichten zur Verantwortung ziehen. Geliebt werden wollen wir alle, aber Produktivität und Zuverlässigkeit dürfen nicht darunter leiden. Manchmal muss man sich eben doch entscheiden, ob man nun vor allem populär oder die Chefin sein möchte – die Person, die klare Ziele und eine Vision zu vermitteln weiß.

6. Immer professionell und positiv reagieren

Was tut man, wenn man trotz aller Anstrengungen Zielscheibe der indirekten Aggressionen seiner Kolleginnen wird? Zunächst einmal sollte man sich nichts anmerken lassen. Leider provoziert und verstärkt öffentliches Leiden nur weitere Attacken. Ignorieren Sie die üblen Nachreden und bleiben Sie professionell. Das kann zu Schwerstarbeit ausarten, vor allem, wenn frühere Freundinnen zu den Angreiferinnen zählen. Nur wenn man sich nicht von dem emotionalen Aufruhr mitreißen lässt, kann man die geschäftlichen Ziele der Abteilung im Auge behalten und seinen Job machen.

Susan war erst zweiundzwanzig, als sie Gelegenheit bekam, diese schwierige Lektion zu lernen. Frisch mit dem Examen aus dem College entlassen (damals hatten die meisten Krankenschwestern noch keinen solchen Abschluss), wurde sie als Leiterin einer Intensivpflegestation in einem großen Krankenhaus eingestellt – ihr erster richtiger Job. Die meisten der Schwestern der Station verhielten sich respektvoll und professionell – außer Lois. Lois hatte kein Examen und schien durch Susans übergeordnete Stellung permanent irritiert, vor allem, weil sie im selben Alter waren. Bei jeder sich bietenden Gelegenheit, versuchte Lois Susans Macht zu untergraben: Jedem, der ihr zuhörte, servierte sie irgendwelche Klatschgeschichten über Susan; sie ignorierte sie; mied jeden Augenkontakt und jede Geste, mit der sie Susans Gegenwart anerkannt hätte; sie enthielt ihr klinische Informationen über die Patienten vor; sie erkannte Susans Rolle als Oberschwester nicht an und machte ihr in Bezug auf Ärzte und Patienten keinerlei Mitteilungen.

Für die Patienten war es jedoch überaus wichtig, dass Susan

über alles im Bilde war. Anstatt zurückzuschlagen, beschloss Susan daher, ihren Austausch mit Lois auf die Patienten zu konzentrieren. Das eigene Auftreten kontrollierte sie, indem sie, ehe sie Lois ansprach, erst mal tief durchatmete, und das Gespräch auf die professionelle Ebene beschränkte: »Hat Dr. White wegen der neuen Medikamente für Mr. Jones angerufen?« – »Ist Mrs. Sampsons Temperatur gesunken?« Sie erhielt knappe, einsilbige Antworten, konnte aber zumindest ihre Führungsrolle behaupten. Und jeden Tag wiederholte Susan, was die eigentliche Aufgabe ihrer Station war, nämlich Spitzenpflege zu bieten: »Wir sind einzig und allein für die Patienten und ihre Familien da – und um den Ärzten dabei zu helfen, möglichst viel Informationen über sie zu erheben, damit die Ärzte eine medizinisch optimale Versorgung verschreiben können.«

Je stärker sich Susan auf den Auftrag der Intensivpflegeschwestern konzentrierte, umso besser konnten sich alle den anstehenden Aufgaben widmen. Susan achtete sogar darauf, sich nicht bei den anderen Schwestern über Lois zu beklagen – was verführerisch gewesen wäre, weil sie sich durch Lois' Verhalten so isoliert und erniedrigt fühlte. Und weil auch winzige Änderungen des Gesichtsausdrucks während der Besprechungen Gefühle mitteilen können, kontrollierte Susan sogar ihr Mienenspiel. Ja, Susan lobte sogar Lois' Fähigkeiten vor den anderen Schwestern und gab ihr direktes positives Feedback.

Intuitiv hatte Susan erkannt, dass es hilfreich sein kann, einer Angreiferin ehrliche, positive Rückmeldungen zu geben. Das entwaffnet sie. Es ist schwierig, einen Menschen, der einem sagt, wie tüchtig und geschickt man ist, weiter zu hassen. Außerdem verstärkt ein solches Verhalten auf subtile Weise die Tatsache, dass

Sie der Boss sind – denn schließlich sind Sie diejenige, die die Autorität besitzt, die Leistung einer Untergebenen zu beurteilen.

7. Die Angreiferin stellen

Auf diese Erfahrung zurückblickend meint Susan heute, dass es für Sie und die Abteilung besser gewesen wäre, wenn sie Lois direkt auf ihre Aufsässigkeit angesprochen hätte. Sie hätte spezifische Vorfälle benennen und einfach sagen können: »Das muss aufhören. Ich habe Ihnen Zeit gelassen, ich habe Ihre positiven Beiträge gelobt, aber wir müssen einmal darüber reden, wie Sie ständig versuchen, meine Autorität und meine Rolle zu untergraben. Es stört die Zusammenarbeit und die Fähigkeit unserer Abteilung, Spitzenarbeit zu liefern. Wir müssen uns überlegen, wie Sie Ihr Verhalten in Zukunft zu ändern haben.« Durch ein solches Wort hätte Susan Lois' destruktiven Verhalten womöglich schon früher Einhalt geboten. Anregungen zum erfolgreichen Umgang mit schwierigen Menschen finden Sie in Kapitel neun.

8. Bitten Sie Ihren Vorgesetzten um Unterstützung

Wenn Sie nach alledem noch immer von weiblichen Mitarbeitern attackiert werden, können Sie auch den Vorgesetzten, der Ihre Beförderung betrieben hat, bitten, Ihren Kolleginnen zu erklären, weshalb er Sie für die Stelle vorgeschlagen hat. Bitten Sie Ihren Vorgesetzten (ob männlich oder weiblich) zu einem Gespräch unter vier Augen mit den damaligen Mitbewerberinnen, damit er ihnen darlegt, warum sie die Stelle nicht bekommen haben und was sie tun können, um das nächste Mal in die engere Wahl zu kommen. Vielleicht können Sie auch auf die Unterstützung der Personalabteilung oder eines Unternehmensberaters zurückgreifen.

Wenn Sie befördert werden

- Stellen Sie sich auf einigen Wirbel ein und machen Sie sich klar, dass es nicht mit Ihnen persönlich zu tun hat, auch wenn es so aussehen mag. Es ist bloß eine Frage der ausgeglichenen Machtbalance.
- Schaffen Sie sich bei den Kolleginnen ein Chip-Guthaben, ehe Sie die neue Stellung antreten.
- Achten Sie darauf, sich nach Ihrer Beförderung noch stärker zurückzunehmen, sich etwa selber Ihren Kaffee oder Ihre Faxe zu holen.
- Ändern Sie Ihr Beziehungsverhalten nicht. Wenn Sie sich vor der Beförderung nach den Kindern Ihrer Kolleginnen erkundigt haben, dann tun Sie es auch jetzt, nachdem Sie ihre Vorgesetzte geworden sind.
- Treffen Sie sich mit Ihren Untergebenen zu persönlichen Karriere-Gesprächen, um sich über deren Ziele, Erwartungen, berufliche Ambitionen und das Teamverhalten auszutauschen.
- Greift man Sie an, so lassen Sie Ihre Gegnerinnen nicht merken, dass ihre Spitzen Sie treffen.
- Bleiben Sie auch gegenüber Ihren Angreiferinnen professionell und geben Sie ihnen positives Feedback für ihre Leistungen.
- Unter Umständen müssen Sie die Anstoß erregende Partei direkt auf ihr Verhalten ansprechen.
- Wenn die Attacken unerträglich werden, sollten Sie daran denken, sich die Unterstützung ihres Vorgesetzten, der Personalabteilung oder eines Unternehmensberaters zu sichern.

Wie befördere ich eine Frau?

Als Pat sich mit den Managern eines traditionsreichen Herstellungsbetriebes unterhielt, erzählte ihr der Aufsichtsratsvorsitzende, dass er – obwohl es nie eine weibliche Spitzenkraft in der Firmenhierarchie gegeben hatte – innerhalb der nächsten vier Jahre drei Frauen in solche Positionen befördern wolle. »Die Erste wird mit Angriffen zu rechnen haben«, warnte Pat die Manager. »Sie werden hören, dass sie machtbesessen geworden und ein ›Miststück‹ sei, und zwar vor allem von Seiten der Frauen. Ich möchte, dass Sie sich darauf einstellen. Lassen Sie uns vorher überlegen, wie Sie mit dieser Situation umgehen und die Frau unterstützen können.«

Pat riet dem Aufsichtsratsvorsitzenden, derartigen Anschuldigungen mit Skepsis zu begegnen: »Glauben Sie nicht automatisch, was man Ihnen erzählt.« Und sie schlug ihm vor, die Beschwerdeführerin näher zu dem kränkenden Verhalten zu befragen, und sie darauf hinzuweisen, dass Männer sich doch die ganze Zeit so verhielten. Weiterhin riet sie den Managern, sich geschlossen hinter ihre neuen weiblichen Kolleginnen zu stellen; sie müssten mit den Angriffen rechnen und sollten sie – wegen der unterschwelligen Wirkung der Regel der ausgeglichenen Machtbalance – mit Argwohn aufnehmen.

So wie man selbst bei einer Beförderung oder Auszeichnung die Möglichkeit hat, sich aus der Zwickmühle der ausgeglichenen Machtbalance zu befreien, kann man auch aktiv dagegen angehen, dass andere Frauen ihnen zum Opfer fallen. Am stärksten können Sie Ihren Einfluss dort geltend machen, wo es um die Handhabung der Beförderung einer weiblichen Mitarbeiterin geht. Auch hier gibt es gewisse Präventivmaßnahmen, mit denen der destruktive Konflikt, den die Beförderung einer Frau zwangsläufig nach sich zieht, abgewendet werden kann.

Als Erstes muss man sich darüber im Klaren sein, dass man die Frau aus einer Welt gleichrangiger Beziehungen in ein hierarchisches Umfeld verpflanzt, in dem Konkurrenzorientierung und Wettbewerbsdenken belohnt werden. Angesichts der Tatsache, dass die Frau in einer ihr fremden Kultur arbeiten muss, überrascht es nicht, dass es dabei zu Problemen kommt.

Gratulieren Sie der Frau, nennen wir sie Amy, zunächst persönlich zu ihrer Beförderung. Dann erklären Sie ihr, dass sie sich womöglich auf einige Sabotageakte seitens ihrer weiblichen Kollegen gefasst machen muss. Sie könnten sagen: »Diese Beförderung kann Ihr Verhältnis zu Kolleginnen, mit denen Sie seit Jahren zusammenarbeiten, verändern; möglicherweise sind sie ganz schön aufgebracht über Ihren Erfolg. Vielleicht müssen Sie sogar mit Angriffen rechnen. Das heißt nicht, dass Ihre Kolleginnen schlechte Menschen wären – solche Dinge kommen einfach vor. Sie sollen nur wissen, dass *ich* jeden Versuch, sich bei mir über Sie zu beschweren, abschmettern und die Kolleginnen an Sie zurückverweisen werde. Aber Sie müssen auch bereit sein, sich mit ihnen auseinanderzusetzen. Ich würde Ihnen raten, sie sich in Einzelgesprächen vorzunehmen.«

Als Nächstes sollten Sie sich persönlich mit jeder der abgelehnten Bewerberinnen zusammensetzen. Sie könnten zu ihnen sagen: »Amy hat die Stelle bekommen. Vermutlich sind Sie ziemlich enttäuscht, aber ich möchte Sie wirklich darum bitten, sie zu unterstützen.« Dann beruft man eine Versammlung für die gesamte Abteilung einschließlich Amy ein und legt dar, weshalb sie befördert wurde. Nach dem Motto: »Ihr seid einfach ein großartiges Team. Deswegen wollte ich niemanden von außen als neue Leiterin einstellen und habe mich entschieden, eine von euch zur neuen Teamchefin zu machen. Tja, das ist mir nicht leicht gefallen! Am Ende habe ich mich für Amy entschieden und möchte, dass sie die Führung übernimmt. Diese Abteilung hat immer zu den professionellsten in unserem Unternehmenszweig gehört, und ich erwarte, dass dies auch in Zukunft so sein wird.«

Natürlich sollte man sich nicht einbilden, dass damit alle Probleme beseitigt sind; auch jetzt ist Sabotage noch möglich. Eine der ersten Herausforderungen könnte darin bestehen, dass eine der Frauen sich über Amys neue Machtbesessenheit beschwert. Derartige Klagen über bestimmte Verhaltensweisen müssen thematisiert werden. Wenn Leslie etwa sagt: »Amy passt mir nicht; sie ist ein richtiges Aas geworden«, dann müssen Sie nachhaken: »Was tut Amy denn genau? Wie kommen Sie zu dieser Einschätzung?«

Hier ein mögliches Szenario für ein derartiges Gespräch:

»Sie ist ein Aas, weil sie mich herumkommandiert.«

»Was genau meinen Sie, wenn Sie von Herumkommandieren reden?«

»Sie sagt mir ständig, was ich zu tun habe!«

»Meinen Sie, sie gibt Ihnen Anweisungen?«

»Nun ja, so könnte man es nennen.«

»Das ist ihre Aufgabe. Amys neue Stellung bringt neue Pflichten und Verantwortlichkeiten mit sich. Und dazu gehört auch, dass sie Aufträge verteilt und dafür sorgt, dass sie erledigt werden. Daran müssen Sie sich gewöhnen, aber ich bin sicher, Sie schaffen das.«

Hat Leslie ihren Ärger gegenüber Amy aber noch gar nicht angesprochen, sollten Sie ihr rasch das Wort abschneiden und sie erst einmal zu Amy zurückschicken. Sie müssen ihr klar machen, dass sie an Amy nicht vorbeikommt, dass Amy ihre Vorgesetzte ist. Fragen Sie daher Leslie ein paar Tage später, ob sie dies getan hat. Wenn nicht, können Sie sie fragen, wann sie es denn vorhat. Meint sie dann: »Es ist nicht mehr so wichtig«, glauben Sie ihr nicht. Wahrscheinlich hat sie sich inzwischen bei allen anderen beschwert. In diesem Falle kann man etwa sagen: »Ich bin ein wenig verwirrt, da Ihnen die Sache doch so wichtig schien. Helfen Sie mir auf die Sprünge. Warum hat sie plötzlich keine Bedeutung mehr?«

Je nachdem, wie Leslie darauf reagiert, kann man sie immer noch ermutigen, sich innerhalb eines gewissen Zeitraums mit Amy darüber zu unterhalten: »Ich fände es gut, wenn Sie bis Ende der Woche mit ihr reden würden. Lassen Sie mich wissen, wie es gelaufen ist.« Hören Sie nichts mehr von Leslie, sollten Sie erneut nachhaken. Das klingt vielleicht aufwändig – und ist auch eine Menge Arbeit, vor allem wenn mehrere Angestellte verstimmt sind. Betrachten Sie es aber als Investition in den Frieden und die Funktionstüchtigkeit Ihrer Abteilung. Groll kann sich zu schlimmsten Auswüchsen steigern und schließlich in einem gewaltigen Ausbruch entladen, wenn man ihm nicht frühzeitig die Nahrung entzieht.

Abgesehen davon ist es unklug, sich wie der Chef jener Anwaltsgehilfin zu verhalten, der das Problem ignorierte und es die Frauen unter sich aushandeln ließ. Manchmal schaffen die Frauen es ohne Intervention nicht, und die Feindseligkeit steigert sich zu unerträglichen und verheerenden Ausmaßen.

Als Amys Vorgesetzte können Sie aus Amys nonverbalen Mitteilungen und ihrem Tonfall schließen, ob sie unter Belastungen leidet. Wir empfehlen ein Treffen, bei dem Sie sich nach ihrem Befinden erkundigen. Räumt sie Spannungen ein, fragen Sie nach möglichen Gründen. Erklären Sie ihr, wie die Regel der ausgeglichenen Machtbalance dieses Unbehagen anheizt und verschärft.

»Durch Ihre Beförderung«, können Sie ihr erläutern, »haben wir Ihnen mehr Macht verliehen als Ihren Kolleginnen, mit denen Sie seit Jahren zusammenarbeiten. Ich hoffe, das bereitet Ihnen keine Schwierigkeiten, und vielleicht tut es das ja auch nicht. Es geht hier um zwei Dinge. Einerseits werde ich Sie unterstützen und nach außen klar machen, dass Sie die Chefin dieser Abteilung sind. Und andererseits müssen Sie Ihren Untergebenen dabei helfen, sich im Hinblick auf das eigene Macht- und Selbstwertgefühl besser zu fühlen. Wenn Sie Ihre Macht zu sehr heraushängen lassen, verschärft das die Situation nur noch. Lassen Sie uns überlegen, wie wir Sie durch diese bedrohlichen Klippen hindurchmanövrieren können.«

In diesem Gespräch geht es darum, Amy spüren zu lassen, dass Sie hinter ihr stehen, und nicht etwa denken: »Wie, jetzt schon Probleme?« (Falls Amy Probleme hat, sollte man die hinter geschlossenen Türen besprechen – Ihren Angestellten müssen Sie sich als einheitliche Front präsentieren.) Achten Sie darauf, dass Sie Amy in jeder Hinsicht unterstützen. Wenn eifersüchtige Untergebene einen Riss zwischen ihr und Ihnen entdecken, werden sie versuchen, ihn zu vergrößern. Hier ist Amy verletzbar. Beklagt Leslie sich etwa: »Amy hat keine Ahnung von Geschäftsberichten; sie hat nie einen gemacht. Ich kann sie nicht um Hilfe bitten«, und Sie erwidern: »Sie haben Recht. Das war eine meiner

Befürchtungen, als ich Amy auf diese Stelle gesetzt habe«, dann liefern Sie Leslie genau die Munition, die sie braucht, um Amy weiter angreifen zu können. Beim Mittagessen wird Leslie womöglich bei Gina herumstänkern: »Die Chefin befürchtet, dass Amy keine Ahnung von Kostenrechnung hat. Ich weiß wirklich nicht, warum man sie befördert hat. Wenn man Managerin sein will, muss man das einfach können!«

Man beachte die Probleme, die wie eine Kettenreaktion daraus resultieren können: Fragt Amy beim nächsten Abteilungstreffen: »Wie steht es mit dem Budget?«, könnte Leslie antworten: »Tja, wenn mir irgendjemand zeigen könnte, wie man eines erstellt, wäre ich sicher schon ein großes Stück weiter.« Gina, Frank und Robin nicken zustimmend, und Amy errötet. Nun sehen alle Angestellten Amys Achillesferse und können sie noch zielsicherer angreifen.

Besser wäre es, auf Leslies Klage folgendermaßen zu reagieren: »Amy hat zwar noch nicht viele Kostenpläne erstellt, aber sie hat eine schnelle Auffassungsgabe, und ich bin mir sicher, dass sie das im Handumdrehen beherrscht.« Im Anschluss daran sollten Sie Amy vertraulich nahe legen, ihre Lücken in der Kostenrechnung zu schließen, und ein Zusatztraining in der Finanzabteilung oder einen externen Kurs für sie arrangieren.

Seiteneinsteiger

Die meisten der bisher skizzierten Situationen betrafen Verstöße gegen die Regel der ausgeglichenen Machtbalance, wie sie sich beim Aufstieg einer Frau innerhalb eines Unternehmens ergeben.

Wenn Sie eine Frau befördern

- Machen Sie sich auf einigen Wirbel unter den ehemaligen Kolleginnen der Aufsteigerin gefasst.
- Seien Sie sich im Klaren darüber, dass diese befürchteten Verhaltensweisen ganz normal sind.
- Informieren Sie andere über Ihre Gründe der Beförderung und machen Sie deutlich, dass Sie sich Unterstützung für Ihre Kandidatin erwarten.
- Falls sich auch andere aus dem Team um die Stelle beworben haben, sollte man sie zu Gesprächen unter vier Augen einladen. Sagen Sie ihnen, warum sie den Posten nicht bekommen haben und wie ihnen der gewünschte Aufstieg vielleicht doch noch glückt.
- Bereiten Sie die beförderte Angestellte auf die möglichen Reaktionen vor.
- Werden Beschwerden an Sie herangetragen, dürfen Sie nicht zulassen, dass die eigentliche Vorgesetzte übergangen wird. Verweisen Sie die verstimmte Angestellte immer an ihre direkte Vorgesetzte.
- Falls die Beschwerden anhalten, dann sollten Sie um genaue Erklärungen bitten und den Angestellten dabei helfen, den Konflikt im Lichte der Regel der ausgeglichenen Machtbalance zu betrachten.
- Demonstrieren Sie Ihre gleichbleibende, unerschütterliche Unterstützung für die Aufsteigerin. Präsentieren Sie eine geschlossene Front.

Das hat gute Gründe: Es ist leichter, eine neue Machtposition einzunehmen, wenn man von außen kommt. Denn dann haben die anderen Frauen nicht schon die vorgefasste Meinung, dass Sie eigentlich »nur« eine Ebenbürtige sind. Sie lernen Sie als ihre Chefin kennen, und obwohl Sie mehr Macht besitzen als in ihrer früheren Anstellung, hat sich Ihr Status in den Augen der neuen weiblichen Untergebenen nicht verändert.

Schon beim Vorstellungsgespräch sollte man darum bitten, die wichtigsten Leute seiner zukünftigen Abteilung kennen zu lernen, und dann dafür sorgen, dass man auch wirklich mit allen Frauen spricht, und wenn auch nur am Telefon. Denn einerseits will man die potenziellen Mitarbeiter kennen lernen, ehe man als neue Chefin einsteigt. Andererseits hat man als Kandidatin noch nicht die Machtstellung, die eine weibliche Beziehung aus dem Gleichgewicht bringt. So ist es leichter, einen »Draht« zu den Frauen zu knüpfen. Wenn Sie sich sowohl mit Gleichrangigen wie mit Untergebenen treffen, und diese Sie schätzen lernen, besteht auch eine größere Wahrscheinlichkeit, dass sie Ihren Erfolg unterstützen. Und selbstverständlich sollen sie auch Gelegenheit haben, Sie kennen zu lernen.

Sobald man die neue Stelle antritt, sollte man auf jeden Fall eine allgemeine Zusammenkunft einberufen, um seinen Vorstellungen und seiner Begeisterung, nun dem Team anzugehören, Ausdruck zu verleihen. Im Anschluss setzt man individuelle Besprechungen für die Karriereplanung der Mitarbeiterinnen an, wie bereits empfohlen. Lassen Sie Ihre Untergebenen wissen, welche Erwartungen und Ziele Sie haben, und wie Sie sich die Abteilung vorstellen. Außerdem sollte man versuchen, seine Angestellten auch in informellen Gesprächen kennen zu lernen. Sie können sie auch fragen, wie Sie ihnen helfen können, ihre Aufgaben besser zu erfüllen.

Klug ist es außerdem, mit anderen Abteilungsleiterinnen Bekanntschaft zu machen; Unterstützung kann man schließlich immer gebrauchen. Kommen sie nicht von selbst auf Sie zu, dann ergreifen Sie die Initiative! Diese Frauen stellen die Peer-Group dar, an der Sie sich in Zukunft orientieren müssen. Einer der Kardinalfehler vieler weiblicher Manager besteht darin, dass sie meinen, ihre Untergebenen seien ihre Peer-Group; häufig wollen sie sogar deren »Freundinnen« sein, obwohl das Machtverhältnis so ungleich ist. In ihrer neuen Stellung müssen Sie »führen«, Erwartungen formulieren, Feedback geben, Gehaltserhöhungen oder Boni gewähren (oder verweigern). Dies gegenüber Freundinnen und Vertrauten zu tun, ist praktisch unmöglich.

Was uns zur zweiten Kategorie von Zwickmühlen führt: jenen nämlich, die sich aus dem weiblichen Streben nach Bezogenheit ergeben.

Weibliche Bande, die doppelt fesseln

Wie wir alle wissen, ist es möglich, ganz wunderbare Beziehungen zu Kolleginnen zu unterhalten. Doch es gibt auch viele Fallstricke, wie das Risiko, das man durch das Preisgeben von Geheimnissen eingeht, oder die Verletzung von Gefühlen, wenn man sein Privatleben abschirmt, oder die Gefahr, eine Arbeitsbeziehung mit einer Freundschaft zu verwechseln. Alle diese Probleme entstehen aus unserem Streben, persönliche Verbindungen zu anderen Frauen herzustellen und aufrechtzuerhalten.

Busenfreundinnen am Arbeitsplatz

Beginnen wir mit dem Risiko des Austauschens von Geheimnissen. Wenn vertrauliche Mitteilungen auch Nähe erzeugen (und man muss sich öffnen, wenn man Vertrautheit schaffen will), kann das darin liegende Konfliktpotenzial diese Verhaltensweise problematisch erscheinen lassen. Man kann sich in dieser Welt der Geheimnisse derart verstricken, dass man am Ende teuer dafür bezahlt. Verlagert sich die Macht zu Ihren Gunsten, und eine Freundin fühlt sich deshalb auf den Schlips getreten, werden Sie verwundbar. Denn sie kann Ihr gesamtes Privatleben enthüllen – mit allen üblen Konsequenzen. Denken Sie an Monica Lewinsky, die ihrer Kollegin Linda Tripp Details ihres Liebeslebens preisgab. Welch bodenlose Dummheit!

Frauen in herausgehobenen Positionen gehen ein erhöhtes Risiko ein, wenn sie enge Beziehungen zu anderen Frauen knüpfen. Prinzessin Diana beispielsweise konnte sich niemandem anvertrauen, ohne damit zu riskieren, dass die betreffende Person durch den späteren Verkauf dieser persönlichen Geheimnisse an die Boulevardpresse Millionen verdiente. Hillary Clinton muss während der Zeit, in der die Untreue ihres Mannes aufgedeckt wurde, entsetzlich gelitten haben. Selbstverständlich hätten sich die meisten Frauen gedemütigt gefühlt, hätte man den Seitensprung ihres Mannes auf derartige Weise öffentlich seziert. Wir aber können uns bei anderen Frauen aussprechen. An wen konnte sich Hillary in dieser schlimmen Zeit wohl wenden?

Je höher Frauen innerhalb der Unternehmenshierarchie aufsteigen, umso schwieriger wird es für sie, Einzelheiten aus ihrem Privatleben preiszugeben. Im Dianas Fall entwickelte sich dies für einen Teil ihrer Umgebung zur Finanzspekulation, für Hillary Clinton war es eine Frage politischen Selbstmords. Aber auch für uns Übrige stellen Freundinnen am Arbeitsplatz, sobald wir höhere Karrieresprossen erklimmen, eine Gefahr dar.

Da wir den überwiegenden Teil des Tages am Arbeitsplatz verbringen und auch die restliche Zeit sehr begrenzt ist – Haushalt, Kinderbetreuung oder die Pflege der Eltern können unsere gesamte Freizeit verschlingen –, beschränkt sich die Auswahl potenzieller Freundinnen oft auf die Frauen im Büro. Je höher man allerdings aufsteigt, umso schwieriger wird es, am Arbeitsplatz Freunde zu finden. Es kann einsam werden an der Spitze.

Andererseits: Das Vorenthalten von Vertraulichkeiten kann Gefühle verletzen oder gar zu Catfights führen, vor allem, wenn man aufsteigt und gegenüber einstmaligen Vertrauten diskreter werden muss. Ständig messen wir daran, was wir über andere wissen, den Intensitätsgrad unserer Freundschaften: *»Ich dachte eigentlich, Anne sei eine gute Freundin, aber sie hat mir nicht erzählt, dass sie befördert worden ist/einen neuen Freund hat/eine Totaloperation machen ließ. Vielleicht ist unsere Freundschaft doch nicht so eng, wie ich gedacht habe.«* Wissen ist Macht, und indem man für sich behält, was Freundinnen oder Kolleginnen als wichtige persönliche Informationen (wertvolle Beziehungs-Chips) betrachten, kann man ebenfalls gegen die Regel der ausgeglichenen Machtbalance verstoßen.

Weil diese Regel von Ihnen verlangt, sich so zu verhalten, als besäßen Sie und Ihre direkte Untergebene dieselbe Macht, kann diese überrascht und verletzt sein, wenn Sie Ihre Privatsphäre in dem für Sie notwendigen Maße abschirmen. Als Pat ihren Doktor machte, arbeitete sie eng mit Connie, einer 30-jährigen Professorin, zusammen, die zu allen Hauptfachstudentinnen des Instituts herzliche Beziehungen unterhielt. Und Connie wurde im Gegenzug auf die spontanen Partys und Sonntags-Brunches der Studentinnen eingeladen. Auch Connies Mann kannten die Frauen gut; weil er an all den geselligen Anlässen unter den höheren Semestern teilnahm.

Eines Tages saß Pat in Connies Büro und unterhielt sich mit ihr über ein Seminarthema, als sie plötzlich merkte, dass Connie ihren Ehering nicht trug. Neugierig geworden erkundigte sich Pat vorsichtig nach dem fehlenden Ring.

»Ist schon traurig, dass ich das sagen muss, aber Don und ich, wir lassen uns scheiden«, erwiderte Connie.

Auch wenn dies vermutlich vor allem für Connie traurig war, empfand Pat einen schmerzlichen Stich: Man hatte sie von einem wichtigen Ereignis, das Connies ganzes Leben verändern würde, ausgeschlossen! Das warf ein grelles Licht auf die Tatsache, dass Connie sich Pat wohl nicht so nahe fühlte (oder sich keine so große Vertraulichkeit leisten konnte), wie umgekehrt. Im Rückblick begriff Pat sehr gut, dass Connie ihr keine Erläuterung ihrer Familienverhältnisse schuldete, aber seit dieser Zeit empfand Pat eine größere Distanz zu der Professorin.

Schließlich und endlich können Frauen auch sehr negativ reagieren, wenn sie das Gefühl bekommen, eine andere habe ihre Neigung zu Freundschaftsbeziehungen bloß für Eigenwerbung oder für einen geschäftlichen Vorteil ausgenutzt, wie es die Journalistin Sandy Sheehy erläutert: »Weit von jedem freundschaftlichen Gebaren entfernt, haben Networking und ähnliche Erfolgsstrategien des Geschäftslebens den Begriff der Freundschaft gründlich verwässert und verdorben.«[4] Es gibt eine Tendenz, Versuche des Sich-Einschmeichelns als Freundschaftswunsch zu missdeuten und umgekehrt.

Nehmen wir an, Sie sind Generaldirektor eines Unternehmens und bekommen einen Anruf von einem Kollegen, ebenfalls Firmenchef, der mit Ihnen Geschäfte machen will. Ihnen ist – wenn er Sie zu einer Runde Golf einlädt – völlig klar, dass er auf einen lukrativen Abschluss hofft. Die meisten Männer fühlen sich mit dieser unverbindlichen »Eine-Hand-wäscht-die-andere«-Mentalität sehr wohl, weil sie am Arbeitsplatz – statt der engen, für Frauen typischen Beziehungen – nur einen freundlichen Umgang miteinander pflegen. Alle kennen diese Regeln, und die Budgets sind genau für diese Sorte von Kundenbetreuung ausgelegt.

Wenn Ihre Kollegin Samantha Sie allerdings anruft und zu einer Runde Golf oder einem Tag im Wellness-Hotel einlädt, kann sich das etwas komplizierter gestalten; Frauen haben andere Regeln im Hinblick auf das, was einer Beziehung angemessen ist. Sie könnten sich fragen, ob Samantha Ihnen damit ihre Freundschaft antragen will. Oder Sie könnten sich auch ärgern, dass sie meint, Sie mit solchen Geschenken für ein Geschäft ködern zu können. Will sie damit angeben und auf diese Weise das Machtgleichgewicht verschieben? Die Sache kann sich auch zu einer Frage des Chip-Managements entwickeln, und vielleicht beginnen Sie nachzurechnen, ob Samantha mehr Geld für Sie ausgibt als umgekehrt. Erwartet sie sich etwas davon? Handelt es sich um eine einseitige Werbung? Versucht sie, Ihre Freundschaft zu kaufen? Und würde Samantha Ihre kühle Reaktion auf ihre ehrlich gemeinte Einladung als machtstrategischen Zug deuten, der sie herabsetzen soll? Könnte Ihre Distanziertheit Samanthas potenziellem Erfolg im Wege stehen?

Mitspielen

Aufrichtigkeit ist ein entscheidender Faktor in weiblichen Beziehungen, der allerdings oft direkt in eine weitere Zwickmühle führt: Ist man unter Frauen unterschiedlicher Meinung, hält man unter Umständen seine Position zurück, um die Beziehung nicht zu gefährden. Leider kann dies aber auch die genau gegenteilige Wirkung haben und der Freundschaft schaden; unsere nonverbalen Signale, die die Kollegin mit ihren weiblichen Antennen sofort registriert, verraten ihr, dass wir nicht aufrichtig zu ihr sind. Oder wie es die Journalistin Sandy Sheehy in *Connecting: The Enduring Power of Female Friendship* ausdrückt: »Wenn wir unser wirkliches Selbst verändern oder Gefühle zurückhalten, um eine Freundschaft zu retten, zerstören wir unter Umständen gerade *dadurch* die enge Verbindung, die sie uns so wertvoll machte.«[5]

Am Arbeitsplatz kann uns dies in ein echtes Dilemma bringen. Männer erwarten im Allgemeinen keine Aufrichtigkeit von ihren Geschlechtsgenossen. Sie rechnen damit, dass diese ihr eigenes Süppchen kochen. Für Männer ist das Geschäftsleben eine Pokerpartie: Sie wissen, dass es ein Spiel ist, und sie wären dumm, wenn sie ihr Blatt aufdeckten. Frauen dagegen betrachten ihre Arbeit nur selten als Spiel – eher als ein Netzwerk von Beziehungen. Wenn eine andere Frau blufft oder die Wahrheit verbirgt, macht man sich – als Frau – sofort Gedanken über seine Beziehung zu ihr: Kann ich ihr vertrauen? Steht sie noch auf meiner Seite? Bedeute ich ihr wirklich etwas? Wir Frauen haben ziemlich hohe Erwartungen aneinander, und wenn wir spüren, dass die Worte der anderen nicht von Herzen kommen, beginnen wir sowohl an ihrer Integrität als auch an unserem Verhältnis zu ihr zu zweifeln, obwohl sie ihrer Position oder ihrer Firma zuliebe vermutlich bloß »mitspielen« muss.

Probleme kann es auch geben, wenn es um die Wahrung von Firmengeheimnissen geht. Stellen Sie sich vor, dass Sie als Chefin der Personalabteilung exklusiven Zugang zu Informationen haben, die etwa die Entlassung bestimmter Angestellter betreffen. Und nehmen wir an, eine der Kandidatinnen auf der »schwarzen Liste« wäre eine enge Freundin von Ihnen. Wie können Sie ihr eine so bedeutsame Information vorenthalten? Und wie sollten Sie sie entlassen, ohne dass die Freundschaft darüber zerbricht?

Die Zwickmühle, sich einerseits enge Beziehungen zu unseren Kolleginnen zu wünschen, andererseits aber »mitspielen« zu müssen, ist wirklich vertrackt. Auch wenn Sie absolute Ehrlichkeit noch so schätzen, muss Ihnen – vor allem wenn Sie mehr Macht in Händen halten und zu Vertraulichkeit verpflichtet sind – klar sein, dass diese Aufrichtigkeit womöglich ihren Preis hat. Sind Sie bereit, ihn zu zahlen?

In einen Catfight verwickelt werden

Sich aus den eigenen Beziehungsfallstricken zu befreien, ist schon schwierig genug; da sich aber Frauen, wenn sie gekränkt sind, meist an Nahestehende wenden, ist leicht nachzuvollziehen, wie schnell sie sich in verdeckte Attacken ihrer Freundinnen hineinziehen lassen. Man stelle sich etwa vor, Allison sei schließlich doch noch in den Vorstand gewählt worden – die erste Frau in Ihrem Unternehmen, die es geschafft hat. Sie begegnen Phyllis, einer guten Freundin aus einer anderen Abteilung, auf dem Flur, und sie meint mit verschmitztem Lächeln: »Bei all den Problemen, die Allison bei ihrem letzten Projekt hatte, ist diese Beförderung wirklich erstaunlich – findest du nicht?« Das ist kein frontaler Angriff wie: »Ist diese Allison nicht ein gerissenes Aas?« Aber Sie merken genau, wohin das Gespräch steuert, und dass es nichts Gutes für Allison ahnen lässt. Wie reagieren Sie darauf?

Leider können Sie nicht sagen: »Phyllis, hör auf, Allison schlecht zu machen. Ihre Beförderung gibt dir noch lange nicht das Recht, sie zu sabotieren.« Das könnte sich nachteilig auf Ihre Freundschaft mit Phyllis auswirken und sie auch noch gegen Sie aufbringen. Aber einem derartigen Verhalten muss, um aller Beteiligten – auch um Phyllis' – willen, Einhalt geboten werden. Was ist zu tun?

Sich gut mit Männern verstehen

Die aus dem Gesetz von der ausgeglichenen Machtbalance entstehenden Zwickmühlen sind nicht auf Interaktionen zwischen Frauen beschränkt. Wenn eine Frau mit den Männern in ihrem Büro gut zusammenarbeitet, können ihre Kolleginnen ironischerweise so tun und sogar davon überzeugt sein, als verstoße sie damit gegen die Regel von der ausgeglichenen Machtbalance. Eine unserer Briefpartnerinnen schilderte dieses Dilemma sehr anschaulich:

> Obwohl ich sehr gerne mit Frauen zusammenarbeite, ist es ein Riesenproblem für mich, dass sich viele Kolleginnen durch meine Fähigkeit (oder Bereitschaft), mich männlichen Umgangsweisen anzupassen,

> bedroht fühlen. Oft, wenn ich mich so richtig wohl unter den Jungs fühlte, habe ich mich wie eine Verräterin der Frauen gefühlt. Ich meine damit nicht, dass ich mit den Männern in der Kantine sitze und über Sport fachsimpele, sondern dass ich Gemeinsamkeiten mit ihnen entdecke. Und schon allein das scheinen manche Frauen als Bedrohung zu empfinden.
> Ich sitze zwischen zwei Stühlen, weil ich das Unterstützungssystem, das Frauen am Arbeitsplatz (vor allem im Bereich der von Männern dominierten Informatik) bieten, überaus schätze.

Es ist toll, wenn eine Frau sich mit »den Jungs« versteht und sich wohl unter ihnen fühlt, aber sie muss sich auch im Klaren sein, dass sie damit riskiert, gegen die Regel von der ausgeglichenen Machtbalance zu verstoßen.

Wie man mit Problemen umgeht, die sich aus Freundschaften ergeben

Frauen schätzen Offenheit untereinander, weswegen Sie umso größeren Erfolg bei Ihren Kolleginnen haben werden, je mehr Aufrichtigkeit Sie in Ihre Interaktionen legen. Es gibt jedoch Grenzen, und je höher man in einem Unternehmen aufsteigt, umso ratsamer wird es, vieles für sich zu behalten. Es ist eine traurige Tatsache, dass Sie sich womöglich sogar gezwungen sehen, statt enger Freundschaften bloß professionelle Beziehungen zu den Kolleginnen zu unterhalten. Im Folgenden beschreiben wir Strategien, die Ihnen helfen, mit solchen aus unseren Freundschaften herrührenden Zwickmühlen umzugehen.

1. Vorsicht beim Preisgeben von Geheimnissen

Geredet wird immer; wer einer Frau etwas Vertrauliches mitteilt, kann davon ausgehen, dass auch andere davon erfahren. Und es liegt vermutlich nicht mal die geringste Gehässigkeit darin – wie die in Kapitel fünf geschilderten jungen Mädchen wollen auch die Kolleginnen durch das Ausplaudern der Geheimnisse von »Spitzen«-Frauen lediglich die eigene Macht-Aura vergrößern. Doch wie auch immer, Sie müssen selber spüren, ob Sie einem Menschen etwas anvertrauen können – seien Sie also vorsichtig, wen Sie zu Ihrer Vertrauten erwählen. Behalten Sie stets die Regel von der ausgeglichenen Machtbalance im Auge. Überlegen Sie immer, ob jemand durch Preisgabe von Informationen über Sie eher gewinnen oder verlieren kann.

Deborah, eine von Susans Klientinnen, geriet in eine schwierige Situation, in der man die Preisgabe von persönlichen Informationen von ihr verlangte und die sie vorsichtig und erfolgreich umschiffte. Sie und ihr Mann waren mit der Chefin ihres Mannes, Cecilia, und deren Gatten essen. Der Abend verlief angenehm, bis Cecilia Deborah beiseite nahm und ihr verschwörerisch zuflüsterte: »Warum setzen wir zwei uns nicht mal zusammen und unterhalten uns darüber, wie unsere Männer *wirklich* sind.«

Deborah war erschrocken und erstaunt über diese plötzliche Vertraulichkeit und reagierte mit einem vagen »Sicher, warum nicht.« Als Deborah Susan um Rat bat, erwiderte die: »Ihr Instinkt hat großartig funktioniert. Obwohl Sie sich durch Cecilias Aufmerksamkeit und ihren scheinbaren Wunsch nach Freundschaft geschmeichelt hätten fühlen können, hätte ich Ihnen auch geraten, sich auf keinen Fall auf eine solche Verabredung einzulassen.« Dies erwies sich als ausgezeichneter Ratschlag. Noch im selben Jahr gelangte Cecilia nämlich zu dem Schluss, dass Deborahs Mann in den oberen Etagen des Unternehmens zu viel Aufmerksamkeit erregte und dadurch ihre Machtposition gefährdete. Sie versuchte, ihn fertig zu machen, indem sie im ganzen Konzern über ihn herzog. Zum Glück hatte Deborah Cecilia keine persönlichen Auskünfte über ihren Mann gegeben, die ihm nun hätten schaden können. Cecilias Verleumdungskampagne scheiterte.

2. Die Trennung von Privat- und Berufsleben
In *Going to the Top* erklärt die Betriebspsychologin Carol Gallagher, dass die meisten der rund 200 Top-Managerinnen, die sie untersuchte, zwar sehr intensive Arbeitsbeziehungen knüpften, aber Berufs- und Privatleben strikt getrennt hielten. »Diese Frauen decken praktisch niemandem ihr Blatt auf«, schreibt Gallagher.[6] Eine der Interviewten, Gale Duff Bloom, Präsidentin der internen Kommunikation bei JCPenney, erklärte sogar:

> Ich bringe einfach nicht viel Persönliches in meinen Büroalltag mit. Habe ich nie getan. Ich bin verheiratet; das wissen meine Mitarbeiter. Sie kennen meinen Mann. Aber ich spreche nicht viel über mein Privatleben. Ich mag die anderen, und ich war ja auch mal da draußen. Mit vielen der Abteilungsleitern hatte ich damals, als ich selber zum Bezirkspersonal gehörte, viel engere Beziehungen. Aber je höher man aufsteigt, umso schwieriger wird es, mit den Informationen umzugehen, die man einander bei so engem beruflichem Kontakt mitteilt. Es ist einfach alles anders – und nicht mehr ganz so entspannt.[7]

3. Seine Absichten deutlich machen

Die Grenzen zwischen Beruflichem und Privatem können verschwimmen, wenn Sie die geschäftliche Zusammenarbeit mit einer anderen Frau suchen, indem Sie ihr tolle Vergünstigungen oder Einladungen unterbreiten. Wenn man von Ihnen erwartet, dass Sie die Frau großartig bewirten, um sich mit ihr anzufreunden und ihre Firma zu umwerben, dann ist es am besten, Ihre Absichten von Anfang an klar zum Ausdruck zu bringen. Dabei sollte man eine Einladung folgendermaßen formulieren: »Treffen wir uns doch am Freitag. Dann können wir uns besser kennen lernen, und vielleicht stellen wir dabei auch fest, dass unsere Unternehmen einander von Nutzen sein könnten. *Ich würde Ihnen gern unser neues Produkt vorstellen.*« Diese Offenheit ist umso bedeutsamer, je höher Ihre Position in der Firmenhierarchie angesiedelt ist, da dann der Druck, Aufträge zu akquirieren, größer wird.

Hat man eine solche Einladung erhalten und kein Problem damit, sie anzunehmen, sollte man sie ruhig akzeptieren. Fühlt man sich aber nicht wohl damit, besteht die einfachste Lösung darin, höflich abzulehnen und einen Treffpunkt vorzuschlagen, der ihnen angemessener, weniger »machtbefrachtet« und missverständlich erscheint: »Oh, was für eine wunderbare Einladung. Ich würde zwar sehr gern annehmen, aber ich bin einfach zu beschäftigt, um mir einen ganzen Tag frei zu nehmen. Warum treffen wir uns nicht zum Mittagessen?«

4. Destruktive Verhaltensweisen sanft unterbinden

Hören Sie, wie eine Freundin eine andere Frau, die eine Aufstiegschance hat, attackiert, dann sollten Sie sie sofort auf positive Weise wissen lassen, dass das nicht akzeptabel ist. (Abgesehen davon besteht bei Freundinnen, die einen bösartigen Tratsch über andere Frauen erzählen, eine hohe Wahrscheinlichkeit, dass man selber einmal Zielscheibe ihrer Klatschsucht wird.) Auf diese Weise können Sie Ihrer Freundin das Vorbild liefern, an dem sie und andere Frauen sich hoffentlich in Zukunft orientieren werden. Am besten ist es, der Unterhaltung eine andere Richtung zu geben, um deutlich zu machen, dass man sich nicht auf diese destruktiven Tratschereien einlässt. Unterstützen Sie stattdessen die erfolgreiche Frau, das Opfer.

Angenommen, Tricia wurde zur Vorgesetzten ihrer früheren Kolleginnen befördert. Nina, Tricias frühere »Freundin«, wendet sich an Denise und sagt: »Kannst du's fassen, dass man sie uns vor die Nase gesetzt hat? Wo sie nicht mal einen Hochschulabschluss hat!«

Wäre Denise eine gehässige Frau, würde sie darauf erwidern: »Ich habe mich schon immer gefragt, was sie *überhaupt* gelernt hat ... Ich habe da Gerüchte gehört, aber ich habe es eigentlich nie geglaubt ... und es überrascht mich gar nicht.« Doch da Denise über die Regel der ausgeglichenen Machtbalance Bescheid weiß, entgegnet sie stattdessen: »Angesichts ihrer langjährigen Erfahrung ist sie wirklich die Qualifizierteste von uns. Ich bin froh, dass sie endlich mal eine aufgrund ihrer Leistung und nicht bloß wegen eines Titels befördert haben. Kann uns doch allen Hoffnung machen, oder? Außerdem weiß sie, wie schwer wir hier schuften. Ich glaube, es wäre schwieriger für mich, wenn sie uns jemanden von draußen vor die Nase gesetzt hätten.«

Lassen Sie sich nicht in den Streit Ihrer Freundin mit einer anderen Frau hineinziehen. Es ist unsere Pflicht, andere Frauen zu unterstützen, wenn sie Erfolg haben, und die, die deswegen Catfights anzetteln wollen, auf unsere Seite zu ziehen. Wir sitzen schließlich alle im selben Boot.

5. *Die Beziehungen zu anderen Frauen im Auge behalten*
Wenn Sie Glück haben und gut mit den Männern Ihrer Abteilung klarkommen, könnten ihre Kolleginnen dies als strategischen Schachzug Ihrerseits auffassen. In diesem Falle ist behutsames Beziehungs-Management gegenüber den Kolleginnen anzuraten. Achten Sie darauf, Ihre Interaktionen mit ihnen durch Macht-Chips, Frauensprache und angemessene weibliche Körpersprache zu unterstützen.

6. *Seien Sie großzügig*
Viele von uns betrachten die Welt – so traurig das klingt – als Nullsummenspiel: Es gibt nur eine bestimmte Menge Glück, das für alle reichen muss – und weil uns eine andere den Spitzenauftrag, die Beförderung, die Prämie weggeschnappt hat, fühlen wir uns berechtigt, sie anzugreifen. Wenn Sie das auch so sehen, ist es wichtig, einmal den Blickwinkel zu ändern. Es geht Ihnen gleich besser, wenn Sie die Situation so betrachten: »Wenn man sie in den Vorstand gewählt hat, besteht auch für mich noch Hoffnung.« Eine solche optimistische Einstellung gestattet es Ihnen, sich wirklich über den Erfolg einer anderen zu freuen. Statt sich einzubilden, der Triumph der anderen sei Ihre Niederlage, ist es doch viel vernünftiger, die Situation als Gewinn für die Kollegin und als Ansporn für sich selbst zu verbuchen.

Betrachten Sie sich einmal die prekäre Situation, in der Sie sich nach der Beförderung einer engen Freundin befinden könnten. Obwohl wir gesagt haben, dass es die Pflicht der Beförderten ist, die Beziehung zu den Untergebenen zu pflegen, kann auch die Übergangene den ersten Schritt tun. Mit der Regel von der ausgeglichenen Machtbalance und ihren Ursprüngen vertraut, wissen wir ja, wo unser Unbehagen und unsere Irritation herrühren. Stärken Sie Ihr Selbstwertgefühl, indem Sie sich an Ihre persönlichen Leistungen und andere positive Aspekte Ihres Lebens erinnern. Und überlegen Sie sich auch, ob Sie nicht lieber ein offenes Gespräch mit Ihrer frisch beförderten Freundin führen wollen, statt ihr mit Sabotage und hinterhältigem Gerede in den Rücken zu fallen.

Susan sah sich gegenüber Kelly, mit der sie seit über zehn Jahren befreundet war, mit dieser Situation konfrontiert. Susan war den Rationalisierungsmaßnahmen ihrer Firma zum Opfer gefallen, ehe sie eine neue Stelle auftun konnte. Sie hatte sich für einen Posten beworben, der, wie sie bald feststellte, auch auf Kellys Agenda stand. Das ärgerte Susan, weil Kelly ihren alten Job noch hatte, Susan dagegen auf sich allein gestellt und arbeitslos war. Kelly wusste, dass Susan mit ihr konkurrierte, aber sie war sich nicht im Klaren darüber, wie sehr Susan den Job brauchte. Und in ihrer Panik war Susan überzeugt, dass Kelly ihre Bewerbung hätte zurückziehen sollen, um sich nach etwas anderem umzutun, oder aber sie wenigstens bei der Suche nach einer anderen Stelle hätte unterstützen sollen.

Wie das Schicksal so spielt, fiel die Wahl dann auf Kelly, und die Personalabteilung des neuen Unternehmens begann, ihre Referenzen zu überprüfen. Ironischerweise hatte Kelly Susan als Referenz angegeben – ehe sie wusste, dass auch ihre Freundin sich um die Stelle bewarb. Als man Susan telefonisch um ihre Einschätzung bat, empfahl sie Kelly bedingungslos und rief auch den

Generaldirektor an, um ihm zu seiner ausgezeichneten Wahl zu gratulieren.

Susan hasste Kelly nicht, weil sie den Job bekommen hatte, und auch ihre Freundschaft war ihr wichtig; doch sie wollte, dass Kelly wusste, wie das Ganze innerlich an ihr nagte. Wenn sie darüber hinwegginge, würde der Groll wachsen und sich andere Ventile suchen. Daher rief sie Kelly an und sagte: »Ich wollte dich nur wissen lassen, wie es mir geht. Unsere Freundschaft bedeutet mir sehr viel, aber diese Konkurrenz zwischen uns hat mir nicht gefallen. Ich fühle mich gekränkt und missverstanden, weil du überhaupt nicht kapiert hast, dass ich diesen Job viel dringender gebraucht habe als du. Ich bin arbeitslos und ganz schön in Panik.« Kelly fühlte sich schrecklich und schickte Susan ein Dutzend Rosen mit einer Botschaft: »Es tut mir so Leid. Mir war nicht klar, wie schlimm deine Situation ist. Und ich bin froh, dass du ehrlich zu mir warst. Deine Freundschaft bedeutet mir mehr, als ich sagen kann.«

Die Beziehung war gerettet und sogar gestärkt; die Lösung des Konflikts brachte Susan und Kelly einander noch näher. Tatsächlich bot Kelly in ihrer neuen Stellung als stellvertretende Personalchefin Susan einen Job an, den diese dann aber doch nicht annahm, weil sie inzwischen eine erfolgreiche Beratungspraxis eröffnet hatte.

Wenn Sie einer Freundin eine schmerzhafte Wahrheit zumuten – ohne auf verletzende Weise um sich zu schlagen –, können Sie eine bedrohte Beziehung schützen. Ihre Freundin wird Ihnen auch in Zukunft vertrauen, und Sie werden sich beide einander näher fühlen.

Natürlich sind das nicht die einzigen heiklen Situationen, mit denen wir es am Arbeitsplatz zu tun haben. Neben frauenspezifischen Konflikten – wie sie aus scheinbar erfreulichen Situationen wie Beförderungen, Auszeichnungen oder engen Freundschaften hervorgehen –, gibt es auch noch einige andere, mit denen wir uns auseinandersetzen müssen. Konfliktmanagement ist für beide Geschlechter eine der wichtigsten Fähigkeiten bei der Karriereplanung. Da wir als Frauen im Umgang mit direkten Konflikten relativ unerfahren sind, müssen wir den Konfliktlösungsstrategien besondere Aufmerksamkeit schenken. In den folgenden beiden Kapiteln beschreiben wir hilfreiche Methoden, sich auf produktive Weise mit anderen Frauen auseinanderzusetzen.

Acht

Wie man einen Konflikt unter Frauen vernünftig austrägt

»Also, diese Ausgaben sprengen wirklich jeden Rahmen«, rief Gail, die in ihrem Büro stand und die jüngsten Betriebskosten ihrer Abteilung studierte. »Die Überstunden sind um zehn Prozent gestiegen, Telefon- und Bürokosten sogar um zwanzig Prozent.«

Jan wurde ganz starr. »Ja, aber das ist nicht meine Schuld«, protestierte sie laut. »Warum machen Sie mir das zum Vorwurf? Ich habe geschuftet, wie ich nur konnte.« Im ganzen Büro begannen sich die Köpfe zu drehen; alle wollten wissen, was die Ursache der Aufregung war. Gail war betroffen. Völlig auf die Sache konzentriert, ging es ihr im Grunde nur um eine Möglichkeit, die allgemeinen Kosten zu senken. Doch Jan hatte aus ihrer Klage einen persönlichen Angriff herausgehört. Sofort ging sie in die Defensive. »Sie unterstützen mich doch nie«, schrie sie. »Immer nörgeln Sie nur immer an mir herum, egal, wie sehr ich mich bemühe. Wenn Sie eine bessere Managerin wären, wer weiß, vielleicht wäre es nicht so gekommen …«

»Das stimmt einfach nicht«, fuhr Gail nun dazwischen und spürte, wie ihr das Blut in den Kopf stieg. »Abgesehen davon, für wen halten Sie sich eigentlich, dass Sie einen solchen Ton anschlagen?«

Gail drehte sich abrupt auf dem Absatz um, und Jan stürmte aus dem Büro, wobei sie murmelte, dass niemand sie zu schätzen wisse. Tagelang war sie eingeschnappt. Dann begann sie gleichrangige Kolleginnen für eine Verschwörung gegen Gail anzuwerben, und legte damit die Saat für einen Catfight, der sich gewaschen hatte.

Binnen drei Wochen wurde die Abteilung von falschen Rechnungen, unordentlichen Akten und aufgeblähten Bestandsaufnahmen überschwemmt. Jan begann, gegenüber jedem, der ihr zuhörte, Abteilungsinterna auszuplaudern. Darüber hinaus verbreitete sie rufschädigende Lügen über Gail und ihre Familie: dass Gail eine missratene Tochter habe (in Wirklichkeit hatte sie gar keine Kinder), dass Gail viel Geld von ihrer Mutter geerbt habe (ihre Mutter lebte noch) und dass Gails Mann sich durchschmarotze (tatsächlich hatte er zwei Jobs).

Die arme Gail musste sich nicht nur mit überzogenen Kosten herumschlagen, nein, ihre Abteilung war ein einziges Chaos, und sie selbst musste sich persönlicher Angriffe erwehren. Sie konnte sich nur noch wundern über die einst so treuen Angestellten.

Mitunter kann ein Konflikt zwischen Frauen so ausarten, wie der zwischen Gail und Jan. Aber nicht immer handelt es sich um Kämpfe von der »Jetzt geht's dir an die Gurgel«-Sorte. Werden die Auseinandersetzungen konstruktiver ausgetragen und gelöst, so können sie Ihnen und Ihrer Gegnerin die Chance bieten, zu einem Konsens zu finden, den Sie sich gemeinsam hart erstritten haben. Trotz Ihrer tief verwurzelten gegenteiligen Überzeugung ist ein Konflikt nicht unbedingt etwas Schlechtes. Tatsächlich ist er für die Aufrechterhaltung enger Beziehungen sogar wichtig. Wie in einer Ehe ist nicht das Streiten an sich das Entscheidende, sondern die Art, wie man streitet.

Produktiver Konflikt und Kooperation

Konflikte entstehen aufgrund mangelnder Kommunikation, unterschiedlicher Wahrnehmungen, gegenläufiger Werte und Normen, unterschiedlich interpretierter Resultate und – bei Frauen – aus Verstößen gegen die Regel der ausgeglichenen Machtbalance. Aber Konflikt ist nicht gleich Konflikt. Zwei Hauptkategorien lassen sich unterscheiden: destruktive Zerwürfnisse, wie das zwischen Gail und Jan, und produktive Auseinandersetzungen, die zu Wachstum und neuen Lösungen führen. Erstere schaden den Beziehungen und erschweren den sich bekriegenden Parteien jeden inhaltlichen Fortschritt. Ein produktiver Konflikt dagegen löst das anstehende Problem und bewahrt gleichzeitig die Beziehung.

Stellen Sie sich vor, Sie wenden sich an eine Kollegin und sagen zu ihr: »Ich würde mich gern mal mit Ihnen über die gestrige Sitzung unterhalten. Ich habe eine etwas andere Auffassung über die künftig einzuschlagende Richtung, und würde das gern mit Ihnen besprechen.« Klingt doch nicht schlimm, oder? Dies ist ein Beispiel dafür, wie man Meinungsverschiedenheiten als Alternative, als den etwas anderen Weg zum Ziel betrachten könnte. Denn eine solche direkte und überzeugende Begegnung kann Wachstum bewirken und Beziehungen stärken. Hat man mit seiner Kollegin über das Problem gesprochen und es gelöst, fühlt man sich ihr zwangsläufig auch näher, weil man die Sache gemeinsam durchgestanden hat.

Wer einen Konflikt auf vernünftige und produktive Weise austragen möchte, muss die Kunst der Kooperation beherrschen. Und Kooperation beruht darauf, dass

- man die Gegenseite respektiert,

- die Beziehung zu denen, die die gegnerische Sicht vertreten, schätzt,
- das Selbstwertgefühl und das Machtbewusstsein seiner Gegnerin fördert,
- sein eigenes Selbstwert- und Machtgefühl fördert.

Leider ist die Kunst des produktiven Konflikts für die meisten von uns unbekanntes Terrain. Wir finden jede Konfrontation unangenehm. Und weil wir uns unserer Fähigkeiten, uns durch eine Meinungsverschiedenheit hindurchzunavigieren, so unsicher sind, unternehmen wir oft gewaltige Anstrengungen, um ihnen aus dem Weg zu gehen. Eine Workshop-Teilnehmerin erzählte Susan: »Weil ich überhaupt nicht mit Konflikten umgehen kann, lasse ich lieber gleich die Finger davon.«

Susan Erwiderung lautete: »Natürlich meiden wir alle Dinge, die wir uns nicht zutrauen oder nicht besonders gut können; Flucht ist aber nicht immer die beste Reaktion. Deswegen ist es wichtig, sich produktive Streittechniken anzueignen.«

Gutes Konflikt-Management ist auch deswegen so bedeutsam, weil man einer anderen Frau nicht wirklich nahe kommt, wenn man nicht all seine Gefühle bei ihr äußern kann – einschließlich derer, mit denen sie vielleicht nicht übereinstimmt. Stellen Sie sich Ihre beste Freundin vor, die Person, der Sie alles sagen können: Sie stimmt zwar nicht in allem mit Ihnen überein, versucht aber zumindest, die Dinge von Ihrer Warte aus zu betrachten. In einem offenen Verhältnis muss es auch Konflikte geben können – und Konfliktlösungen. Konflikt heißt nicht, dass man sich gegenseitig heruntermacht; manchmal sieht man die Dinge nur anders.

Abgesehen davon können schwelende, unbereinigte Ressentiments früher oder später explodieren, während gesunde Konflikte im Gegenteil dazu einem Unternehmen sogar gut tun können. Manchmal benötigt man sie, um Stagnation zu verhindern. Denn wenn sich niemand mit neuen, kontroversen Ideen hervorwagt, kann es auch keinen Fortschritt geben.

Catfights sind eine erworbene Verhaltensweise. Wir alle haben gelernt, indirekt aggressiv zu reagieren, wenn wir mit einer anderen Frau ein Hühnchen zu rupfen haben, aber wir können und sollten – unserer Karriere und unseren weiblichen Bündnissen zuliebe – auch lernen, uns produktiver zu verhalten. In diesem und dem nächsten Kapitel werden wir zahlreiche Mittel und Techniken vorstellen, die Ihnen helfen, Konflikte zwischen Frauen am Arbeitsplatz aus einer neuen Warte zu betrachten und die zeigen, wie man Catfights in kollegiale Beziehungen verwandelt. Zu den wirksamsten Techniken gehört die Unterscheidung zwischen inhaltlichem Konflikt und Beziehungskonflikt. Außerdem wollen wir darstellen, wie man Meinungsverschiedenheiten – durch die Vermeidung von Abwehr bei sich selbst und bei der Gegnerin – in produktive Begegnungen ummünzt, und wie man die Umgebung der Konflikte strukturieren muss, um für alle Beteiligten optimale Ergebnisse zu erzielen. Beginnen wir mit der Analyse dessen, was zwischen Gail und Jan falsch gelaufen ist.

Inhaltlicher Konflikt versus Beziehungskonflikt

Ist Gail eine unfähige Managerin? Ist Jan am überschrittenen Kostenbudget schuld? Eigentlich hatten die beiden Frauen *zwei verschiedene* Konflikte, doch dies war ihnen nicht klar. Einer der häufigsten Gründe dafür, weshalb sich Meinungsverschiedenheiten unter Frauen zu größeren Krächen entwickeln, liegt darin, dass wir Konflikte über Inhalte (Sachfragen) mit Konflikten verwechseln, die die Beziehung zwischen den Kontrahentinnen betreffen.

Gails Problem war absolut konkret und spezifisch. Sie machte sich Sorgen um die steigenden Ausgaben ihrer Abteilung, und hatte also ein inhaltliches Problem. Gails Beschwerde hatte mit Jans Kompetenz rein gar nichts zu tun.

Jan hingegen verstand Gails Worte nicht im Rahmen einer sachlichen Erörterung. Vielmehr hörte sie heraus, dass sie, Jan, in ihrem Job versagt habe. Jan fühlte sich von Gail persönlich angegriffen und gering geschätzt. Und dies ist nun eine Beziehungsfrage, bei der das Problem im zwischenmenschlichen Bereich liegt – in ihren Gefühlen, Affekten und Wahrnehmungen. Zu Beziehungskonflikten kommt es, wenn eine Frau meint, eine andere sabotiere, übervorteile oder missachte sie.

Diese Verwechslung von inhaltlichen Diskussionen und Beziehungskonflikten hat oft schlimme Folgen für die Kommunikation unter Frauen. Mehr als 60 Prozent der Frauen verlassen sich bei der Entscheidungsfindung lieber auf ihre Gefühle und menschliche Werte als auf Logik oder Prinzipien. Das führt dazu, dass viele Frauen in Konflikten auch dann eine Beziehungsebene entdecken, wenn nur eine inhaltliche Auseinandersetzung beabsichtigt war. Vielleicht ist dies auch der Grund für die häufig von Männern geäußerte Klage, dass Frauen alles so schrecklich persönlich nähmen. Wenn wir einen inhaltlichen Konflikt als Beziehungskonflikt missdeuten, fühlen wir uns zwangsläufig persönlich verletzt.

Weil Meinungsverschiedenheiten am Arbeitsplatz meistens von inhaltlichen Fragen wie widersprüchlichen Zielen, beschränkten

Ressourcen und unterschiedlichen Qualitätsmaßstäben herrühren, ist es wichtig, erst einmal den Konfliktgegenstand auszumachen, ehe man nach einer angemessenen Lösung sucht.

Zwei Frauen, die sich in einen inhaltlichen Konflikt verstrickt haben, wird es schwer fallen, ihren Streit in eine produktive Problemlösung zu überführen, solange sie nicht auf der gleichen Ebene miteinander kommunizieren. Damit dies gelingt, muss wenigstens eine von beiden verstehen, was hier durcheinander geraten ist.

Stellen Sie sich vor, Gail erkennt, dass Jan von der Beziehungswarte – und nicht von der inhaltlichen Perspektive, die sie eigentlich im Blick hatte – auf sie reagiert. Nach Jans emotionalem Ausbruch kann Gail noch einmal zurücksetzen und sagen: »Nun machen Sie mal halblang. Ich wollte Sie nicht angreifen, ganz sicher nicht. Ich will einfach nur wissen, wie man das Kostenproblem Ihrer Meinung nach lösen kann. Sie sind doch eine gute Problemlöserin.« Auf diese Weise versichert Gail Jan, dass auf der Beziehungsebene alles in Butter ist – entschärft damit wenigstens einen Teil von Jans Abwehr – und wiederholt gleichzeitig ihre Bitte nach sachorientierter Unterstützung.

Kürzlich erlebten wir einen solchen Konflikt mit einer unserer Klientinnen. Sobald eine Frau einen Termin mit uns vereinbart, schicken wir ihr einen einfachen einseitigen Vertrag, um jeglichen Irrtum hinsichtlich Auftrag, Ort und Datum auszuschließen. Lori hatte uns ihren Vertrag noch nicht zurückgeschickt, und eine andere Person hatte für denselben Tag um einen Termin gebeten. Als unsere Mitarbeiterin Holly daher bei Lori nachfragte, ob sie den Vertrag erhalten habe, erwiderte diese kurz angebunden: »Ja, habe ich.« »Hm, aber er ist noch nicht wieder bei uns eingegangen«, fuhr Holly fort. »Möchten Sie den Termin denn noch wahrnehmen?« »Was sonst! Was haben Sie denn gedacht?« Loris Stimme klang eisig. »Da Sie uns den Vertrag nicht zurückgeschickt haben und jemand anders diesen Termin gern haben würde, wollte ich mich nur noch mal versichern.« Schweigen. »Wann schicken Sie ihn uns, was meinen Sie denn?« »Keine Ahnung.« Holly war irritiert, spürte jedoch, dass irgendetwas faul war, sodass sie nicht weiter drängte. Nach mehreren unbehaglichen Telefonaten mit Lori wurde es ihr klar: Vor zwei Jahren hatten wir schon einmal mit Lori zusammengearbeitet, und damals, als unsere Praxis noch kleiner war, hatten wir keine Verträge geschickt. Als Lori jetzt ihren Vertrag von uns erhielt, hat sie dies als Beleidigung empfunden. Sie ging davon aus, wir seien »Freundinnen«. Wozu also brauchten wir Verträge? Reichte ihr Wort nicht aus? Sie vertraute uns – hatten wir vielleicht kein Vertrauen mehr zu ihr?

Wie im Falle von Gail und Jan handelte es sich bei uns um einen rein inhaltlichen Konflikt. Unser Problem war eine Routineangelegenheit: Das inzwischen übliche Abschließen eines Vertrages mit einem Kunden. Lori dagegen betrachtete es als Beziehungskonflikt und meinte, wir hätten kein Vertrauen mehr zu ihr, sodass wir aus ihrer Sicht unsere Freundschaft untergruben. Wir schicken Lori immer noch Verträge, wenn sie unsere Dienste in Anspruch nehmen will, drängen sie aber nicht mehr, wenn sie sie nicht zurückschickt.

Wenn sich ein Konflikt für die eine der Gegnerinnen um die Sache, für die andere aber um die Beziehung dreht, ist es ratsam, sich zunächst einmal um das Beziehungsproblem zu kümmern. Andernfalls wird keine der gefundenen Lösungen befriedigend sein, weil Gekränktheit, Argwohn und Groll der einen Seite bestehen bleiben. Wenn Sie aber über die Verwechslungsgefahr von inhaltlichen Disputen und Beziehungskonflikten Bescheid wissen, kann eine von Ihnen sagen: »Moment mal! Geht es hier eigentlich um die Sache, die konkret auf dem Tisch liegt, oder streiten wir uns eigentlich wegen etwas, das unsichtbar zwischen uns steht?«

Auch wenn sich nur eine von Ihnen der unterschiedlichen Konfliktarten bewusst ist, kann die Meinungsverschiedenheit auf produktive Art gelöst werden, sofern dieses Wissen ins Gespräch eingebracht wird. Stellen Sie sich vor, Sie gehen in der Mittagspause zu Francine und sagen zu ihr: »Ich gehe mit dem, was Sie in der gestrigen Sitzung vorgeschlagen haben, nicht konform. Ich glaube, dass es zu kostenaufwendig ist und zu viel Zeit in Anspruch nimmt. Ich befürchte einfach, wir können es uns nicht leisten.«

Und nehmen wir weiter an, Francine erwidert: »Habe ich Sie verärgert? Weshalb greifen Sie mich an?« Sie haben Francine einen inhaltlichen Konflikt dargelegt, und sie hat ihn zu einem Beziehungsproblem umgemünzt. Jetzt ist es an Ihnen, die Verstimmung auf der Beziehungsebene auszuräumen und die Diskussion auf die inhaltliche Ebene zurück zu führen, indem Sie sagen: »Ich schätze Sie sehr als Kollegin, und eben *weil* ich Ihnen vertraue, würde ich mich gern mit Ihnen über Ihren Vorschlag unterhalten.« Sie müssen Francine die Bedeutsamkeit Ihrer Beziehung versichern. Ohne eine derartige Bestätigung wird es ihr schwer fallen, die anfängliche Defensive (eine instinktive Reaktion) zu verlassen, damit Sie sich mit dem inhaltlichen Streitpunkt beschäftigen können.

Wie gehen Sie mit Konflikten um?

Zu verstehen, wie man instinktiv zu Konflikten steht, ist für deren Lösung sehr wichtig. Sucht man etwa, sobald sich ein Konflikt abzeichnet, sofort nach einem Auslöser auf Beziehungsebene oder automatisch nach einer inhaltlichen Ursache? Werfen Sie einen Blick auf die zehn geschilderten Situationen. In jedem Szenario gibt Reaktion A die Beziehungsperspektive, Reaktion B die inhaltliche Betrachtungsweise wieder. Zu welchem der beiden Denkmuster tendieren Sie?

1. Eine Kollegin erzählt Ihnen, dass sie Ihren Vorschlag eines Betriebsausfluges in dieser kritischen Zeit, wo die Produktivität so ausschlaggebend ist, für zu teuer und zu zeitvergeudend hält. Sie:
   a) fragen sich, weshalb sie so etwas sagt. Sie verstehen nicht, weshalb sie so dumm ist und nicht begreift, dass in derart harten Zeiten alle ein bisschen Abwechslung und Spaß gebrauchen können.
   b) greifen ihren Diskussionsbeitrag auf und denken noch einmal über Ihren Vorschlag nach, um sich über die Berechtigung des Einwands klar zu werden.

2. Ihre Chefin, die weiß, dass Sie privat Probleme haben, teilt Ihnen mit, dass sich ein wichtiger Kunde mit Ihnen treffen möchte, um einen potenziellen Auftrag für Ihre Firma mit Ihnen zu besprechen. Dies bedeutet jedoch, dass Sie für drei Tage verreisen müssen. Sie:
   a) fragen sich, weshalb Ihre Chefin Ihnen das zumutet. Schließlich ist sie doch über Ihre privaten Probleme im Bilde. Sie verstehen es einfach nicht, weil Sie sie immer für Ihre Freundin gehalten haben.

b) buchen Ihren Flug, da Ihnen klar ist, dass dieser Kunde Ihrer Firma zum großen Durchbruch verhelfen könnte.

3. Eine Freundin, die bei einer anderen Firma arbeitet, wollte Sie zum Mittagessen treffen. Es ist 20 nach 12, und sie ist immer noch nicht da. Sie:
   a) sind verärgert, dass sie so mit Ihnen umspringt. Dass sie zuverlässig genug wäre, pünktlich zu erscheinen – das hätten Sie eigentlich schon erwartet.
   b) beschließen, in Ihrem Büro anzurufen, um sich zu vergewissern, dass Sie sich auch nicht im Tag oder der Uhrzeit geirrt haben. Dann trinken Sie einen Kaffee und nehmen sich vor, allein zu bestellen, falls sie bis halb eins nicht eingetroffen ist. Offenbar ist sie in einem Stau stecken geblieben oder etwas anderes, das sie nicht kontrollieren kann, ist ihr dazwischen gekommen. Sie hoffen nur, dass ihr nichts passiert ist.

4. Sie haben sich viel Mühe gegeben bei Ihrem Vortrag, den Sie vor dem Stadtrat halten wollen, damit dieser neben der Grundschule eine Ampel aufstellen lässt. Sie bitten Ihre engste Freundin, sich Ihre Rede vorher anzuhören. Nachdem Sie fertig sind, meint Joline, dass Sie noch überzeugender sein könnten, wenn Sie die Reihenfolge Ihrer Argumente ändern und dem Ende mehr Nachdruck verleihen würden. Sie:
   a) fühlen sich verletzt, weil Joline gar nicht zu begreifen scheint, wie viel Zeit und Mühe Sie in diese Rede investiert haben. Im Grunde brauchen Sie gar keine Ratschläge von ihr; sie wollten nur ein bisschen üben. Sie fragen sich, warum sie so hyperkritisch ist.
   b) sind dankbar, dass Joline Ihre Idee mit der Ampel unterstützt.

Sie hören sich an, was sie zu sagen hat und denken darüber nach. Sie hat Ihnen noch nie einen schlechten Rat gegeben!

5. Schon mehrere Male haben Sie eine Ihrer besten Freundinnen zum Konzertbesuch eingeladen; wegen ihrer zahlreichen Reisetermine jedoch hat sie es nie geschafft. Auch heute haben Sie Rita wieder angerufen, um zu fragen, ob sie nächsten Mittwoch Zeit hat. Wieder sagt sie, dass sie verreist sein wird. Sie:
   a) fragen sich, ob Rita Ihnen mit ihrem Desinteresse vielleicht etwas signalisieren will.
   b) haben Mitleid mit ihr, weil ihr Beruf ihr so viel an Verzicht abverlangt. Sie sagen ihr, dass Sie ihr eine Kassette von der Aufführung besorgen werden.

6. Ihre Chefin lässt Sie wissen, dass sie Ihre Bluse zu aufreizend findet und dass Ihre männlichen Kollegen Sie damit als Mitarbeiterin nicht ganz ernst nehmen werden. Sie:
   a) sind wütend. Wie kann sie es wagen, so mit Ihnen zu reden – zumal Sie sie jedes Mal, wenn die anderen ihre Führungsqualitäten anzweifeln, verteidigen.
   b) wissen, dass sie immer versucht, eine gute Mentorin für Sie zu sein. Und vielleicht hat sie ja irgendwo sogar Recht.

7. Sie mussten sich einiges an kritischem Feedback von Ihrer Chefin anhören. Sie seien in letzter Zeit unter Ihrem Leistungsniveau geblieben. Sie:
   b) fragen sich, ob die Bemerkung, die Sie kürzlich über den Sohn Ihrer Chefin gemacht haben, sie vielleicht gekränkt hat.
   b) werfen einen kritischen Blick auf Ihre Arbeit, um zu sehen, ob die Bemerkung Ihrer Chefin womöglich berechtigt ist.

8. Kristin widersetzt sich immer wieder Ihren Empfehlungen. Wenn Sie sie fragen, was hinter dieser Sturheit steckt, können Sie mit ihren Antworten nichts anfangen. Sie:
   a) fragen sich allmählich, ob Sie sie mit irgendetwas gekränkt haben.
   b) nehmen sowohl die Fakten als auch Ihre Einschätzung der Situation unter die Lupe.
9. Sie verlassen sich darauf, dass Katie Ihnen die Daten für Ihre Wochenberichte liefert. In letzter Zeit mussten Sie sie wiederholt um die Informationen bitten, und auch dann flossen sie nur zögerlich. Sie:
   a) fragen sie, ob es ein Problem zwischen Ihnen beiden gebe.
   b) fragen sie, ob sie Schwierigkeiten hat, das geforderte Arbeitspensum zu bewältigen.
10. Carla hat Ihnen heute Morgen erzählt, dass sie es hasst, wenn die Kolleginnen das ganze Papier im Kopierer verbrauchen und dann keines nachfüllen. Sie:
    a) fragen sich, ob sie Sie für die Schuldige hält.
    b) stimmen ihr zu. Auch Sie macht das langsam verrückt.

Wenn Sie in den meisten dieser Fälle A gewählt haben, betrachten Sie Konflikte eher aus dem Beziehungs-Blickwinkel. Haben Sie dagegen häufiger B gewählt, sehen Sie Konflikte aus der sachlich-inhaltlichen Perspektive. Wie immer Sie zu Ihren Entscheidungen gelangen, achten Sie darauf, dass Sie einen Konflikt nicht missdeuten, nur weil Sie es sich angewöhnt haben, ihn aus einer bestimmten Perspektive anzugehen.

Die eigene Abwehr abbauen

Abwehr – die eigene wie die der Person, mit der man sich uneinig ist – macht jede fruchtbare Auseinandersetzung unmöglich und liegt vielen Konflikten zwischen Frauen zugrunde. Gelingt es einem nicht, die Abwehr (auf welcher Seite auch immer) zu überwinden, muss man 90 Prozent seiner Zeit mit dem Versuch ihrer Umschiffung verbringen, statt sich mit den konkret anstehenden Fragen zu beschäftigen.

Stellen Sie sich vor, dass Sie an Ihrem Schreibtisch vor sich hin arbeiten, als plötzlich Flo hereingeplatzt kommt und in aufgeregt-anklagendem Ton erklärt: »Sie haben versprochen, mir diese Informationen bis drei Uhr vorbeizuschicken. Aber Sie haben es nicht getan. Ich musste ohne sie zur Sitzung gehen, und die anderen haben mich in der Luft zerrissen!« Sie waren besten Willens, Flo diese Informationen zukommen zu lassen, aber Ihr Chef hat Ihnen im letzten Augenblick einen supereiligen Auftrag aufs Auge gedrückt, und beides war einfach nicht zu schaffen. Und so wurden die Daten für Flo nicht mehr rechtzeitig fertig.

Wie reagieren Sie, wenn jemand sich so bei Ihnen beschwert? Menschen tun Dinge gewöhnlich aus Gründen, die wir nachvollziehen können. Fährt uns jemand an, verteidigen wir uns selbstverständlich und gehen in die Defensive. Doch so setzen wir einen Teufelskreis in Gang. Flo greift an, folglich wehren Sie ab; sie greift noch heftiger an, und Sie haben das Gefühl, sich noch stärker verteidigen zu müssen. Statt Flo zu besänftigen, verschärft Ihre defensive Haltung den Konflikt nur noch weiter.

Unsere Fähigkeit effektiver Problemlösung wird durch Abwehr und Defensive stark vermindert. Dennoch werden die meisten von uns sich aktiv verteidigen, sobald jemand unser Selbstwertgefühl zu beschädigen versucht. Tatsächlich liegt einer der Hauptschlüssel zur Handhabung von Konflikten darin, dass man lernt, die eigene Abwehrtendenz wie auch die des Gegenübers zu beherrschen. Gelingt es uns, sie zu entschärfen, haben wir zwar den Konflikt noch nicht gelöst, aber wir haben den Ton des Austauschs versachlicht. Folgende Schritte können Ihnen dabei helfen:

1. Bewusst werden

Oft werden uns die eigenen Abwehrreflexe erst dann bewusst, wenn uns jemand darauf hinweist. »Ich wehre doch gar nicht ab«, stottern wir (voller Abwehr). »Ich habe nur ein paar unrichtige Fakten klargestellt.« Leider kann dieser Mangel an Bewusstheit weit reichenden und langwierigen Schaden unter Kolleginnen anrichten. Beobachten Sie einmal, was mental, körperlich und emotional passiert, wenn Sie sich in der Defensive fühlen: Zunächst stellen Sie wahrscheinlich fest, dass Sie der anderen nicht mehr zuhören. Stattdessen führen Sie (innere) Selbstgespräche, mit denen Sie sich ein besseres Selbstgefühl zu verschaffen versuchen. Ihre defensiven Gedanken könnten etwa so klingen: »Ich hab doch mein Bestes getan; Du verstehst mich einfach nicht.« Oder: »Du bist doch selber nicht so toll; ich hab dich schon bei viel schlimmeren Schnitzern erwischt als dem da.« Sie registrieren auch körperliche Stress-Reaktionen: Herzschlag und Atemfrequenz beschleunigen sich; man fühlt sich angespannt und erhitzt; der Mund wird trocken. Man verschränkt die Arme oder schlägt die Beine übereinander. Und man fühlt sich gekränkt, verärgert, missverstanden und herabgesetzt.

Wenn Sie sich Ihrer eigenen Reaktionen auf Angriffe bewusst werden, können Sie diese Einsicht in strategisches Handeln, und das heißt Konfliktmanagement, übersetzen. Anstatt zu schmollen, können Sie sich sagen: »Was kann ich tun, um uns beide durch dieses Problem hindurch zu navigieren?«

2. Entspannen

Nur sieben Prozent der emotionalen Wirkung unserer Botschaften, so schätzt der Kommunikationsexperte Albert Mehrabian, sind unseren Worten zuzuschreiben; 93 Prozent gingen auf das Konto von Körpersprache und Tonfall.[1] Aber sogar wer nur sagt »Es geht mir gut« wird sich, wenn er sich nicht so fühlt, mit großer Wahrscheinlichkeit durch seine unbewussten, nonverbalen Signale verraten. Um innerlich »abzurüsten«, ist es am besten, man entspannt sich. Beginnen Sie, tiefer und langsamer zu atmen. Überprüfen Sie Ihre Gesichtsmuskeln, um festzustellen, ob Ihr Kiefer verspannt ist. Wenn ja, lockern Sie ihn. Achten Sie auf Ihre Haltung und Körpersprache: Sind Ihre Arme verschränkt, Ihre Beine übergeschlagen? Wenn ja, lösen Sie sie. Wenn Sie die Hand zur Faust geballt haben, öffnen Sie sie. Hören Sie auf Ihren Tonfall: Klingt Ihre Stimme barsch? Verärgert? Schrill? Versuchen Sie, sie so zu modulieren, dass sie wieder wie Ihre normale Sprechstimme klingt.

3. Die Aufmerksamkeit verlagern

Abwehr hat damit zu tun, dass man statt zuzuhören, was die Streitgegnerin sagt, seine gesamte Aufmerksamkeit auf das verlagert, was mit einem selber geschieht. Eine der besten Methoden, seine Abwehr abzulegen, besteht darin, sich auf die Worte und Gesten der Gegnerin zu konzentrieren. Versuchen Sie ganz bewusst, Ihr inneres Selbstgespräch zu unterbinden und die Klagen Ihrer Konfliktgegnerin anzuhören. Das kann schwer fallen, vor allem, wenn sie einem erzählt, wie schrecklich man ist. Unsere natürliche menschliche Reaktion darauf ist die Selbstrechtfertigung – warum wir getan haben, was wir getan haben. Aber statt das eigene Handeln zu verteidigen, sollten Sie versuchen, sich in Ihr Gegenüber hineinzudenken und herauszufinden, wie sie die Welt und die Sache sieht. Man wird die Realität der anderen nur dann begreifen, wenn man selber einmal den Mund hält und zuhört.

4. Die andere reden lassen

Ganz wichtig ist es, die andere, die ihre Anklagen vor einem ausbreitet, ausreden zu lassen. Höchstwahrscheinlich ist sie vorher ihre Erklärung von A bis Z im Geiste immer wieder durchgegangen, und wenn man sie mitten in ihrer Anklage unterbricht, fühlt sie sich womöglich veranlasst, noch einmal bei A anzufangen, weil sie glaubt, man habe ihr nicht zugehört. Ja, vielleicht hat sie jetzt sogar das Gefühl, sie müsse langsamer und lauter sprechen. Konzentrieren Sie sich ganz aufs Zuhören. Sobald Ihre Kollegin ausgeredet hat, können auch Sie sich äußern.

5. Aktiv zuhören

Nachdem Ihre Kollegin Sie für all Ihre schrecklichen Vergehen kritisiert und Ihnen mitgeteilt hat, wie verärgert sie ist, ist der nächste Schritt, ihre Sicht zusammenzufassen. Sie könnten etwa zu Flo, die Sie so tief enttäuscht haben, sagen: »Das heißt also, weil Sie ohne meine Daten auf der Sitzung erschienen sind, haben alle Sie angegriffen, und Sie haben sich wie eine Idiotin gefühlt.«

Mit Ihrer Umschreibung des geschilderten Sachverhalts beweisen Sie Flo, dass ihre Botschaft bei Ihnen angekommen ist. Reagiert man dagegen nur mit einem gönnerhaften »Ich weiß, ich weiß« oder einem »So schlimm kann es ja wohl nicht gewesen sein, oder?«, wird die Kollegin einem kaum abnehmen, dass man die Schwere ihres Problems tatsächlich begriffen hat. Sogar ein ehrliches »Es tut mir Leid« kann in diesem Falle unangemessen sein, da es keine wirkliche Einsicht und kein Gelöbnis der Besserung ausdrückt. Ehe sich Ihre Gegnerin nicht sicher ist, dass man ihr Problem wirklich verstanden hat, fühlt sie sich für befugt, einem immer wieder mit dem, was man ihr angetan hat, in den Ohren zu liegen. Durch die Wiedergabe ihrer Worte beweist man, dass man zugehört hat und ihren Standpunkt akzeptiert.

6. *Die Gefühle der anderen anerkennen*
Ihre nächste Aussage sollte Folgendes ausdrücken: »In Ihrer Situation würde ich wahrscheinlich genauso empfinden.« Vergessen Sie nicht, dass sie damit der anderen nicht sagen, dass sie Recht und Sie selber Unrecht haben, und dass Sie auch nicht klein beigeben. Wir bekunden einfach unser Mitgefühl – wir verstehen ihre Gefühle.

7. *Beleidigende Ausdrücke ignorieren*
In der Hitze des Gefechts kann Ihre Kollegin zu ziemlich hässlichen Ausdrücken greifen, wie »Aas«, »Miststück«, »verdammt« oder »Scheiße«. Der Gebrauch solcher aufreizender Signalworte kann wie ein frontaler Angriff wirken und schnell bei Ihnen Abwehr hervorrufen. Was tut man in diesem Fall? Hier muss eine Entscheidung getroffen werden: Entweder man spricht diese pro-

vozierende Ausdrucksweise an, oder man konzentriert sich nur auf den anstehenden Konflikt. Man kann nicht beides auf einmal angehen.

In der Regel beschließen wir, die Beleidigungen zu ignorieren und eine Lösung des Konflikts anzustreben. Lieber lassen wir uns auf eine Meinungsverschiedenheit ein als auf ein Wettbrüllen, bei dem man sich Schimpfnamen und Obszönitäten um die Ohren haut. Abgesehen davon kann man ja am nächsten Tag, wenn sich die Gemüter etwas abgekühlt haben, noch einmal zu der Betreffenden hingehen und sagen: »Falls wir wieder einmal ein Hühnchen miteinander zu rupfen haben, wäre es mir lieb, wenn Sie sich einer anderen Ausdrucksweise bedienen könnten.«

Wenn Sie sich während einer Auseinandersetzung um Worte streiten, riskieren Sie, deren Wirkung noch zu verstärken. Es ist ähnlich wie bei einer Fünfjährigen, die ihre ersten Schimpfwörter mit nach Hause bringt und sie auf dem Esstisch auspackt. »Verdammt!«, platzt es aus ihr heraus, und die Reaktion der Eltern ist so heftig, dass sie sich denkt: »Das Wort muss ich mir merken. Das ist das stärkste Wort, das mir bis jetzt untergekommen ist.« Dasselbe gilt für Konflikte unter Erwachsenen. Wenn die andere Frau eine Beleidigung äußert, auf die Sie reagieren, wird sie vermutlich genau an *der* Stelle nachlegen, weil sie hier etwas bewirken kann. Ignorieren Sie aber den Ausdruck, wird sie es vielleicht noch ein paar Mal probieren, bei Ausbleiben der erwarteten Reaktion aber schließlich aufgeben.

Kritik annehmen

Kritik ist der wirksamste Weg, Abwehrverhalten zu provozieren. Sie erzeugt in uns allen den ganz natürlichen Wunsch, uns zu verteidigen – insbesondere, wenn sie uns überrascht. Mitunter ist Kritik gerechtfertigt, und angemessenes Feedback kann zu persönlichem und beruflichem Wachstum führen. Aber Sie haben das Recht, Kritik zu taxieren, ob sie legitim oder unbegründet ist, um sich im Falle eines ungerechtfertigen Angriffs zur Wehr zu setzen.

Hier einige Richtlinien dafür, wie man Kritik annimmt, ohne mit der Wimper zu zucken, und auf schmerzhafte Seitenhiebe reagiert. Diese Vorschläge können Ihnen helfen, Ihre Abwehr im Griff zu behalten, wenn Sie den Eindruck haben, dass Ihnen alles entgleitet. Wenn Sie jemand mit seiner Kritik an Ihnen konfrontiert:

- Fragen Sie nach einem konkreten Beispiel für die angebrachte Kritik.
- Entscheiden Sie selbst, ob die Kritik angebracht ist. Trifft sie zu? Würden oder können Sie an der betreffenden Situation etwas ändern?
- Bringen Sie, wenn die Kritik zutrifft, keine Entschuldigungen vor. Überlegen Sie sich stattdessen, wie Sie die Sache bereinigen können. Fragen Sie: »Was kann ich tun, um dieses Problem zu korrigieren?«
- Greifen Sie bei ungerechtfertigter Kritik zu »Ich«-Aussagen wie: »Ich fühle mich missverstanden« oder: »Ich glaube nicht, dass ich Ihre Ansprüche erfüllen kann.« Gebrauchen Sie keine »Du/Sie«-Aussagen, die beschuldigend oder beleidigend wirken wie »Sie haben die Sache völlig falsch verstanden!« oder:

»Ihre Sicht ist unvernünftig« oder: »Wie können Sie es wagen, das hier zur Sprache zu bringen! Sie haben ja keine Ahnung, wovon Sie reden.«

- Kritik kann Vergeltungsgelüste in Ihnen erregen. Mäßigen Sie diesen Drang. Wenn Sie fürchten, sich nicht mehr beherrschen zu können, ziehen Sie sich zurück. Verschieben Sie das Gespräch auf einen anderen Zeitpunkt, wenn Sie gelassener sind und die Informationen objektiver aufnehmen können.
- Danken Sie Ihrer Kritikerin. Falls Sie zukünftig wieder einmal in einen Konflikt geraten sollten, ist es sehr viel wahrscheinlicher, dass sie in der Hoffnung auf eine Lösung zu Ihnen kommt. Ob die Kritik gerechtfertigt ist oder nicht, Sie werden destruktive Konflikte eher vermeiden und ein gutes Arbeitsklima aufrechterhalten, wenn Ihre Kolleginnen spüren, dass sie ihre Differenzen mit Ihnen ruhig ausdiskutieren können.
- Achten Sie darauf, dass Sie bei der Entgegennahme von Kritik mit offener Haltung dastehen oder sitzen. Wenn Sie die Kritik für ungerechtfertigt halten, vermitteln Sie damit nonverbal, dass nichts Sie erschüttern kann. Halten Sie sie für gerechtfertigt, zeigen Sie so, dass Sie nicht zurückschlagen werden.
- Greift man Sie an, während Sie auf einer Sitzung etwas vortragen, gehen Sie mit offener Haltung auf die Angreiferin zu. Dies würgt die Auseinandersetzung in der Regel ab, weil Sie im Grunde sagen: »Damit kannst du mir nicht kommen, ich aber werde dich mir mal vorknöpfen.« Das ist vielleicht genau das Gegenteil von dem, was Sie am liebsten tun würden, nämlich den Kopf einziehen und heulend hinauslaufen, aber es ist ein sehr wirksames Mittel, um einem Angreifer den Wind aus den Segeln zu nehmen.

Wie man verhindert, dass die andere sich verschanzt

Man kann sich schnell in Situationen wiederfinden, wo man in anderen Frauen Abwehr provoziert. Man spricht z. B. ein Problem an, das man mit einem gemeinsamen Projekt hat, und Melinda hört nur heraus, dass sie ihren Teil der Arbeit nicht gut erledigt habe. Wieder ist es nützlich zu analysieren, ob es sich dabei um eine inhaltliche Auseinandersetzung oder einen Beziehungskonflikt handelt. Sieht die Kollegin die Sache als Beziehungskonflikt, muss man ihr versichern, dass die Beziehung völlig in Ordnung ist, man aber gerne ein inhaltliches Problem mit ihr erörtern würde.

Melindas nonverbale Signale helfen uns zu erkennen, ob sie defensiv reagiert: sie kann räumlich Abstand nehmen, sich abwenden und/oder die Arme verschränken beziehungsweise die Beine übereinander schlagen. Sie kann den Augenkontakt unterbrechen. Auch ein bestimmter Gesichtsausdruck, zusammengekniffene Augen, geschürzte Lippen – als trüge sie eine Maske –, ist ein Zeichen von Abwehr. Und natürlich wird auch ihre Sprache sie verraten. Mit Aussagen wie »Sie verstehen mich nicht …« – »Ich wollte das ja, aber …« – »Warum haben Sie mich nicht angerufen, um …« kann sie sich aktiv verteidigen. Und dabei kann sich ihre Stimme verändern, plötzlich schrill oder schroff klingen. Keiner dieser Hinweise hat für sich allein genommen viel zu sagen, aber wenn in dem Augenblick, in dem man ein bestimmtes Thema anspricht, die andere einen körperlich oder verbal abblockt, zeigt dies an, dass man einen wunden Punkt getroffen hat.

Wenn Sie merken, dass Ihre Kollegin in die Defensive geht, ist es klug, die Diskussion zu unterbrechen und erst einmal die Spannung rauszunehmen. Weil Ihre grundlegende Strategie darin besteht, Abwehr abzubauen, hat alles, was das Gesprächsklima verbessert, wesentliche Bedeutung für die Beilegung des Konflikts. Hier einige Techniken, die die Kommunikation mit einer defensiven Kollegin erleichtern:

1. Beschreiben Sie das Verhalten der anderen, statt es zu beurteilen
Die Beurteilung der Verhaltensweisen einer anderen Person kann leicht Abwehr hervorrufen. Trifft man urteilende Aussagen wie »Sie sind faul« oder »Sie haben eine negative Einstellung«, fühlt sich die Kollegin nicht nur persönlich angegriffen, sondern hat auch keine Ahnung, was sie tun muss, um ihre Kritikerin zufrieden zu stellen. Da sie nicht weiß, auf welche konkreten Verhaltensweisen oder Vorfälle man Bezug nimmt, hat sie keinerlei Möglichkeit, die Situation zu ändern. Eine natürliche Reaktion darauf ist, in die Defensive zu gehen.

Größere Wirkung erzielt man, wenn man das Verhalten des Gegenübers beschreibt: »Ich dachte, Sie würden mir diesen Bericht bis Freitag um fünf vorlegen. Inzwischen ist es Dienstag, und Sie haben ihn immer noch nicht abgeliefert. Deswegen fehlt mir nun die Zeit, ihn vor dem Meeting noch durchzusehen, was ein schlechtes Licht auf unsere Abteilung wirft.« So, nun weiß sie, worüber Sie sich ärgern.

Pat geriet in eine Situation, in der die bloße Beschreibung des Verhaltens zur raschen Lösung einer Angelegenheit beitrug, die sich leicht zu einem größeren Problem zwischen zwei Kolleginnen hätte ausweiten können. Der Aufsichtsratsvorsitzende einer Versicherungsgesellschaft hatte sich an Pat gewandt, damit sie zwischen Claudia und Maggie vermittelte; beide waren seine direkten Untergebenen und gemeinsam für die Durchführung eines größeren Projekts verantwortlich. Leider lagen sie sich ständig in den Haaren, und das Projekt drohte zu scheitern. Pat traf beide Frauen zu Einzelgesprächen und unterhielt sich mit ihnen über Konfliktstrategien. Anschließend brachte sie sie zusammen, wandte sich an Claudia und fragte: »Bitte, nun sagen Sie Maggie, was Ihrer Meinung nach das Problem ist.«

Woraufhin Claudia lediglich blaffte: »Du unterstützt mich nicht.« Trotz all der Arbeit, die Pat bereits mit ihr geleistet hatte, gab Claudia noch immer ein urteilendes Statement ab.

Maggie jedoch hatte begriffen. »Was genau tue ich, das bei dir den Eindruck erweckt, ich würde dich nicht unterstützen?«, fragte sie. »Hervorragend!«, dachte Pat. Maggie bekam ein Abwehr provozierendes Urteil hingeknallt, fragte aber dennoch sachlich nach der Beschreibung ihres »problematischen« Verhaltens.

Claudia entgegnete, immer noch barsch: »Das will ich dir sagen. Wenn wir zusammen in einer Besprechung sitzen und ich eine Idee vorbringe, hockst du da wie eine Idiotin. Nie machst du den Mund auf, um mich zu verteidigen.«

»Oh Gott!«, rief Maggie. »Genau deswegen sind wir doch so ein tolles Team. Du bist die Ideenlieferantin, und ich bin die Umsetzerin. Wenn du eine Idee in die Runde schmeißt, sitze ich immer daneben und überlege schon: ›Wie könnte ich das realisieren?‹«

Claudia ging ein Licht auf, als sie diese Dynamik begriff. Auf der Stelle hatte sich ihr Konflikt in Luft aufgelöst.

Hätte Maggie auf Claudias Klage »Du unterstützt mich nicht« nicht nach einer genaueren Beschreibung gefragt, sondern bloß die eigene Sicht verteidigt, hätte das Gespräch folgendermaßen ausgesehen:

»Doch, ich unterstütze dich.«

»Nein, du unterstützt mich nicht.«

»Doch, tu ich ...« Und immer so weiter. Ein Konflikt lässt sich unmöglich lösen, solange man sich nicht von wertenden Urteilen verabschiedet.

2. Suchen Sie nach Win-Win-Lösungen

Win-Win-Lösungen (bei denen beide Seiten gewinnen) sind für Frauen selbstverständlicher als für Männer, weil die meisten von uns zu einem Problemlösungsverhalten erzogen wurden, das beide Seiten berücksichtigt, während die meisten Männer nur das Win-Lose-Modell (einer gewinnt, einer verliert) kennen. Bei einer Win-Win-Lösung erhalten beide Seiten wenigstens einen Teil des Gewünschten. Selbstwertgefühl und Macht beider Frauen bleiben gewahrt, während beim Win-Lose-Resultat Selbstwert- und Machtgefühl der unterlegenen Partei geschmälert werden. Und Verliererinnen haben ein langes Gedächtnis: »Du hast mich fertig gemacht, und das zahl ich dir irgendwann heim!«

Bei Win-Win-Lösungen erhalten Sie sich die Beziehungs-Steine, die Sie bei Ihren Kolleginnen im Brett haben. Auch zur Vermeidung von destruktiven Konflikten tragen sie bei; sie sind kooperatives Verhalten par excellence. Die meisten Frauen streben nach Win-Win-Lösungen, ohne auch nur darüber nachzudenken, weil ihr Handeln auf der Regel der ausgeglichenen Machtbalance basiert.

Und wie funktionieren Win-Win-Lösungen? Karen, Geschäftsführerin eines großen Unternehmens, verließ sich bei der Erledigung ihrer Aufgaben sehr stark auf Natalie, eine geschätzte Aufsichtsrätin. Aber Natalie hatte wegen der langen Anfahrt zu ihrem Arbeitsplatz und der Doppelbelastung von Job und zwei kleinen Kindern ziemlich zu kämpfen. Sie war zu dem Schluss gekommen, dass sie etwas ändern musste; sie hatte sich einfach zu viel aufgebürdet. Sie wandte sich an Karen und bat sie um flexiblere Arbeitszeiten – zwei Tage die Woche wollte sie zu Hause arbeiten. Karen jedoch fand, sie bräuchte Natalie dringend im Büro und schmetterte den Antrag ab. Natalies Lösung? Sie kündigte. Ein eindeutiges Win-Lose-Resultat. Karen hatte zwar die Schlacht gewonnen, den Krieg aber verloren.

Karen hätte lediglich ein paar von Natalies Vorschlägen in Erwägung ziehen müssen. Hätte sie etwa gesagt: »Ich brauche Sie dringend bei unseren wöchentlichen Haushalts- und Herstellungssitzungen. Und Sie müssen sich jede Woche mit allen im Team kurzschließen; abgesehen davon müssen Sie natürlich auch Ihre wöchentlichen Abteilungssitzungen leiten. Und sollte ein unvorhergesehenes Problem auftauchen, werden Sie wahrscheinlich auch reinkommen müssen. Lässt sich all das mit Ihrem flexiblen Stundenplan vereinbaren?« Wäre Natalie dann in der Lage gewesen, den Anforderungen ihrer Chefin zu genügen, hätten sie beide mit dem angestrebten Ziel, einer echten Win-Win-Lösung, aus dem Konflikt hervorgehen können.

3. Verwenden Sie »Ich«-Aussagen

Wann immer Ihnen in Konfliktsituationen als erstes Wort »Sie« oder »Du« entschlüpft, wird Ihr Gegenüber eine mentale Schranke errichten, um sich vor befürchteten Anklagen zu schützen. Mit dem Satz »Du hörst mir ja gar nicht zu!« treibt man sie in die Defensive. Abgesehen davon kann man gar nicht wissen, ob sie einem zugehört hat oder nicht. Da man Abwehr aber nach Möglichkeit verhindern sollte, ist es geschickter, »Ich«-Aussagen zu benutzen und damit die eigene Sicht zum Ausdruck zu bringen, z. B.: »Ich empfinde ...« – »Ich denke ...« – »Ich glaube ...« Die Aussage »Ich habe das Gefühl, als würde man mir nicht zuhören« ist wahr und wird die andere nicht so schnell in die Defensive treiben. Denn Sie sprechen von Ihrer eigenen Sicht, statt der anderen Frau zu erklären, was Sie für ihre Sicht halten.

4. Vermeiden Sie die Worte immer und nie

Kommt Ihnen der folgende Konflikt irgendwie vertraut vor?

»Nie kommst du rechtzeitig zu Sitzungen.«

»Letzten Dienstag war ich zur 15-Uhr-Sitzung pünktlich zur Stelle.«

»Das war das erste Mal in diesem Monat.«

»Stimmt nicht! Auch zur Acht-Uhr-Sitzung am Donnerstag war ich rechtzeitig da.«

Der Mensch, der etwas »immer« macht, ist selten. Folglich führen Anklagen, dass jemand immer zu spät komme oder immer störe, schlicht und einfach deswegen, weil sie nicht stimmen, bloß dazu, dass der Betreffende vom wirklichen Problem ablenkt und sich darauf verlegt, die Unwahrheit Ihrer Verallgemeinerung zu beweisen. Das Gleiche gilt für »nie«, wenn jemand etwa sagt: »Nie verteidigst du mich.« Statt »immer« oder »nie« sollte man lieber sagen: *»Ich habe bemerkt, dass du heute wieder zu spät zur Sitzung gekommen bist. Es kommt mir vor, als würde sich das allmählich zu einem Muster entwickeln. Es ist wichtig, gemeinsam anzufangen, damit wir für Nachzügler nicht noch einmal alles wiederholen müssen. Wie sollen wir das Problem, das dein Zuspätkommen verursacht – was immer es sein mag –, angehen?«*

5. Vermeiden Sie »gestapelte« Kritik

Nichts weckt die Abwehrreflexe eines Menschen schneller als der Satz »Und dann noch etwas …« Wenn Sie mehrere Dinge mit einer Kollegin zu klären haben, ist es am besten, jedes Problem einzeln anzusprechen. Legen Sie Konflikt Nummer eins bei, ehe Sie sich den zweiten vornehmen, auch wenn das bedeutet, dass Sie Ihre Unterredung auf mehrere Sitzungen ausdehnen müssen. Wenn Sie Ihre Kritikpunkte während eines einzigen Treffens sammeln und quasi »aufstapeln«, riskieren Sie einen wirren Streit, der den Konflikt womöglich erst richtig anheizt und Sie beide verärgert und frustriert zurücklässt.

So sollte es nicht laufen: Sie beginnen sich beispielsweise bei Samantha über Problem A zu beschweren: »Ich habe den Bericht ganz allein geschrieben, aber dein Name steht auch drauf!« Dann erinnern Sie sich an eine frühere Kränkung. »Und noch etwas: Am Montagmorgen bin ich extra früh aufgestanden, damit wir uns um halb acht treffen können, und was machst du? Trudelst erst um acht Uhr ein!« Und wo Sie schon einmal dabei sind, setzen Sie noch ein paar weitere Vergehen oben drauf: »Und ist dir eigentlich klar, dass all das Parfüm, das du über dich schüttest, mich ständig zum Niesen reizt?« Am Ende wird keine der angesprochenen Fragen wirklich behandelt, weil sich Samantha, überwältigt von dieser Salve, in der sie nichts zu gewinnen hat, in die Defensive flüchtet. Schließen Sie daher ein Thema ab, ehe Sie zum nächsten übergehen.

6. Bewahren Sie Ihren Humor

Solange Humor nichts Beißendes und Sarkastisches hat und auf Sie selber oder die Situation und nicht auf Ihr Gegenüber gemünzt ist, ist er ein gutes Mittel der Deeskalation von Konflikten, der Verminderung von Spannungen, des Abbaus von Abwehr und der Herstellung harmonischer Beziehungen. In ihrem Buch *What Monalisa Knew* beschreibt die Betriebspsychologin Barbara Mackoff, wie ein Vorgesetzter mit einer Zielscheibe auf der Brust auf der Versammlung seiner empörten Untergebenen erschien, um auf dieses Weise die Diskussion über die Beschwerden der Arbeiter zu eröffnen.

Selbstironie kann erhitzte Gemüter beschwichtigen. Als einmal zwei Frauen, mit denen wir zusammenarbeiteten, ziemlich wütend aufeinander waren, sagte die eine zu der anderen: »Ich hab gewonnen! Ich bin stinkiger als du!« Sie konnte über sich selber lachen und entschärfte dadurch den Konflikt so erfolgreich, dass beide Frauen sich kurz danach wieder inhaltlichen Problemen zuwenden konnten.

7. Achten Sie auf Ihre nonverbalen Botschaften

Wir alle nutzen bestimmte Gesten und Bewegungen, um uns in Stresssituationen Erleichterung zu verschaffen. Wir reiben, tätscheln und kratzen verschiedene Körperstellen. Manche Frauen zwirbeln ihre Haare. Vielleicht sagen Sie dann: »Oh, aber in der Öffentlichkeit mach ich das nie«, doch Sie wären überrascht zu erfahren, dass es Ihnen vermutlich sogar des Öfteren unterläuft. Werfen Sie das nächste Mal, wenn Sie in einem Verkehrsstau stehen, einen Blick in die Nachbarautos; überall werden Sie diese Art der Selbsttröstung entdecken.

Befinden Sie sich mit einer Kollegin in Konflikt, so achten Sie darauf, ob sie sich auf diese Weise beruhigt. Solche nervösen, gedankenverlorenen Gesten zeigen Ihnen, ob sie gestresst ist und vermutlich defensiv reagieren wird. Gleichzeitig kann man versuchen, diese Gesten bei sich selber zu unterbinden, da die Konfliktgegnerin ja nicht wissen soll, dass man durch ihren Angriff getroffen worden ist.

Achten Sie auch auf Ihren Zeigefinger. Wer mit dem Finger unter der Nase des Gesprächspartners herumfuchtelt, kann damit einen Konflikt verschärfen. Eine Krankenschwester erzählte Pat einmal Folgendes: »Ich unterhielt mich mit Dr. Brown und sagte zu ihm, dass ...« Während sie auf Pat einredete, fuchtelte sie ihr mit dem Finger vor dem Gesicht herum. Pats Reaktion darauf: »Hoffentlich war dieser Finger damals nicht in Aktion, denn das hätte Dr. Brown mit Sicherheit noch wütender gemacht.« Kommt der Finger aus Begeisterung oder Aufregung zum Einsatz, wenn man von einem sensationellen Urlaub erzählt, erregt er keinen Anstoß. Erst in Verbindung mit einem anklagenden, unverschämten Tonfall wird die Geste in unserem Kulturraum als Machtdemonstration verstanden.

Auch der Gesichtsausdruck kann einen Konflikt verschärfen. Ob verdrehte Augen oder süffisantes Augenbrauenhochziehen, hämisches Grinsen oder übertriebenes Stirnrunzeln – sie alle bringen Verachtung und Abscheu zum Ausdruck, werden das Abwehrverhalten des Gegenübers verstärken und jeden Konflikt verschlimmern. Manchmal wollen wir eine Kollegin nicht wissen lassen, dass sie uns gekränkt hat, und demonstrieren mit einer ausdruckslosen, versteinerten Miene unsere Macht, da sie ein Fehlen von Mitgefühl zu signalisieren scheint. Frauen in Machtpositionen bedienen sich häufig dieses Ausdrucks, weil sie auf diese Weise auch Männern ihre Macht verdeutlichen können. Gegenüber ihren Geschlechtsgenossinnen jedoch kann eine gefrorene Miene Abwehr hervorrufen, da Frauen von Frauen Empathie erwarten.

Umgekehrt kann ein freundlicher Gesichtsausdruck Verletztheit besänftigen. Weil wir Frauen uns so gut auf die nonverbale Kommunikation verstehen, können wir unser Verhalten und Gebaren gezielt einsetzen, um der anderen deutlich zu machen, dass uns das Vorgefallene nicht kalt lässt und dass uns die ganze Situation Leid tut. Augenkontakt verbunden mit einem mitfühlenden Gesichtsausdruck tragen dazu bei, dass sich eine Kollegin gehört und verstanden fühlt.

8. *Konzentrieren Sie sich auf die Zukunft*

Auch wenn die Vergangenheit passé und erledigt ist, konzentrieren sich dennoch viele Menschen mit Vorliebe auf das Gestern. Häufig kommt man dann auf alte Klagen zurück, und es fällt schwer, eine neue Seite aufzuschlagen und einfach weiterzumachen. Aber wenn wir nur immer wieder die Vergangenheit durchhecheln, können wir nicht nach vorn blicken.

Das ewige Wiederkäuen vergangener Kränkungen ist eine todsichere Methode, Leute in die Defensive zu treiben. Wie würden Sie reagieren, wenn jemand zu Ihnen sagte: »Du hast mich letztes Jahr im Stich gelassen, und das hat mir mein ganzes Leben vermasselt. Ich bin wirklich stinkwütend. Das hättest du nicht tun dürfen.«

Wenn Sie wegen uralter Vergehen gescholten werden, ist es immer klug, auf die Zukunft überzuleiten und sich positiv zu den von Ihnen (oder Ihrer Angreiferin) angestrebten Veränderungen zu äußern. Zu Flo, der sie nicht die benötigte Daten zukommen ließen – was sie Ihnen immer wieder aufs Brot schmiert – könnten

Sieben Schritte zur vernünftigen Konfliktlösung

1. Stellen Sie fest, ob Sie es mit einem inhaltlichen Konflikt oder mit einem Beziehungskonflikt zu tun haben. Reagieren Sie auf der jeweils angemessenen Ebene.

2. Beobachten Sie Ihre Kolleginnen und stellen Sie fest, welche von ihnen direkt und welche indirekt reagieren. Stellen Sie sich auf den jeweiligen Stil ein.

3. Beachten Sie Miene und Tonfall Ihrer Kollegin bei einem Konflikt genau. Wenn Sie sehen, dass sie die Arme verschränkt, versuchen Sie sie aus der Reserve zu locken. Wenn ihre Stimme schriller wird, sollte man einen sachlicheren und versöhnlicheren Ton anschlagen.

4. Schwächen Sie typische Abwehrreaktionen (sowohl die eigenen als auch die der Kollegin) durch »Ich finde …«- statt »Sie sind …«-Aussagen ab.

5. Setzen Sie kommunikative Strategien ein wie aktives Zuhören, Zusammenfassen und Bestätigen der Gefühle Ihrer Kollegin. Leiten Sie Ihre Fragen nicht mit »Warum haben Sie …?«, sondern mit »Erklären Sie mir doch …« ein.

6. Bewahren Sie sich immer Ihren Humor. Nehmen Sie Ihre beruflichen Verpflichtungen zwar ernst, sich selbst aber nur halb so ernst! Lachen Sie gemeinsam mit Ihrer Weibertruppe über weibliche Macken.

7. Wenn die Meinungsverschiedenheit ausgeräumt und die Sache ausgestanden ist, sollten Sie sich die Hände schütteln, einander gratulieren und sich der nächsten Herausforderung widmen.

Sie dazu sagen: »Mein Chef hat mir in allerletzter Minute eine brandeilige Sache aufgebrummt, und beides konnte ich nicht erledigen. Aber ich will dir für den Fall, dass das noch einmal passiert, gern fest versprechen, dass ich dich sofort anrufe, damit wir gemeinsam eine Lösung finden können.« Durch eine solche Vereinbarung darüber, was man künftig ändern will, wird sie sich beruhigt fühlen und vielleicht auch eher bereit sein, diesen »alten Hut« endlich auf sich beruhen zu lassen.

Die Sicherheitszone

Die Vermeidung von Abwehr bei einem selbst und den Kolleginnen ist ein Schlüssel zu erfolgreichem Konfliktmanagement. Hilfreich kann es auch sein, eine »Sicherheitszone« zu schaffen – ein besonderes Umfeld für produktive Konfliktlösung. Indem man einen solchen Raum schafft, wird eine potenzielle Eskalationsquelle ausgeschaltet, während man sowohl das Zutrauen der Kollegin, als auch ihre Bereitschaft, sich zu öffnen, fördert. Hier einige Methoden, wie Sie Ihr Schiff gefechtsklar machen, damit Sie sich auf den Konflikt und seine konstruktive Lösung konzentrieren können:

1. Gönnen Sie sich einen Aufschub

Es gibt viele Gelegenheiten, bei denen sich das sprichwörtliche Bis-Zehn-Zählen als praktisch erwiesen hat. In manchen Konfliktsituationen sind Sie so wütend, dass Sie die Lage nur unnötig verschärfen, wenn Sie sich Ihre Mitarbeiterin sofort zur Brust nehmen. Vielleicht können Sie einen Konflikt im entsprechenden Moment aber auch nicht weiter erörtern, weil Sie einen dringenden Termin haben und sich nicht ablenken lassen dürfen. Oder die Konfliktgegnerin versucht vielleicht, die Sache an einem öffentlichen Ort auszutragen, während Sie niemanden in den Streit hineinziehen wollen. Oder aber man ist so verblüfft über einen Vorwurf, dass einem einfach nichts dazu einfällt. All dies sind gute Gründe, sich einen Aufschub zu gönnen.

Um ihn zu bekommen, sollte man klar zum Ausdruck bringen, dass man das Problem nicht jetzt, sondern zu einem anderen Zeitpunkt erörtern möchte. Lassen Sie Ihre Kollegin wissen, wann genau Sie das Gespräch wieder aufgreifen wollen. Sie könnten sagen: »Beth, können wir das in einer Viertelstunde besprechen? Ich muss das hier erst fertig machen.« Oder: »Treffen wir uns doch um halb zwei in meinem Büro, damit wir das klären können.« Achten Sie auf pünktliches Erscheinen.

Versuchen Sie die typisch vagen Reaktionen wie »Ich kann jetzt nicht reden. Wir müssen uns später darüber unterhalten« zu vermeiden. Ihre Kollegin wird solche Ausflüchte vermutlich als Machtdemonstration missverstehen und die unterschwellige Botschaft heraushören: »*Ich* entscheide, wann wir uns unterhalten und wann nicht.« Und weil das in ihren Augen ein klarer Verstoß gegen die Regel der ausgeglichenen Machtbalance ist, wird sie Sie in Zukunft nur noch schneller und härter angehen. Wenn Beth aber genau weiß, wann das Gespräch stattfinden wird, wird sie sich leichter zufrieden geben.

2. Wahren Sie Diskretion

Äußert man seine Beschwerden unter vier Augen statt in der Öffentlichkeit, lassen sich Irritationen im Büro und eine Verkomplizierung des Verhältnisses zur Kollegin durch andere vermeiden.

Wer sich öffentlich streitet, hat immer ein Publikum, und auf einmal geht es dann ums Gewinnen oder einen drohenden Gesichtsverlust, und keine der beteiligten Parteien wird sich noch versöhnlich zeigen.

Durch einen öffentlichen Disput kann sich ein Problem weit über seine ursprünglichen Grenzen hinaus ausweiten. In einem Fall etwa eskalierte ein schon lange schwelender Konflikt zwischen zwei Frauen der Marketing-Abteilung einer Herstellungsfirma zu bösartigen persönlichen Angriffen mitten im Großraumbüro. Eines Tages schrie Robbie, die ihre Verachtung nicht mehr bezähmen konnte, ihrer Kollegin und Kabinennachbarin Lynne entgegen: »Dein Mann ist doch nur deswegen ständig arbeitslos, weil er ein fetter, fauler Sack ist.«

Worauf Lynn zurückschoss: »Und du bist so unreif, dass du noch immer bei deiner Mutter wohnst!«

Alle Angestellten ringsum bekamen diese Ausbrüche mit. Einige ergriffen Partei, und der Streit polarisierte und paralysierte schließlich die gesamte Abteilung. Die als Schlichterin herbeigerufene Susan nahm sich zunächst die Chefin der beiden Kämpferinnen vor, denn Sarah hätte längst eingreifen müssen, bevor die Spannungen zwischen Robbie und Lynne ein derartiges Ausmaß erreicht hatten. Und sie hätte die sich bekriegenden Parteien trennen müssen, wenn sich denn kein Weg finden ließ, eine friedliche Koexistenz zu erreichen.

Wenn Sie spüren, wie sich der Konflikt zwischen Ihnen und einer anderen Frau immer mehr hochschaukelt, sollten Sie sie in einen irgendwie geschützten Raum bitten. Am besten in ein Zimmer, das von anderen Räumen aus nicht einsehbar ist. Emotionale Auseinandersetzungen muss man ohne Publikum führen.

3. Tragen Sie Konflikte niemals schriftlich aus

Bespricht man eine schwierige Lage mit einer Kollegin und sie beginnt, negativ zu reagieren, kann man dies an ihren nonverbalen Äußerungen erkennen und sollte sich bemühen, das Gespräch in ruhigere Wasser zu lenken. Man könnte etwa sagen: »Es tut mir Leid. Ich wollte nicht, dass Sie das so auffassen. Das klang negativer, als ich es gemeint habe.« Sogar am Telefon können wir es einer Kollegin oft anhören, dass sie negativer reagiert, als wir es beabsichtigt haben.

Teilen Sie Ihrer Kollegin eine Meinungsverschiedenheit jedoch schriftlich mit, kann sie dies auf eine Weise auffassen, an die Sie niemals gedacht hätten. Schriftlichen Mitteilungen fehlen die Nuancen der mündlichen Kommunikation. Ohne die subtilen Signale von Tonfall und Gesichtsausdruck ist es leicht, die wirkliche Absicht eines Menschen zu missdeuten. Man sollte es deshalb auf jeden Fall vermeiden, Konflikte schriftlich auszutragen – was auch Faxe und E-Mails einschließt.

Das Internet beschleunigt nicht nur den Gedankenaustausch, sondern hat auch dem Geschäft der Konfliktlösung eine weitere Komplexität hinzugefügt, indem es etwas eigentlich Privates relativ öffentlich macht. Die meisten von uns kennen die Erfahrung, dass sie eine harmlose E-Mail an eine Kollegin schicken, an der diese dann dermaßen Anstoß nimmt, wie es die Senderin niemals beabsichtigt hatte. Vielleicht kontert sie mit einer schneidenden Reaktion und bezieht viele andere Personen mit »CC« in die Sache ein. Leute, die es überhaupt nichts angeht, werden in unsere Auseinandersetzung verwickelt. Wenn Sie dann wieder per E-Mail reagieren, kann sich dieser Konflikt zu einem Riesenchaos auswachsen.

Hat man mit jemandem ein Hühnchen zu rupfen, sollte man dem Drang, mit einer kleinen fiesen E-Mail Dampf abzulassen, widerstehen. Es ist eine heikle Sache, denn hier handelt es sich genau um die Art von scheinbar direkter, aber eigentlich indirekter Aggression (denn man muss der Gegnerin ja nicht in die Augen blicken), zu der Frauen häufig tendieren und die uns in die Bredouille bringen. Und auch wenn Ihnen jemand eine E-Mail schickt, die bei Ihnen das Fass zum Überlaufen bringt oder Sie am falschen Tag erwischt, lassen Sie nicht gleich eine zornige Erwiderung los. Wenn Sie meinen, dass man die Sache ansprechen muss, greifen Sie zum Telefon oder gehen Sie in das Büro der Absenderin. Wo man dann anfangen könnte: »Ihre E-Mail klingt, als wären Sie ganz schön verärgert. Wollten Sie mir *das* sagen? Wenn ja, lassen Sie uns direkt darüber reden.«

In diesem Kapitel haben wir Möglichkeiten aufgezeigt, Konflikte mit anderen Frauen auf vernünftige Weise auszutragen und destruktive Catfights zu verhindern, indem man die Art des Konfliktes benennt, Abwehrhaltungen abbaut und eine sichere, abgeschottete Umgebung schafft. In Kapitel neun wollen wir uns auf Konfliktstile konzentrieren, also auf die verschiedenen Arten, mit denen unterschiedliche Persönlichkeitstypen Probleme angehen. Darauf aufbauend möchten wir Ihnen außerdem zeigen, wie man mit schwierigen Personen (Frauen nämlich, die häufig destruktive Catfights anstiften) umgeht.

Neun
Konfliktlösung mit weiblichem Stil

Konflikte treten auf, wenn die Bedürfnisse oder Interessen zweier Individuen (einschließlich ihrer Werte, Meinungen, Ziele und Verhaltensweisen) unvereinbar erscheinen.[1] Häufig bedienen wir uns beim Austragen unserer Konflikte eines bestimmten Stils, mit dem wir uns aufgrund unseres Temperaments, unserer sozialen Fertigkeiten und persönlichen Vorlieben am sichersten fühlen. Einige von uns tendieren bei der Lösung von Meinungsverschiedenheiten zur Zusammenarbeit. Andere sind in ihren Konfliktlösungen eher konkurrenzorientiert. Manche von uns fügen sich stillschweigend oder ziehen sich sogar zurück, wenn sie sich mit einem Streit konfrontiert sehen.

Unsere instinktive Herangehensweise an Konflikte kann uns je nach Art der Auseinandersetzung und dem Konfliktstil unserer Gegnerin gut oder auch weh tun. Jeder Lösungsansatz hat seine Vorteile und seine Grenzen. Ein Ansatz, der sich für die Lösung eines Konflikts mit dem Lebenspartner als geeignet erweist, kann bei einer Auseinandersetzung mit der Chefin oder Kollegin weniger erfolgreich sein. Und höchstwahrscheinlich werden Sie einen Konflikt mit Ihrem Vorgesetzten anders austragen als einen mit einer Untergebenen. Weil die Beziehungen unter Frauen am Arbeitsplatz besonders vielschichtig sind, könnten Konflikte einen guten Nährboden für Sabotage und Verleumdungen bieten.

Glücklicherweise ist es uns allen möglich, uns unterschiedlicher Stile zu bedienen, sodass wir in der Lage sein sollten, unsere Strategien dem jeweiligen Konflikt anzupassen. Wären Sie Ärztin, würden Sie feststellen, dass Sie in Ihrer Praxis die besten Ergebnisse erzielen, wenn Sie bei Ihren Patienten eher kooperativ handeln, beim Umgang mit den Krankenkassen aber wettbewerbsorientiert.

Sobald Ihnen Ihr eigener Stil wie auch der Ihrer Kolleginnen klar ist, ebenso wie die Situationen, in denen diese Stile am effektivsten sind, werden sich Ihre Beziehungen verbessern und das Risiko destruktiver Konflikte zurückgehen. In diesem Kapitel ermitteln wir unsere eigene Konfliktstil-Präferenz und überlegen dann, was wir tun können, um deren Effektivität zu vergrößern oder eine Alternative zu wählen, die der Situation oder dem »Gegner« angemessener ist. Beantworten Sie, *bevor* Sie etwas über die verschiedenen Konfliktstile lesen, die folgenden Fragen. Auf diese Weise werden Sie ehrlich und ohne ein Vorwissen, das Ihre Einschätzung beeinflussen könnte, antworten.

Was ist Ihr bevorzugter Konfliktstil?
Im Folgenden schildern wir zehn Situationen am Arbeitsplatz, in denen es leicht zu einem heftigen Streit mit einer Kollegin kommen könnte. Lesen Sie sich das jeweilige Szenario durch und entscheiden Sie dann, welche der fünf Optionen am ehesten wiedergibt, wie Sie normalerweise reagieren würden. Zu jedem Beispiel gibt es fünf mögliche Optionen. Verteilen Sie insgesamt sieben Punkte auf diese fünf Optionen, wobei Ihre erste Wahl wenigstens vier Punkte bekommen sollte. Umringeln Sie die Option, der Sie die meisten Punkte gegeben haben. (Optionen, die Sie nicht in Betracht ziehen würden, erhalten keinen Punkt.)

Beispiel:
Die Angestellte am Nachbartisch telefoniert zu laut, was Sie wahnsinnig macht. Sie

____ a) verlieren kein Wort darüber. Schließlich hat sie das Recht zu reden, wie es ihr passt.
__1__ b) ergreifen die Flucht, wenn sie telefoniert.
____ c) sagen ihr in deutlichen Worten, dass sie mal die Luft anhalten soll.
__2__ d) versprechen, ihr bei der Arbeit zu helfen oder ihr sonst einen Gefallen zu tun, wenn sie leiser spricht.
__(4)__ e) überlegen mit ihr zusammen, was man gegen die hellhörige Akustik unternehmen könnte.

1. Ihr Job erfordert es, dass Sie und andere aus Ihrer Abteilung jedes zweite Wochenende arbeiten. Am letzten Wochenende waren Sie dran. Obwohl Sie sich für das kommende Wochenende noch nichts vorgenommen haben, freuen Sie sich auf die freie

Zeit. Cynthia, Ihre Kollegin, hat Sie gerade angesprochen und gefragt, ob Sie vielleicht nächstes Wochenende für sie einspringen würden, damit sie mit ihrem neuen Freund zusammen sein kann. Bisher war Cynthia, wenn Sie sie darum gebeten haben, immer bereit, Schichten mit Ihnen zu tauschen. Sie:

____ a) sagen ihr, dass Sie es sich überlegen werden, und weichen aus, wenn sie die Sache noch einmal anspricht.

____ b) erklären sich dazu bereit, obwohl Sie überhaupt keine Lust dazu haben.

____ c) sagen einfach: »Tut mir Leid, ich kann nicht. Ich habe mich schon so auf dieses freie Wochenende gefreut.«

____ d) sagen ihr: »Ich habe mich zwar sehr auf mein freies Wochenende gefreut, aber einen der beiden Tage tausche ich mit dir.«

____ e) schlagen vor, sich mit der ganzen Abteilung zusammenzusetzen und ein System zu entwickeln, mit dem man sofort erkennen kann, welcher Kollege an einem Wochenende bereit wäre, den Dienst zu tauschen. Während dieser Sitzung können Sie Cynthias Dilemma offen ansprechen und eine Wochenendvertretung für sie finden.

2. Sie bewerben sich um einen Job, der perfekt für Sie wäre. Allerdings haben Sie gerade erfahren, dass sich auch Ihre beste Freundin darum beworben hat. Sie:

____ a) verschweigen es Ihrer Freundin und hoffen, dass auch sie die Sache nicht anspricht.

____ b) reden mit ihr darüber und überlegen gemeinsam, wie Sie beide einen so tollen Job bekommen können.

____ c) bieten Ihrer Freundin an, dass Sie Ihre Bewerbung zurückziehen, wenn ihr das lieber ist.

____ d) erklären sich bereit, Ihre Bewerbung zurückzuziehen, wenn sie es ebenfalls tut.

____ e) erwarten von ihr, dass sie beide um den Job kämpfen.

3. Sie und Ihre Kollegin Abby haben ein erfolgreiches Projekt abgeschlossen und müssen nun einen Bericht für Ihre gemeinsame Chefin schreiben. Der Bericht hat im Grunde nur untergeordnete Bedeutung, da Ihre Vorgesetzte in alle Einzelheiten einbezogen war. Sie streiten sich mit Abby über die Abfassung, weil Sie graphisch aufbereitete Informationen besser finden, während Abby die erzählende Form bevorzugt. Sie:

____ a) entscheiden sich für die reine Textversion. Der Bericht ist ja nicht so wichtig.

____ b) halten an Ihrem Standpunkt fest und bestehen auf der graphischen Darstellung.

____ c) reden gar nicht mit Abby darüber.

____ d) treffen sich mit Abby, um zu sehen, ob es nicht noch eine dritte Möglichkeit gibt, die Ihnen beiden zusagt.

____ e) schlagen vor, dass sie ihren Teil in erzählender Form abfasst, während Sie in Ihrem Graphiken verwenden.

4. Ihre Chefin hat ein neues Anreizprogramm geschaffen. Wenn die Kunden im nächsten Monat den Kundenservice anrufen, sollen sie Sie und Ihre Kolleginnen bewerten. Der Angestellten mit der höchsten Kundenbewertung winkt als Belohnung ein Wochenende in einem Luxushotel. Sie fühlen sich unwohl dabei, mit Kolleginnen, die Sie als Ihre Freundinnen betrachten, zu konkurrieren. Sie:

____ a) machen keinen Mucks zu der Sache.
____ b) erklären sich zwar zur Teilnahme bereit, machen aber von vornherein unmissverständlich klar, dass Sie den Preis – sollten Sie gewinnen – nicht annehmen werden.
____ c) nehmen natürlich teil! Ein solches Wochenende würde Ihnen wirklich Spaß machen.
____ d) unterhalten sich mit Ihrer Chefin über die möglichen negativen Auswirkungen auf das Team und versuchen, sie von ihrem Plan abzubringen.
____ e) nehmen zwar der Form halber teil, engagieren sich aber nicht.

5. Ihre Chefin möchte sich über einige Abschnitte unterhalten, die Sie – nach Ansicht Ihrer Chefin – Ihrer Büromaterial-Kalkulation hinzufügen sollten. Sie halten dies jedoch für übertrieben. Sie:

____ a) tun trotzdem, was sie Ihnen sagt.
____ b) gehen ihr aus dem Weg und hoffen, dass sie es vergisst.
____ c) gehen zu ihr, um zu erfahren, warum sie diese zusätzliche Information für nötig hält, und legen Ihre Sicht der Dinge dar.
____ d) sagen ihr, dass das Zeitverschwendung wäre, und bitten sie, die Sache noch einmal zu überdenken.
____ e) tun genau so viel, wie sie von Ihnen verlangt, aber keinen Handschlag mehr.

6. Cheryl legt die Tagesordnung für die monatlichen Besprechungen zu einer größeren Computer-Umstellung fest. Sie haben bemerkt, dass Sie mit dem Bericht über die Vorgänge in Ihrem Sachgebiet immer als Letzte drankommen. Einige Teilnehmer ha-

ben dann schon den Raum verlassen, und die übrigen langweilen sich zu Tode und wollen nur noch nach Hause. Deshalb wird Ihr Gebiet immer nur kurz abgefertigt. Sie haben gehört, dass Cheryl in einem Monat zu einer anderen Firma wechseln wird. Sie:

____ a) sprechen sie nicht mehr auf die Tagesordnung an.

____ b) setzen sich mit ihr zusammen, um vielleicht doch noch eine Lösung zu finden, die sowohl Ihren als auch Cheryls Zielen gerecht wird.

____ c) sagen ihr, dass Sie es satt haben, immer als Letzte an der Reihe zu sein, und dass dies ein Ende haben muss.

____ d) versuchen, sie dazu zu bringen, Sie wenigstens jedes zweite Mal in die ersten Hälfte der Sitzung zu schieben.

____ e) ertragen es im nächsten Monat noch einmal, die Letzte zu sein.

7. Sie arbeiten mit Felicia an einem Projekt. Felicia ist zwar deutlich jünger und auch unerfahrener als Sie, ist aber kreativ und weiß gut über das Thema Bescheid. Andauernd sagt sie Ihnen, wie man die Sache anpacken sollte. Obwohl sich bisher alles ganz gut angelassen hat, fühlen Sie sich durch Felicias forsches Auftreten zunehmend in die Ecke gedrängt. Sie:

____ a) überlassen ihr die Führung des Projekts.

____ b) verschweigen ihr, wie sehr ihre Art Sie nervt, ziehen den Kopf ein und versuchen, das Projekt hinter sich zu bringen.

____ c) teilen das Projekt auf und lassen sie mit ihrem Teil machen, was sie will.

____ d) bringen klar zum Ausdruck, dass Sie die Erfahrenere sind und deshalb auch das Sagen haben.

____ e) sagen ihr, dass Sie ihre Kreativität und ihr Wissen sehr schätzen und sich gern mit ihr gemeinsam überlegen würden, wie Sie sich beide auf produktive Weise in das Projekt einbringen können.

8. Sicher – es ist nur eine Kleinigkeit, aber es nervt Sie, dass Heather, eine wichtige Mitarbeiterin Ihres Support-Systems, die auch die Getränke für die Teeküche bestellt, immer Coca Cola statt Pepsi kauft. Trotzig behauptet sie, Coke schmecke einfach besser. Sie aber sind ein Pepsi-Fan. Immer wenn Sie sie darum gebeten haben, doch auch Pepsi zu bestellen, hat sie lahme Entschuldigungen vorgebracht, etwa: »Dann müsste ich ja bei zwei Getränkehandlungen bestellen.« Sie:

____ a) sprechen sie gar nicht mehr darauf an. Es lohnt sich einfach nicht, sich deswegen aufzuregen.

____ b) bringen sich Ihr Pepsi selber mit.

____ c) sagen Heather, dass Sie das nächste Mal die Büroleiterin darauf ansprechen werden, wenn sie Ihrer Bitte nicht nachkommt.

____ d) berufen ein Abteilungstreffen ein, um über die Getränkebestellungen zu diskutieren.

____ e) einigen sich, dass Heather in Zukunft abwechselnd Pepsi und Coke einkauft.

9. Sie und eine andere Abteilungsleiterin, Eileen, schicken einige Ihrer Angestellten auf eine Fortbildung. Eileen findet, Sie sollten sich die Kosten teilen, weil Ihre Abteilung über ein größeres Ausbildungsbudget verfügt. Sie hingegen finden, Eileen müsste mehr bezahlen, da sie auch mehr Leute auf die Tagung schickt. Sie:

____ a) sagen ihr, dass Sie für Ihre Angestellten nicht bezahlen wollen.

____ b) setzen sich mit Eileen zusammen und überlegen sich Wege, an zusätzliche Finanzmittel heranzukommen.

____ c) erklären sich bereit, die Kosten mir ihr zu teilen.

____ d) schlagen vor, Ihre gemeinsame Chefin entscheiden zu lassen, und wollen deren Entscheidung akzeptieren.

____ e) sprechen die Sache gar nicht an und hoffen, dass die Finanzabteilung die Tagungskosten für Eileens Angestellte automatisch Eileens Budget zuschlagen wird.

10. Ihre Abteilung und eine andere arbeiten gemeinsam an einem großen Projekt. Alle stecken bis über beide Ohren in Arbeit, um den engen Zeitplan zu erfüllen. Mit dem Projekt sind viele undankbare Arbeiten verbunden, und leider versucht man in der anderen Abteilung, sie Ihnen und Ihren Kolleginnen aufzubürden. Sie:

____ a) machen den Vorschlag, dass Ihre Abteilung diese untergeordneten Arbeiten jede zweite Woche übernimmt.

____ b) verlieren kein Wort darüber; die Sache ist einfach zu konfliktträchtig.

____ c) sind die Klügere und geben nach.

____ d) stellen klar, dass Sie Arbeiten einer anderen Abteilung, die dort keiner machen will, nicht übernehmen werden.

____ e) rufen die Angestellten beider Abteilungen zusammen, um gemeinsam über eine Lösung zu beratschlagen.

Auswertung Ihrer Ergebnisse: Notieren Sie die Zahlenwerte, die Sie auf die fünf Optionen bei jedem der Szenarien verteilt haben, in den folgenden Spalten, um Ihre Konfliktstil-Präferenzen zu ermitteln. In die freigelassenen Stellen tragen Sie bitte Nullen ein. Keines der Szenarien kann bei waagrechter Addition mehr als sieben Punkte ergeben. Umringeln Sie bei jedem Szenario die Reaktion, der Sie die höchste Punktzahl gegeben haben. (Sie werden dies später noch brauchen.) Wenn Sie alle Spalten ausgefüllt haben, addieren Sie die Spalten senkrecht und schreiben die Summe an die darunter vorgesehene Stelle.

Beispiel:

Die Angestellte am Nachbartisch telefoniert zu laut, was Sie wahnsinnig macht. Sie

____ a) verlieren kein Wort darüber. Schließlich hat sie das Recht zu reden, wie es ihr passt.

__*1*__ b) ergreifen die Flucht, wenn sie telefoniert.

____ c) sagen ihr in deutlichen Worten, dass sie mal die Luft anhalten soll.

__*2*__ d) versprechen, ihr bei der Arbeit zu helfen oder ihr sonst einen Gefallen zu tun, wenn sie leiser spricht.

__(*4*)__ e) überlegen mit ihr zusammen, was man gegen die hellhörige Akustik unternehmen könnte.

Konkurrenz	Kooperation	Vermeidung	Entgegenkommen	Kompromiss
c = **0**	e = **4**	b = **1**	a = **0**	d = **2**

	Konkurrenz	Kooperation	Vermeidung	Entgegenkommen	Kompromiss
1.	c = ____	e = ____	a = ____	b = ____	d = ____
2.	e = ____	b = ____	a = ____	c = ____	d = ____
3.	b = ____	d = ____	c = ____	a = ____	e = ____
4.	c = ____	d = ____	a = ____	e = ____	b = ____
5.	d = ____	c = ____	b = ____	a = ____	e = ____
6.	c = ____	b = ____	a = ____	e = ____	d = ____
7.	d = ____	e = ____	b = ____	a = ____	c = ____
8.	c = ____	d = ____	a = ____	b = ____	e = ____
9.	a = ____	b = ____	e = ____	c = ____	d = ____
10.	d = ____	e = ____	b = ____	c = ____	a = ____
Summe	____	____	____	____	____

Die höchsten Summen markieren Ihre bevorzugten Stile des Konfliktmanagements. Wenn Sie in einem der Stile mehr als 20 Punkte erzielen, kann dies auf ein Problem hinweisen, da Sie in so gut wie jeder Konfliktsituation diesen Stil anwenden, also auch in solchen, in denen er nicht unbedingt angebracht ist. Ist Ihre Punktzahl in einem der Stile extrem niedrig (zehn Punkte oder weniger), meiden Sie diesen Stil scheinbar generell und benutzen ihn auch dann nicht, wenn er wirksam wäre. Verteilen sich Ihre Punktzahlen relativ gleichmäßig über die verschiedenen Stile, verstehen Sie es, Ihre Herangehensweise zu variieren.

Die fünf Konfliktstile

Wie Sie beim Beantworten des Fragebogens bemerkt haben, gehören die aufgelisteten Optionen zu fünf Konfliktstil-Kategorien: Konkurrenz, Kooperation, Vermeidung, Entgegenkommen, Kompromiss. Diese Kategorien wurden von den Betriebswirtschaftsprofessoren Kenneth W. Thomas von der Naval Postgraduate School in Monterey und Ralph H. Kilman von der Universität Pittsburgh identifiziert.

Werfen wir nun einen näheren Blick auf diese Stile und ihre Anwendung.

1. Konkurrenz: Macht geht vor Recht
Hierbei handelt es sich um einen dominanten und unkooperativen Konfliktstil – eine machtorientierte Herangehensweise, bei der man bereit ist, für seine Rechte zu kämpfen, seine Positionen zu verteidigen oder einfach nur gewinnen und sich durchsetzen will. Die konkurrierende Person verfolgt ihre Interessen auf Kosten anderer, indem sie mitunter zu Zwangsmaßnahmen greift, die Vorgesetzte herauskehrt oder Auseinandersetzungen vom Zaun bricht.[2]

Wer konkurriert, ist nicht bereit, seine Ziele um irgendwelcher Kompromisse willen aufzugeben. Die Konfliktlösung wird zu einer »Ja oder Nein«-, »Alles oder Nichts«-Entscheidung. Verhandlungen sind nicht vorgesehen.

Wenn sich eine Frau einer anderen Frau gegenüber des konkurrenzorientierten Stils bedient, kann das schnell als Verletzung der Regel der ausgeglichenen Machtbalance gesehen werden, und aus diesem Grunde scheuen ihn viele Frauen. Wer konkurriert sagt im

Grunde: »Meine Ideen sind besser als deine« oder: »Meine Bedürfnisse sind wichtiger als deine.« Wenn eine Frau zu selbstbewusst, aggressiv oder selbstsüchtig auftritt (typisch für den konkurrenzorientierten Stil), sehen andere Frauen dieses Verhalten als Verrat der weiblichen Kultur, vor allem wenn die Frau die eigenen Ziele über die der Gruppe stellt.

Mit Sicherheit aber haben Wettbewerb und Konkurrenz den ihnen gebührenden Platz. Nicht jedes Konkurrenzverhalten wird von Frauen verabscheut, und manchmal sind Win-Win-Lösungen einfach nicht möglich. Ein konkurrenzorientierter Konfliktstil kann eine Frau zur Durch- und Umsetzung ihrer eigenen Ideen befähigen, um durch sie schließlich auch ein gemeinsames Ziel zu erreichen. Wenn in einer bestimmten Situation entschlossenes Handeln gefragt ist, kann die Fähigkeit zu wettbewerbsorientierter Konfliktlösung nur als Plus in Sachen Führungskompetenz verbucht werden. Wenn Sie hinter einem tollen Auftrag, einem Anreiz-Bonus oder dem letzten freien Platz in einem Flugzeug her sind, haben Sie keine andere Wahl und müssen konkurrieren. Und wenn Sie es mit jemandem zu tun haben, der in erster Linie diesen Stil pflegt, werden Sie ebenfalls den konkurrenzorientierten Stil übernehmen müssen, um sich überhaupt Gehör zu verschaffen.

Konkurrenzorientierung kann nützlich sein:

- Wenn Sie schnell und entschlossen handeln müssen, etwa in Notfällen oder wenn Zeit eine wesentliche Rolle spielt.
- Wenn Ihre Abteilung einen großen Erfolg braucht.
- In wichtigen Angelegenheiten, wenn Sie unpopuläre Entscheidungen zu fällen haben, z. B. Kosten senken, Angestellte entlassen oder Vorschriften durchsetzen müssen.

- Wenn Sie wissen, dass Sie in bestimmten Fragen, die für die Interessen Ihres Unternehmens bedeutsam sind, Recht haben.
- Um sich gegen Leute zur Wehr zu setzen, die kooperatives Verhalten ausnützen.

Konkurrenzorientierung wäre in Szenario zwei des Konfliktstil-Fragenbogens – wo Sie und Ihre Freundin um dieselbe Stelle kämpfen – vielleicht die angemessenste Verhaltensoption gewesen. In der Berufswelt ist es wichtig, dass Frauen sich um Posten bewerben, die ihrer Karriere förderlich sind. Wenn nicht, werden immer Männer diejenigen sein, die die Traumjobs an Land ziehen. Bedauerlicherweise kann das bedeuten, dass gute Freundinnen um dieselbe Stelle konkurrieren müssen. Wenn Sie sich in einem derartigen Konflikt befinden, ist es am besten, sich zu bewerben und sich dann mit Ihrer Freundin über das Dilemma zu unterhalten. Um einen Verstoß gegen die Regel der ausgeglichenen Machtbalance zu verhindern, muss die Gewinnerin liebenswürdig und geschickt sein und später der Verliererin dabei helfen, auch einen Traumjob zu finden.

Konkurrieren als vorherrschender Konfliktstil hat allerdings auch seine Nachteile. Man muss sich fragen, ob man als dominante Führungsperson nicht von lauter »Ja«-Sagern umgeben ist. Vielleicht sind diese Leute nur deswegen so fügsam, weil sie gelernt haben, dass es unklug ist, Ihnen zu widersprechen, und weil sie es aufgegeben haben, Sie beeinflussen zu wollen. Bedauerlicherweise kann dies dazu führen, dass man Ihnen wichtige Informationen und alternative Standpunkte vorenthält. Möglicherweise haben Ihre Untergebenen auch Angst, Unwissenheit oder Unsicherheit einzugestehen. In einer Atmosphäre der Konkurrenz kämpfen die Menschen um Einfluss und Respekt und stellen häufig auch dann Selbstbewusstsein zur Schau, wenn sie keines haben. Angestellte, die in einer derartigen Situation gefangen sind, sehen sich häufig nicht in der Lage, nach Informationen oder fremden Meinungen zu fragen und berauben sich damit der Möglichkeit zu persönlichem Wachstum und Erfahrungen, die der gesamten Abteilung zugute kämen.

2. Kooperation: Zwei Köpfe sind besser als einer

Eine kooperative Herangehensweise an Konflikte bedeutet, mit der Gegenpartei zusammenzuarbeiten, um Lösungen zu finden, die beide zufrieden stellen. Vielleicht sucht man die Alternativen und Lösungen in gemeinsamen Brainstorming-Sitzungen. Wenn Sie zusammenarbeiten, könnten Sie gemeinsam einer Meinungsverschiedenheit auf den Grund gehen und von den Einsichten der anderen lernen, eine Situation entschärfen, die ansonsten zu einem Kampf um Ressourcen geführt hätte, oder kreative Lösungen für ein zwischenmenschliches Problem finden.[3]

Abgesehen von der Erhaltung und Stärkung des Selbstwertgefühls aller Konfliktbeteiligten, fördert Kooperation auch die Beziehungen. Deshalb stellt sie einen der bevorzugten Konfliktstile von Frauen dar.

Kooperation kann nützlich sein:

- Wenn man eine für alle vorteilhafte Lösung braucht, weil die sich widersprechenden Interessen zu bedeutsam sind, als dass man sie abtreten oder ignorieren könnte.
- Wenn Sie eine andere Person dringend brauchen und folglich deren Interessen in den gemeinsam ausgetüftelten Konsens einbeziehen müssen.

- Wenn Sie Beziehungen aufbauen wollen und deshalb die Sicht anderer verstehen und Animositäten auflösen müssen.
- Wenn Sie Ideen von Menschen unterschiedlicher Auffassungen zusammenbringen wollen.

Kooperation wäre der beste Konfliktstil für Szenario fünf: Ihre Chefin möchte, dass Sie noch einige Abschnitte in Ihren Bericht einfügen, Sie jedoch halten dies für überflüssig. Ein Gespräch mit ihr könnte sich für Sie beide auszahlen. Sich mit seiner Chefin auszutauschen, mehrt das Verständnis für das Denken der anderen. Abgesehen davon kann der Bericht durch das Zusammentragen unterschiedlicher Ideen nur gewinnen.

Kooperation hat allerdings auch ihre negative Seite, vor allem, wenn man keine andere Methode des Konfliktmanagements beherrscht. Sie kann Unmengen an Zeit und Energie verschlingen, und Sie können sich bei der Erörterung von Fragen ertappen, die diesen Aufwand wirklich nicht lohnen. Triviale Probleme erfordern keine optimalen Lösungen; jeden an der kleinsten Entscheidung beteiligen zu wollen, kann das Verfahren letztlich zum Erliegen bringen. Abgesehen davon könnten andere hinter Ihrem übertrieben kooperativen Stil Risiko- oder Verantwortungsscheu vermuten. Zudem müssen beide Parteien, damit die Kooperation funktioniert, denselben Stil wählen; aber mit jemandem, der eigentlich mit einem konkurrieren will, kann man nicht kooperieren. Manchmal kommt es vor, dass kooperatives Verhalten dem Gegenüber keine entsprechende Reaktion entlockt. Bestehen Sie dann trotzdem auf Kooperation, werden Ihnen Zeichen der Abwehr, Ungeduld, Konkurrenzdenken und widersprüchlicher Interessen womöglich entgehen.

3. Vermeidung: Die Sache auf sich beruhen lassen

Vermeiden ist das Gegenteil von Kooperieren. Einen Konflikt vermeiden bedeutet, dass man zunächst einmal sowohl die eigenen Angelegenheiten wie auch die des Konfliktpartners von sich weg schiebt. Man spricht den Konflikt weder an noch löst man ihn; man ignoriert ihn, gibt den Schwarzen Peter weiter, versteckt sich, schindet Zeit. Das alles klingt sehr negativ, aber Vermeidung kann auch die positive Form des diplomatischen Umgehens eines Konflikts, des Verschiebens einer Sache auf einen günstigeren Augenblick oder des Rückzugs aus einer potenziell bedrohlichen Situation annehmen.[4]

Vermeidung ist hilfreich, wenn eine Beziehung wichtig, der Konflikt aber eher trivial ist.

Vermeidung kann nützlich sein:

- Wenn Sie eine Sache für ziemlich unbedeutend halten, oder wenn dringendere Angelegenheiten anstehen.
- Wenn der Fall hoffnungslos ist und Sie glauben, dass Sie bloß Zeit damit verschwenden. So könnten Sie z. B. frustriert sein, weil Sie nur wenig Einfluss auf bestimmte Dinge haben, wie die Politik Ihres Landes, den Charakter eines Menschen oder Anweisungen des obersten Chefs.
- Wenn der Nutzen einer Konfrontation den damit einhergehenden Schaden bei weitem nicht aufwiegt.
- Wenn die Gemüter zu erhitzt sind und die Leute Zeit brauchen, um wieder einen klaren Kopf und ihre Fassung zurückzugewinnen. Einen Konflikt zu verschieben kann Spannungen vermindern, sodass Ihre Abteilung zu einem produktiveren Arbeitsklima zurückkehren kann.
- Wenn Sie nicht genügend Informationen besitzen und ein Pro-

blem auf die lange Bank schieben müssen, bis Sie alle Fakten beisammen haben.

- Wenn Sie schlechter für den Konflikt gerüstet sind als Ihre Gegnerin.
- Wenn der Konflikt nur ein Symptom eines weitreichenderen Problems darstellt.

Vermeidung ist der angemessenste Konfliktstil für Szenario sechs des Fragebogens, bei dem Ihr Bericht bei den Monatssitzungen stets auf den letzten Platz der Tagesordnung verbannt wird. Cheryl, die diese bisher koordiniert hat, wird noch vor der nächsten Besprechung die Firma verlassen haben. Es hat daher überhaupt keinen Sinn, Konflikte und Abwehr heraufzubeschwören. Wünschen Sie ihr, sollten Sie ihr auf dem Korridor begegnen, viel Erfolg in ihrem neuen Job. Aber sagen Sie der Neuen, die die Stelle übernimmt, unbedingt, wann Sie drankommen möchten. Es ist wichtig, dass Sie Ihr Sachgebiet auf der Sitzung vertreten und die anderen die Interessen und Belange Ihrer Abteilung wahrnehmen.

Ist Vermeidung Ihr vorherrschender Konfliktstil, werden Sie feststellen müssen, dass kleine Probleme, die man vertagt, eskalieren können. Und Entscheidungen, die auf Versäumnissen beruhen (weil man sie nicht sofort aktiv angegangen ist), können den Erfolg und die Produktivität eines Unternehmens mindern. Außerdem werden andere es schwer haben, Feedback von Ihnen zu bekommen. Sie werden nicht wissen, wo Sie eigentlich stehen, oder wie man am besten mit Ihnen zusammenarbeitet, weil sie nicht genug aussagekräftige Informationen von Ihnen bekommen. Sie haben das Gefühl, Ihnen alles aus der Nase ziehen zu müssen und Sie schließlich gar nicht mehr nach Ihren Beiträgen fragen.

Wenn man eine Vermeidungstendenz hat und gleichzeitig eine Führungsposition bekleidet, kann auch der Eindruck entstehen, als ob die Untergebenen auf Zehenspitzen um einen mitten im Zimmer sitzenden Elefanten herumtippeln würden; manchmal werden Unmengen an Energie darauf verwandt, drängenden Problemen auszuweichen. Die Aufgabenkoordination kann darunter ebenso leiden wie die Produktivität. Vielleicht fühlen Sie sich von der schieren Menge unerledigter Aufgaben überwältigt. In diesem Falle müssen Sie mehr Zeit darauf verwenden, Prioritäten zu setzen. Entscheiden Sie, welche Dinge unwichtig sind und delegieren Sie sie. Und schließlich müssen wir notorischen Konfliktvermeiderinnen auch fragen, ob wir nicht schon die Grenze zum passiv-aggressiven Verhalten überschritten haben; das heißt, wir wollen eine Frau, die uns gekränkt hat, zwar keinesfalls offen konfrontieren, revanchieren uns aber hinterrücks bei ihr, indem wir uns verschließen, in Gesprächen kurz angebunden und wenig entgegenkommend sind, Hinhaltetaktiken und andere Formen indirekter Aggression benutzen.

4. Entgegenkommen: Den Feind mit Freundlichkeit besiegen

Entgegenkommen ist das Gegenteil von Konkurrenz, da eine entgegenkommende Person sich mitunter sehr fügsam und geradezu unterwürfig verhält. Ja, sie kann sogar die eigenen Belange vernachlässigen, um die Ihrer Konfliktgegnerin zu befriedigen. Der entgegenkommende Verhaltensstil enthält das Element der Selbstaufopferung, was sich in selbstloser Großzügigkeit oder Menschenfreundlichkeit äußert, wobei man den Anweisungen einer anderen Person folgt, obwohl man es lieber nicht täte, oder einer Ansicht zustimmt, die der eigenen widerspricht.[5]

Entgegenkommen in unbedeutenderen Dingen erhöht das Wohlwollen. Jemandem einen Irrtum einzugestehen oder in einem Punkt Recht zu geben, ermöglicht es ihm, dasselbe zu tun.

Entgegenkommen kann zweckmäßig sein:

- Wenn Sie sich getäuscht haben. Durch das Einräumen Ihres Irrtums gewinnen Sie Macht-Chips für zukünftige Konflikte.
- Wenn das Ergebnis für Ihre Konfliktpartnerin größere Bedeutung hat als für Sie.
- Um sich ein Guthaben von Macht-Chips für andere Angelegenheiten anzulegen, die Ihnen womöglich wichtiger sein werden.
- Wenn Sie wissen, dass Sie verlieren, und ein weiterer Konflikt Ihnen nur schaden kann.
- Wenn der Erhalt der Harmonie und die Vermeidung von Störungen besonders wichtig sind.
- Damit sich Ihre Untergebenen – dadurch, dass Sie ihnen zeitweise die Führung überlassen – weiterentwickeln und aus eigenen Fehlern lernen können.

Entgegenkommen wäre eine gute Option für das erste Szenario des Konfliktstil-Fragebogens. Da Cynthia immer bereit war, Wochenend-Dienste mit Ihnen zu tauschen, ist dies nun eine gute Gelegenheit, sich zu revanchieren. Also erklären Sie sich einverstanden, das Wochenende mit ihr zu tauschen, auch wenn Sie eigentlich keine Lust haben. Zumal Sie sie wahrscheinlich als zukünftige Verbündete verlieren, wenn Sie sich ohne gute Entschuldigung weigern, für sie einzuspringen.

Der Nachteil entgegenkommenden Verhaltens kann darin bestehen, dass die eigenen Ideen und Belange nicht die verdiente

Aufmerksamkeit erhalten. Sich ständig den Belangen anderer zuliebe zurückzunehmen, kann Sie um Einfluss, Respekt und Anerkennung bringen. Darüber hinaus beraubt es Ihre Firma Ihrer potenziellen Beiträge. Viele Frauen treten vor lauter Entgegenkommen (man hat sie schließlich dazu erzogen, brav zu sein und sich zu vertragen) schon überhaupt nicht an zum Wettbewerb. Entgegenkommen kann als vorherrschender Konfliktstil zu einer dauerhaften Verminderung der Macht und des Selbstwertgefühls eines Menschen führen. Wenn wir ständig anderen nur dabei helfen, ihre Ziele auf Kosten der unseren durchzusetzen, wird man uns höchstens noch als Märtyrerinnen wahrnehmen, oder unsere Persönlichkeitsgrenzen verschwimmen völlig. Die Machtbalance wird verzerrt, und wir werden womöglich jeden anderen als wertvoller ansehen als uns selbst. Dies wiederum führt häufig zu Ressentiments und verschiedenen kränkenden Verhaltensweisen.

Abgesehen davon kann übertriebenes Entgegenkommen die Disziplin schwächen. Regeln, Verfahrensweisen und feste Aufgaben sind für Sie und Ihr Unternehmen jedoch entscheidend.

5. *Kompromiss: Sich auf halbem Weg entgegenkommen*

Irgendwo in der Mitte zwischen Konkurrenz und Entgegenkommen lässt sich der Kompromiss verorten. Bei einem Kompromiss geht es uns darum, die beiden Seiten eines Problems zu sehen und dann gemeinsam eine zweckdienliche und akzeptable Lösung zu finden, die beide Parteien wenigstens teilweise befriedigt. Es handelt sich um eine Form des Teilens. Jede Seite hat ihre Position deutlich gemacht. Und es geht nicht darum, welche dominiert, sondern um gegenseitige Zugeständnisse – ich räume A ein, wenn du B einräumst – weil man erkannt hat, dass die Fortsetzung des

Konflikts der eigenen Sache nicht förderlich ist. Woraus sich ergibt, dass man sich auf halbem Weg entgegenkommt, beziehungsweise sich um einen neutralen Standpunkt bemüht.[6]

Keine der beiden Parteien bekommt alles, was sie will, doch beide sind bereit, um einer Einigung willen zurückzustecken. Kompromisse helfen, Vertrauen aufzubauen und die Kommunikation offen zu halten. Und sie ermöglichen es uns, den Überblick zu bewahren, weil wir uns auf die Bedürfnisse beider Seiten einstellen. Dies entspricht der Regel der ausgeglichenen Machtbalance: Beide sind überzeugt, dass sie etwas bekommen, und zwar in etwa den gleichen Anteil. Verglichen mit der Kooperation kann der Kompromiss der bessere Weg für das berufliche Weiterkommen sein. Man kommt sich auf halbem Wege entgegen und sieht dann weiter.

Der Kompromiss kann zweckdienlich sein:

- Wenn Ihnen das Ergebnis nicht so wichtig ist und sich durch den Kompromiss ein zusätzlicher Konflikt vermeiden lässt.
- Wenn Sie und Ihre Gegnerin dieselbe Schlagkraft besitzen und sich für diametral entgegengesetzte Standpunkte engagieren, wie es etwa in Verhandlungen zwischen Arbeitgebern und Arbeitnehmern, Immobilienkäufern und -verkäufern der Fall ist.
- Wenn Sie eine rasche, vorläufige Lösung für komplizierte Fragen wünschen.
- Wenn es Ihnen nicht gelungen ist, Ihre Probleme auf kooperativem Wege oder durch Konkurrieren zu lösen.

Der Kompromiss wäre eine effektive Herangehensweise für den Konflikt in Szenario drei. Da sich ein solcher Bericht leicht aufteilen lässt, Sie also mit Ihren Graphiken experimentieren und

Abby ihren narrativen Bericht verfassen könnte, gibt es keinen Grund, nach einer komplizierteren Lösung zu suchen.

Im Hinblick auf andere Konfliktstile jedoch hat es auch seine Nachteile, wenn man immer nur den Kompromiss sucht. So müssen Sie immer im Auge behalten, worum es Ihnen letztendlich geht und wie viel Sie dafür aufzugeben bereit sind. Tun Sie das nicht, kann sich schnell das Gefühl einstellen, schlecht weggekommen zu sein – und Groll und Streitereien sind wiederum die Folge.

Außerdem konzentrieren Sie sich unter Umständen so stark auf die Taktiken des Kompromisses, dass Sie Ihre Grundsätze, Werte und Langzeitziele aus den Augen verlieren. Wer sich allein aufs Feilschen und Handeln verlegt, schafft ein zynisches Klima, in dem es nur noch ums Gewinnen geht, gegenseitiges Vertrauen untergraben und von den wesentlichen Fragen abgelenkt wird.

Ist eine Beziehung wichtig, ist der Kompromiss weniger anzuraten als Kooperation oder Entgegenkommen, weil das Risiko, der Beziehung zu schaden, hier höher ist. Wenn Sie etwa – um zu Szenario eins unseres Fragebogens zurückzukehren – Cynthia nur den Samstag statt des ganzen Wochenendes angeboten hätten, könnte sie gekränkt sein, da sie ja ganze Wochenenden mit Ihnen getauscht hat, wenn Sie sie darum baten. Vielleicht revanchiert sie sich und weigert sich das nächste Mal, wenn Sie wieder einmal tauschen wollen, auf Ihre Wünsche einzugehen. In anderen Situationen jedoch, beispielsweise wenn Sie einen Immobilienverkauf tätigen und die Käufer nach Abschluss des Geschäfts nie wieder sehen werden, kann ein Kompromiss sich als die beste Strategie erweisen.

Ihr Kolleginnen-Quotient

Keine dieser Konfliktstilpräferenzen existiert in einem Vakuum: Unter Kolleginnen kann der Zusammenprall unterschiedlicher Stile nachfolgende Konflikte verursachen: Wenn man am liebsten Konflikte vermeidet aber mit einer konkurrenzorientierten Kollegin an einem Projekt zusammenarbeitet, werden die eigenen guten Ideen womöglich niemals umgesetzt. Viele Frauen bevorzugen den Vermeidungsstil. Ein Projekt, das von zwei Kolleginnen mit dieser Präferenz durchgeführt wird, kann schlechtere Resultate bringen, weil keine von beiden den Mund aufgemacht hat, um die mäßigen Ideen der anderen in Frage zu stellen. Konfliktstile können ihre eigenen Probleme mit sich bringen, wenn wir uns dieser Gefahr nicht bewusst sind; wir müssen im Einzelfall entscheiden, welches für eine bestimmte Situation der geeignete Stil ist.

Viele Menschen bedienen sich nur eines oder zweier Stile in schwierigen Situationen. Doch wenn wir flexibel zwischen verschiedenen Stilen wählen können, schlägt sich dies auch in der Einschätzung unserer Effizienz durch andere nieder. Eine tüchtige Mitarbeiterin handhabt Konflikte überlegt und direkt und verschwendet keine Zeit auf destruktiven Klatsch. Kommt es zu einem Konflikt, berücksichtigt sie alle damit verbundenen Folgen, sofern sie ihre langfristige Verbindung mit dieser Person betreffen. Sie respektiert andere und wird von ihnen respektiert. Sie schützt ihr eigenes Selbstwertgefühl ebenso wie das der anderen. Sie weiß, dass Kooperation sich häufig lohnt. Bei Zeitknappheit oder eher unwichtigen Fragen ist ihr aber auch klar, dass der kooperative Stil zu zeitaufwendig ist, sodass sie konkurrenzorientierte oder entgegenkommende Verhaltensweisen einsetzt.

Der folgende Test hilft Ihnen zu ermitteln, wie effizient und anpassungsfähig Sie bei der Wahl eines angemessenen Konfliktstils sind. Mit diesem Wissen können Sie leichter entscheiden, welche Stile Sie sich für die Zukunft noch aneignen sollten.

Test: Ihr Kolleginnen-Quotient

Blättern Sie bitte zurück zum Fragebogen auf S. 321. Suchen Sie Ihre umringelte Antwort zu jedem Szenario – jene, die die meisten Punkte erhielt – und übertragen Sie den entsprechenden Buchstaben in die unten stehende Spalte »Gewählte Option«. Wenn Sie beispielsweise der Option »e« bei Szenario zwei die höchste Punktzahl (vier oder mehr) gegeben haben, schreiben Sie »e« in die »Gewählte Option«-Spalte.

Werfen Sie nun einen Blick auf die rechte Spalte, in denen wir den jeweils gewählten Antworten einen bestimmten Wert zugeteilt haben. Aus dem unten stehenden Beispiel ersehen Sie, dass Sie bei der Wahl von »e« zwei Punkte erzielen würden. Wenn Sie »d« gewählt haben, erhalten Sie einen Punkt. Bei allen anderen Optionen gehen Sie leer aus. Schreiben Sie den neuen Punktwert in die mittlere Spalte, die mit »Erreichte Punkte« überschrieben ist.

So würde die Auswertung mit unserem Beispiel aussehen:

Die Angestellte am Nachbartisch telefoniert zu laut, was Sie wahnsinnig macht. Sie

____ a) verlieren kein Wort darüber. Schließlich hat sie das Recht zu reden, wie es ihr passt.

__*1*__ b) ergreifen die Flucht, wenn sie telefoniert.

____ c) sagen ihr in deutlichen Worten, dass sie mal die Luft anhalten soll.

__2__ d) versprechen, ihr bei der Arbeit zu helfen oder ihr sonst einen Gefallen zu tun, wenn sie leiser spricht.

__(4)__ e) überlegen mit ihr zusammen, was man gegen die hellhörige Akustik unternehmen könnte.

Szenario	*Gewählte Option*	*Erreichte Punkte*	*Zugeteilte Punkte*
Beispiel	*e*	2	e = 2; d = 1; sonst. = 0

Addieren Sie, nachdem Sie Ihre Antworten übertragen und ihnen einen neuen Punktwert zugeteilt haben, Ihre Punkte und ermitteln Sie Ihre Gesamtpunktzahl.

Szenario	*Gewählte Option*	*Erreichte Punkte*	*Zugeteilte Punkte*
1.	________	________	b = 2; e = 1; sonst. = 0
2.	________	________	e = 2; b = 1; sonst. = 0
3.	________	________	e = 2; a = 1; sonst. = 0
4.	________	________	c = 2; d = 1; sonst. = 0
5.	________	________	c = 2; a = 1; sonst. = 0
6.	________	________	a = 2; e = 1; sonst. = 0
7.	________	________	a = 2; e = 1; sonst. = 0
8.	________	________	a = 2; b = 1; sonst. = 0
9.	________	________	b = 2; d = 1; sonst. = 0
10.	________	________	a = 2; e = 1; sonst. = 0

Summe (max. 20 Punkte) ________

(Siehe Anhang B zum Antwortschlüssel und zur Begründung der geeignetsten Optionen.)

Auswertung: Hier sagen wir Ihnen, wie Sie die Punktzahl Ihres Kolleginnen-Quotienten interpretieren. Wenn die Gesamtzahl Ihrer Punkte zwischen

16 und 20 liegt, sind Sie einfach phantastisch! Sie besitzen ein unheimliches Gespür und die seltene Gabe, sich der unterschiedlichen Konfliktstile angemessen zu bedienen. Machen Sie weiter so, und Sie werden jeden auftretenden Konflikt effektiv und professionell bewältigen.

11 und 15 liegt – ausgezeichnet! Versiert setzen Sie je nach Situation verschiedene Konfliktstile ein. Sie spüren, welche Herangehensweise sich zur produktiven Lösung des Konflikts am besten eignet und erhalten sich gleichzeitig Ihre wichtigen Beziehungen.

6 und 11 liegt – gut! Sie lösen Ihre Konflikte effektiver als viele andere; einige Verbesserungen auf diesem wichtigen Feld der Kommunikation sind allerdings noch möglich. Wahrscheinlich haben Sie bei der Handhabung von Konflikten mit Ihren Kolleginnen wechselnden Erfolg. Kommt es zu Zusammenstößen, ist es wichtig, deren Auswirkungen auf Ihre Langzeitbeziehung zu dieser Kollegin zu beachten. Üben Sie sich weiterhin in den Stilen des Konfliktmanagements, sodass Sie Ihre Beziehungen zu den Frauen in Ihrer beruflichen Umgebung immer geschickter und effektiver entwickeln.

bei 5 oder weniger Punkten liegt, droht Gefahr! Sie lassen sich zu leicht in destruktive Konflikte verwickeln, und merken nicht einmal, wie oft Ihnen dies passiert. Vielleicht meiden Sie Konflikte auch so sehr, dass Ihre eigenen Bedürfnisse niemals befriedigt werden, oder aber Sie versuchen jede Situation kooperativ anzugehen, auch wenn ein anderer Stil weit effektiver wäre. Beginnen Sie noch heute, sich mit den unterschiedlichen Stilen des Konfliktmanagements auseinander zu setzen und erweitern Sie Ihr Repertoire.

Konflikte mit »Schwierigen«

Auch wenn man richtig mit den grundlegenden Konfliktstilen umgeht und eine gute Kollegin ist, kann man dennoch Pech haben und an eine Person geraten, die für Konflikte völlig unbegabt ist, weil sie diese Stile nicht beherrscht. Stellen Sie sich vor, Sie haben Heidi gebeten, mehr Verantwortung für ein Projekt zu übernehmen, als sie es ursprünglich vorhatte. Sie hat nicht die geringste Lust auf diese zusätzliche Arbeit, doch weil sie in Konfliktsituationen zu entgegenkommendem Verhalten neigt, akzeptiert sie den Vorschlag ohne einen Muckser. Oberflächlich betrachtet scheint es, als sei Ihr Problem gelöst, tatsächlich aber beginnt es gerade erst. Da Heidi davon überzeugt ist, dass ihr Nachgeben ein Fehler war (sie hätte lieber konkurrieren, kooperieren oder einen Kompromiss suchen sollen), beginnt sie zu grollen.

Wie vorauszusehen, entgleist der Konflikt an dieser Stelle. Dabei kommt auch die Regel der ausgeglichenen Machtbalance ins Spiel, da es Heidi empört, dass Sie Ihren Willen (d. h. Ihre Macht) gegen sie durchgesetzt haben. Weil es Heidi schwer fällt, Ihnen entgegenzutreten, kann sich ihr passiv-aggressives Verhalten zu einem Catfight steigern; zu Ihnen sagt sie zwar nichts, tratscht aber bei Ihren Kolleginnen über Sie, um das Macht-Verhältnis wieder auszugleichen. Heidis Taktik kann einen verwirren, vor allem dann, wenn sie die Mittel indirekter Aggression, die sie sich schon als kleines Mädchen aneignete, perfektioniert hat.

Die Frau, mit der Sie sich abmühen, ist wahrscheinlich nicht zu einer direkten, konkurrenzorientierten Auseinandersetzung bereit, sondern fällt, je nach persönlichem Stil, eher unter eine der folgenden Kategorien: das Klatschmaul, die Heckenschützin, die

Auster[7], die Saboteurin, die ewige Kämpferin, die Intrigenspinne und das Super-Aas. Wenn man die Taktiken und verborgenen Konfliktstile der Kollegin aufdeckt, kann man auch die negativen Interaktionen mit ihr besser handhaben.

Denken Sie daran, dass die Strategie der Schwierigen immer auch eine Quittung für die Konfliktgegnerin (also Sie) enthält. So verführerisch der Gedanke, dass sie eben einfach ein schreckliches Weibsbild ist, auch sein mag, vergessen Sie nicht: Catfights kosten Energie, und niemand verschwendet seine Energie, wenn er sich nicht einen Vorteil davon erhofft. Obwohl sich Heidi keines vermeidenden Konfliktstils bediente, als sie sich zu größerer Verantwortung bereit erklärte (tatsächlich war es ein Entgegenkommen), bestand ihr Ziel und schließlich ihre »Revanche« darin, Schaden anzurichten, sich jedoch den Folgen ihres Handelns zu entziehen. Mit ihrem destruktiven Klatsch hat sie versucht, Sie herunterzumachen, ohne dass Sie es ahnten oder sich dagegen wehren konnten. Bösartiger Klatsch, Hinterhältigkeiten, Verschlossenheit und Sabotage sind die wichtigsten Waffen der »Schwierigen«, um Ihre Macht und Ihr Selbstwertgefühl zu untergraben.

Betrachten wir uns nun die unterschiedlichen Typen von schwierigen Frauen etwas genauer:

Das Klatschmaul

Eine unserer Briefpartnerinnen schrieb uns über ihre Erfahrungen mit dem Typus Klatschmaul:

> Ich teilte das Büro mit einer ungeheuer ehrgeizigen Frau. Sie hatte zwei Gesichter: Einerseits war sie eine überaus hilfsbereite Person, andererseits nutzte sie jede Information, die sie kriegen konnte, um sich

selbst zu erhöhen und andere schlecht zu machen. Mit der Zeit ertappte ich sie dann auch dabei, wie sie Unwahrheiten über mich und andere Frauen aus der Firma erzählte.

Wie erkennt man, dass man es mit einem bösartigen Klatschmaul zu tun hat? Diese Frau greift aus dem Hinterhalt an, nur selten von vorn. Sie ist häufig aalglatt. Spricht man sie an, verbirgt sie sich und tut, als könne sie kein Wässerchen trüben. Bei ihren Versuchen, Verbündete zu gewinnen, macht sie ihr Opfer vor den Kolleginnen schlecht, spielt ihm selber gegenüber aber die wohlmeinende Freundin. Der Gewinn des Klatschmauls: Sie muss sich nicht direkt mit ihrer Gegnerin auseinander setzen. Obwohl sie wie die Kollegin unserer Briefeschreiberin im tiefsten Innern sehr ehrgeizig sein kann, ist ihr vorherrschender Konfliktstil die Vermeidung, da sie nie jemanden direkt konfrontiert.

Die Heckenschützin
Eine Heckenschützin versteckt sich in der Menge und arbeitet unermüdlich und mit rational erscheinender indirekter Aggression (siehe Kapitel fünf) daran, dass uns die anderen nicht mehr ernst nehmen. Hält man etwa während einer Sitzung einen Kurzvortrag, so wird die Heckenschützin rufen: »Ha – was für eine ungewöhnliche Idee. So was ist mir ja noch nie untergekommen.« Schon an der Formulierung hört jeder, dass es sich bei diesem »Lob« um eine Herabsetzung handelt.

Sie entgegnen deshalb: »Meine Empfehlung gefällt Ihnen also nicht?«

»Das habe ich nicht gesagt. Sie kommt mir nur sehr ungewöhnlich vor.«

Eine unserer Briefpartnerinnen schrieb uns über ihre Erfahrungen mit einer hinterhältigen Chefin, die ein konkurrenzorientiertes Konfliktmanagement pflegte und ihr mit ihren Attacken aus dem Hinterhalt das Leben schwer machte:

> Ich hatte eine Vorgesetzte, die eine Vorliebe dafür besaß, alle möglichen Statements über mich abzugeben, die ich – da sie vor mir und meinen Untergebenen geäußert wurden – als demütigend empfand. Und jedes Mal verblüffte sie mich derart, dass ich mich nicht verteidigte – unter anderem auch aus dem Gefühl heraus, dass die Sache vielleicht so umso schneller in Vergessenheit geriete. Schließlich wurde ich befördert und in eine andere Abteilung versetzt. Kurz darauf saß ich mit einer Reihe anderer Manager und ihr in einer Besprechung – und schon machte sie wieder eine sehr herabsetzende (und völlig unnötige) Bemerkung über meine Abteilung.

Die Heckenschützin versucht auch den Rest der Gruppe dazu zu bringen, Ihre Ideen ins Lächerliche zu ziehen, wobei sie sich sämtlicher nonverbaler Signale wie Augen-Verdrehen, Kichern, Zwinkern oder zustimmungsheischender Rippenstöße bedient. Ihre Strategie besteht darin, die Gruppe so zu beeinflussen, dass sie in ihren Spott einstimmt. Durch Attacken aus der sicheren Deckung vergrößert sie die eigene Macht und schmälert die ihres Opfers; sie glaubt das, was sie ihrem Opfer antut, im Griff zu haben. Ob sie einen direkt angreift oder nicht, der Gewinn ihrer Aktionen liegt darin, einen herabzusetzen.

Die Auster

Eine leitende Angestellte spürt, dass Lisa, eine ihrer Untergebenen, unglücklich ist. Sie hat den Eindruck, dass Lisa sich deshalb anderweitig bewirbt. Weil sie wissen will, was eigentlich los ist, bittet sie Lisa in ihr Büro und fragt: »Alles in Ordnung bei Ihnen?«

»Ja, sicher.«

»Fühlen Sie sich denn auch wohl bei uns?«

»Doch.«

»Kann ich Ihnen irgendwie behilflich sein?«

»Nein.«

So etwa hört sich ein Gespräch mit einer Auster an – keine Information wechselt den Besitzer, und Geben und Nehmen findet bei dieser Interaktion nicht statt. Der Gesichtsausdruck der Betreffenden sagt oft etwas völlig anderes als ihre Worte: Sie lächelt nicht, obwohl sie behauptet, sich wohl zu fühlen. Sie sagt, es gehe ihr gut, obwohl es ihr alles andere als gut zu gehen scheint. Offenbar bedient sie sich bei ihrem Konfliktverhalten eines Vermeidungsstils, aber ihre doppelten Botschaften haben etwas an sich, das die Vorgesetzten der Auster zum Wahnsinn treibt. Frauen verwandeln sich oft zu Austern, wenn sie kommunizieren wollen, dass etwas schief läuft, aber nicht sagen wollen, was wirklich los ist. Sie wollen, dass einem die Beziehung zu ihnen so viel bedeutet, dass man versucht, ihre Gedanken zu lesen. Wenn einem das aber nicht gelingt (und wem gelingt es schon?), liefert ihnen das neue Munition für verstärktes Ressentiment.

Die mangelnde Beziehungsfähigkeit der Auster erzeugt ein peinliches und unbehagliches Gefühl in uns, beraubt uns unserer Unbefangenheit. Und die ganze Zeit enthält sie einem womöglich wichtige Informationen vor. Der Gewinn für die Auster ist das

Gefühl, die Dinge, weil sie nicht mit Ihnen über sie spricht, unter Kontrolle zu haben. Dies steigert ihre Macht und vermindert die Ihre.

Die Saboteurin

Die Saboteurin versucht, uns auf jede nur erdenkliche Weise zu demoralisieren, indem sie heimliche Anschläge auf unser Selbstvertrauen verübt oder uns aktiv Hindernisse in den Weg schleudert. Sie kann den Computer der vermeintlichen Rivalin außer Gefecht setzen, indem sie ihr absichtlich einen Virus schickt, sie kann sich weigern, wichtige Nachrichten weiterzuleiten, nach Belieben Berichte verlieren, die rechtzeitig abgegeben werden müssten, oder aber das gute Verhältnis der Kollegin zum Chef untergraben, indem sie subtile herabsetzende Bemerkungen einflicht wie: »Candace? Die hab ich den ganzen Tag noch nicht gesehen. Wissen Sie, ich habe oft selber Schwierigkeiten, sie am Arbeitsplatz zu finden.«

Die Saboteurin bedient sich eines konkurrenzorientierten Konfliktstils. Ihre Bedürfnisse – so glaubt sie – gehen immer vor denen der anderen. Ihr Profit bei diesem Spiel besteht darin, dass sie unseren Erfolg untergräbt, indem sie unseren Ruf oder unsere Arbeit entwertet und auf diese Weise einen »Ausgleich« herstellt.

Die ewige Kämpferin

Die ewige Kämpferin bedient sich eines direkten, konkurrenzorientierten Stils, um jede Beschwerde, die Sie am Arbeitsplatz vorbringen könnten, in eine Anklage gegen Sie umzumünzen. So kann Samantha Sie mitten in einer Auseinandersetzung über ihren nicht abgelieferten Bericht mit Folgendem ablenken: »Aber

Sie sind letzten Monat zu spät in die Sitzung gekommen, Sie haben mir nicht gesagt, dass mein Fax letzten Mittwoch angekommen ist, und Sie haben mich nicht darüber informiert, dass der Direktor nächste Woche zu einem Betriebsbesuch kommt ...« Sie hat einen wüsten Haufen großer und kleiner Übertretungen angesammelt und kippt sie einem nun vor die Füße, um von ihren eigenen Fehlern abzulenken.

Die ewige Kämpferin profitiert davon insofern, als sie die Thematisierung von eigenen Schnitzern vermeidet, indem sie in die Offensive geht. Mit allen Mitteln kämpft sie auf diese Weise um die Wahrung ihres Selbstwertgefühls und ihrer Macht.

Die Intrigenspinne

Die Intrigenspinne greift auf eine Vielzahl der bisher geschilderten Techniken zurück, um ihre Gegnerin, der sie einen Verstoß gegen die Regel der ausgeglichenen Machtbalance vorwirft, fertig zu machen. Dabei versucht sie, möglichst viele Leute auf ihre Seite zu ziehen, um der Gegnerin größtmöglichen Schaden zuzufügen und gleichzeitig das eigene Macht- und Selbstwertgefühl zu erhöhen.

In einer großen Agentur für Sozialarbeit geriet Stella, eine frisch engagierte Teamleiterin, mit einer ihrer Sozialarbeiterinnen aneinander. Stella ist Perfektionistin und fühlte sich auf ihrem neuen Posten noch unsicher, sodass sie die Arbeit ihres Personals sorgfältig überwachte. Dies kränkte die Sozialarbeiterin Jane, die bereits seit zehn Jahren für die Agentur tätig war. Sie fühlte sich kontrolliert, und es ärgerte sie, dass Stella ihre Erfahrung nicht würdigte.

Erzürnt über Stellas Verhalten, das die Machtbalance zwischen ihr und Stella in eine Schieflage brachte, begann sie, nur noch unvollständige Informationen zu liefern – die zwar Stellas Fragen beantworteten, aber keine angemessene Überprüfung ermöglichten. Dann warb Jane bei den anderen Sozialarbeiterinnen um Unterstützung. Sie äußerte sich abfällig über Stella und verbreitete Geschichten über ihr Privatleben. Bald schlugen sich die anderen Sozialarbeiterinnen auf ihre Seite, um gemeinsam mit ihr Stellas Autorität zu untergraben; während der Sitzungen verdrehten sie die Augen, zwinkerten einander zu, gaben sich verschlossen und wortkarg – kurz, sie machten Stella das Leben zur Hölle.

Zunächst war Janes Verhalten nur ein Protest gegen ihre Behandlung durch Stella gewesen; später, als sie Kolleginnen um sich geschart und an Macht gewonnen hatte, begann es ihr immer mehr Spaß zu machen. Jane hatte sich zur inoffiziellen Agentur-Leiterin aufgeschwungen; wann immer Stella in Personalversammlungen Anweisungen gab, blickten alle auf Jane, um zu sehen, wie sie darauf reagierte. In dieser Win-Lose-Situation – in der eine auf Kosten der anderen den Gewinn einstreicht – blieb Jane die Siegerin.

Während ein Klatschmaul seinen Schaden im privaten Rahmen eines Vieraugengesprächs unter Kolleginnen anrichtet, versammelt die Intrigenspinne viele hinter sich, um die Position ihrer Widersacherin zu unterwandern. Janes Verhalten ist nur eines von vielen Beispielen für die Fähigkeiten einer Intrigenspinne. Andere Intrigantinnen zetteln Bummelstreiks oder kollektive Krankmeldungen an oder schaffen es, dass ganze Abteilungen sich weigern, Überstunden zu machen. Anders als das Klatschmaul oder die Saboteurin sucht die Intrigenspinne nicht die Anonymität. Da die meisten der betreffenden Kolleginnen wissen, wer hinter dem ganzen Ärger steckt, bezieht eine Intrigenspinne gerade aus der Anerkennung ihrer agitatorischen Tätigkeit Macht und Bestätigung. Und sie nutzt ihre informelle Macht über die Gruppe, um ihr Opfer um seinen Einfluss zu bringen – dies ist ihr Sieg in dem Kampf.

Das Super-Aas
Dabei handelt es sich um eine eher seltene Spezies der Schwierigen, eine jedoch, die durch ihre beträchtliche Zerstörungskraft sehr bedrohlich werden kann. Geflissentlich manipuliert sie hinter den Kulissen herum, und wann immer das nicht funktioniert, lebt sie ihre Kontrollsucht und Feindseligkeit offen aus. Sie klagt an, wenn sie selber die Schuld trägt, und nimmt für sich in Anspruch, worauf sie kein Recht hat. Sie ist in der Regel derart selbstbezogen, dass man sie fast narzisstisch nennen könnte: Ihre Gespräche, Sorgen und ihre Aufmerksamkeit kreisen allein um sie selbst und ihre Bedürfnisse, die stets auf Kosten ihrer Kolleginnen gehen. Diese »Primadonnen«-Variante der schwierigen Frau bedient sich honigsüßer Phrasen und Verhaltensweisen, wenn sie etwas von einem will, und verfügt über beträchtliche soziale Kompetenz und Gerissenheit. Verärgert man sie jedoch, indem man ihr das Verlangte versagt, kann sie sich in jäh aufflammendem Zorn gegen einen wenden – auf eine Art, die einem den Atem nimmt und die Sprache verschlägt.

Mia schilderte uns ihre letzte Begegnung mit einem solchen Super-Aas in ihrer Firma. Mia hatte gerade ihr erstes Kind zur Welt gebracht und befand sich im Mutterschaftsurlaub. Eineinhalb Wochen nach Antritt ihres Urlaubs erhielt sie einen Anruf von Gwen, einer Managerin, die zwar nicht ihre direkte Vorgesetzte war, aber über beträchtlichen Einfluss innerhalb des Unternehmens verfügte. »Sie müssen morgen«, sagte Gwen zu Mia, »zu einer wichtigen Besprechung mit einem unserem Kunden in die Firma kommen.«

Mia, die glaubte, Gwen habe vergessen, in welcher Lage sie sich befand, begann zu erklären: »Aber Jake ist erst zehn Tage alt. Ich erhole mich selber noch und bin ziemlich erschöpft.«

Dies schien Gwen jedoch nicht zu beeindrucken. »Sie müssen hier sein. Und das ist nicht in Ihr Ermessen gestellt.«

»Warum unterhalten Sie sich nicht erst mal mit Ginger darüber?«, versetzte Mia, in der Überzeugung, ihre Chefin werde ihr zu Hilfe kommen.

»Ich habe schon mit ihr gesprochen, und sie ist derselben Ansicht«, meinte Gwen kurz angebunden. Ende des Gesprächs.

Mia legte auf und brach in Tränen aus. Sie war völlig durcheinander – vor allem weil ihre Chefin ganz offensichtlich an dieser Entscheidung beteiligt war. Sie riss sich zusammen und schaffte es, den Besprechungstermin einzuhalten. Doch als sie im Büro ankam, registrierte sie irritiert Gingers erstaunte Reaktion auf ihren Anblick. Gwen hatte sie belogen – das Gespräch mit Ginger hatte niemals stattgefunden.

Das Super-Aas ist häufig in den gehobenen Etagen von Konzernen beheimatet, vor allem dort, wo man sich darauf konzentriert, was unter dem Strich herauskommt. Es ist in der Lage, immer die richtigen Zahlen zu präsentieren – wobei allerdings zahlreiche Leichen seinen Weg pflastern. Häufig provoziert das Super-Aas auch passiv-aggressives Verhalten bei seinen Kolleginnen, weil sie Angst haben, sich einer so mächtigen und zerstörerischen Kraft offen entgegenzustellen; sogar auf Frauen, die ansonsten stolz darauf sind, Probleme direkt anzugehen und zerstörerische Konflikte geschickt zu vermeiden, hat es diese Wirkung. Der Profit, den das Super-Aas aus seinem Verhalten schlägt, liegt in der Durchsetzung seines Willens.

Wie man die verschiedenen Typen der »Schwierigen« entwaffnet

Die meisten der oben beschriebenen Frauen fühlen sich durch irgendwelche äußeren Gründe zu ihrem Fehlverhalten berechtigt; ob sie sich wie Lisa gegen ihre Umgebung verschließen oder wie Jane Intrigen spinnen – sie reagieren damit auf reale oder eingebildete Verstöße gegen die Regel der ausgeglichenen Machtbalance. (Das Super-Aas allerdings ist immun gegen diese Regel, da es glaubt, die Welt drehe sich nur um es selbst.) Aber nur weil diese Frauen meinen, dass ihr Verhalten etwas zwischen ihnen und den anderen wieder »zurechtrückt«, heißt das noch lange nicht, dass man sich damit abfinden muss. Ausgehend von dem in der ersten Hälfte dieses Kapitels vorgestellten Konfliktstil-Modell kann man diese destruktiven Verhaltensweisen mit Hilfe unterschiedlicher Methoden kontrollieren und kontern. Dabei geht es zunächst darum, den Gewinn zu identifizieren, den die schwierige Frau durch ihr Handeln anstrebt, um ihn ihr dann gezielt zu verweigern. Es folgen praktische Anleitungen, die Ihnen helfen, schwierige Frauen zu entwaffnen und ihren Angriffen Einhalt zu gebieten.

Das Klatschmaul zum Schweigen bringen

Mit einer Klatschbase konfrontiert, denken sich viele Frauen oft nur: »Ich habe einfach keine Lust, meine Zeit und Energie auf ihren Tratsch zu verschwenden. Was sie sagt, stimmt sowieso nicht, warum also soll ich darauf reagieren?« Leider ermöglicht dieser Vermeidungsstil es dem Klatschmaul, ungestört weiterzumachen und noch größeren Schaden anzurichten. Im Umgang mit einer solchen Frau ist es angebracht, den Konflikt zu benennen. Beginnen Sie das Gespräch auf eine friedliche Weise, indem Sie sich zunächst erkundigen, ob es irgendein Problem gibt. Ihre Strategie läuft darauf hinaus, das Klatschmaul zur offenen Konfrontation zu zwingen – allerdings auf angemessene Weise. Da der Gewinn dieser Frau aus eben dem Schaden besteht, den sie uns – ohne dafür zur Verantwortung gezogen zu werden – mit ihrem Klatsch antut, muss es unser Ziel sein, ihr diesen Gewinn zu entreißen, indem wir ihre Taten ans Licht bringen und benennen.

Thematisieren Sie die Bemerkungen, als deren Quelle Sie die Klatschbase vermuten, und fragen Sie sie direkt, ob es zutrifft, dass sie diese Dinge hinter Ihrem Rücken geäußert habe. Achten Sie darauf, den Verdacht in eine vorsichtige und höfliche Frage zu kleiden – »Könnte es vielleicht sein?« statt »Ich habe zwölf Zeugen für Ihre Verleumdungen.« Dadurch dass Sie ihr mit Wörtern wie *vielleicht* oder *möglicherweise* scheinbar einen Ausweg lassen, entwaffnen Sie ihre Abwehr.

Wahrscheinlich aber wird sie immer noch defensiv reagieren und sagen: »Aber nein, nein – das habe ich nie gesagt.« In diesem Falle kontert man mit einem »Da bin ich aber wirklich froh, denn ich hoffe sehr, dass Sie direkt zu mir kommen und mich darauf ansprechen, wenn Sie ein Problem mit mir haben.«

Rechnen Sie nicht damit, dieses Problem auf Anhieb zu lösen. Früher oder später werden Sie wahrscheinlich erneut hören, dass sie hinter Ihrem Rücken über Sie getratscht hat. Wieder müssen

Sie sie auf direkte Weise konfrontieren. Gehen Sie davon aus, dass sich dies mehrere Male wiederholen wird. Erst nach und nach wird sie kapieren, dass Sie ihren Klatsch zugetragen bekommen und sie postwendend zur Rede stellen. Und genau das möchte die Klatschbase verhindern – weswegen es zum allmählichen Ausmerzen ihres Verhaltens beiträgt.

Die Heckenschützin entwaffnen

Die beste Methode, mit einer Heckenschützin fertig zu werden, die uns mit Hilfe der Gruppe zu attackieren versucht, besteht darin, die Macht der Heckenschützin mit Hilfe der Gruppe zu brechen. Wenn eine Heckenschützin Sie während einer Sitzung in einen Hinterhalt lockt, könnten Sie kontern: »Vicki, ich merke, dass Joan ein Problem mit meinen Empfehlungen hat. Was halten Sie von meinen Vorschlägen? Oder Sie, Bob?« Mit den individuellen Rückmeldungen der Gruppenmitglieder konfrontiert, kann sich die Heckenschützin nicht mehr hinter den Kollegen verstecken, und Sie haben ihr den erstrebten Gewinn, der im »Zuschlagen und Abtauchen« besteht, versagt.

Die Auster aufstemmen

Will man der Auster ihr angestrebtes Ziel, das Gespräch zu kontrollieren und auf diese Weise Macht über einen auszuüben, vermasseln, sollte die Strategie – ganz allgemein gesagt – darin bestehen, sie auf irgendeine Weise zum Reden zu bringen. Man sollte sie aus dem Büroumfeld herausnehmen, also mit ihr Kaffee trinken oder Essen gehen. Sitzt sie einem – ohne klingelnde Telefone und sonstige Ablenkungen – fern der vertrauten Umgebung gegenüber, wird es schwieriger für sie, ihr Schweigen zu wahren.

Während des Gesprächs sollten Sie darauf achten, dass Sie ihr W-Fragen stellen, die mit »Was?«, »Wo?«, »Wann?«, »Wie?« oder »Wer?« beginnen und sich nicht mit einem einsilbigen »Ja« oder »Nein« beantworten lassen. Anstatt zu fragen »Wie geht es Ihnen mit Ihrer Arbeit?«, die ihr vielleicht nur ein kurzes »Gut« entlockt, dem man, wie man ja bereits weiß, kaum trauen kann, fragt man etwa besser:

- »Was gefällt Ihnen an Ihrer Arbeit?«
- »Was würden Sie an Ihrer Arbeit gerne verändern, um sie für Sie befriedigender oder interessanter zu machen?«
- »Was würden Sie in dieser Firma gerne erreichen?«

Wenn Sie sie um diesen Beitrag bitten, sollten Sie es mit erwartungsvollem Blick tun und Ihre Kollegin mit leicht geöffneten – nicht mit geschürzten – Lippen ansehen. Diese nonverbalen Signale fördern den verbalen Austausch. Reagiert die Auster darauf nicht sofort, dürfen Sie ihr *nicht* zu Hilfe kommen, indem Sie gleich eine andere Frage nachschieben oder selber Antworten auf die von Ihnen gestellte Frage anbieten. Sehen Sie sie einfach weiter mit fragendem Blick an. Bleibt das Gespräch gezwungen, so thematisiert man den kargen Dialog. Man könnte etwa sagen: »Ich habe das Gefühl, als würde hier irgendetwas nicht ausgesprochen, und ich weiß nicht, was es ist. Ich glaube, es ist ein Problem, und wir müssen uns darüber unterhalten. Liegt es an irgendetwas, das ich getan habe?«

Kann man der Auster damit immer noch keinen Redeschwall entlocken, fährt man einfach fort in seinen Bemühungen, indem man etwa sagt: »Ich weiß nicht, warum ich dieses Gefühl habe, aber ich glaube, irgendetwas läuft schief zwischen uns. Wenn es ein Problem gibt, ist es mir sehr wichtig, dass wir darüber reden.« Achten Sie darauf, sich das Problem selber zuzuschreiben, damit die Auster nicht in die Defensive gerät. »War es vielleicht das, was ich auf der letzten Sitzung gesagt habe?« Durch derartige Fragen vermindert man im Grunde die eigene Macht, während man das Selbstwertgefühl der anderen erhöht. Darüber hinaus kann auch das demonstrativ gezeigte Interesse zum Ausgleich des Machtdefizits seitens der Auster beitragen.

Einige Austern aber trotzen auch unseren hartnäckigsten Bemühungen. In solchen Fällen können wir nur noch sagen: »Ich habe alles mir Mögliche getan. Ich schätze unsere Beziehung und kann Ihnen bloß noch anbieten: Wenn Sie bereit sind, mit mir zu reden, stehe ich Ihnen zur Verfügung.«

Die Saboteurin stellen

Wie das Klatschmaul muss man auch die Saboteurin direkt konfrontieren, damit ihre Hit-and-run-Technik (zuschlagen und wegrennen) nicht aufgeht. Wenn man der Saboteurin klar macht, dass man ihr Spiel durchschaut, kann sie ihr destruktives Verhalten nicht mehr so leicht verbergen. Man geht zu ihr hin und sagt ihr auf den Kopf zu, wodurch, wann und wo sie einen zu schädigen versucht. Man erklärt, wie man die negativen Folgen ihres Handelns sieht: »Weil Sie diese Nachricht nicht an mich weitergeleitet haben, habe ich eine Sitzung versäumt, die für das Budget unserer Abteilung ausschlaggebend war. Ich wollte in dieser Sitzung vorschlagen, dass wir alle neue Computer bekommen.« Dann bittet man sie um ihre Meinung dazu. Höchstwahrscheinlich wird sie ihre Sabotageakte abstreiten und behaupten, man bilde sich das alles nur ein.

Um ihr den Lohn ihrer Mühe, den sie im Untergraben unseres Erfolgs und unserer Macht sieht, zu versagen, wird man diese Art der Konfrontation so lange wiederholen müssen, bis ihr klar geworden ist, dass sie mit ihrem sabotierenden Verhalten nicht durchkommt, ohne dass Sie sie zur Rede stellen. Dauert die Sabotage unvermindert fort, werden Sie mit einem Ihrer Vorgesetzten darüber sprechen müssen. Statt sich tratschenderweise darüber auszulassen, sollten Sie Ihren Chef um Rat bitten.

Zur langfristigen Schadensbegrenzung wäre es klug, eine Beziehung zur Saboteurin aufzubauen, indem Sie ihre Macht und ihr Selbstwertgefühl durch entsprechendes Chip-Management fördern (siehe Kapitel sechs). Vielleicht geht Ihnen das zunächst ziemlich gegen den Strich, weil Sie ja überzeugt sind, dass die Saboteurin Ihnen Unrecht getan hat, und es erscheint Ihnen womöglich wie Selbstverleugnung, sich nun Methoden zur Verbesserung *ihres* Selbstwertgefühls zu überlegen. Aber wenn Sie die Aktivitäten zum Ausgleich der Machtbalance nicht offensiv vorantreiben, werden Sie sich bald wieder von ihr sabotiert finden – was Sie sowohl Zeit als auch Energie kostet.

Der ewigen Kämpferin Einhalt gebieten

Die wirksamste Strategie gegenüber der ewigen Kämpferin ist die Konzentration auf die unmittelbar anstehenden Fragen, d. h. man weigert sich einfach, sich in konfuse Streitereien verwickeln zu lassen, aus denen sie als Siegerin hervorzugehen hofft. Ihr Ziel ist es, sich den Folgen ihres Handelns zu entziehen, aber lässt man sich nicht von den anstehenden Fragen abbringen, dann bleibt ihr kein Fluchtweg. Haben Sie z. B. ein Problem mit Samantha wegen ihres zu spät abgelieferten Berichts, und sie reagiert auf Ihre Vorhaltungen mit Klagen über *Ihr* verspätetes Erscheinen auf einer Sitzung oder *Ihre* Vergesslichkeit, sollten Sie ihr zwar kurz signalisieren, dass Sie ihre Vorwürfe registriert haben, lassen Sie sich aber nicht von Ihrem eigenen Thema abbringen: »Ich verstehe, dass Sie über mein Zuspätkommen reden wollen, aber jetzt möchte ich, dass wir uns auf den letzten Bericht konzentrieren.«

Lässt sie sich dennoch nicht davon abbringen, so können Sie wiederholen: »Wir werden uns über diese Angelegenheiten unterhalten, jetzt aber möchte ich über den zu spät abgelieferten Bericht reden.« Denken Sie daran: Wenn Sie auf Samanthas Vorhaltungen überhaupt nicht eingehen, wird sie immer wieder auf sie zurückkommen.

Eine andere gut funktionierende Taktik gegenüber der ewigen Kämpferin ist die, sich alle ihre Einwände zu notieren. Sie könnten sagen. »Ich habe mir jetzt all diese anderen Probleme aufgeschrieben, damit ich sie nicht vergesse, aber lassen Sie uns jetzt auf das gegenwärtig anstehende Problem zurückkommen.« Wahrscheinlich gibt sie nun auf, da Sie ihr so deutlich demonstriert haben, dass Sie ihre Einwände gehört haben. Vielleicht müssen Sie später auf sie zurückkommen, vielleicht aber auch nicht.

Das Netz der Intrigenspinne zerreißen

Weil die Intrigenspinne ihre Macht aus der Gruppe bezieht, besteht die erste Herausforderung darin, die Anstifterin zu finden. Hat man das Gefühl, eine ganze Gruppe hat sich gegen einen verschworen, muss man das Verhalten der Gruppe bei den Sitzungen beobachten: Spricht eine Person mehr als die anderen? Geht der Löwenanteil der gegen Sie gerichteten negativen Signale auf ihr Konto? Blicken die anderen zustimmungsheischend auf diese Person, nachdem sie eine hinterhältige Bemerkung platziert oder eine abfällige Geste gemacht haben?

Sobald Sie die Urheberin ermittelt haben, müssen Sie sie von ihrer Machtbasis trennen. Treffen Sie sie zu einem Vieraugengespräch, um den Problemen, die Ihre Beziehung untergraben, auf den Grund zu gehen und sie zu lösen. Wie die Klatschbase und die Saboteurin muss man der Intrigenspinne ihr Verhalten auf den Kopf zusagen. Lassen Sie sie wissen, was Sie über ihr destruktives Verhalten wissen. Erklären Sie ihr, wie Sie die negativen Folgen ihrer intriganten Handlungen einschätzen. Bitten Sie sie um eine Stellungnahme. Die Intrigenspinne wird Ihre Einschätzungen abstreiten und behaupten, dass Sie sich etwas einbilden, aber lassen Sie sich davon nicht abschrecken. Vermutlich müssen Sie diese Konfrontationen so oft wiederholen, bis sie von ihrem provozierenden und agitierenden Verhalten ablässt und die Gruppe wieder auf Linie gebracht ist.

Falls sich all diese Maßnahmen als unwirksam erweisen (weil die Intrigenspinne bereits so viel Macht gewonnen hat und sie nicht aufgeben möchte), ist es ratsam, einen Schlichter hinzuzuziehen, damit dieser zunächst mit Ihnen beiden, und falls nötig, auch mit der ganzen Gruppe arbeitet und auf diese Weise bestimmte Teamstandards etabliert (siehe Kapitel elf).

Das Super-Aas in Schach halten

Das Ziel des Super-Aases ist die Durchsetzung des eigenen Willens. Wegen der großen Zerstörungskapazität dieses Frauentyps sollten Sie sich, falls Sie an eine Zusammenarbeit mit ihr denken und dabei die Wahl haben, die Sache noch einmal gut überlegen. Dies ist eine Situation, in der sich Vermeidungsverhalten als ausgezeichnete Wahl entpuppen könnte. Wir haben uns mit vielen Frauen unterhalten, die wegen einem Super-Aas ihre Jobs aufgaben oder in andere Abteilungen wechselten – nur, um sich dieser Xanthippe zu entziehen.

Wenn Sie aber mit einem solchen Super-Aas geschlagen sind, halten Sie sich unbedingt an Regel Nummer eins für das Leben im Haifischbecken: Nicht bluten! Lassen Sie es sich nicht anmerken, wenn das Weib Sie irritiert. Sichtbare Schwäche wird ihre Angriffe nur verstärken. Man versuche auch nicht, es ihr mit gleicher Münze heimzuzahlen, indem man genauso bösartig handelt, wie sie es zu tun scheint – sie ist eine Spitzenkombattantin mit jeder Menge Erfahrung, und man kann als Neuling in diesem Spiel nur verlieren. Stattdessen sollte man seine Grenzen definieren und sich ihr im Rahmen dessen, was man für richtig hält, entgegenstellen. Mia beispielsweise hätte Gwen entgegnen können: »Ich weiß, dass Sie mich morgen brauchen, aber es ist einfach unmöglich. Ich werde mit Ginger darüber sprechen und sie wissen lassen, dass ich, obwohl ich gern bei der Besprechung dabei wäre, einfach nicht darauf vorbereitet bin.«

Ab diesem Punkt sollten Sie sehr vorsichtig sein. Sie wissen, mit wem Sie es zu tun haben. Sie sollten sich auf jeden Fall erst vergewissern, ob die Behauptungen und Forderungen von Frau Super-Aas überhaupt zutreffen. Und machen Sie sich auch auf frontale Attacken gefasst, denn sie kommen mit Sicherheit.

Gebrauchsanweisung für konfliktträchtige Situationen

Konflikte am Arbeitsplatz sind nicht auf Personen beschränkt, die sich der oben beschriebenen Techniken bedienen. Es gibt eine ganzes Spektrum konfliktträchtiger Situationen, die den Rahmen dieses Buches sprengen. Sie haben mit Menschenführung zu tun und mit unterschiedlichen Arbeitsgewohnheiten (manche Menschen sind von notorischer Pünktlichkeit, während andere keinen Termin einhalten können), mit dem Fällen strategischer Entscheidungen, der Frage, wer wofür Anerkennung erhält, und so weiter und so fort.

Doch es gibt einige allgemeine Regeln für das Lösen von Konflikten, die man unabhängig vom Typ der Gegnerin und dem eigenen Konfliktstil anwenden kann. Grundsätzlich lassen sich drei Hauptmethoden beim Umgang mit Konflikten unterscheiden.

- ♦ *Den Konflikt bereinigen:* irgendeinen Weg finden, um eine negative Situation zu verändern.
- ♦ *Lernen, mit ihm zu leben:* eine Möglichkeit finden, ihn zu tolerieren oder zu ignorieren.
- ♦ *Ihn hinter sich lassen:* sich der Situation entziehen.

Stellen Sie sich folgende Interaktion vor: Eine Kollegin beklagt sich, die Buchhaltung verlange von ihren Untergebenen Tag für Tag mehr Daten. »Meine Leute müssen Überstunden machen, was sich auf mein Budget auswirken wird. Aber diesen Erbsenzählern ist das egal ...«

Sie schlagen ihr vor, ihre Einwände in der Buchhaltung vorzubringen – ein Versuch zur Bereinigung des Konflikts: »Haben Sie mal versucht, mit der Buchhaltung zu reden?«

Sie entgegnet: »Denen ist doch völlig egal, was bei mir los ist.«

Worauf sie sagen könnten: »Dann müssen Sie wohl oder übel damit leben.«

»Damit leben? Damit kann ich nicht leben. Das wird mich meinen Job kosten!«

»Tja, dann werden Sie wohl gehen müssen.«

»Gehen? Endlich hab ich mal vier Wochen Urlaub gekriegt. So schnell gehe ich jedenfalls nicht!«

Hier haben wir in aller Kürze alle drei Optionen vereint. Es gibt die unter uns, die sich zu Märtyrern stilisieren und sich weigern, die Grenzen dieses Verhaltens anzuerkennen – aber Märtyrertum bringt weder etwas ein, noch ändert es etwas. Weil das Aufgeben einer Stelle als Lösung logistisch und finanziell nicht immer möglich ist, und mit dem Ärger zu leben Sie auf Dauer Ihren Seelenfrieden kostet, ist die Bereinigung eines Problems häufig die beste Möglichkeit.

Wenn Sie diese Option wählen, haben Sie drei Angriffspunkte. Verändern können Sie:

- *Die Person, mit der Sie sich im Konflikt befinden:* Das Problem besteht hier darin, dass man einen Menschen nicht ohne weiteres »ummodeln« kann.
- *Das System:* Kleine oder weitreichende Änderungen des Status quo sind durchaus möglich. Wenn die Art, wie Ihr Land regiert wird, Sie wirklich unglücklich macht, könnten Sie einer politischen Partei beitreten und zu kandidieren versuchen. Das ist ein großer Schritt, aber auch kleinere Veränderungen sind denkbar. In einem Büro, das sich von uns beraten ließ, kam das Personal gewohnheitsmäßig zu spät zur Arbeit. Die Leitung tadelte die Angestellten zwar wiederholt, und nach jeder dieser

Strafpredigten verbesserte sich die Situation – vorübergehend. Schließlich änderte die Geschäftsleitung das System: Sie installierte eine Stechuhr. Ende der Diskussion; Ende des Problems.

- *Sich selbst:* Ihre Handlungen und Reaktionen sind in einer schwierigen Situation am leichtesten zu verändern. Wenn Sie andere und die Umstände nicht verändern können, können Sie immer noch bei sich selbst ansetzen. Ironischerweise bewirkt dies häufig auch entsprechende Veränderungen im Verhalten Ihres Konfliktgegners oder der Konfliktsituation.

Sich selbst verändern

Konfliktsituationen lassen sich mitunter erfolgreich lösen, wenn man seine eigenen Einstellungen und Verhaltensweisen verändert. Wir empfehlen dabei den Bereinigungs-Ansatz. Ehe man auf ein Problem reagiert, sollte man einen Schritt zurücktreten und seine persönlichen Reaktionen erst einmal hintanstellen. Beginnen Sie strategisch zu denken. Hier einige Taktiken, die Sie im Hinterkopf haben sollten, um produktiver mit schwierigen Situationen umzugehen:

1. Seine Emotionen in den Griff bekommen

Wenn Sie sich in einer schwierigen Situation in bestimmte Emotionen hineingesteigert haben (sich verletzt, wütend oder ängstlich fühlen), kommt es leicht zu unangemessenen Reaktionen. Es ist wichtig, sich von seinen Gefühlen bezüglich der Personen und Umstände frei zu machen, um überlegter und zielorientierter mit ihnen umgehen zu können. Setzen Sie sich hin und fragen Sie sich, was Ihr primäres Ziel ist, was zur Erreichung dieses Ziels beitragen könnte, wie Sie die Situation sehen und wie Sie im Lichte dieser neuen Erkenntnisse zukünftig vorgehen sollten.

2. Den Konfliktstil identifizieren
Es ist wichtig, mit klarem Kopf nicht nur den eigenen Konfliktstil sondern auch die Konfliktstile der anderen Beteiligten zu identifizieren. Auf diese Weise erkennt man, ob der Streit auf unvereinbare persönliche Stile zurückzuführen ist, und kann, falls dies der Fall ist, Strategien entwickeln, um diese einander anzupassen. Wenn Sie es mit einer Vermeiderin zu tun haben, und Sie selbst eher konkurrieren, schlagen Sie die Vermeiderin dadurch nur noch mehr in die Flucht. Möglicherweise bedienen Sie sich aber auch nicht des angemessensten Stils für diese spezielle Situation. Sie müssen einen Schritt zurücktreten und sich fragen: »Sollte ich mich entgegenkommend verhalten, oder wäre Kooperation in diesem Fall angebrachter?« Wählen Sie Ihren Stil bewusst, statt sich von momentanen Stimmungen leiten zu lassen.

3. Den Gewinn erkennen und verweigern
Man muss herausfinden, was die Person, mit der man sich im Konflikt befindet, mit ihrem negativen Verhalten bezweckt, und dann Möglichkeiten finden, diesen Zweck zu vereiteln. So setzt eine konkurrenzorientierte Frau ihren Willen normalerweise durch, indem sie anderen zusetzt und verbal ausfällig wird. Man fühlt sich vielleicht versucht, ihre Forderungen zu erfüllen, weil es so unangenehm ist, angeschrien zu werden, doch das wird ihre Überzeugung, dass ihr lautes Mundwerk die gewünschte Wirkung hat, nur verstärken. Besser ist es, unnachgiebig zu bleiben: »Ich verstehe

schon, dass Sie diesen Bericht gern schreiben würden, aber man hat Alice damit beauftragt.« Dies zeigt ihr, dass sie, egal, wie laut sie brüllt, ihren Kopf nicht durchsetzen wird.

4. *Konsequent sein*
Ob man in einer Auseinandersetzung seinen Konfliktstil ändert oder auch nur den Umgangston mit der Konfliktgegnerin – das Wichtigste dabei ist, dass man dieser neuen Verhaltensweise oder Einstellung treu bleibt. Wenn Sie einer schwierigen Frau ihren Konfliktgewinn vorenthalten, dann dürfen Sie darin nicht schwankend werden. Denken Sie an die Spieler am Spielautomat: Ihr Glaube, dass sich einer von hundert Rucken am Hebel auszahlen könnte, reicht ihnen, um gebannt davor stehen zu bleiben und es immer wieder zu versuchen. Wenn Sie also einer schwierigen Person ihren Gewinn verweigern, so müssen Sie dies konsequent tun, denn einmal nachzugeben genügt, um sie in ihrem problematischen Verhalten zu bestärken.

Allerdings kann sie, wenn sie sich um ihren Lohn betrogen sieht, ihre Anstrengungen auch zuerst verdoppeln. Die Klatschbase tratscht womöglich noch mehr; die Heckenschützin verstärkt ihre hinterhältigen Angriffe, da sie sie für nicht ausreichend hält. Halten Sie durch und denken Sie daran, dass – bei absoluter Konsequenz – das Ausbleiben jeglichen Lohns und die von Ihnen aufgezeigten negativen Folgen dem Verhalten der Konfliktgegnerin letztlich Einhalt gebieten werden.

5. *Konfrontation!*
Eine schwierige Situation wird sich nicht von selbst und ohne aktive Anstrengung Ihrerseits lösen. Ob Sie in Ihrer Abteilung im-

mer wieder den Leistungsstandard des Teams thematisieren oder sich bewusst entscheiden, kooperativer mit Ihren eher konfliktscheuen Untergebenen umzugehen, Sie werden das Problem direkt angehen müssen.

6. *Die Regel der ausgeglichenen Machtbalance befolgen*
Suchen Sie nach Möglichkeiten, sich an die Regel der ausgeglichen Machtbalance unter Wahrung des eigenen wie auch des Selbstwert- und Machtgefühls Ihrer Kolleginnen zu halten. Dies trägt zur Lösung bestehender Konflikte bei und verhindert, dass eine mögliche »Schlagseite« der Beziehung künftig zu Konflikten führt.

Das Verständnis von Konfliktstilen und die Fähigkeit, Konflikte beizulegen, sind für jede berufstätige Frau wichtige Fertigkeiten, ob sie nun hervorragende kreative Arbeit leisten will, ohne unnötige Energie auf Catfights zu verschwenden, oder einfach ein harmonisches und erfüllendes Arbeitsumfeld frei von negativen Interaktionen genießen möchte. Geschicklichkeit beim Lösen von Konflikten ist aber auch wichtig für Frauen, die bestrebt sind, ihre Führungskompetenzen auszubauen und Karriere zu machen. Im folgenden Kapitel wollen wir uns deshalb mit der Entwicklung von Schlüsselkompetenzen beschäftigen, die Ihnen helfen, eine kompetente und charismatische Führungskraft – auch und gerade für weibliche Angestellte – zu werden.

Zehn

Wie man als Frau effektiv führt

Die frühere Premierministerin Margaret Thatcher wurde in der britischen Presse häufig als »bossy« bezeichnet. Ob wohl jemand auf die Idee käme, Tony Blair für »bossy« oder »herrisch« zu halten? Vermutlich nicht. Und es sollte uns im Grunde nicht überraschen, dass die Möglichkeiten angemessenen Verhaltens für Frauen in Führungspositionen eingeschränkter sind als die für Männer – es ist lediglich eine weitere Zwickmühle, in die wir geraten können. Wir arbeiten in hierarchischen Strukturen und müssen uns, wollen wir Erfolg haben, hierarchiekonform verhalten. Gleichzeitig aber werden wir weibliche Untergebene, die (unbewusst) nach der Regel der ausgeglichenen Machtbalance leben, durch ebendieses Verhalten verletzen, das wir als Führungspersönlichkeiten an den Tag legen müssen.

Vor mehreren Jahren zirkulierte eine vergleichende Beschreibung von Geschäftsmännern und -frauen in den Kantinen und Aufenthaltsräumen diverser großer Unternehmen. Obwohl sie humorvoll gemeint ist, trifft sie diese Doppelmoral im Geschäfts- und Berufsleben ganz genau (siehe Kasten S. 372).

Wir leben und arbeiten heute in einer erst zur Hälfte veränderten Welt. Viele Frauen haben Fenster in der Glasdecke entdeckt,

Wie unterscheidet man einen **Geschäftsmann** ***von einer***	**Geschäftsfrau**
Er ist zielorientiert.	Sie ist penetrant.
Er hat ein Auge fürs Detail.	Sie ist pingelig.
Er verliert die Beherrschung (weil er so engagiert ist).	Sie ist ein Aas.
Er ist niedergeschlagen.	Sie ist launenhaft.
Er zieht die Sache durch.	Sie weiß nicht, wann sie aufhören muss.
Er scheut sich nicht, seine Meinung zu sagen.	Sie regt sich gern auf.
Er besitzt Autorität.	Sie ist herrisch.
Er zieht sich gut an.	Sie ist eine Modepuppe.
Er hat Selbstvertrauen.	Sie ist eingebildet.
Er hat die Erfolgsleiter erklommen.	Sie hat sich nach oben geschlafen.

durch die sie hindurchklettern.[1] Wir haben größere Chancen und mehr Macht als jemals zuvor. Aber ganz haben wir immer noch nicht gleichgezogen. Egal, wo in einem Unternehmen Sie sich befinden, ob Sie in einem kreativen, High-Tech-, akademischen, Dienstleistungs-, Fertigungs- oder unternehmerischen Umfeld tätig sind, wenn Sie eine Führungsposition einnehmen – und wir definieren dies im weitesten Sinne, dass Sie *die Fähigkeit haben, mit Hilfe anderer Ziele zu erreichen* –, müssen Sie sich anders verhalten als ein Mann. Sie sind mit vielen ganz spezifischen Herausforderungen konfrontiert: Sie müssen sich gut überlegen, wie Sie sich präsentieren und wie Sie auftreten, was Sie anziehen, auf welche Schlachtfelder Sie sich begeben, wie Sie Freundschaften mit früher gleichrangigen Kolleginnen, die jetzt Ihre Untergebenen sind, weiterpflegen, und wie Sie eine Angestellte rügen, ohne dabei zu kritisch oder zu nachgiebig zu erscheinen.

Zum einen kann einem schon die Annahme der neuen Rolle als Verstoß gegen die Regel der ausgeglichenen Machtbalance ausgelegt werden. Man hat hart gearbeitet für diese Beförderung, aber rufen die Frauen nach unserem Aufstieg in die Männerriege etwa »Hurra, wir haben jetzt eine Frau an der Spitze«? Höchst selten! Eher hören wir sie schreien: »Ein Luder, ein Aas, ein Miststück ist sie!« Wenn Sie erfolgreich sein wollen, werden Sie Unterstützung von Ihren weiblichen Untergebenen brauchen. Zum anderen müssen Sie aber auch knallharte Leistungsbereitschaft demonstrieren. Andernfalls hat man in den Augen der männlichen Kollegen versagt. Dies ist ein hoher Anspruch. Und es ist eines der fünf Hauptparadoxa, mit denen man als weibliche Führungskraft in der heutigen Gesellschaft konfrontiert ist.

Das Machtparadoxon

Macht gilt als Synonym für Männlichkeit. Auch heute sind es meistens die Jungen, die am selbstbewusstesten klingen, deren Worte nicht angezweifelt werden und die die Banden anführen. Dieses Selbstvertrauen überträgt sich auf die männliche Sicht von Führungsrollen in den Unternehmen. Seit ihrer Kindheit und Jugend schätzen Männer den mächtigen Anführer, der Anweisungen gibt und seine Vorgaben dann selbstbewusst durchsetzt.

Umgekehrt stellt Macht das Gegenteil allen Weiblichen dar, weil Weiblichkeit traditionell mit Passivität, Schwäche und Entgegenkommen gleichgesetzt wird. Natürlich mögen manche Mädchen überzeugender sein als andere, aber als geborene »Chefin« oder »Anführerin« werden sie deshalb noch lange nicht betrachtet. Mädchen spielen nur selten Führungsrollen, sodass das Einüben der damit verbundenen Fähigkeiten in der Regel erst mit dem ersten Managerposten beginnt. Sogar bei den seltenen Gelegenheiten, bei denen ein Mädchen zur Anführerin erkoren wird, hat sie dies in der Regel ihrer großen Beliebtheit zu verdanken. Und kaum lässt sie ihre Nettigkeit und Bravheit ein wenig hinter sich, wird sie als »herrisch« bezeichnet und schnell aus ihrer Position verdrängt.

Unser Dilemma besteht darin, dass sich die Unternehmen nur wenig aus unserem Bravsein machen. Viel mehr interessiert sie unsere Fähigkeit, mit Hilfe anderer die Firmenziele umzusetzen. Wie Chris Lee, Chefredakteurin der Zeitschrift *Training* formulierte, müssen Frauen im Management »als zäh genug gelten, um weibliche Stereotypen hinter sich zu lassen, werden aber gleichzeitig bestraft, wenn sie zu ›männlich‹ wirken.«[2]

Das Perfektionsparadoxon

Eine Studie nach der anderen zeigt, dass Frauen Männer in den meisten Management-Kategorien übertreffen. Einer Untersuchung von etwa 6400 Führungskräften zufolge stellten die Wissenschaftler fest, dass die Frauen in 28 von 30 Management-Kompetenzen besser abschnitten als die Männer, unter anderem in den

Bereichen Problemlösung, Planung, Kontrolle, Beziehungs-Management, Menschenführung und Kommunikation.[3] Trotz unserer zahlreichen Talente fallen wir jedoch beim Eingehen von Risiken beträchtlich zurück. In unserer Jugend haben uns die Lehrer dazu ermutigt, uns auf Einzelheiten zu konzentrieren und uns für unsere Ordentlichkeit, unsere schöne Schrift und unsere Folgsamkeit gelobt. Der Perfektionismus hat sich in unseren Köpfen als unerreichbares Ideal eingenistet. Gleichzeitig hat man uns eingeschärft, Risiken zu vermeiden – aus Furcht, nur Unvollkommenes zustande zu bringen. Als erwachsene Frauen in der Geschäftswelt können wir, wenn wir uns auf Details und Risikovermeidung konzentrieren, zwar fälschlicherweise glauben, unsere Position zu verbessern, tatsächlich aber erreichen wir eher das Gegenteil.

So kann sich Perfektionismus zu einer gefährlichen Angewohnheit entwickeln, die uns zu der Befürchtung verleitet, niemand könne eine Sache so gut erledigen wie wir selbst. Solche Ängste veranlassen uns, unseren Untergebenen alles bis ins Kleinste vorzuschreiben – wir setzen sie unter Druck, wo wir eigentlich delegieren sollten. Es überrascht nicht, dass Angestellte dieser Führungsstil nervt, wie die Menge an Klagen, die wir über anmaßende Chefinnen gehört haben, deutlich belegt. Manche empfinden diese bevormundende Art als kränkende Machtdemonstration: »Wie eine Glucke ist sie ständig um mich herum!« – »Wie kommt sie nur dazu, sich einzubilden, sie könnte das besser als ich?« Und das kann, ohne dass es beabsichtigt ist, einen hässlichen Konflikt auslösen. Abgesehen davon schadet ein derart kleinlicher Führungsstil den Angestellten, da er sie davon abhält, sich neue Fertigkeiten anzueignen, Verantwortung zu übernehmen und echte Erfolge zu erzielen.

»Meine Untergebene könnte einen Fehler machen, und mir wird man die Schuld daran geben«, denken Sie vielleicht. Stimmt. Aber die einzige Möglichkeit, einem Menschen etwas beizubringen, besteht darin, ihn eine Aufgabe selbstständig erledigen zu lassen; und als Führungskraft sind Sie verpflichtet, Ihren Angestellten Gelegenheiten zu Wachstum und Weiterentwicklung zu bieten. Wenn Sie nicht ablassen von Ihrem Perfektionismus und anfangen zu delegieren, werden Sie sich fortwährend in ermüdenden Kleinigkeiten verzetteln.

Das Fürsorgeparadoxon

Wenn auch viele von uns vor der Führungsrolle zurückscheuen, hat die Forschung dennoch ergeben, dass wir über beträchtliche Führungsqualitäten verfügen – vor allem solche, die fürsorgliche Interaktionen mit anderen voraussetzen. Eine kürzlich durchgeführt Studie, die männliche und weibliche Unternehmer miteinander verglich, hat ergeben, dass mehr als die Hälfte der Frauen das intuitive, mit der rechten Gehirnhälfte assoziierte Denken (welches Kreativität, Sensibilität und Werte beinhaltet) im Entscheidungsprozess betonten. Die Frauen betrachteten ihre Unternehmen als große Familie, bestehend aus einem Netzwerk von Verbindungen (sie beziehen Befriedigung aus dem Aufbau von Beziehungen zu Kunden und Angestellten), während die Männer ihre Firmen als Hierarchien mit klaren Regeln und Verfahrensweisen begriffen.[4]

Hinsichtlich des Fürsorgeverhaltens gegenüber Untergebenen, Gleichrangigen und Kunden sind Frauen eindeutig im Vorteil.

Doch kann diese Fähigkeit auch zu einem zweischneidigen Schwert werden, weil weibliche Untergebene häufig besondere Aufmerksamkeit und Ermunterung von einer weiblichen Vorgesetzten erwarten. Eifersüchteleien, die an Geschwisterrivalität grenzen, können sich unter den Angestellten entwickeln, wenn diese Erwartungen enttäuscht werden. Kommen Sie häufig mit einer Ihrer Angestellten zur Arbeit oder verbringen viel Zeit mit einer neuen Kollegin, wird das bei anderen Frauen unter Umständen den Eindruck erwecken, dass die Betreffende Ihr »Liebling« ist. Fühlen sich die anderen aber vernachlässigt, kreiden sie Ihnen das als Verstoß gegen die Regel der ausgeglichenen Machtbalance an und fühlen sich vielleicht gar zu Sabotageakten ermutigt.

Abgesehen davon riskiert man, wenn man die neuen Angestellten zu wichtig nimmt, sich in ihr Privatleben hineinziehen zu lassen. Für einen empathischen und sozialen Menschen ist es verführerisch, seine Untergebenen so sehr zu »umsorgen«, dass er schon fast eine Therapeutenrolle übernimmt. Deshalb sollte man sich immer wieder erinnern, dass man durch einen falschen Ratschlag sich selbst und die ganze Firma in Gefahr bringen kann; denn vermutlich haben Sie kein Diplom, das Sie zu psychologischer Beratung ermächtigt.

Ihre Fähigkeit zu mütterlicher Fürsorge kann auch nach hinten losgehen, wenn sie Sie dazu bringt, die Verantwortung für bereits delegierte Aufgaben wieder an sich zu ziehen. William Oncken, Leiter von Unternehmerseminaren, nennt die Verantwortung für bestimmte Aufgaben einen »Affen«; ein Affe hockt auf dem Rücken der Angestellten, bis sie ihre Aufgabe erledigt hat.[5] Die fürsorgliche und ach so hilfsbereite Chefin erkundigt sich bei ihrer Untergebenen nach dem Arbeitsfortschritt. »Wie läuft es denn so? Kann ich Ihnen irgendwie helfen?« Aber der Affe ist flink, hat lange Arme und Beine und wird schnell wieder auf den Rücken der Chefin springen, wenn sie nicht auf der Hut und darauf gefasst ist.

Tatsächlich fühlen sich viele weibliche Führungskräfte überarbeitet, weil sie, ohne es zu merken, so viele Affen mit sich herumtragen. Und wenn man als Perfektionistin auch noch die Verantwortlichkeiten von Untergebenen übernimmt, ist es schwierig für diese, sich zu emanzipieren und die selbstständige Ausführung von Aufträgen zu erlernen. Darüber hinaus laugt dieses »Klammern« die Vorgesetzte aus und hindert sie daran, sich auf das große Ganze zu konzentrieren.

Das Freundschaftsparadoxon

Eine Führungsrolle verpflichtet uns zu einer angemessenen emotionalen Distanz gegenüber unseren Untergebenen. Bis zur klaren Etablierung dieser Distanz kann sich die Führung weiblicher Angestellter schwierig gestalten. Frisch beförderte Frauen hören dies nicht so gerne und jammern uns häufig vor: »Aber ich habe meine alten Kolleginnen doch immer noch gern, und ich möchte, dass wir Freundinnen bleiben.« Das Freundschaftsparadoxon stellt diese Frauen vor ein gewaltiges Problem. Meist zögern wir, uns als Führungskräfte von den anderen abzusetzen, weil wir fürchten, unsere Freundinnen damit zu brüskieren.

Unsere klare Antwort: Leider können Sie nicht beides haben. Wenn Sie die Chefin sein wollen, müssen Sie auch akzeptieren, dass Sie zwar durchaus *freundlich* zu Ihren Untergebenen sein dürfen, ja sogar müssen, aber keine Freundschaften mit ihnen unterhalten können. In der U.S.-Armee weiß man, wie schwierig es für Männer und Frauen ist, aus dem Kollegenkreis heraus befördert zu werden, und versetzt daher neue Führungskräfte meistens an andere Standorte, damit sie ein anderes Team leiten können.

Anson Dorrance, erfolgreicher Frauenfußball-Coach der University of North Carolina, erklärt: »Frauen tun sich schwer, die mit einer Führungsrolle einhergehende Verantwortung zu akzeptieren, die darin besteht, ihre Mannschaftskolleginnen zu kritisieren und sie auch mal in eine Richtung zu schicken, die diese nicht einschlagen wollen. Ein Mann will seine Mannschaftskameraden befehligen, eine Frau muss man dazu zwingen. Und sie nehmen diese Rolle nur widerstrebend ein, weil sie ihrer Beliebtheit schadet. Frauen wollen lieber vom Team gemocht werden, als es zu führen, denn dazu müssen sie sich auch Feindinnen machen, und das ist es ihnen nicht wert.«[6] Inzwischen wissen wir, dass dieses Sich-Feinde-Machen, auf das Dorrance anspielt, auf Verstößen gegen die Regel der ausgeglichenen Machtbalance beruht.

Aber die Freundschaft mit Untergebenen kann auch noch andere Gefahren für die Vorgesetzte bergen. Als Frau verspürt sie den natürlichen Drang, enge Beziehungen herzustellen und sich ihren Freundinnen zu offenbaren, als Chefin jedoch besteht eine ihrer größten Herausforderungen darin, ihr Privatleben für sich zu behalten. Freundschaft und Nähe können uns zwar große Erfüllung bieten, machen eine Vorgesetzte aber auch verletzlich. Werden irgendwann persönliche Details ihres Lebens bekannt, ist sie an vielen Fronten angreifbar. Und schnell kann man sie als dumm, schwach oder empfindlich hinstellen. Bringen Sie als neue Chefin dann auch noch unabsichtlich die weibliche Machtbalance in Schieflage, indem Sie Aufgaben zuweisen oder Ihre Angestellten zur Verantwortung ziehen, können Ihre weiblichen Untergebenen diese intimen Informationen als Waffe gegen Ihre Führungsrolle einsetzen.

Das Weiblichkeitsparadoxon

»Wie kommt es nur, dass niemand mich ernst nimmt?«, fragte uns Donna. Trotz ihrer Ratlosigkeit, war uns sofort klar, wo ihr Problem lag. Donna war eine hübsche, zierliche junge Frau, 28 Jahre alt und obendrein ziemlich »aufgebrezelt«. Zu einem knappen, tief ausgeschnittenen Pullover trug sie einen kurzen, engen Rock. Ihre hochhackigen Sandalen entblößten grellrot lackierte Zehennägel, und das lange Haar und die baumelnden Ohrringe vervollständigten das Bild einer Frau, die sich auf eine heiße Diskonacht freut. Auch wenn sie sehr attraktiv wirkte, hatte dies alles leider gar nichts von dem seriösen Unternehmensimage, das sie als Junioranwältin nach dem Wunsch ihrer Firma nach außen vermitteln sollte.

Das Ausbalancieren von Weiblichkeit und Führungsrolle kann sich für manche Frauen problematisch gestalten. Mit dem Problem, dass sexy Klamotten eventuell zu Catfights führen, müssen Männer sich einfach nicht herumschlagen. In der Rolle der *Erin Brockovich* provozierte Julia Roberts im gleichnamigen Film den Zorn und die kalten Schultern ihrer Kolleginnen, weil sie ihr Dekolleté und ihre Kurven ins rechte Licht zu setzen wusste. Eine eifersüchtige Frau aus ihrem Team könnte die erste sein, die dies als Munition gegen Sie ins Feld führt: »Kein Wunder, dass sie befördert worden ist«, könnte sie hinter Ihrem Rücken flüstern. »Schaut doch mal, wie sie sich anzieht.«

Leider hat – so lächerlich und banal es auch erscheinen mag – unangemessene Kleidung schon manche Karriere ruiniert. Weil Männer sich von provozierenden Outfits angezogen fühlen, können andere Frauen diese »Verführung« durch äußere Reize als Machtdemonstration auffassen und als Versuch, die Achtung und die Anerkennung – die sie unter großen Mühen erarbeitet haben – zu untergraben. Sie spielen einfach nicht fair und berauben sich gleichzeitig Ihres eigenen professionellen Einflusses. Und letztendlich müssen *Sie* entscheiden, was Sie am Arbeitsplatz signalisieren wollen: dass Sie ein Geschlechtswesen sind oder aber eine Geschäftsfrau.

Schwierigkeiten ernst nehmen

Große Führungspersönlichkeiten wissen, dass Menschenführung kein Kinderspiel ist: Man braucht Einsicht, Wissen, Erfahrung und Verständnis für die Erfordernisse von Unternehmen, um eine gute Führungskraft zu werden. Weil die meisten von uns nur wenig Gelegenheit hatten, in unserer Jugend Führungskompetenzen zu erwerben, haben wir bei der Übernahme von leitenden Position häufig das Gefühl, als hätte man uns ohne Rettungsring in eine vom Sturm gepeitschte See geworfen. Männern mag das Geben und Empfangen von Befehlen vertraut sein, die meisten Frauen aber sind es nicht gewöhnt.

Den Management-Experten Paul Hersey und Kenneth Blanchard zufolge besteht Führung in erster Linie aus Aufgabenorientierung (dem Wie, Was, Wann und Wo im Hinblick auf die Erledigung bestimmter Aufgaben) und der Beziehungspflege (der Kommunikation zwischen Vorgesetzten und Untergebenen). Dies sind die Kontinuitäten. In Sachen Aufgabenorientierung benötigen manche Angestellte nur wenige Anweisungen und wären gekränkt, wenn man ihnen ständig vorschreiben würde, was sie zu tun haben und wie sie es tun sollen, während andere mehr Anleitung und Führung brauchen. Im Extremfall meint Aufgabenorientierung den hierarchischen Befehls- und Kontroll-Ansatz, den viele Männer bevorzugen, und der vielen Frauen Unbehagen verursacht.

Auch für die Beziehungskomponente gilt, dass einige Angestellte permanent Bestätigung und Feedback benötigen, während andere kompetent und selbstsicher sind und nur hin und wieder ein Schulterklopfen brauchen. Während dieser Faktor Frauen oft leichter fällt, bedeutet übertriebene Beziehungspflege aber auch, dass man ohne vorherige Verhandlungen keine Entscheidungen mehr trifft – ein »demokratischerer« weiblicherer Ansatz, der jedoch fortschrittshemmend sein kann.

Menschen zu führen kann zuweilen wie ein fast unmöglicher Balanceakt erscheinen. Übt man zu viel Kontrolle aus, schalten die Angestellten auf stur und bewegen sich nur noch im Schneckentempo, um unsere Führung zu unterminieren. Zu destruktiver Aggression neigende Frauen nehmen Zuflucht zu Sabotage und Schlimmerem.

Sind Sie andererseits zu herzlich und offen, mag sich Ihre Abteilung zwar durch liebevolle Atmosphäre auszeichnen, die Leistung wird jedoch leiden, wenn die Angestellten zu viel Zeit mit ihren persönlichen Angelegenheiten anstatt mit ihrer Arbeit verbringen. Abgesehen davon müssen Sie womöglich zu viele praktische Arbeiten selbst erledigen.

In der Herstellung einer Balance zwischen den uns zugeteilten Aufgaben und dem Wohlbefinden unserer Mannschaft besteht die Herausforderung einer Führungsposition, die vor allem für Frauen, die sich mit den skizzierten Führungsparadoxa herumschlagen müssen, ein schwieriges Unterfangen darstellt. Ohne klares Verständnis dafür, wie man andere richtig führt, kann man leicht untergehen, wenn man unvorbereitet auf einen solchen Posten katapultiert wird. Doch auch dafür gibt es eine Lösung. Führungskompetenzen, mit deren Hilfe man die trügerischen Job-Gewässer durchschifft, sind erlernbar.

Die folgenden Strategien können Ihnen helfen, eine gute Führungskraft zu werden, indem sie einige der schwierigen, aber notwendigen Entscheidungen entpersonalisieren – vor allem dann, wenn Sie Macht ausüben oder kritisieren. Sie werden Ihnen den Unterschied zwischen Freundschaft und professioneller Kollegialität verdeutlichen und Sie zu bewussteren und strategischeren Management-Entscheidungen führen. Zu diesen Fertigkeiten gehört auch, dass man sich S-M-A-R-T-Ziele setzt, sich eines situationsbezogenen Führungsstils bedient, rückfällige Angestellte diszipliniert, angemessenes Feedback gibt und eine Mentorin findet. Mentoren eignen sich für die Führung beider Geschlechter, insbesondere jedoch zur Vermeidung destruktiver Konflikte mit weiblichen Untergebenen.

Kompetenz 1: Überblick gewinnen

Weil Führungskompetenz heißt, mit Hilfe anderer Ziele zu erreichen, können Sie andere nur dann führen, wenn Sie wissen, worin diese Ziele bestehen. Sie müssen sich über das Ihrer Abteilung vorgegebene Ziel im Klaren sein, wissen, welche Rolle Ihre Abteilung innerhalb des allgemeinen Firmenauftrags zu erfüllen hat und wie die Firma innerhalb der Branche dasteht. Sich einen Überblick zu verschaffen, bedeutet, dass man ein Stück aus der alltäglichen Arbeitsroutine heraustritt und sich auf die allgemeinen Stärken und Ziele seiner Abteilung konzentriert.

Entscheidend für jede Art von Menschenführung – ob Sie drei Leute oder mehrere tausend Angestellte führen – ist die Bestimmung der Unternehmensaufgabe. Sie müssen ermitteln, was für Ihren Chef und Ihre Firma den höchsten Stellenwert besitzt, und dann herausfinden, wie sich dies in messbare Größen übertragen lässt. Welches sind die expliziten und impliziten Kurz- und Langzeitziele Ihrer Firma? Was sollen Sie und Ihr Team erreichen? Wie können Sie messen, dass Sie diese Ziele erreicht haben? Welches sind die weitergehenden Ziele Ihrer Abteilung und Ihrer Firma?

Antworten auf solche Fragen werden einem in der Regel leider nicht übersichtlich zusammengefasst serviert. Um an die nötigen Informationen heranzukommen, muss man unter Umständen etwas recherchieren und Weitblick beweisen. Und so könnten Sie anfangen:

- Sprechen Sie mit Ihrem Chef.
- Lesen Sie sich die Unternehmensziele und Jahresberichte Ihrer Firma durch und lassen Sie sich den Geschäftsbericht, falls notwendig, erläutern.

- Betreiben Sie Nachforschungen zur Geschichte und Kultur Ihres Konzerns.
- Fragen sie Kolleg(inn)en nach den ausgesprochenen und unausgesprochenen Regeln der Unternehmenskultur und nach den Erwartungen, die man an das Verhalten der Angestellten hat.
- Machen Sie sich mit der gesamten Produktpalette und den Dienstleistungen Ihrer Firma vertraut.
- Recherchieren Sie die unterschiedlichen Kundengruppen Ihres Unternehmens.
- Machen Sie sich über die Konkurrenz – ihre Stärken und Schwächen – kundig.
- Prägen Sie sich das Diagramm der Unternehmensstruktur Ihrer Firma ein.

Aber nicht nur über die allgemeinen Ziele Ihrer Firma, sondern auch über die Erwartungen, die man an Sie persönlich stellt, sollten Sie sich klar werden. Ist es Ihre Aufgabe, Aufwendungen und Bearbeitungszeiten zu reduzieren? Oder sind Arbeitsmoral und Umsatz die Probleme, deren Lösung man sich von Ihnen erhofft? Ausgaben und Umsatz sind ohne weiteres in Zahlen anzugeben, die Arbeitsmoral dagegen nicht. Lernen Sie, auch diese eher subjektiven Faktoren zu gewichten. Wie wird man beispielsweise Ihre Leistungen bewerten? Derartige Fragen sollte man mit seinem Vorgesetzten bei Antritt des neuen Managerpostens klären.

Sich einen Überblick zu verschaffen, heißt auch, in der Lage zu sein, sich selbst realistisch einzuschätzen. Dies ist eines der Kennzeichen einer guten Führungskraft. Welches sind Ihre Stärken und Schwächen? Unsere Talente zu kennen und zu schätzen, verstärkt unser Selbstwertgefühl, und ein Bewusstsein der eigenen Schwächen öffnet uns den Blick für die Bereiche, in denen wir uns verbessern oder die Fähigkeit entwickeln müssen, mit unseren Mängeln umzugehen. Wenn Sie ein realistisches Bild von sich selber haben, werden Sie sich mit Mitarbeitern umgeben, die dieselben Stärken schätzen und auf Gebieten stark sind, auf denen Sie eher schwächeln. Sind Sie beispielsweise eine große Visionärin und haben es nicht so mit den Details (mit denen Sie sich, ehrlich gesagt, auch gar nicht groß aufhalten wollen), so käme es Ihnen sehr zustatten, ein paar Leute einzustellen, die sich auf Detailplanung verstehen und dort ihre Talente zur Geltung zu bringen.

Kompetenz 2: S-M-A-R-T-Ziele setzen

Sobald man die Bedürfnisse seiner Firma und die eigenen Fähigkeiten kennt, muss man auch ein Verständnis für die Aufgaben und Pflichten seiner Angestellten entwickeln. Manchmal sind die Zuständigkeiten nicht ganz klar. Der zweite Schritt effektiven Managements besteht deshalb darin, die Aufgabe seiner Untergebenen zu definieren. Führungskräfte, die sagen: »Ich weiß nicht so recht, was ich von Ihnen will, aber ich werde es wissen, sobald ich es sehe!« gehören zur frustrierendsten Sorte. Denn wie sollen die Angestellten etwas zustande bringen, wenn sie nicht wissen, was von ihnen erwartet wird? Klare Erwartungen und Ziele sind auch dann besonders wichtig, wenn eine Angestellte nur unterdurchschnittliche Leistungen erbringt. Konzentriert man sich nämlich auf das Ziel, wird die Kritik weniger personenbezogen. Im Gespräch geht es vor allem darum, warum die Angestellte die von ihr erwarteten Ziele nicht erreichen konnte.

Eine gute Methode zur Klärung von Erwartungen ist das Setzen von so genannten S-M-A-R-T-Zielen, d. h. Ziele die ***S**pecific* (konkret) ***M**easurable* (messbar), ***A**chieveable* (erreichbar), ***R**esults-oriented* (ergebnisorientiert) und ***T**ime-bound* (zeitlich begrenzt) sein müssen:

Konkret: Konkrete Ziele konzentrieren sich stets auf die Ergebnisse, die eine Angestellte erreichen will oder soll. Z. B.: »Ich werde innerhalb eines Jahres fünf Grundstücke für die Firma erwerben.« Konkrete Ziele betonen aber auch zugleich den Prozess – all die Dinge, die man tut, um ein im Voraus bestimmtes Resultat zu erreichen, etwa wenn man sagt: »Um diese Grundstücke zu erwerben, werde ich gute Beziehungen zu den Banken pflegen, die mir die Verhandlungen über günstige Darlehenszinsen erleichtern werden.«

Messbar: Messbare Ziele gehen mit präzisen Zahlenangaben einher – einem Maßstab, mit dessen Hilfe man erkennen kann, wann das Ziel erreicht ist. Solche Ziele könnten z. B. in der Steigerung des Absatzes um zehn Prozent oder dem Herunterfahren der Überstunden um 40 Prozent innerhalb des nächsten Jahres bestehen.

Erreichbar: Erreichbare Ziele sind solche, die realistisch und vernünftig sind. Manchmal kann es zwar etwas länger dauern, bis man das Ziel erreicht, aber es ist zu schaffen. So lässt sich das Ziel, »Unsere Abteilung wird jeden Tag ausreichend qualifiziertes Personal im Einsatz haben«, zwar schwer verwirklichen, aber grundsätzlich ist es realisierbar. Anders als das Ziel, »Alle Angestellten werden ihre Arbeitszeiten im nächsten Jahr ausnahmslos einhalten«, welches wohl unerreichbar ist, weil eine derart hohe Maßgabe auf Variablen beruht, die sich dem Einfluss der Führungskraft entziehen.

Ergebnisorientiert: Bei der Formulierung ergebnisorientierter Ziele greift man zu Aktionsverben, um die gewünschte Wirkung zu erzielen. Ein ergebnisorientiertes Ziel wäre beispielsweise: »Ich werde eine aktive Rolle im Erfolg meiner Abteilung spielen, indem ich Ideen beitrage, die Produktivität erhöhe und rasch auf meine Kollegen reagiere.« Ein Statement wie »Ich werde ein guter Mitarbeiter sein« ist zu vage, um die Bezeichnung Ziel zu verdienen. Statt des passiv formulierten »Im Sommer wird die Firma drei Monate lang Praktikanten ausbilden« würde ein ergebnisorientiertes Ziel lauten: »Nach drei Monaten werden die Praktikanten in der Lage sein, Präsentationen vorzubereiten und eine Gewinn- und Verlustbilanz ebenso wie einen Abteilungskostenplan zu erstellen.«

Zeitlich begrenzt: Zeitlich begrenzte Ziele geben Termine vor. Sie verpflichten sich, eine Aufgabe bis drei Uhr, bis Mittwoch oder bis zum 30. April zu erfüllen. Zeitlich begrenzte Ziele lassen sich auch so formulieren: »Unsere Abteilung hält sich an die ›Sonnenuntergangs-Regel‹, das heißt, alle Kundenanrufe werden vor Ende des Arbeitstages, an dem uns der Kunde kontaktiert, beantwortet.« Oder: »Wir wollen die angestrebten Verkaufseinnahmen von 1,2 Millionen für unsere Ersatzteile-Abteilung bis zum 31. Juli erreicht haben.«

Bei solchen Zielen lässt sich leicht feststellen, ob man sie erfüllt hat, da sie spezifisch und messbar sind. Und indem man seinem

Team solche Ziele vorgibt, sagt man nicht nur: »Ich weiß, was ich will; habt Vertrauen zu mir«, sondern auch: »Ich glaube, dass ihr in der Lage seid, diese Ziele zu erreichen. Ich habe Vertrauen in euch!«

Kompetenz 3: Arbeiten Sie mit dem situationsbezogenen Führungsmodell

So wie Angestellte williger auf Ziele reagieren, die ihre Fähigkeiten berücksichtigen, sind sie auch für Führungskräfte, die sich ihnen und der jeweiligen Situation anpassen, zu größeren Anstrengungen bereit. Wer einen verlässlichen, versierten und erfahrenen Angestellten wie einen Lehrling behandelt, tut damit weder seinen Mitarbeitern noch seiner Firma einen Dienst. Man muss Angestellte ihrer Kompetenz und ihrem Engagement gemäß führen, und nicht so, wie es einem selber entspricht. Tatsächlich wird man seinen bevorzugten Führungsstil womöglich vergessen müssen, weil er einfach nicht der Stil ist, den eine bestimmte Angestellte braucht und verdient.

Paul Hersey und Kenneth Blanchards situationsbezogenes Führungsmodell wird Ihnen helfen, Ihren eigenen Führungsstil auf die Bedürfnisse Ihrer Untergebenen zuzuschneiden.[7] Abgesehen davon handelt es sich dabei um eine der besten Methoden, zahlreiche der bereits angesprochenen Führungsparadoxa zu umgehen. Das Modell hilft Ihnen, ein Gleichgewicht zwischen zu dominantem Auftreten (das gegen die Regel der ausgeglichenen Machtbalance verstößt) und zu großer Offenheit und Nachgiebigkeit (welche der Produktivität zuwiderläuft und Sie zu verwundbar macht) zu finden. Das situationsbezogene Führungsmodell zeigt, wann man sich auf Beziehungen und wann auf die Aufgabe konzentrieren muss, wie und wann man am besten Arbeit delegiert und was man tut, wenn ein Angestellter in schlechte Gewohnheiten zurückfällt und diszipliniert werden muss.

Hersey und Blanchard zufolge handelt es sich dabei nicht um einen einzigen Führungsstil, sondern um ein Aufeinanderfolgen von vier Stilen: Anweisungen geben (direktiver Stil), Beraten, Unterstützen, Delegieren. Diese Stile sind progressiv, das heißt, eine effiziente Führungskraft wird im selben Maße, wie sich die Fertigkeiten und Bedürfnisse ihrer Untergebenen entwickeln, von einem zum nächsten fortschreiten.

Die vier Führungsstile in der Abfolge:

Anweisungen geben

▼

Beraten

▼

Unterstützen

▼

Delegieren

Beim direktiven Stil (Anweisungen geben) ist das kontrollierende Element am stärksten, beim delegierenden ist es am schwächsten ausgeprägt. Die Kompetenz und das Engagement Ihrer Angestellten geben Ihnen vor, welches Führungsstils Sie sich ihr gegenüber bedienen müssen: Umso tüchtiger und engagierter die

Angestellte, umso weniger direktiv gehen Sie vor und umso stärker verlegen Sie sich aufs Unterstützen bzw. Delegieren. Weiblichen Führungskräften sagen die beiden mittleren Stile – Beraten und Unterstützen – in der Regel am meisten zu. Diese Führungsstile betonen die positive Beziehung zwischen Vorgesetztem und Untergebenem und die Kooperation zwischen beiden. Eine gute Vorgesetzte muss aber auch Anweisungen geben oder delegieren können, wenn die Situation es verlangt. Betrachten wir uns nun etwas eingehender, welcher Stil sich für welche Situation am besten eignet. Dabei konzentrieren wir uns auf Arbeitsbeziehungen unter Frauen, das meiste gilt aber auch für das Verhalten gegenüber männlichen Angestellten.

Anweisungen geben: »Lassen Sie mich erklären, was genau ich von Ihnen erwarte.«

Dieser Stil ist angemessen, wenn eine Angestellte über eher bescheidene Fähigkeiten verfügt, nur wenig Engagement zeigt oder beides. Jemandem Anweisungen zu geben ist eine einseitige Form der Kommunikation: Die Führungskraft erläutert der Angestellten, wie sie eine bestimmte Aufgabe zu erledigen hat, und die Angestellte hält sich an die Vorgaben. Dieser Stil ist angebracht, wenn die Untergebene Instruktionen benötigt, um ihre Arbeit tun zu können. Genaue Anweisungen sind besonders wichtig, wenn:

- Eine Angestellte neu ist oder gerade beginnt, eine neue Tätigkeit zu erlernen.
- Man Probleme mit einer Angestellten hat, die sich zu wenig bemüht, sodass man die Situation in die Hand nehmen muss.
- Die Zeit knapp ist.
- Keine Alternativen möglich sind (z. B. strikte Richtlinien oder

bestimmte Verfahrensweisen von der Geschäftsleitung ausgegeben wurden).
- Man ein bestimmtes Ziel oder Projekt realisieren oder eine Verhandlung zu einem erfolgreichen Abschluss bringen muss.

Als kürzlich eine unserer Klientinnen, die Geschäftsführerin ist, vom direktiven Stil hörte, meinte sie: »Ich habe eben erst eine erfahrene Marketing-Direktorin mit einem Gehalt von zweihunderttausend Dollar eingestellt. Muss ich mich auch bei ihr eines direktiven Stils bedienen?« Unsere Antwort lautete: »Ja«. Aber bei einer derart erfahrenen Person können Sie den Stil leicht abwandeln. Es wäre unklug, ihr einen Vortrag darüber zu halten, wie sie ihren Job machen soll – als Profi weiß sie das schließlich –, aber man sollte ihr seine Erwartungen und Ziele mitteilen. Auch vor innerbetrieblichen Fettnäpfchen sollte man sie warnen, wenn es etwa böses Blut zwischen zwei Managern gibt. In diesem Falle sollten sich Ihre Anweisungen und Hinweise eher auf Ihre Erwartungen als auf die Arbeitsweise beziehen. Jede Angestellte, egal, wie erfahren oder gut bezahlt, muss über Ihre Ziele und die Unternehmensphilosophie, über Ihre Erwartungen und die an sie gestellten Anforderungen unterrichtet werden, sonst kann sie ihren Job nicht gut machen.

Den direktiven Stil sollte man nur zeitlich begrenzt anwenden. Früher oder später beherrschen kompetente Arbeitskräfte ihre Aufgaben und müssen nicht mehr gesagt bekommen, was sie zu tun haben. Wenn aber eine Angestellte trotz Anleitung nicht lernen kann oder will, so ist sie womöglich nicht für den Posten geeignet, und Sie sollten sich eine andere Kraft suchen. Denn das Motto des direktiven Stils lautet: »Mach es besser oder geh.«

Beraten: »Sagen Sie mir, was Sie davon halten«

Beim beratenden Stil verhält sich eine Führungskraft teilweise direktiv, weil die Angestellte sich noch im Lernstadium befindet, aber die Kommunikation ist wechselseitig. Eine Vorgesetzte, die ihre Untergebenen berät, wird diese nach ihren Vorstellungen und Meinungen zu einer Aufgabe oder einem Problem fragen, sich aber die Entscheidungen vorbehalten. Der beratende Stil bewegt sich im Rahmen eines kooperativen Ansatzes. Es ist ein Stil, der sich gut für weibliche Untergebene eignet, die zwar noch lernen, aber darin schon ein Stück weit fortgeschritten sind.

Unterstützen: »Was schlagen Sie vor?«

Der unterstützende Führungsstil funktioniert gut bei einer Angestellten, die sich ihrer Arbeit bereits mit größerer Kompetenz und höherem Engagement widmet und ihre Fähigkeiten schon unter Beweis gestellt hat. Mit diesem Stil kann die Vorgesetzte ihrer Angestellten allmählich die Verantwortung beim Entwickeln eines Handlungsplans oder beim Lösen von Problemen überlassen. Der Austausch treibt das Handeln voran, und eine Vorgesetzte wird die Vorschläge des Untergebenen immer wieder aufgreifen – es sei denn, sie erkennt ernsthafte Mängel daran. Der Übergang vom beratenden zum unterstützenden Stil kann sich manchmal schwierig gestalten, weil viele Führungskräfte sich leichter damit tun, ihren Angestellten Fragen zu stellen als Vorschläge entgegenzunehmen. Aber auch zahlreiche Untergebene fühlen sich in der Empfänger-Rolle sicherer, denn es kann Angst machen, wenn man zum ersten Mal selber fliegen soll. Der unterstützende Stil erweist sich vor allem bei Arbeitsbeziehungen zwischen Frauen als nützlich, weil er ein Geben und Nehmen ermöglicht.

Delegieren: »Lassen Sie mich wissen, falls Sie Hilfe brauchen«

Der delegierende Stil ist der richtige, wenn eine Angestellte ihre Arbeit kompetent und engagiert erledigt. Wenn eine Chefin delegiert, überträgt sie ihren Untergebenen Verantwortung – ohne Anweisungen zu geben oder sie direkt zu überwachen. Wie Ken Blanchard einmal über den delegierenden Führungsstil meinte: »Tun Sie nichts, sondern setzen Sie sich hin!« Delegieren ist ähnlich wie das Geben von Anweisungen eine eher einseitige Kommunikation, aber diesmal geht die Kommunikation nicht von der Vorgesetzten, sondern vielmehr von der Angestellten aus, die ihrer Chefin über die Fortschritte ihrer Arbeit berichtet.

Um jede Einmischung und Kleinlichkeit in Sachen Management abzustreifen, sollten Sie delegieren, wann immer es die Umstände erlauben, das heißt, wenn Ihre Angestellten hohe Kompetenz und viel Eigenverantwortung zeigen. Als Vorgesetzte liegt es an Ihnen, die Fähigkeiten Ihrer Untergebenen durch Trainingsprogramme und andere Fortbildungsaktivitäten zu fördern. Engagement und Eigenverantwortung der Untergebenen erwachsen aus ihrer Loyalität Ihnen gegenüber und aus den Zielen der Abteilung, wenn es Ihnen gelingt, Ihre Angestellten durch positive Verstärkung, Macht-Chips und echte Herzlichkeit entsprechend zu motivieren.

Den geeigneten Führungsstil wählen

Vielleicht beraten und unterstützen Sie Ihre Angestellten am liebsten, obwohl einige schwächere Mitglieder Ihres Teams eher von direktiven Anweisungen profitieren würden und andere so kompetent sind, dass man ihnen Aufgaben delegieren sollte. Ihre Fähigkeit, sich in Ihrem Führungsstil an die Untergebenen anzupassen und in die jeweils nächste Phase hineinzuwachsen, etwa vom unterstützenden in den delegierenden Stil, wird sowohl Ihnen als auch der gesamten Abteilung nutzen. Angemessene Führung steigert die Produktivität, die Leistung und die Arbeitsmoral unseres gesamten Umfelds.

Mit Hilfe der folgenden Fragen können Sie testen, wie fit Sie nach dem situationsbezogenen Führungsmodell als Managerin sind. Es gibt hier also richtige und falsche Antworten!

Ihr Gespür für situationsbezogene Führung

Wir alle bevorzugen einen oder mehrere bestimmte Führungsstile, doch unsere Angestellten haben den Stil verdient, den *sie* brauchen, und nicht den, mit dem *wir* uns am wohlsten fühlen. Die folgenden Fragen helfen Ihnen, zwischen direktivem, beratendem, unterstützendem und delegierendem Stil zu wählen. Wählen Sie den Ihrer Meinung nach angemessenen Management-Stil in den folgenden Situationen:

1. Sie haben eine neue Kraft eingestellt, die sich gerne profilieren würde; allerdings hat sie diese Arbeit noch nie gemacht.
   Was tun Sie? Sie
   a) geben ihr einen Auftrag und kontrollieren eine Woche später, ob sie ihn erledigt hat.
   b) fragen sie nach ihren Vorstellungen und überlassen ihr dann alles Weitere.
   c) sagen ihr genau, was Sie erwarten, und überwachen anschließend ihre Arbeit.
   d) erörtern unterschiedliche Herangehensweisen mit ihr und machen ihr dann einen Vorschlag.

2. Ihre Angestellte arbeitet schon eine Weile für Sie und kennt sich schon recht gut aus. Heute kommt sie mit einen Problem zu Ihnen, von dem Sie wissen, dass sie es eigentlich selber auch lösen könnte.
   Was tun Sie? Sie
   a) sagen ihr, dass sie es sich selbst überlegen soll.
   b) erörtern mehrere Möglichkeiten mit ihr, sagen ihr aber, für welche Option sie sich entscheiden soll.
   c) sagen ihr, was sie tun soll, und überwachen dies genau.
   d) fragen sie, was sie tun würde.

3. Sie waren während der letzten zehn Tage wegen der Erkrankung eines Familienmitgliedes nicht im Büro. Ein wichtiger Auftrag ist hereingekommen, und eine Ihrer Angestellten hat ohne Sie daran zu arbeiten begonnen. Obwohl Sie ihr vorher noch nie eine derartige Aufgabe zugeteilt haben, macht sie großartige Fortschritte.
   Was tun Sie? Sie
   a) unterhalten sich mit ihr über ihre Vorgehensweise und geben ihr Anregungen für die weitere Arbeit.
   b) lassen sie weiterarbeiten und erkundigen sich in regelmäßigen Abständen nach ihren Fortschritten.
   c) nehmen ihr den Auftrag weg und übernehmen ihn selbst.
   d) unterhalten sich mit ihr über den Auftrag, sagen ihr aber auch, wie Sie sich die Durchführung vorstellen.

4. Ihre Untergebene versteht sich zwar auf ihre Arbeit, braucht aber noch oft Anweisungen. In letzter Zeit hat ihre Arbeit häufig Fehler aufgewiesen.
   Was tun Sie? Sie

a) fragen sie, wie sie dieses Problem zu beheben gedenkt.
b) sprechen mit ihr die Aufgaben durch und entwerfen einen Vorgehensplan, um sich in der kommenden Woche aufs Neue mit ihr zusammenzusetzen.
c) setzen sich mit ihr zusammen und erklären klipp und klar, was Sie wollen und wann Sie es wollen.
d) lassen sie in Ruhe, weil sie ja eigentlich immer zuverlässig war und mit der Zeit schon besser werden wird.

Wendet man Hersey und Blanchards Modell auf diese Szenarien an, müssten die korrekten Antworten lauten:

1. c) Hier empfiehlt sich der direktive Stil, weil die Angestellte ein Neuling ist.
2. d) Der unterstützende Stil wäre angesichts ihrer Kompetenz und ihres Engagements am besten.
3. b) Der delegierende Stil ist angemessen für eine Angestellte, die die Arbeit selbstständig erledigen kann.
4. b) Hier wird Beratung benötigt, weil die Angestellte noch mehr Anleitung braucht, um ihre Leistungen zu verbessern.

Kompetenz 4: Angestellte disziplinieren

Bisher haben wir erklärt, wie man einen Neuling mit Hilfe der vier aufeinander aufbauenden Führungsstile bis zu dem Punkt geleitet, an dem man Aufgaben komplett an ihn abgeben kann. Lassen Sie uns nun überlegen, wie man entsprechend des situationsbezogenen Führungsmodells mit den mangelhaften Leistungen einer Angestellten umgeht. Wenn diese ihre Pflichten und Vorgaben nicht erfüllt, müssen Sie als Vorgesetzte disziplinarische Maßnahmen ergreifen. Sie sind ein integraler Bestandteil effektiver Menschenführung: Ohne professionelle und angemessene Disziplinierungsmethoden vermittelt man seinen Angestellten die Botschaft, dass es auf Leistung im Grunde nicht ankommt. Wird das disziplinarische Vorgehen jedoch nicht strategisch geplant, kann es uns in bösartige Konflikte verstricken; ungeschickt gehandhabte Konfrontationen bewirken, dass die Untergebene sich persönlich angegriffen und sich in ihrem Selbstwertgefühl und ihrer Macht gemindert fühlt.

Die Korrektur eines unproduktiven Verhaltens kann schwierig werden. Disziplin ist für viele weibliche Führungskräfte und Untergebene eine heikle Angelegenheit, weil sie direkt ins Machtparadoxon hineinspielt: Man behauptet seine Autorität über eine andere. Vielleicht zögern Sie, durchzugreifen, da Sie eher zur Konfliktvermeidung tendieren oder weil die Betreffende Ihre Freundin ist. Andererseits könnten Sie, wenn Sie keine geeigneten Techniken kennen oder sich in Ihrer Position unsicher fühlen, überkompensieren und deshalb als kühl, streitbar und streng erscheinen.

Leider ist keines dieser beiden Extreme besonders konstruktiv. Die Unfähigkeit, Ihren Angestellten angemessene Grenzen zu setzen und dann auch für deren Einhaltung zu sorgen, kann Ihre Führungskompetenz ernsthaft in Frage stellen. Arbeitsleistung und -moral leiden, weil unsere Zurückhaltung gegenüber disziplinarischen Maßnahmen uns schwach erscheinen lässt und die Effektivität hemmt. Werden wir aber herrisch und anmaßend, grollen uns unsere Untergebenen und fühlen sich ungerecht behandelt – und sehen unser Verhalten als Verstoß gegen die Regel der ausgeglichenen Machtbalance.

All dies kann durch die unterschwellige Tendenz der Angestellten, disziplinarische Maßnahmen eher von Seiten eines männlichen als einer weiblichen Vorgesetzten zu akzeptieren, noch verschlimmert werden. Obwohl Frauen bei der Veränderung des unproduktiven Verhaltens ihrer Untergebenen ebenso viel Erfolg hatten wie Männer – wie eine kürzlich an der Arizona State University in Phoenix erschienene Studie ergab –, so waren die Untergebenen bei einer weiblichen Vorgesetzten weniger bereit, ihre Strafe als gerecht anzuerkennen und Verantwortung für ihr Handeln zu übernehmen. Sie tendierten sogar eher zu der Annahme, dass der Fehler bei der Chefin liege. Nach Meinung der Forscherin Leanne Atwater sind »Frauen eher bereit, sich von einem Mann disziplinieren zu lassen, weil man von Männern weder Mitgefühl noch Rücksicht erwartet. Auch ihre eigene Unterordnung akzeptieren sie gegenüber einem Mann eher als gegenüber einer Frau.«[8]

Solche Einstellungen von Seiten der Angestellten erschweren uns unsere Führungsaufgabe. Aber es ist nicht unmöglich, eine unzuverlässige Untergebene zu disziplinieren. Es gibt einige wirksame Methoden. Als Erstes ist zu beachten, dass unsere Reaktion auf Leistungsabfälle sich an der Schwere des jeweiligen Verstoßes orientieren sollte – d. h. bei einem wichtigen Problem rasch und heftig sein muss, geduldig und moderat dagegen, wenn es sich um eine weniger ernste Sache handelt. Die folgenden Schritte zeigen Ihnen, wie Sie eine fehlgeleitete Angestellte zur Ordnung rufen:

1. Überprüfen Sie Ihre Entscheidung

Beobachten Sie das problematische Verhalten sehr genau, ehe Sie die Angestellte darauf ansprechen. Man sollte sich sicher sein, dass man sich mit der richtigen Person über das Problem unterhält. Anschließend erörtert man den Fall mit dem Vorgesetzten oder dem Personalchef. Um sich selbst und das Unternehmen vor Prozessen zu schützen, sollte man sich mit den Disziplinarverfahren der Firma vertraut machen und sie gewissenhaft befolgen.

Die Beratung mit dem Vorgesetzten dient noch einem weiteren Zweck: Manche weiblichen Angestellte, vor allem solche, die höher stehende Frauen nicht ernst nehmen wollen, übergehen gern ihre Chefin und laufen direkt zu deren Vorgesetzten. Wenn Sie Ihren Chef nicht vorher informiert haben, lässt er sich womöglich in die Sache hineinziehen – was man besser verhindern sollte, wenn man nicht plötzlich als inkompetente Managerin vor ihm dastehen will. Hält man seinen Boss jedoch auf dem Laufenden, wird er das Problem nicht aus dem Mund der verärgerten Angestellten erfahren. Er hört die vollständige Version, und nicht nur eine Seite davon.

2. Legen Sie den Rückwärtsgang ein

Als Nächstes müssen Sie sich darüber klar werden, welchen situationsbezogenen Führungsstil Sie bisher bei der Angestellten angewandt haben und daraufhin in den nächstniedrigen Stil »zurückschalten«.

Anweisungen geben (direktiv)

▲

Beraten

▲

Unterstützen

▲

Delegieren

Hat man beispielsweise delegiert, dann kehrt man nun zum unterstützenden Stil zurück.

Man verabredet ein Vieraugengespräch mit der Angestellten, und bringt darin seine Bedenken zur Sprache, indem man fragt: »Ich war überrascht zu sehen, dass Ihre Präzisionsrate rapide gesunken ist. Was ist denn los mit Ihnen?« Indem man das Problem in vorwurfsfreiem Ton und persönlichem Umfeld bespricht, kann man womöglich herausfinden, dass die Angestellte angeödet ist von diesem Projekt oder sauer auf Sie oder jemand anderen in der Abteilung. Erstellen Sie gemeinsam eine Liste von S-M-A-R-T-Zielen, die die Angestellte erreichen sollte: Man kann etwa ihre Aufmerksamkeit für Details schärfen, indem man ihre gesamte Arbeit Korrektur liest, und ihre Fähigkeiten am Computer verbessern, indem man sie zu entsprechenden Kursen schickt.

Unserer Erfahrung nach bewirkt die unterstützende Aufmerksamkeit einer Vorgesetzten in 90 Prozent der Fälle, dass sich die Angestellten wieder fangen. Wenn Ihre Unterstützung jedoch keinerlei Wirkung zeigt, müssen Sie möglicherweise sogar zum beratenden Stil zurückkehren. Wo man, sofern zuvor S-M-A-R-T-Ziele festgelegt wurden, das Gespräch auf einer eher professionellen Ebene halten kann. Ihre Strategie sollte es dabei sein, das Gespräch von Ihnen als Chefin und ihr als Untergebenen abzulenken und es auf *die von ihr akzeptierten Ziele* zu verlagern. Sie können zu ihr sagen: »Wir hatten uns auf diese Ziele geeinigt, aber Sie erfüllen sie nicht.« Erstellen Sie dann einen Plan für regelmäßige Treffen und über die Ziele, die von Treffen zu Treffen erreicht werden sollen. Bleibt die Leistung auch nach mehreren Wochen noch hinter den Erwartungen zurück, erhöht man den Druck durch häufigere Zusammenkünfte, während derer man sich Notizen macht (von denen die Angestellte eine Kopie erhält). Diese schriftlich niedergelegten Arbeitspläne und Ihre formalisierten Bewertungen können Ihnen als Dokumentation dienen, falls Sie der Angestellten vielleicht doch noch kündigen müssen.

Wenn letztlich alle Bemühungen erfolglos bleiben, müssen Sie zum direktiven Stil zurückkehren. Sie sagen dann: »Ich werde Ihnen nun genau erklären, was Sie heute zu tun haben. Wenn es Probleme gibt, kommen Sie zu mir, dann gebe ich Ihnen weitere Anweisungen.« Geben Sie Ihrer Untergebenen die Chance, ihre Leistungen zu steigern oder aber den entsprechenden Tadel einzustecken, der in einer schriftlichen Verwarnung in ihrer Personalakte bestehen kann. Man kann sie auch selber danach fragen, welche Konsequenzen es haben sollte, wenn sie weiterhin so schlecht arbeitet. Es geht dabei darum, die Scharfrichterrolle zu vermeiden und die Bestrafung zu einer Selbstdisziplinierung zu machen. *Sie* hat ein Problem, und *sie* muss es lösen.

Wir garantieren Ihnen, dass Ihre Angestellte ziemlich beleidigt und kühl reagieren wird, vor allem wenn sie genau weiß, wie die anstehende Aufgabe zu bewältigen wäre. Vielleicht kündigt sie sogar. Nichtsdestotrotz ist es in Fällen von Inkompetenz oder mangelndem Engagement wichtig, beim direktiven Stil zu bleiben. Als Führungskraft müssen Sie für die Qualität der Arbeit Ihrer Abteilung geradestehen. Die Angestellte hatte mehrere Chancen, ihre Leistung zu verbessern, und hat sich dagegen entschieden. Sie muss etwas ändern oder gehen.

3. Bleiben Sie professionell

Wenn die Untergebene in diesen Unterredungen persönliche Probleme zur Sprache bringt (z. B. erklärt, dass ihr alkoholkranker

Ehemann wieder einmal durchdreht), sollte man ihr diesbezüglich keine Ratschläge anbieten; damit überschreitet man die Grenzen der eigenen Kompetenz und gerät in ein Fürsorgeparadoxon. Vergessen Sie nie, dass Sie Managerin sind und nicht Psychoanalytikerin. Unterstützen kann man, indem man empfiehlt, sich an entsprechende Beratungsstellen, Ärzte oder Therapeuten zu wenden; Sie selber aber müssen sich auf das Verhalten der Angestellten am Arbeitsplatz konzentrieren, denn nur hier besitzen Sie die entsprechende Erfahrung und Zuständigkeit. Machen Sie die Probleme Ihrer Untergebenen nicht zu Ihren eigenen, und lassen Sie Ihren natürlichen Impuls zur Anteilnahme nicht mit den Verantwortlichkeiten Ihrer Angestellten am Arbeitsplatz kollidieren.

Wenn Managerinnen beginnen, ihre Leute zu bedauern, liefern sie diesen gute Entschuldigungen für schlechte Arbeit. Wir müssen allen unseren Angestellten ihr Bestes abverlangen. Darin besteht ja die Führungsaufgabe. Benötigt jemand eine Beurlaubung, sollte man sie ihm geben. Ist die Betreffende krank und kann einfach nicht dieselbe Leistung bringen wie sonst, ist es an der Zeit, dass das restliche Team (einschließlich einem selbst) einspringt und ihr für einen begrenzten Zeitraum aushilft. Aber senken Sie nicht die Leistungsanforderungen für das restliche Team, nur weil eine Kraft persönliche Probleme hat. Das ist weder fair gegenüber der Firma, noch gegenüber den anderen Angestellten oder Ihnen selbst.

Und unterhalten Sie sich auf keinen Fall mit Angestellten über Disziplinarmaßnahmen gegen oder persönliche Probleme von Kolleginnen. Die Angestellten können dies nur als Klatsch interpretieren, und ihr Vertrauen in Sie ist zerstört. Behandeln Sie solche Themen immer vertraulich!

4. Bleiben Sie gelassen

Achten Sie darauf, dass alle Gespräche in einem ruhigen Ton stattfinden. Seine Autorität gegenüber aufsässigen Angestellten zu behaupten, heißt nicht, dass man schreien muss – ein allzu häufiges und unprofessionelles Verhalten am Arbeitsplatz. Tatsächlich waren wir beim Durchsehen unserer Zuschriften schockiert, wie viele der Verfasserinnen sich darüber beklagten, dass ihre Chefinnen sie anbrüllten – oder sie ihre Chefinnen. Indem man jemandem lautstark »die Meinung sagt«, verlagert man den Schwerpunkt des Gesprächs auf die eigene Person und auf die Beziehung statt auf den inhaltlichen Aspekt; und sofort geht die Angestellte in die Defensive. Abgesehen davon entsteht auf diese Weise leicht der Eindruck, man habe die Beherrschung verloren, sei eine schlechte Führungspersönlichkeit und emotionale Despotin. Kurz: Man schwächt die eigene Machtposition, beschädigt die Beziehungen und untergräbt die persönliche Glaubwürdigkeit. Ziel sollte stets sein, Gelassenheit zu bewahren und sich seiner Verantwortung sich selbst und anderen gegenüber bewusst zu bleiben.

Wenn Ihre Angestellte Sie anbrüllt, sollten Sie betont ruhig reagieren, denn es ist schwer, jemanden anzuschreien, der langsam und ruhig mit einem spricht. Auch Augenkontakt kann die andere wieder auf den Teppich holen. Befinden Sie sich in der Öffentlichkeit, und der Streit droht vor anderen Angestellten zu eskalieren, bitten Sie die erzürnte Person in Ihr Büro, damit sie dort ihrer Wut Luft macht.

5. Kündigen Sie ihr, wenn es sein muss

Was tun mit einer Angestellten, die die geforderte Leistung nicht erbringen kann oder will? Natürlich spricht das nicht grundsätzlich gegen sie – sicherlich gibt es irgendwo einen geeigneteren Arbeitsplatz für sie. Ein Gespräch mit der Angestellten könnte sich etwa so anlassen: »Ihre vielen Fehler am Computer lassen mir einfach keine andere Wahl. Ich erteile Ihnen jetzt einen schriftliche Verweis. Der wird in Ihre Personalakte eingetragen. Ab sofort müssen Sie exakte Computerberichte abliefern. Wenn Sie noch einmal unvollständige oder ungenaue Berichte abgeben, müssen Sie mit einer Suspendierung rechnen. Weitere Fehler führen dann zur Kündigung. Sie sind eine wertvolle Angestellte für uns, und ich glaube, dass Sie präzise arbeiten können. Ich wünsche Ihnen Erfolg in dieser Sache.« Dauern die Schwierigkeiten auch danach noch an, müssen die angekündigten Schritte konsequent folgen.

Es wäre unklug, die Produktivität der Gruppe zu untergraben, indem man eine leistungsschwache Kraft mitschleppt. Abgesehen davon kann sich die Betreffende ja in einem anderen Unternehmen und in einer anderen Rolle zu einer Spitzenkraft entwickeln. Statt ihre unwillige Angestellte in ein weiteres Trainingsseminar zu schicken, sollten Sie die Probleme direkt ansprechen, ihr Ratschläge geben und gemeinsam überlegen, wo ihre Stärken liegen. Und wenn es denn sein muss, entlassen Sie sie. Damit demonstrieren Sie nicht nur Respekt für sie, sondern auch für sich selbst und die Firma.

Kompetenz 5: Seine Autorität behaupten

Führungsverhalten ist nicht gleichbedeutend mit Kälte und Unmenschlichkeit, sondern heißt lediglich, dass man – um seine Autorität zu behaupten – Erwartungen und Grenzen definieren und durchsetzen muss. Zu einer schwierigen Situation kommt es, wenn weibliche Angestellte zwar tüchtig, aber aufsässig sind und die Aufträge ihrer Chefinnen nicht erledigen. Den Schilderungen ihrer Vorgesetzten zufolge wollen diese Angestellten zwar keine Verantwortung, lassen sich aber auch keine Anweisungen geben. Wir haben sogar schon gehört, wie weibliche Bürokräfte ihre weiblichen Chefs anschrien: »Du hast mir überhaupt nichts zu sagen!« Tatsache allerdings ist, dass Sie ihr als ihre Chefin sehr wohl etwas zu sagen haben. Und was vielleicht noch wichtiger ist: Die Produktivität der Abteilung, die ja auf Ihren Schultern lastet, kann durch solche Aufsässigkeit in Mitleidenschaft gezogen werden. Wer Anweisungen zu geben versteht, hat einen Teil des Machtparadoxons für sich gelöst.

Durch ruhiges und nachdrückliches Behaupten der eigenen Autorität kann man das Problem nach und nach beilegen. So ruft man der widerborstigen Angestellten als erstes Ihre S-M-A-R-T-Ziele in Erinnerung. Das Gespräch sollte sich um *ihre* Fertigkeiten und um *ihr* Engagement drehen. Sagen Sie zu ihr: »Wir hatten uns doch darauf geeinigt, dass Sie dieses Projekt bis Ende Januar abschließen. Nun haben wir bereits den dritten Februar, und es ist immer noch nicht so weit. Erklären Sie mir doch bitte, was aus diesem Projekt und aus unserer Vereinbarung geworden ist.« Erwidert die Angestellte: »Sie wollen doch nur auf mir herumhacken«, so halten Sie ihr entgegen: »Ich möchte verstehen, warum Sie sich entschlossen haben, unsere Abmachung zu missachten«, und zwar so lange, bis Sie eine brauchbare Antwort von ihr erhalten.

Das Verständnis für das Machtparadoxon und sämtliche Dimensionen der Regel der ausgeglichenen Machtbalance ist für Ihren Erfolg als Führungskraft entscheidend. Wenn Sie das Macht-

und Selbstwertgefühl Ihrer Untergebenen berücksichtigen, können Sie sowohl die Unternehmensziele erreichen als auch Ihr Team zusammenhalten. Missachtet eine Angestellte Ihre Autorität jedoch weiterhin, ist es angezeigt, zu disziplinarischen Maßnahmen zu greifen.

Kompetenz 6: Angemessenes Feedback geben

Welchen situationsbezogenen Führungsstil man auch für seine Abteilung wählt, alle Angestellten benötigen klare Anweisungen von ihrer Vorgesetzten, wenn sie die Betriebsziele realisieren sollen. Ken Blanchard zufolge ist Arbeiten ohne Feedback über die eigene Leistung wie Golf spielen im Dunkeln: Man drischt den Ball in irgendeine Richtung, hat aber keine Ahnung, wo er landet. Angestellte hungern förmlich nach Rückmeldung. Häufig verkünden unsere Klientinnen: »Ich lasse meine Stars einfach machen. Ich will ihnen nicht im Weg stehen!« Unserer Erfahrung nach aber sind diese Stars, wenn man sie selbst fragt, ganz erpicht auf das Feedback ihrer Chefinnen. Sogar Stars sind manchmal unkonzentriert und fühlen sich überfordert; sie brauchen positive Verstärkung, um motiviert zu bleiben und zu lernen, wie sogar sie in ihrem Job noch besser werden können.

Menschen mit Gefühlspräferenz (siehe Kapitel sechs) wollen und müssen besonders oft hören, dass sie ihre Arbeit gut machen. Ebenso scheinen Frauen mehr Feedback zu brauchen als Männer, selbst wenn man ihnen nur bestätigt, dass sie auf dem richtigen Weg sind. In einer Studie über 200 Studienanfänger an der Case Western University stellte man fest, dass die weiblichen Studenten häufiger Feedback suchten als die männlichen. Ja, die Frauen aus dieser Studie nutzten das häufige Feedback, das sie sich erbeten hatten, sogar, um auf diese Weise ein genaueres Bild von sich selbst und ihrer Rolle bei bestimmten Ereignissen zu bekommen. Darin unterschieden sie sich von den Männern, die sich in erster Linie auf formale Feedback-Quellen wie ihre Jahreszeugnisse verließen.[9]

Für das Feedback gegenüber Ihren Angestellten schlagen wir Ihnen folgende Richtlinien vor, die der Wirtschaftsjournalist Bruce Tulgan entwickelt hat. Tulgan schuf die Abkürzung F-A-S-T-Feedback, das ist Feedback, das ***F**requent* (häufig), ***A**ccurate* (treffend), ***S**pecific* (konkret) und ***T**imely* (rechtzeitig) ist.

- *Häufig:* Seine Angestellten nur einmal im Jahr zu loben oder zu kritisieren und sich einzubilden, dass sich ihr Verhalten dadurch ändert, ist so, als ob man nur an seinem Geburtstag Diät halten würde, und daran glaubt, man könne dadurch abnehmen. Geben Sie zu jedem erledigten Arbeitsauftrag ebenso wie zu anderen professionellen Verhaltensweisen Feedback.
- *Treffend*: Egal, ob es sich um Positives oder Negatives handelt, wenn Sie Dinge, die Ihnen nur vom Hörensagen bekannt sind, für bare Münze nehmen, begeben Sie sich auf dünnes Eis. Achten Sie darauf, dass Sie jedes Verhalten, das Sie kommentieren, auch tatsächlich selbst beobachtet haben.
- *Konkret:* Legen Sie ausführlich dar, weshalb Ihnen das betreffende Verhalten gut oder schlecht erschien: »Ihr Vortrag hatte einen straffen und logischen Aufbau«, könnte man etwa sagen. Oder: »Die Vergleiche mit unseren Mitbewerbern haben klar aufgezeigt, wie wir uns in Zukunft positionieren müssen.« Menschen tendieren nämlich dazu, positiv verstärkte Verhaltens-

weisen zu wiederholen, und klar dargelegte und kritisierte negative Verhaltensweisen in Zukunft zu vermeiden.

- *Rechtzeitig:* Im Allgemeinen prägt sich ein Verhaltensmuster umso stärker ein, je länger es praktiziert wird. Verhaltensforscher behaupten, man benötige 21 Tage, um ein Verhalten zur eingeschliffenen Gewohnheit zu machen. Wenn also eine Angestellte auf einem bestimmten Gebiet gute Arbeit leistet, wird sie nach ihren ersten drei Wochen weiterhin gute Arbeit leisten. War sie aber schon während der ersten 21 Tage schlecht, so wird sich leider auch dieses Muster einprägen. Daher ist es wichtig, seinen Angestellten Feedback zu geben, sobald man einen positiven oder negativen Trend registriert. Je schneller man eine Handlung lobt oder tadelt, umso leichter erreicht man damit das gewünschte Verhalten.

Neun Methoden für effektives Feedback

Tulgans Modell zeigt uns, wie gutes Feedback aussieht. Doch woher weiß man, wie und wann man eine Rückmeldung geben muss? Ist unser Feedback zu kritisch, kann es die Angestellte in die Defensive treiben. Lobt man zu häufig, gewöhnt sie sich womöglich daran und hört gar nicht mehr hin. Reitet man zu lange auf Negativem herum, verewigt man dadurch vielleicht das Problem. Es folgen neun Strategien für effektives Feedback, mit denen Sie solche Fallstricke umgehen:

1. *Sagen Sie, welche Gefühle die Situation bei ihnen auslöst.* Ja, auch Manager haben Gefühle, und manchmal bringen uns unsere An-

gestellten so weit, dass wir uns frustriert, besorgt und wütend fühlen. Viele Führungskräfte fürchten, sich durch Gefühlsäußerungen vor Untergebenen verwundbar zu machen; aber es ist wichtig, Gefühle kanalisiert zu äußern, bevor man sich der Lösung von Problemen zuwendet. Es hat geradezu etwas Magisches, wie die Bewusstwerdung und laute Äußerung unserer Gefühle uns im Handumdrehen beruhigt und sachlicher macht. Darüber hinaus wecken Sie mit einem Gesprächsbeginn wie »Ich bin enttäuscht, wütend und frustriert« die Aufmerksamkeit Ihrer Angestellten und bereiten den Boden für eine intensivere Diskussion.

2. *Konzentrieren Sie sich auf das Ziel, nicht auf den Fehler.* Wenn eine Angestellte von einem vorgegebenen Ziel abkommt, starren Manager häufig auf den Fehler, statt das, was sie hätte tun sollen, im Auge zu behalten. Kommt Dana z. B. notorisch morgens zu spät zur Arbeit, ist es unklug zu sagen: »Dana, Sie kommen 20 Minuten zu spät! Gehen Sie an Ihren Schreibtisch und achten Sie darauf, dass das nicht noch mal vorkommt!« Eine solche Begrüßung wird Dana in die Defensive treiben. Sie schaltet auf stur, beginnt, sich mit tausend Entschuldigungen zu rechtfertigen oder sogar Tage anzuführen, an denen Sie sich selber verspätet haben. Klüger wäre der folgende Kommentar: »Dana, ich brauche Sie morgens um acht an Ihrem Schreibtisch, damit Sie die Telefonate entgegennehmen. Zwischen acht und neun sind Sie die Einzige in der Abteilung, und Sie müssen für unsere Kunden, die Bestellungen aufgeben oder über unsere Produkte reden wollen, einfach erreichbar sein.« Bei diesem zielorientierten Feedback kann sich Dana eher auf die Lösung ihres Problems als auf ihre Selbstverteidigung konzentrieren.

Geschickt ist es auch, über den Schaden zu sprechen, den die Unpünktlichkeit der Angestellten für Sie und die Abteilung hat: »Dana, ich bin sauer und enttäuscht. Die Kunden beklagen sich, weil Sie immer wieder zu spät kommen. Zwei Ihrer Kolleginnen haben gestern Überstunden gemacht, um die fehlende Zeit wieder hereinzuholen. Sie müssen da ganz schnell etwas ändern.«

3. *Bitten Sie Ihre Angestellte, zu wiederholen, was Sie gesagt haben.* Wenn wir ehrlich sind, haben die meisten von uns mehr Interesse an dem, was wir selber sagen, als an dem, was uns erzählt wird. Wir sind bessere Redner als Zuhörer. Feedback, vor allem negatives, wird besser aufgenommen, wenn Sie die Angestellte bitten, Ihnen zu sagen, was sie – aufgrund Ihrer Bemerkungen zu ihrer Arbeitsleistung – glaubt, das sie tun soll. Ihr Feedback wird dadurch, dass sie es noch einmal in eigene Worte fassen muss, verstärkt.

4. *Wenden Sie sich anderem zu.* Sobald Sie gelobt oder getadelt haben, sollten Sie die Sache auf sich beruhen lassen. Machen Sie keine weiteren Andeutungen. Kehren Sie zur Routine zurück. Wenn wir glauben, dass sie es sowieso wieder tun wird, dann wird es wohl auch geschehen – es ist eine selbst erfüllende Prophezeiung. Schlägt eine Untergebene die von Ihnen gewünschte Richtung ein, wird sie sich durch Ihr positives Feedback bestärkt fühlen. Aber wenn Sie sie ständig in den Himmel heben, gewöhnt sie sich an das Lob, sodass es viel von seiner Wirkung einbüßt. Wenn eine Angestellte immer schon mit höchster Anerkennung rechnet, hat diese nicht mehr dieselbe Kraft, wie ein überraschendes, ehrlich gemeintes Lob.

5. *Meiden Sie die Sandwich-Methode.* Mit der »Sandwich-Methode« meinen wir Lob im Wechsel mit Kritik und neuerlichem Lob. Es handelt sich dabei um den Versuch, Kritik durch ein vorausgeschicktes Lob zu entschärfen, und das Ganze dann wieder mit einer positiven Bemerkung ausklingen zu lassen. Wenn manche auch meinen, auf diese Weise die gute Beziehung zu ihren Angestellten wahren zu können, halten wir dies für verwirrend. Ihre Untergebene erinnert sich an das Lob vom Anfang und vom Ende, während ihr die entscheidende mittlere Botschaft entgeht. Folglich werden ihre Gefühle vielleicht geschont, aber sie bekommt die negative Nachricht weder mit, noch setzt sie sich damit auseinander. Geben Sie also klar Ihr negatives Feedback und schließen Sie mit einem motivierenden Satz: »Ich glaube an Sie und arbeite gern mit Ihnen zusammen.«

6. *Seien Sie konsequent.* Über die Jahre mussten wir uns viele Klagen über parteiische Chefinnen anhören. Es ist wichtig, Lob und Tadel gerecht zu verteilen. Persönliche Gefühle gegenüber Untergebenen sind etwas ganz Natürliches, als Führungspersönlichkeit aber müssen Ihnen die Konsequenz und Objektivität Ihrer Beurteilungen mehr bedeuten als Freundschaft.

7. *Macht-Chips versüßen negatives Feedback.* Wenn Sie Ihre Macht-Chips so verteilen, dass Sie bei Ihren Angestellten mehrere »Chips im Brett« haben, ist dies vor allem in Zeiten, in denen es viel zu tadeln gibt, gut, weil die Angestellten Ihre Kritik dann nicht so negativ aufnehmen und nicht so stark auf Abwehr schalten. Zu den Chips, die man als Führungskraft zu vergeben hat, gehört etwa, dass man einer Angestellten etwas Neues beibringt

(oder sie zu einem Seminar schickt), ihr aufgrund besonderer Leistungen und Anstrengungen Freitagnachmittag frei gibt, dass man gerecht ist, gute Leistungen öffentlich anerkennt oder auch einfach nur zuhört und sich kümmert.

8. *Bedienen Sie sich der positiven Verstärkung.* Positive Verstärkung ist ein mächtiges Führungsinstrument. Handelt es sich bei einem Lob um angemessenes Feedback, kann es die Leistung dramatisch steigern, weil die Angestellten aus einem Stadium, in dem sie noch ständig Anweisungen benötigten, zu unabhängiger Arbeit an vorgegebenen Zielen fortschreiten. Wenn Sie Ihre Angestellte für eine bestimmte Arbeit loben, ist sie in der Lage, die Aufgabe zu ihrer Zufriedenheit zu wiederholen und durch die eigene Tätigkeit zu lernen und zu wachsen.

Um Ihre positive Verstärkung an die Frau zu bringen, können Sie Ihre Angestellte mit einer Mitteilung in der Hauszeitschrift, die ihre jüngsten Erfolge beschreibt, überraschen. Oder Sie bringen am Freitag Kuchen mit. Eine unserer Kundinnen begann, gelungene Berichte ihrer Angestellten mit positiven Aufklebern zu versehen. Die Kolleginnen liebten diese kleinen Belohnungen. Eine andere Führungskraft fügte den Gehaltsabrechnungen ihrer Angestellten, die besondere Leistungen gezeigt hatten, kurze persönliche Mitteilungen bei.

Unsere Erfahrung zeigt, dass Geld nicht immer der stärkste Anreiz ist: Vielen Menschen ist ein deutlich geäußertes Lob oder eine schriftliche Anerkennung lieber.

9. *Hüten Sie sich vor gegenteiligen Folgen.* Wer Rückmeldung gibt, sollte darauf achten, dass er nicht unbeabsichtigt schlechte Leis-

tungen belohnt, wo er eigentlich gute Arbeit loben wollte. Wenn Sie Ihre Angestellte dafür loben, dass sie sich auf eine der letzten Sitzungen gut vorbereitet hat, können Sie unwissentlich auch der halben Stunde Verspätung, in der sie diese Vorbereitungsarbeit erledigt, Vorschub leisten. Die eine Verhaltensweise ist erwünscht, die andere unerwünscht. Es gilt also, das erwünschte Verhalten zu identifizieren (nämlich das rechtzeitige Erscheinen bei den Sitzungen) und dieses dann zu belohnen. Ebenso könnte man versucht sein, seine Spitzenkraft mit Aufgaben zu überhäufen, weil sie ja so tüchtig ist. Aber statt seinen Star auf diese Weise unabsichtlich zu bestrafen, sollte man lieber herausfinden, für welche Projekte sich die Spitzenkraft besonders interessiert und sie dann mit diesen beauftragen. Geben Sie ihr Chips, die sie auch wirklich schätzt, um sie für ihre großartigen Leistungen zu belohnen.

Mentorinnen

Die Entwicklung unserer Fähigkeiten in Sachen Zielvorgaben und Feedback ist eine ausgezeichnete Methode, um die Zufriedenheit und die Leistung unserer Untergebenen zu steigern. Und dies wiederum nützt unserem eigenen beruflichen Aufstieg. Während man führen lernt, sollte man idealerweise gleichzeitig auch lernen zu folgen. Die meisten erfolgreichen Menschen, egal ob Männer oder Frauen, empfinden große Dankbarkeit für die zahlreichen Mentoren, die ihnen im Laufe ihrer Karriere behilflich waren. Auch wir können Mentorinnen nur wärmstens empfehlen, vor allem, weil das Führen vielen Frauen fremd ist, und sie daher viel von den Einsichten ihrer Vorreiterinnen profitieren könnten.

In unserer schnelllebigen Zeit können wir, unabhängig von unserem Titel oder Qualifikationsgrad, ganz unterschiedliche Arten von Mentorinnen gebrauchen: solche, die uns in unserem Beruf, in unserer Führungsrolle oder in bestimmten technischen und finanziellen, körperlichen und geistigen Angelegenheiten beraten. Die Mentorbeziehung funktioniert unter Frauen besonders gut, weil sie einen vollkommen ausgeglichenen Austausch von Macht- und Selbstwertgefühl beinhaltet. Eine mächtige, erfahrene Frau mehrt die Kompetenzen und folglich das Selbstwertgefühl der ihr Anvertrauten. Die Anvertraute wiederum steigert Macht und Selbstgefühl ihrer Mentorin, indem sie sie respektvoll behandelt und ihr Wissen anerkennt.

Obwohl ein Flugzeug ein Ziel hat, wird es während 99 Prozent seiner Flugzeit von Turbulenzen vom Kurs abgetrieben. Wie diese Flugzeuge können auch wir leicht von unserem Kurs abkommen, obwohl wir wissen, wohin es gehen soll. Es ist deshalb nur klug, sich eine Mentorin zu suchen, die Ihnen hilft, das Ziel zu erreichen, und Ihr Abirren vom Kurs verhindert.

Wie man eine Mentorin findet

Mentorinnen wachsen nicht auf den Bäumen. Auch wenn es einem schmeichelt, von einer Kollegin um Rat gefragt zu werden, bedeutet Mentorin zu sein, Zeit, Energie und beruflichen Einfluss zu investieren. Das sollte man bedenken, wenn man sich eine Beraterin sucht. Sie tun Ihrer Mentorin keinen Gefallen, sondern Ihre Mentorin Ihnen.

Bei der Suche nach einer klugen Stimme, die uns in unserem

Bestreben, eine bessere Führungskraft zu werden, anleitet, sind folgende Richtlinien zu beachten:

1. *Bestimmen Sie Ihr Ziel.* Die Beziehung zu einer Mentorin kann Ihnen helfen, sich als Führungskraft, Projektleiterin, Kommunikatorin, Teammitglied und/oder Tagungsorganisatorin zu verbessern. Weiß man, auf welchem Gebiet man vor allem Rat benötigt, erleichtert das die Suche nach einer Mentorin mit entsprechender Erfahrung und Kompetenz.

2. *Entwickeln Sie eine Beziehung.* Es ist schwierig, einfach auf eine Fremde zuzugehen und zu fragen: »Wollen Sie meine Mentorin werden?« Potenzielle Mentorinnen finden Sie überall um Sie herum: eine Kollegin, eine Vorgesetzte, jemand aus einer anderen Abteilung des Unternehmens oder aus einer anderen Firma, oder eine Frau, die man aus einem Berufsverband kennt. Ein Mentor-Schützling-Verhältnis entwickelt sich am natürlichsten zu jemandem, den Sie bereits kennen oder gerade kennen lernen. Günstig ist es auch, Mentorbeziehungen zu mehreren Personen gleichzeitig zu unterhalten. Ein breite Palette solcher hilfreicher Beziehungen eröffnet Ihnen ganz neue Perspektiven.

3. *Ergreifen Sie die Initiative.* Es ist wichtig für Sie, dass *Sie* die Beziehung pflegen und nicht umgekehrt. Rufen Sie Ihre Mentorin an. Suchen Sie sie in ihrem Büro auf und bitten Sie sie um Rat: »Ich stecke in einem Dilemma und weiß nicht, was ich tun soll. Hätten Sie vielleicht ein paar Minuten für mich Zeit?« Schildern Sie ihr, warum Sie glauben, dass Sie auf einem bestimmten Gebiet Hilfe brauchen und weshalb sie die ideale Helferin wäre.

4. *Einigen Sie sich darauf, wie die Beziehung aussehen soll.* Die Aufgabe der Mentorin ist eine unterstützende; sie soll Sie nicht bevormunden. Ganz entscheidend ist das gegenseitige Vertrauen. Wenn wir Klientinnen beraten, treffen wir uns zunächst mehrere Stunden, um ihre Ziele zu klären und ein Gefühl füreinander zu entwickeln. Dann folgen in der Regel wöchentliche Telefonate oder Besprechungen, um die Fortschritte zu kontrollieren. Besprechen Sie mit Ihrer Mentorin den äußeren Rahmen Ihrer Beziehung: wie oft Sie sich treffen und worauf Sie sich konzentrieren wollen, wie Sie Ihr Feedback erhalten sollen, wie vertrauliche Fragen zu behandeln sind, und so weiter. Darüber hinaus können Sie Ihre Mentorin auch um eine Liste mit Büchern, Kassetten oder Zeitschriften bitten, die sie Ihnen empfehlen würde, um Ihren Einblick in Ihr Interessengebiet zu vertiefen. Überlegen Sie und erörtern Sie auch Möglichkeiten, wie Sie Ihrer Mentorin zu Diensten sein könnten.

5. *Feiern Sie Ihre Erfolge als gemeinsame Erfolge.* Sie haben kein Anrecht auf die Unterstützung durch eine Mentorin. Dass sie Ihnen ihre Zeit, Energie und ihre klugen Einsichten schenkt, ist eine großzügige Geste ihrerseits. Man sollte deshalb bescheiden sein und seine Dankbarkeit zum Ausdruck bringen. Zeigen Sie Respekt und Wertschätzung und behandeln Sie jeden Ihrer Erfolge als Gemeinschaftsleistung.

Mentorin sein

Den schönsten Dank können Sie Ihrer Mentorin dadurch abstatten, dass Sie ihre Weisheit an die nach Ihnen Kommenden weitergeben. Als Führungskraft wird man Sie vielleicht darauf ansprechen, ob Sie nicht selbst viel versprechende Angestellte beraten wollen. Ihre »Zöglinge« werden Teil Ihres eigenen Unterstützungs-Netzwerks; über sie bleiben Sie mit neuen Ideen und Technologien in Kontakt. Außerdem erfährt man beim Erklären oft Dinge, von denen man gar nicht ahnte, dass man sie wusste.

Was sollte man tun, wenn einen jemand zu seiner Mentorin erwählt, und wie kann man eine gegenseitig bereichernde Beziehung aufbauen? Hier einige Tipps:[11]

1. *Einigen Sie sich auf den Schwerpunkt Ihrer Arbeit.* Gemeinsam mit seinem Schützling sollte man die gewünschten Ergebnisse und Ziele bestimmen. Was genau möchte sie lernen oder verändern? Sollen Sie ihr nur dort helfen, wo sie Fragen hat, oder sie auch vor möglichen Problemen warnen? Setzen Sie sich schon zu Beginn zusammen und klären Sie, ob es Ihrem Schützling vor allem um fehlende Kompetenzen geht, die jemand anderes an ihr bemängelt hat, oder ob sie gewisse Fertigkeiten ausbauen möchte.

2. *Legen Sie fest, wie Sie sie beraten werden.* Angestrebt ist, mit dem Schützling auf eine Weise zu kommunizieren, die bei ihr das Gefühl von Kontrolle und Zwang minimiert. Schon früh sollte man klarstellen, ob sie nur dann einen Rat wünscht, wenn sie darum bittet, oder ob sie auch aufgeschlossen dafür ist, wenn die Mentorin von sich aus einen Vorschlag macht.

3. *Formulieren Sie Ihren Rat und Ihr Feedback in der Ich-Form.* Viele von uns fühlen sich versucht, unsere Sätze mit: »Sie sollten …« oder: »Du musst …« zu beginnen, weil wir alle gern Ratschläge geben. Leider können derartige Formulierungen Defensivmechanismen auslösen und Widerstand wecken. Probieren Sie es stattdessen einmal mit: »Also, ich fand es hilfreich …« oder: »Bei mir hat sich dies und das als praktikabel erwiesen …« Indem Sie auf die eigene Erfahrung Bezug nehmen, klingen Sie weniger kritisch und verurteilend. Sie lassen Ihren Schützling lediglich von Ihren Erfahrungen profitieren, ohne ihr vorzuschreiben, was sie zu tun hat.

4. *Meiden Sie Warum-Fragen.* Direkte Gesprächspartner verwenden das Wort »Warum?«, um Informationen zu sammeln. Die meisten Frauen aber kommunizieren indirekt, und ein »Warum?« treibt eine indirekte Person schnell in die Defensive. Sie fühlt sich taxiert und verletzlich, wenn man sie auf diese Weise ins Verhör nimmt. Wenn Sie als Mentorin etwas wissen möchten, versuchen Sie es doch mit einem: »Erklären Sie mir doch bitte …« Das klingt lange nicht so irritierend.

Weitere nützliche Fragen, die man stellen kann:

- Welche unerwartete Erfahrung haben Sie bei Ihrem Projekt gemacht?
- Inwiefern unterscheidet sich dieses Projekt von Ihrem vorhergehenden? Inwiefern ähnelt es ihm?
- Was würden Sie, wenn Sie erneut in diese Situation gerieten, anders machen?

5. *Lassen Sie die Zügel locker.* Menschen lernen besser durch Mitmachen als durch Zusehen. Wenn Sie Ihrem Schützling die Be-

dienung einer Maschine beibringen wollen, möchten Sie ihr vielleicht am liebsten über die Schulter greifen und sagen: »Ich will Ihnen mal zeigen …« Geben Sie diesem Impuls nicht nach! Denn es wäre nicht nur eine Art Ein- oder Übergriff, sie würde auch weniger lernen.

Seine eigene Mentorin sein

Unsere Lehrer- und Schüler-Rollen können wir unser Leben lang ausüben. Aber wir müssen uns auch auf unsere eigene Einsicht verlassen können. Hin und wieder müssen Sie sich selber fragen, wie zufrieden Sie in beruflicher, persönlicher und materieller Hinsicht mit Ihrem Leben sind. Welchen Rat würden Sie sich selber geben? Wo würden Sie zu Vorsicht raten? Wo glauben Sie, sich weiter entwickeln zu müssen? Geht es voran, sitzen Sie fest oder geht es sogar rückwärts auf Ihrer Lebensstraße? Solche Fragen sind nicht leicht zu beantworten, aber sie sind wichtig, wenn Sie eine gute Führungskraft werden wollen. Untergebene merken, wenn wir nicht authentisch sind, und finden es beängstigend, einem Menschen, dem sie nicht vertrauen können, folgen zu müssen.

Eines unserer besten Hilfsmittel ist der Spiegel – betrachten Sie sich und Ihre Verhaltensweisen darin einmal genau: Würden Sie sich selbst als Chefin haben wollen? Oder als Mitarbeiterin? Beurteilen Sie sich und Ihre Leistungen. Und achten Sie darauf, dass auch Ihre äußere Erscheinung Vertrauen einflößt. Kleiden Sie sich wie die Person, die die Position hat, die Sie selber gerne einnehmen würden. Betrachten Sie Ihr Outfit als Mittel zum Ausdruck Ihrer Ideen und Werte und nicht als Selbstzweck.

An jedem Neujahrstag erstellen wir eine Liste unserer Leistungen des vergangenen Jahres sowie der Ziele für die folgenden zwölf Monate. Und wir formulieren sie tatsächlich entsprechend den in diesem Kapitel genannten Kriterien (konkret, messbar etc.) und wir entwickeln persönliche Ziele und Familienziele. Wir glauben, dass Frauen in allen Aspekten ihres Lebens »führen« und sich voll engagieren, und das heißt, auch für ihre Ziele und Träume Verantwortung übernehmen sollten.

Wenn das Leben einer weiblichen Führungspersönlichkeit manchmal auch schwierig und stressig sein mag, mit Menschlichkeit und Humor lassen sich alle Probleme überwinden. Sobald man in der Lage ist, seine Autorität zu behaupten, ohne Konflikte mit Kolleginnen vom Zaun zu brechen, kann man sich daran machen, ein erfolgreiches und leistungsstarkes Team aufzubauen, das alle selbst gesteckten Ziele und noch viel mehr erreicht. Im nächsten Kapitel geben wir Ihnen wertvolle Tipps, wie Teams sich am besten entwickeln und florieren.

Elf
Ein Traumteam aufbauen

In Wirtschaftkreisen hat der Gedanke der Teamentwicklung immer mehr an Popularität gewonnen, da die Unternehmen durch Fusionen immer unübersichtlicher geworden sind. Und deshalb versichern sich die Angestellten in allen möglichen Kleingruppen – von der Fahrgemeinschaft bis zum spontanen Diskussionskreis auf dem Korridor – ihrer Zugehörigkeit. Management-Experten allerdings definieren das Team spezieller als »eine kleine Anzahl von Leuten mit einander ergänzenden Fähigkeiten, die gemeinsame Aufgaben, Ziele und Prozesse verfolgen, für die sie sich gemeinsam verantwortlich fühlen«.[1] Ein Team ist eine strukturierte Funktionseinheit mit eigenen Zielen, Regeln und Konventionen.

In unserer global vernetzten Wirtschaft sind Teams bedeutsamer als je zuvor, und indem Firmen durch Telearbeit und Internet immer stärker expandieren, wird die Teamzugehörigkeit immer vielfältiger und erstreckt sich über immer weitere Räume. Im Laufe der letzten 20 Jahre wurde viel Energie an die Erforschung von Hochleistungsteams gesteckt, um zu begreifen, wie und warum sie funktionieren. Wissenschaftler haben herausgefunden, dass eine Gruppe von Individuen sich nicht über Nacht oder durch Zufall zum Hochleistungsteam entwickelt. Alle Mitglieder und vor allem der Leiter müssen Zeit, Energie und Aufmerksamkeit investieren, um ein Traumteam aufzubauen.

Ein Traumteam ist ein Team, in dem:

- die Mitglieder sich über Ziele, Absichten und Prioritäten verständigt und geeinigt haben.
- Klarheit über Aufgabenverteilung und Verantwortlichkeiten herrscht.
- die Fähigkeiten der Mitglieder voll erkannt und sinnvoll eingesetzt werden.
- effiziente Verfahren angewandt werden; die Mitglieder stehen hinter diesen Verfahren und kontrollieren sich selbst.
- das Team über erprobte und von allen akzeptierte Ansätze zur Problemlösung und Entscheidungsfindung verfügt.
- eine offene und rege Kommunikation stattfindet.
- Konflikte offen ausgetragen und beigelegt werden.
- Führungsrollen von allen Mitgliedern wahrgenommen werden.
- Teammitglieder in Besprechungen offen und authentisch sind; sie hören zu, begreifen und fühlen sich verstanden.
- Teammitglieder echtes Interesse füreinander zeigen.
- das Team mit Innovationen experimentiert und neue kreative Ansätze ausprobiert.
- das Team Erfolge anerkennt und feiert.

Der Aufbau eines starken Teams und der geschickte Umgang mit Menschen, die nicht unbedingt Freunde sein müssen, deren einander ergänzende Talente aber erst im Zusammenspiel die Bewältigung einer Aufgabe ermöglichen, stehen im Mittelpunkt dieses Kapitels. Schrittweise wollen wir erklären, wie man ein solches

Team zusammenstellt und weiterentwickelt, und uns mit besonderen Herausforderungen, die die Führung weiblicher Teammitglieder an uns stellen kann, beschäftigen. Darüber hinaus zeigen wir, wie man die Prinzipien des Teamaufbaus mit den besonderen Stärken der Frauen verbindet, um unterstützende und wachstumsfördernde »Girl Gangs« zu bilden.

Fallstricke für Frauen in Teams

Bei der Beratung von Teams, die zum Großteil aus Frauen bestehen, fallen uns immer wieder ganz spezifische Probleme auf, die die Arbeitsleistung der ganzen Gruppe stark vermindern und wie Sprengsätze wirken können. Viele Arbeitsplätze kennzeichnet ein Klima, das wir als »Kohlenmonoxid-Kultur« bezeichnen. Kohlenmonoxid ist ein geruchloses, farbloses und tödliches Gas. Es ist ein heimlicher Killer, der in die Atmosphäre einsickert und, ehe es jemand bemerkt, großen Schaden anrichtet. Sichere Anzeichen für eine Kohlenmonoxid-Vergiftung des Büros – im übertragenen Sinne – sind ständige Catfights, Klatsch, unfaire Kritik, Denunziationen, Machtspiele, Abwehrverhalten, Revierkämpfe und Sabotage unter den Teammitgliedern. Eine Workshop-Teilnehmerin erzählte uns, in ihrem Büro sei die Atmosphäre derart vergiftet, dass einige ihrer Teamkameradinnen »dir ein Messer in den Rücken stoßen würden, um sich anschließend umzudrehen und dich des unberechtigten Waffenbesitzes zu beschuldigen!«

Verstöße gegen die Regel der ausgeglichenen Machtbalance innerhalb von Arbeitsgruppen sind eine häufige Kohlenmonoxid-Quelle. Zwei Schwimmerinnen der amerikanischen Olympia-

Mannschaft von 2000, Dara Torres und Jenny Thompson, konnten nicht mehr gemeinsam im Team antreten. Ihre Rivalität war so persönlich geworden, dass ihr Trainer sich gezwungen sah, sie zu verschiedenen Zeiten in verschiedenen Becken trainieren zu lassen. Ein Sportreporter beschrieb ihren gemeinsamen Augenblick des Ruhms, als sie ihre Medaillen für einen zweiten Platz bei den Spielen in Sydney entgegennahmen:

> Zuerst bestieg Dara Torres die Siegertreppe und huschte dann rasch nach rechts. Jenny Thompson stieg als Nächste hinauf und machte einen riesigen Schritt nach links. Torres schob die Schulter in eine Richtung, Thompson die Hüften in die andere. Torres blickte auf. Thompson starrte zu Boden. Mit ihren Medaillen am Hals hätten die beiden amerikanischen Schwimmerinnen ihren gemeinsamen Sieg eigentlich miteinander bejubeln sollen. Stattdessen vermittelten sie den Eindruck, als stünden sie nebeneinander im Aufzug.[2]

Schuld an dieser eisigen Atmosphäre war die in Schieflage geratene Machtbalance zwischen den beiden Schwimmerinnen.

Betrachten wir uns einige weitere Faktoren, die weibliche Teamkolleginnen verletzen und ein optimales Funktionieren der Arbeitsgruppe verhindern können:

1. Catfights

Die Neigung von Frauen, sich in Catfights zu verstricken, macht den Aufbau eines weiblichen Arbeitsteams für jede Führungskraft zu einer Bewährungsprobe. Schwierige Frauen wie das Klatschmaul, die Heckenschützin, die Saboteurin, die Intrigenspinne und das Super-Aas, können gewaltige Kohlenmonoxid-Mengen in ein

Büro pumpen, Spaltungen erzeugen, Vertrauen zerstören und kooperative Bemühungen untergraben.

2. Mangelnde Vertrautheit mit den Spielregeln

Wie Konfliktlösungsverfahren und die Grundlagen der Führung sind auch die Normen von Teammitgliedschaft und Teamentwicklung Frauen weniger vertraut als Männern. Jungen lernen schon sehr früh, mit Kameraden zu spielen, die sie nicht leiden können. Der große, fiese, grobschlächtige Kerl mag vielleicht unausstehlich sein, aber seine sozialen Fähigkeiten spielen ja auch gar keine Rolle. Man möchte ihn in der Mannschaft haben, weil man mit ihm das Spiel gewinnt.

Mädchen spielen nur mit Mädchen, die sie nett finden. Ist ein Kind eher unsympathisch, werden es andere Mädchen kaum zu ihrer Spielkameradin machen. Entsprechend haben Frauen auch lieber Leute in ihrem Team, die sie mögen, und zögern, unangenehme Kolleginnen aufzunehmen, die jedoch wichtige Talente einbringen könnten. Es ist schön, wenn sich alle mögen, aber es ist vorteilhafter, auch eine unbequeme Person im Team zu haben, die sich nicht scheut, die Wahrheit zu sagen und die Gruppe ein wenig aufzumischen.

3. Scheu vor offenen Konflikten

Teamsolidarität entwickelt sich aus der erfolgreichen Bewältigung von Konflikten. Doch die weibliche Kultur diktiert uns, offene Konflikte zu meiden, was die Fähigkeit eines Teams, zu einer echten Gemeinschaft zusammenzuwachsen, stören kann. Ohne direkte Konflikte während der offiziellen Gruppensitzungen wird man bald Grüppchen von Frauen, in inoffizielle Besprechungen vertieft – in denen sie übereinander herziehen und tratschen – auf den Korridoren antreffen. Solche indirekten Aggressionen übersteht keine Gruppe unbeschadet.

4. Interne Konkurrenz

Wie in der amerikanischen Schwimmmannschaft kann Konkurrenz unter Frauen den Teamgeist zerstören. Wenn Teamleiterinnen sich dieser Dynamik nicht bewusst sind, schaffen sie Situationen, in denen unabsichtlich gegen die Regel der ausgeglichenen Machtbalance verstoßen wird.

Carl übernahm die Leitung eines sechsköpfigen Verkaufsteams für Büroeinrichtungen, das aus fünf Frauen und einem Mann bestand. In der festen Überzeugung, dass Konkurrenz einen Verkäufer zu Höchstleistungen anspornt, forderte er seine Untergebenen heraus, indem er sie wöchentlich und monatlich mit ihren Verkaufszahlen gegeneinander antreten ließ. Diese Strategie hatte sich in der Vergangenheit als sehr effektiv erwiesen, und er sah keinen Grund, sie aufzugeben. Allerdings hatte er das Geschlecht seiner Teammitglieder nicht berücksichtigt, und plötzlich und ohne dass Carl wusste, wie es dazu kam, mutierte eine vorher gut funktionierende Gruppe zu einem unangenehmen und verbitterten Haufen. Die Frauen begannen übereinander herzuziehen. Sie beklagten sich bei Carl, dass man ihnen die Nachrichten ihrer Kunden nicht ausrichte, und auch die Schreibkräfte wurden in die Auseinandersetzungen hineingezogen – für ihre Lieblingsverkäuferinnen erledigten sie angeblich alle Arbeiten prompt, bei allen anderen ließen sie sich Zeit.

Konkurrenz kann die übelsten Aspekte indirekter weiblicher Aggression zum Vorschein bringen. Weil die meisten von uns keine Übung im Konkurrieren haben, ohne die Sache persönlich zu nehmen, verstricken Frauen sich in derartigen Situationen in unglaubliche Bösartigkeiten. Die Verkäuferinnen in Carls Abteilung konkurrierten um dasselbe Gut – den Platz an der Sonne, der ihnen als Spitzenkraft zustand – eine ganz typische Quelle von Feindseligkeit unter Frauen.

5. Schwierigkeiten mit der Führungsrolle

Anson Dorrance, der männliche Trainer der Frauenfußballmannschaft an der University of North Carolina, unterhielt sich mit uns über die Scheu weiblicher Mannschaftskapitäne, das Kommando zu übernehmen. Zu Konflikten komme es, erklärte er, »wenn Frauen anfangen, sich etwas auf ihr Wissen einzubilden. Deshalb entwickeln sie eine Haltung, die in etwa besagt: ›Wenn keine von uns sich über ein bestimmtes Level erhebt, können wir alle wunderbare Freundinnen bleiben.‹ Ich sehe das, wenn ich sie trainiere. Leider macht diese Einstellung auch alle Frauen wunderbar durchschnittlich«.

Wir erleben dieses weibliche Teamdilemma in abgeschwächter Form, wenn wir Workshops für Frauennetzwerke organisieren. Es kann Ewigkeiten dauern, bis man sich für eine Rednerin entschieden hat. Niemand will die Verantwortung übernehmen, eine nicht mit allen abgesprochene Entscheidung zu treffen (bis hinab zu so läppischen Details wie dem Wochentag, an dem die Organisation ihr Programm vorstellen will). Frauen wollen einander auf keinen Fall auf die Zehen treten. Sie wollen nicht, dass die anderen wütend werden und ihnen etwas vorhalten. Sie sind fixiert auf die zwischenmenschlichen Probleme, die sich möglicherweise ergeben, wenn eine von ihnen die Führung übernimmt.

Es ist ineffizient, wenn jeder im Team bei jeder Entscheidung zustimmen muss. Um die Leistung eines Teams zu maximieren, muss eine für alle sprechen und handeln.

6. *Mangelnde Unterordnung*

Auch die umgekehrte Situation kann eintreten – Frauen mögen es nämlich nicht, wenn andere Frauen ihnen sagen, was sie zu tun haben; und aus dieser Einstellung kann sich ebenfalls leicht ein destruktiver Konflikt entwickeln. Zum Vorschein kommt sie vor allem beim Zusammenprall verschiedener Frauengenerationen. Häufig erwarten jüngere Frauen, die neu im Team sind, dass sie genauso viel Macht und Einfluss auf die Gruppe haben wie die offizielle Leiterin und lang gedienten Mitglieder. Wird diesen jungen Frauen die Gleichrangigkeit versagt, beklagen sie sich typischerweise bei männlichen Managern über »diese machthungrigen Weiber, die alle nur rumkommandieren wollen«.

Dieses Verhalten schafft nicht nur Probleme für die Teamleitung, sondern untergräbt auch die Bedeutung des Teams und seinen Beitrag für das Unternehmen. Und solche Beschwerden können bei der Männerriege der Chefetage dem Vorurteil Vorschub leisten, dass »Frauen einfach nicht miteinander klarkommen, und wir verrückt wären, sie in Führungspositionen zu hieven«.

Wir wollen damit nicht sagen, dass die jüngeren Frauen keinen Einfluss haben sollten – nur sollten sie sich den erst einmal verdienen. Es geht darum, die Macht derer, die sich in Führungspositionen befinden, anzuerkennen – und zwar ohne Ressentiments, die dem Team nur schaden können. Wenn man will, dass ein Team erfolgreich ist, braucht man sowohl gute Führungskräfte als auch gute Gefolgsleute. Das heißt, dass man anderen Frauen ihre

Macht zugestehen muss, auch wenn dies gegen die Regel von der ausgeglichenen Machtbalance verstößt.

7. Weitere Spannungen zwischen den Generationen
Reibungen, die den Teamgeist untergraben, gibt es häufig zwischen weiblichen Babyboomern, die inzwischen schon die mittleren und höheren Ränge der Unternehmen erklommen haben, und den jüngeren Frauen der Generation X. Hier reißen Unterschiede beim Arbeitsethos eine große Kluft zwischen den Generationen auf. Die 50-Jährigen sagen: »Ich musste mich auch hochdienen. Ich habe Telefondienst gemacht, am Wochenende gearbeitet, und bin auch an Weihnachten erst abends nach Hause gegangen. Was soll das heißen ›Das mach ich nicht‹?«

Die 30-Jährigen halten dagegen: »Nur weil Sie sich für Ihren Job aufgeopfert haben, heißt das nicht, dass ich genauso verrückt sein muss und in Ihre Fußstapfen trete!« Derartige Sackgassen blockieren die Teamarbeit und stellen einen permanenten unterschwelligen Konfliktherd dar.

8. Spannungen zwischen Müttern und Nichtmüttern
Heutzutage bieten viele Unternehmen Vergünstigungen wie gleitende Arbeitszeit, Job-Sharing oder verminderte Reiseverpflichtungen für berufstätige Eltern an. Sie erleichtern den arbeitenden Müttern zwar das Leben, unter den Frauen eines Teams säen sie jedoch Zwietracht und Missgunst. Denn Frauen, die von diesen gesetzlichen und unternehmerischen Regelungen profitieren, können mit ihren Kolleginnen ohne Kinder in Konflikt geraten, weil die sich ausgenützt fühlen, wenn sie die liegen gebliebene Arbeit übernehmen müssen, oder die arbeitende Mutter auch mitten in

einer Unternehmenskrise pünktlich bei Dienstschluss den Stift fallen lässt. Häufig beklagen sich dann die Frauen, die keine Kinder haben, dass sie für ihre Nicht-Elternschaft bestraft werden.

Wie aus einer Gruppe ein Team wird

All diese Fallstricke können die Kooperation und die Produktivität eines Teams lahm legen. Aber wenn wir als Frauen in der heutigen Geschäftswelt Erfolg haben wollen, müssen wir eingefleischte Gewohnheiten hinter uns lassen und lernen, leistungsstarke Mannschaftsspielerinnen zu werden. Als Teamchefin etwa sind Sie dafür verantwortlich, das durch derartige Einstellungen erzeugt Kohlenmonoxid aus Ihrem Arbeitsumfeld zu verbannen. Und das heißt, dass Sie sowohl für Ihre männlichen als auch für Ihre weiblichen Teammitglieder eine positive Arbeitsatmosphäre schaffen müssen. Frische Luft bringt man in sein Team, indem man sich auf eine produktive Auseinandersetzung einlässt; indem man sich der situationsbezogenen Menschenführung, der S-M-A-R-T-Ziele und des F-A-S-T-Feedbacks bedient; indem man bei weiblichen Teammitgliedern die Regel der ausgeglichenen Machtbalance befolgt und Catfights unterbindet; indem man seine Angestellten respektiert und fürsorgliche Beziehungen zu ihnen unterhält; sowie durch gute Kommunikation und aufmerksames Zuhören.

Die Schaffung eines erfolgreichen Teams beruht auch darauf, dass man die Dynamik des Teamaufbaus kennt. Es gibt ganz bestimmte Schritte, die alle leistungsstarken Teams befolgen, um eine wirksame Synergie zu erzielen. Werfen wir einen näheren Blick darauf:

Ganz zu Anfang ist eine Gruppe niemals ein Team. Es handelt sich einfach um eine Ansammlung von Individuen, die in einem Zimmer herumlaufen und einander beschnuppern. Und jedes dieser Individuen möchte wissen, wer auf seiner Seite steht und es unterstützt, wer es möglicherweise angreifen und wer sich neutral verhalten wird. Die langsame Verwandlung dieser argwöhnischen Truppe in ein Traumteam vollzieht sich entlang zweier Hauptachsen:[3]

- *Aufgabenorientierung:* Diese Dimension betrifft die Koordination aller Aktivitäten zur Durchführung der Aufgabe.
- *Prozessorientierung:* Hier geht es um die zwischenmenschlichen Beziehungen unter den Teammitgliedern.

Wenn Aufgaben- und Prozessdimension sich nicht einigermaßen simultan entwickeln, kann es passieren, dass Leiter und Team ihre Ziele nicht erreichen. So bat uns der Geschäftsführer eines Kartonherstellers, ihm bei der Entwicklung einer Strategie für sein Unternehmen zu helfen. Er konzentrierte sich vor allem auf die Aufgabe, die Produktivität und den Gewinn zu steigern. Während wir diese Firma berieten, stellten wir fest, dass die schlechte Produktivität vor allem auf die starken Antipathien unter den Angestellten zurückzuführen war. Sie beschädigten das Arbeitsgerät ihrer Kollegen, horteten Nachschubmaterial und sabotierten einander auf alle möglichen Arten. Die alleinige Konzentration des Geschäftsführers auf die Produktivität (Aufgabe), durch die die zwischenmenschlichen Beziehungen (Prozess) völlig in den Hintergrund gedrängt wurden, wirkte zerstörerisch, hemmte die Leistung und ließ die Gewinne schrumpfen.

Eine ausschließliche Konzentration auf den Prozess und eine

Vernachlässigung der anstehenden Aufgabe kann sich als ebenso fatal erweisen. In einem anderen unserer Beratungsfälle machte sich das Leitungsteam einer psychiatrischen Klinik permanent Sorgen um das Befinden sämtlicher Angestellter (Prozess). Der Geschäftsführer, ein Psychiater, sorgte dafür, dass alle Konflikte angesprochen wurden und Zwischenmenschliches andauernd thematisiert wurde. Obwohl man auf diese Weise eine angenehme Arbeitsatmosphäre schuf, gelang es dem Team nicht, seine Dienstleistungen zu vermarkten, und oft hatte man es sogar versäumt, den Patienten die geleisteten Dienste zu berechnen (Aufgabe). Als man uns zwecks Erstellung eines Strategieplans zu Hilfe rief, hatte die Einrichtung bereits Konkurs angemeldet. Auch wenn diese Beispiele ziemlich extrem sind, zeigen sie, dass sich die Gruppenmitglieder während ihres Zusammenwachsens zu einem Team sowohl auf die Aufgabe konzentrieren müssen als auch auf den Prozess.

Die vier Phasen der Teamentwicklung

Wie entwickelt sich eine Gruppe zu einem leistungsstarken Team? Indem sie vier Entwicklungsstadien durchläuft: Formierung, Sturm, Normierung, Leistung. Betrachten wir sie im Einzelnen:

1. Formierung

Das Formierungsstadium ist die Zeit, in der die Gruppenmitglieder anfangen, sich zu treffen, sich Ziele zu setzen und eine Teamidentität zu entwickeln. In der Formierungsphase sind die Teammitglieder für Schutz, Schlichtung und Anleitung auf ihren Leiter angewiesen. Schutz heißt in diesem Zusammenhang, dass der Leiter bei Angriffen durch andere Gruppen, die etwa behaupten: »Dies ist unser Bereich, hier habt ihr nichts verloren« die Lage klärt. Da das Team zu diesem Zeitpunkt noch sehr jung ist, braucht es die starke Führung genauso wie einzelne Mitglieder den Zuspruch ihres Teamchefs. Connie Gersick, Professorin und Betriebspsychologin, hat festgestellt, dass der in den ersten paar Minuten des ersten Treffens eines Projektteams angeschlagene Ton das Team für den Rest seiner Geschichte begleiten wird.[4]

In der Formierungsphase wird kaum aufgemuckt oder etwas in Frage gestellt. Würde zu diesem Zeitpunkt die Mitarbeiterin eines Haushaltsausschusses eine neue Idee vorschlagen, würde sie vermutlich sofort zurückgepfiffen. Wenn man sich auch um einen höflichen Umgang miteinander bemüht, wird in diesem Stadium oft nur sehr wenig zugehört. Die Leute geben eher Statements ab, als sich über ein Thema auszutauschen. Sie schwingen Reden, statt miteinander zu reden. Schwächen werden kaschiert, die Ziele sind unklar, und das persönliche Engagement ist niedrig: »Ich tue eben, was man in meinem Bereich macht; ich kümmere mich nicht um die Vermarktung. Das ist nicht mein Fach.«

Ein beträchtlicher Teil der Zeit wird für die Entwicklung einer Aufgabenstellung aufgewandt werden. Das Team kann sie aufs Schönste ausformulieren, sie hübsch rahmen und aufhängen, und anschließend ignorieren, weil die Gruppe einfach noch nicht den nötigen Zusammenhalt besitzt, um sich wirklich für die darin vorgegebenen Ziele verantwortlich zu fühlen. In diesem Stadium ist, abgesehen davon, dass man sich ein bisschen näher kennen gelernt hat, noch kaum etwas erreicht.

Manche Gruppen verharren eine Ewigkeit in der Formierungsphase. Pat wurde eingeladen, um die Teamentwicklung bei den 13 Leiterinnen einer nichtkommerziellen Vereinigung voranzutreiben. Mit Hilfe eines Beurteilungsverfahrens diagnostizierte Pat das momentane Entwicklungsstadium des Teams und stellte fest, dass die Gruppe sich nach all der Zeit noch immer in der Formierungsphase befand. Es war ihr fast ein wenig peinlich, der Leiterin, einer höflichen Südstaatlerin namens Charlotte, ihr Ergebnis mitzuteilen.

Doch als Pat sich später am Abend mit Charlotte über das Resultat unterhielt, wurde ihr klar, weshalb das Team nicht über das erste Stadium hinausgekommen war. Charlotte glaubte, dass »gute Menschen nicht miteinander streiten«. Und Pat erfuhr auch, dass man sie bloß hinzugezogen hatte, weil Charlotte wollte, dass sie einer Frau aus dem Team, die den Mund zu voll nahm, selbigen stopfte.

»Aber die brauchen Sie doch ganz dringend«, erklärte Pat Charlotte. »Schließlich ist sie die Einzige, die es riskiert, die Probleme anzusprechen, über die sich alle anderen nur auf dem Korridor beklagen.« Pats letzte Worte an Charlotte lauteten: »Sie müssen endlich die Konflikte innerhalb der Gruppe *austragen*, oder Sie werden nie ein Team werden.« D. h., ohne offene Konflikte würden sie nie in den Sturm, das nächste Stadium, gelangen.

2. Sturm

Der Sturm ist das Stadium, in dem es die Leute satt haben, sich immer nur »nett« und unaufrichtig um Probleme herumzumogeln und tatsächlich über sie zu sprechen beginnen. Für jedes Team gilt, dass es früher oder später zum Konflikt kommen muss. Steckt man eine Gruppe von Leuten zusammen und bittet sie, sich gleichzeitig Richtung Westen zu bewegen, werden die über das Vorgehen erst mal grundsätzlich unterschiedlicher Meinung sein. So paradox es auch klingt, der Konflikt ist für die Teamentwicklung unverzichtbar. Zu den besten Entscheidungen gelangt man, wenn alle Mitglieder ihre Ideen äußern und zulassen, dass diese zur Debatte gestellt werden, damit sich darauf aufbauen lässt. Tatsächlich besteht ein großer Teil unserer Beratungspraxis darin, gemeinsam mit Teams zu erarbeiten, wie sie ihre Fähigkeit zum Konflikt und zu Meinungsverschiedenheiten ausbauen können. Wenn Leiterinnen damit prahlen, dass ihre Teams niemals streiten und immer prima miteinander auskommen, entgegen wir: »Dann haben Sie kein Team!« Wenn man in einer Gruppe nie unterschiedlicher Meinung ist, können die erzielten Entscheidungen immer nur »annehmbar« und damit mittelmäßig sein.

In der Sturm-Phase hören die Gruppenmitglieder in der Regel verstärkt zu und bemühen sich intensiver umeinander. Außerdem werden in dieser Phase sowohl Zufriedenheit als auch Beziehungsprobleme geäußert und persönliche Empfindungen zum Ausdruck gebracht, man bildet Fraktionen und eine Hackordnung kristallisiert sich heraus. Die Gruppe fasst breiter gefächerte Optionen und Ziele ins Auge und natürlich auch ihre eigentliche Mission. All dies geht mit vermehrter Abwehr, Konkurrenz, Polarisierung einher sowie einem ständigen Gerangel ums Recht haben statt um die Frage, was für das Unternehmen das Beste wäre. Die in dieser Phase noch fehlende Geschlossenheit führt zu verstärkten Spannungen. Noch immer wird wenig geleistet.

Der Sturm ist quasi die Pubertät im Leben eines Teams. Die Mitglieder erproben ihre Rollen, fordern einander, vor allem aber auch ihren Leiter heraus. Sie sagen Dinge wie: »Treffen Sie eigentlich alle Entscheidungen allein, oder haben wir auch ein Wörtchen mitzureden?« Die Mitglieder versuchen Verantwortung zu übernehmen, und für die Manager ist es ein »Muss«, diese Art von Konflikten zu kultivieren. Leider fürchten nicht wenige Führungskräfte den damit einhergehenden potenziellen Kontrollverlust, und greifen gegen die selbstbewussteren Personen durch, womit sie die Übernahme von Verantwortung und die Entwicklung von Engagement unterbinden.

In allen Teams gibt es Meinungsverschiedenheiten darüber, wie man seine Ziele erreicht, auch dann, wenn man sich über die Ziele einig ist. Der Schlüssel zur Schaffung eines Zusammenhalts liegt darin, dass man derartige Konflikte auf produktive Weise zu handhaben und zu lösen lernt.

Aufgrund ihres hohen Konfliktpotenzials kann die Sturmphase für weibliche Beziehungen eine besonders tückische Zeit sein. Vielleicht hat sich eine Ihrer Freundinnen auf die Seite Ihrer Gegner geschlagen. Vielleicht stört die neue Hackordnung das Machtgleichgewicht zwischen einstmals Gleichrangigen. Konkurrenz und Polarisierung können zu Sabotage und Verleumdungen führen und Situationen hervorbringen, die das Team auf Dauer schwächen. In diesem Stadium muss man sich auf Konflikte einlassen, doch muss dies auf produktive Weise geschehen: Achten Sie darauf, *was* Sie sagen, *wie* Sie es sagen und *zu wem*.

Die Mitglieder des Forums eines Verbands junger Aufsichtsratvorsitzender baten Susan, ihnen beim Teambuilding zu helfen. Dieses Forum bestand aus vier Leuten, unter denen es immer einen starken Zusammenhalt gegeben hatte. Sie hatten zwei neue Mitglieder aufgenommen und wollten jetzt so schnell wie möglich zur alten Vertrautheit zurückfinden.

Susan bemerkte, dass man überaus höflich und bemüht miteinander umging – ein sicheres Zeichen dafür, dass man sich noch in der Formierungsphase befand. In der ersten Kaffeepause jedoch nahm eines der Mitglieder, Jill, Susan beiseite und sagte: »Hier wird eine ganze Menge Mist erzählt. Die Leute sind einander auf übelste Weise in den Rücken gefallen.« Als man sich wieder versammelt hatte, forderte Jill den Rest der Gruppe mit klaren Worten heraus und schaffte es so, das Team in den »Sturm« zu katapultieren. Es passiert ziemlich häufig, dass die Teamentwicklung entweder unmittelbar vor der Sturm-Phase ins Stocken gerät, weil man den Konflikt scheut, oder im »Sturm« selbst verharrt, weil man sich in unproduktive und zerstörerische Auseinandersetzungen verstrickt hat.

Sobald die Mitglieder die Dynamik des Teamaufbaus begriffen haben, sind sie eher in der Lage, das »Stürmen« als Wachstumsprozess – und nicht als Störung oder persönlichen Angriff – zu betrachten. Nach dem ersten richtigen Krach erkundigten sich einige vorbereitete Teammitglieder schmunzelnd: »Ist das jetzt die Sturm-Phase? Haben wir's endlich geschafft?« Sie heißen das Stadium willkommen, statt ihm ängstlich auszuweichen. Falls Sie oder andere Teammitglieder sich wegen des Ausmaßes der Meinungsverschiedenheiten in Ihrer Gruppe Sorgen machen, ist es beruhigend zu wissen, dass diese Disharmonie einen wichtigen Teil des Entwicklungsprozesses darstellt.

3. Normierung

Die Normierung folgt auf das Getöse des Sturms. In dieser Phase beginnen die Mitglieder, ihre eigene Rolle wie auch die der anderen Teammitglieder mit all ihren Eigenarten zu akzeptieren. Ziel dieses Stadiums ist es, Gruppennormen und -standards zu etablieren. Normen sind die geschriebenen und ungeschriebenen Regeln in Bezug auf Verhalten und Erwartungen der Teammitglieder. Es können informelle Regeln sein, wie: »Niemand kommt verspätet zu einer Sitzung« oder aber schriftlich fixierte Verhaltensstandards für das gesamte Team, wie: »Sei ehrlich und verlässlich« – »Halte, was du versprochen hast« oder: »Stehe hinter den Entscheidungen deines Teams und trage sie mit.«

Weiter vorangetrieben werden die Positionierungen auf zwischenmenschlicher Ebene und die Erforschung der Teamdynamik. Teammitglieder können sagen: »Du hast dich in letzter Zeit nicht mehr geäußert. Möchtest du etwas dazu sagen? Macht dir irgendetwas Sorgen?« Die Leute spüren, dass sie ihre Gefühle offener zum Ausdruck bringen können. Auch heikle Fragen werden debattiert. Die Formulierung der Aufgabe wird nun zu einem echten Anliegen, weil sich die Kollegen mehr aufeinander verlassen und Verantwortung übernehmen. »Wir sagen zwar, dass unsere Angestellten unser größtes Plus sind, aber was du da vorhast, klingt, als würden uns unsere Leute überhaupt nichts bedeuten!« Es wird noch intensiver zugehört und allmählich entwickelt sich so etwas wie Korpsgeist.

Häufig bittet man uns, mit Gruppen an ihrer Zuhör-Kompetenz zu arbeiten, und wir stellen fest, dass sie durchaus zuhören können, aber einfach keine Lust dazu haben! Ausbilder erfolgreicher Teams sind Vorbilder in Sachen Zuhören und bestehen darauf, dass die Teamkollegen einander zuhören. Zuhören können ist eines der Kennzeichen von Hochleistungsteams.

Auch in der Normierungsphase kommt es noch zu Konflikten, jetzt geht es jedoch in der Hauptsache darum, wie das Team ein

Problem lösen kann und nicht darum, wer Recht oder Unrecht hat. So versuchte Pat mit einer Gruppe von Führungskräften, die sich gerade mit der Leistungsevaluation ihrer Untergebenen beschäftigten, ein Team aufzubauen. Irgendwann meinte Teamkollegin Judy: »Wartet mal kurz. Obwohl wir eben keine Namen genannt haben, kennen wir doch die Untergebenen der anderen gut genug, um zu wissen, um wen es sich handelt. Ich finde, das verstößt gegen den Vertraulichkeitsgrundsatz, und ich finde, wir dürften dieses Gespräch eigentlich nicht führen.«

In der Pause trat Miranda an Pat heran und meinte: »Mehrere von uns fühlen sich durch Judys Bemerkung auf den Schlips getreten. Können wir das nachher noch einmal aufgreifen?« Als die Teilnehmer wieder versammelt waren, begann Pat: »Miranda, wolltest du nicht noch was sagen?«

Miranda holte tief Luft und ergriff das Wort: »Judy, das, was du da vor der Pause gesagt hast, irritiert mich. Darüber würde ich mich gerne noch einmal unterhalten.« Shelly schloss sich ihr an: »Vielleicht interessiert dich ja auch, wie ich das sehe.« Und Sam fügte hinzu: »Auch mich hat es geärgert. Und ich will dir sagen, was mir daran aufgestoßen ist.«

Woraufhin das Team in einen eleganten sachlichen Schlagabtausch überging. Sie überlegten, diskutierten und fanden schließlich eine Win-Win-Lösung. Infolge dieses Konflikts und der sich anschließenden Diskussion entwickelte die Gruppe neue Normen, die alle akzeptierten.

4. Leistung

Diese Phase ist nicht leicht zu erreichen. Ein Team in der Leistungsphase kann nicht nur Probleme diagnostizieren und lösen sondern auch zweckdienliche Entscheidungen treffen. Riskante Themen werden offen erörtert, und das Team ist im Hinblick auf Problemlösung und Aufgabenbewältigung hochgradig flexibel, und der Leiter gleicht sich den Teamkollegen an. Die Mitglieder schöpfen ihre Energien und Fähigkeiten optimal aus. Und immer behalten sie ihre Hauptaufgabe und die anderen Ziele im Auge, damit sich das Team in die richtige Richtung bewegt. Die Normen für das zwischenmenschliche Verhalten besitzen absolute Gültigkeit, und die Gruppe ist sich über die zwischenmenschlichen Prozesse im Klaren. Die Mitglieder sind ausgesprochen produktiv und erreichen ihre Ziele.

Ein solches Hochleistungsteam konnte Pat in Aktion beobachten, als sie der Ausschusssitzung einer großen nichtkommerziellen Organisation beiwohnte, die sich der medizinischen Versorgung verschrieben hatte. Einige der Mitglieder saßen schon seit fast zwanzig Jahren in diesem Ausschuss. Die Organisation war nach Washington eingeladen worden, um dort ihre Anliegen einem Kongress-Ausschuss darzulegen, und man stand vor der heiklen Frage, wen man als Vertreter nach Washington entsenden sollte. Hätte sich das Team noch in der Formierungsphase befunden, hätte sich wohl der erfahrenste und ranghöchste Mediziner des Ausschusses als aussichtsreichster Kandidat für diesen Sonderauftrag angeboten. Das Team aber führte eine faire, lebhafte Diskussion über die Frage, wer die überzeugendste und wortgewandteste Person unter ihnen sei, um ihr Ziel, bekannter zu werden und mehr Geld zu bekommen, zu erreichen. Die Wahl fiel auf ihren jüngsten Neuzugang, einen brillanten jungen Arzt, der dem Ausschuss erst seit drei Monaten angehörte.

Im Leistungsstadium sind alle gleich. Der Leiter oder die Leiterin bemühen sich eher, Prozesse zu erleichtern, als dass sie Anweisungen geben. Das Team beginnt sich und seine Aufgaben selbst zu managen und votiert für kooperative Entscheidungen. Verstöße gegen die Regel der ausgeglichenen Machtbalance sind seltener, weil sich die Macht gleichmäßiger auf die einzelnen Teammitglieder verteilt. Den Teamkollegen macht es Spaß, gemeinsam im Rampenlicht zu stehen und Erfolge miteinander zu feiern. Oft stehen sie sich auch persönlich nahe – was vor allem Frauen als positiv empfinden – und arbeiten einander optimal zu. Jedes Mitglied übernimmt Verantwortung und fühlt sich für die eigenen Aufgaben zuständig, versucht jedoch auch, die Teamkollegen beim Erreichen des gemeinsamen Ziels zu unterstützen.

Frauen verweisen in der Regel nach außen, wenn sie Erfolg haben, und schreiben ihre Erfolge anderen zu. Zwar kann das auch in einem Hochleistungsteam vorkommen, hier aber werden die anderen auf die Frau zurückverweisen und ihre Leistung anerkennen.

Teamaufbau durch alle Stadien

In welcher Entwicklungsphase sich Ihr Team auch befindet, es gibt einige zentrale Prinzipien, die Ihnen helfen, Ihre Gruppe auf die nächste Ebene zu hieven. Hier die passende Strategie für jedes Level:

1. Formierung: Zeigen Sie Stärke

Sich mit der Aura der Anführerin zu umgeben, kann vor allem in der Formierungsphase Schwierigkeiten bereiten, in der man mit beträchtlicher Autorität auftreten muss. Hier sind Struktur, Bestätigung und Anleitung gefragt, muss man sein Vorgehen und die Gruppenziele erläutern und die Gruppe auf Kurs halten. Hier kann auch die Regel der ausgeglichenen Machtbalance ins Spiel kommen, und womöglich haben Sie Angst, sie zu verletzen, wenn Sie sich zu stark behaupten. Außerdem können die Frauen in Ihrem Team an Ihrer Position Anstoß nehmen. Entscheidend sind klare Anweisungen hinsichtlich der S-M-A-R-T-Teamziele und die genaue Beobachtung des Entwicklungsprozesses der neuen Gruppe. Ohne direktive Eingriffe und Vorgaben von Seiten des Leiters kann die Teambildung nicht in Gang kommen.

Gehören Sie zu einem Team unter weiblicher Führung, müssen Sie sich von Ihrer Leiterin Anweisungen geben und sich von ihr helfen lassen. Daran geht kein Weg vorbei. Manche Frauen bekleiden nun mal eben Führungspositionen. Möchte man eine bestimmte Angelegenheit oder ein Programm vorantreiben, lässt sich dies oft effektiver bewerkstelligen, wenn es eine Führungskraft und Gefolgsleute gibt. Die Erkenntnis, dass mächtige Frauen an der Spitze eines Teams, also innerhalb einer hierarchischen Struktur, mehr erreichen können als eine zufällige Ansammlung von Frauen, die sich auf gut Glück bemühen, bereitet uns manchmal Probleme – aber so ist es nun einmal.

2. Sturm: Begrüßen Sie den Konflikt

Wenn Sie mit dem Teamaufbau beginnen, müssen Sie auch in der Lage sein, die Sache zu Ende zu bringen, obwohl dies mit Konflikten verbunden ist. Die Teamkollegen fangen allmählich an, sich zu öffnen und Risiken einzugehen. Sie sind voller Elan und Erwartung. Eine bereits angespannte Situation kann sich verschärfen, wenn eine gerade geöffnete Tür plötzlich wieder zufällt und den Teamkollegen ins Gesicht schlägt, nur weil Sie, Ihre Leiterin, Konflikte nicht aushalten oder nicht mit ihnen umgehen können.

Männer sind es gewöhnt, um Positionen zu kämpfen, ihre Meinung zu sagen und Kurzzeit-Koalitionen zu bilden – Frauen nicht. Frauen pflegen oft einen indirekten Umgang miteinander und können in diesem unsicheren Stadium leicht zu indirekter Aggression Zuflucht nehmen. Meinungsverschiedenheiten bleiben vielleicht unausgesprochen, und es können sich Cliquen bilden. Verstimmte Teamkolleginnen raunen einander zu: »Will Marylin vielleicht alle Entscheidungen allein treffen?« – »Der zeigen wir's noch. Und dieses herrische Getue – das zahlen wir ihr heim.« – »Wir sind doch keine kleinen Kinder.«

Wenn Sie sich produktiver Konfliktlösungs- und Führungsstrategien bedienen, wird Ihr Team diese schwierige Phase überstehen. Akzeptieren Sie abweichende Meinungen, konzentrieren Sie sich auf das Problem und nicht die Person und diskutieren Sie die tatsächlichen Werte und Überzeugungen. Leitet man beispielsweise ein Team, in dem sich Mütter mit Nichtmüttern streiten, sollte man es mit Kooperation versuchen. Sie könnten die Parteien zusammenrufen und sagen: »Alyssa, wir verstehen, dass du Zeit für dein Kind brauchst, und wir verstehen auch, Jenna, dass man nicht von dir erwarten kann, 120 Prozent der Arbeit zu erledigen. Überlegen wir uns doch mal, ob es nicht eine Möglichkeit gibt, beide Bedürfnisse zu erfüllen.« Wenn Sie so vorgehen, entziehen Sie indirekt-aggressiven Verhaltensweisen den Boden und erzeugen Vertrauen. Sie gehen die Probleme direkt an, statt zuzulassen, dass sie im Verborgenen weiterschwären.

3. Normierung: Fördern Sie Vertrauen

Dieses Stadium finden männliche wie weibliche Teammitglieder befriedigender als die Formierungs- und die Sturmphase. Aufgrund unserer Neigung zu indirektem Verhalten fällt es uns Frauen aber schwerer als Männern, die Teamkollegen zu konfrontieren, wenn sie gegen eine Norm zu verstoßen scheinen. So könnte eine Gruppennorm lauten: »Gegenüber Außenstehenden äußern wir uns nur positiv über das Team.« Wenn Carrie mitbekommt, wie Ellie über eine Teamkollegin tratscht, wird es ihr wahrscheinlich sehr unangenehm sein, Ellie direkt darauf anzusprechen. Eine vertrauensfördernde Umgebung jedoch kann solche Konfrontationen erleichtern.

Die Grundlage der Teamarbeit und das Bindemittel aller Hochleistungsteams ist Vertrauen. Um ein Team aufzubauen, in dem Vertrauen unter den Mitgliedern möglich ist, müssen Sie folgende Tugenden leben und auch von Ihren Mitarbeitern verlangen:

- *Ehrlichkeit:* Die Vermeidung von Lügen oder Übertreibungen.
- *Offenheit:* Die Bereitschaft, Informationen und Ideen weiterzugeben, seine Gefühle kundzutun und anderen zuzuhören.
- *Konsequenz:* Die Fähigkeit, gemäß seinen Äußerungen zu handeln. Ihr Verhalten und die daraus folgenden Ergebnisse sind vorhersagbar.
- *Achtung*: Die Fähigkeit, alle Angestellten mit Respekt und Fairness zu behandeln. Dazu gehört auch, dass man seine Untergebenen Fehler machen und sie aus ihnen lernen lässt.
- *Hilfsbereitschaft:* Die Fähigkeit, andere zu bestärken, wenn sie Ideen und Meinungen äußern.
- *Kompetenz:* Die Bereitschaft, sich angemessen vorzubereiten und vorzügliche Resultate zu liefern.

Durch den offenen Austausch wächst das Vertrauen. Ebenso wie Zuhören zu den Schlüssel-Voraussetzungen für die Entwicklung von Vertrauen gehört. Zuhören heißt allerdings nicht, dass man nur darauf wartet, bis man an die Reihe kommt und selber reden darf! Es heißt, dass man der Kollegin seine volle Aufmerksamkeit schenkt und wirklich wissen will, was sie zu sagen hat.

Und achten Sie vor allem auch darauf, dass Wettbewerb unter Kolleginnen nicht zu den vereinbarten Teamnormen gehört. Falls die Gruppe in der Hauptsache aus Frauen besteht, wäre es am produktivsten, wenn alles Konkurrieren außerhalb des Teams stattfände. Verkäuferinnen etwa könnten mit anderen Verkaufsteams konkurrieren oder auch mit ihren Verkaufszahlen vom Vorjahr. Wenn Sie Teamleiterin sind, sollte Ihnen klar sein, dass Rivalität unter den Frauen Ihres Teams mit allergrößter Wahrscheinlichkeit nicht die von Ihnen erhoffte Dynamik bewirken wird.

4. Leistung: Holen Sie das Beste aus Ihrem Team heraus

Das Leistungsstadium zu erreichen, ist nicht leicht, aber auch wenn Sie dort angekommen sind, müssen Sie am Ball bleiben, um Ihre Spitzenergebnisse zu halten. Ein Team kann in frühere Stadien zurückfallen, wenn man seiner Entwicklung und seinem Funktionieren keine Aufmerksamkeit mehr schenkt. Pat beriet einmal ein Herstellungsunternehmen, das am Rande des Konkurses stand, beim Aufbau von Arbeitsteams. Nachdem man sich über Jahre hinweg alle drei Monate zu Teamaufbau-Sitzungen getroffen hatte, entwickelte sich die finanzielle Situation der Firma so positiv, dass man an die Börse ging. Bald begann die Firma weltweit andere Unternehmen aufzukaufen.

Allerdings hatte dieses explosive Wachstum auch seine Schattenseiten. Weil der Aufkaufprozess so viel Zeit und Energie verschlang, setzte das Unternehmen die Teamaufbau-Sitzungen ein Jahr lang aus – und alles begann zu zerfallen: Die Teamkollegen verstrickten sich in destruktive Konflikte; Informationen wurden zurückgehalten; die Mitglieder unterstützten einander nicht mehr. Durch den Vertrauensschwund in den Teams kam es zu Problemen in der Herstellung, die sich bald in den Bilanzen niederschlugen.

Ein auf hohem Niveau funktionierendes Team leidet, wenn man es sich selbst überlässt. Dies war die bittere Lektion, die man lernen musste; doch der Aufsichtsratvorsitzende kümmerte sich rasch um die notwendigen Veränderungen. Inzwischen hat er den vierteljährlichen Teambuilding-Seminaren oberste Priorität eingeräumt.

Teams sind keine statischen Einheiten, sie entwickeln sich mit der Zeit. Wird der bewusste Teamaufbau vernachlässigt, kann ein Hochleistungsteam in frühere, turbulentere und weniger produktive Stadien zurückfallen. Bei ständiger Pflege und Arbeit jedoch wird ein Team auch weiterhin wachsen und gedeihen und Ihre höchsten Erwartungen erfüllen und sogar übertreffen.

Gute Führungskräfte ermuntern die Teammitglieder, ihre Erfolge zu feiern und ihre Siege zu genießen. Feiern stärken das Selbstvertrauen eines Teams, was die Risikofreudigkeit und damit meist auch die Gewinne steigert. Belohnen Sie ihr Team, wenn die Arbeitsziele erreicht wurden. Denn so haben Sie die besten Chancen, auch in Zukunft Erfolge zu feiern.

Ein Erfolgsteam

Wenn ein Frauenteam gut zusammenarbeitet, kann das phantastisch sein. Vom Teamwork, das unsere Mannschaft beim Weltcup des Damenfußballs 1999 zeigte, waren wir ziemlich angetan. Die amerikanischen Frauen präsentierten sich als eingeschworenes Team; man unterstützte einander und nutzte diese Geschlossenheit für den Sieg.

Anson Dorrance erzählte uns, dass er die Gefahr destruktiver Konflikte in seinem Team schon gesehen habe und beschrieb »die enormen Erwartungen der Frauen aneinander« sowie ihren geschärften Sinn dafür, »jede potenziell negative Nuance zu registrieren«, aber er pries auch ihre Beziehungsfähigkeit. »Es ist faszinierend«, sagte er. »Frauen gehen derart starke Bindungen ein, wie sie bei Männern gar nicht denkbar sind. Und ist ein solches Bündnis einmal geschmiedet, besteht eine ungeheuer tiefe Verbundenheit, und es eröffnen sich unglaubliche Möglichkeiten.«

Nike wollte Mia Hamm, eine der wichtigsten Spielerinnen, promoten und fragte bei ihr an, ob man vielleicht einen Werbefilm zusammen machen könne. Dorrance zufolge verlangte Mia, dass Nike das ganze Team promotete. Sie weigerte sich, den Werbespot zu drehen, wenn nicht auch alle anderen daran beteiligt würden. Da sie den Titel zusammen gewonnen hatten, sollte man auch die Früchte des Kampfes gemeinsam ernten. Dies ist einer der großartigen Vorzüge positiver Teamarbeit unter Frauen. Wenn es uns gelingt, den Fallstricken von Catfights und dem Dilemma der ausgeglichenen Machtbalance zu entgehen und als leistungsstarke Teams zu funktionieren, bieten sich grenzenlose Erfolgsmöglichkeiten.

Die Macht der Girl Gangs

Als die Welt im Juli 1999 beim Damenfußball-Weltcup das Spiel zwischen den Vereinigten Staaten und China verfolgte, erlebte sie, wozu Frauen in der Lage sind, wenn sie sich von ihrem indirekt-aggressiven Verhalten verabschieden. Die amerikanischen Spielerinnen unterstützten, bestärkten und feierten einander. Dies war wahrhaft eine Gruppe, die die Macht der Regel von der ausgeglichenen Macht verinnerlicht hatte. Es gelang ihr nicht nur, das Machtgleichgewicht untereinander zu wahren, sondern auch die Effektivität jedes einzelnen Teammitglieds zu steigern. Statt sich darum zu zanken, wer am längsten im Rampenlicht stehen darf, hoben sie sich gegenseitig und dadurch ihr ganzes Team in höchste Höhen.

Ihr Erfolg bestätigt Margaret Meads weise Feststellung: »Zweifeln Sie nie daran, dass eine kleine Gruppe engagierter Individuen die Welt verändern kann. Sie wurde nie von jemand anderem verändert.« In unserer gemeinsamen Arbeit hat sich dies – vor allem für Frauen – bewahrheitet. Wenn eine Gruppe von Frauen ihren vererbten oder anerzogenen negativen Verhaltensweisen abschwört und die destruktiven Beziehungsmuster hinter sich lässt, wenn sie sich zu einer gemeinsamen Kraft zusammenschließt, kann sie zu einer mächtigen Quelle sozialen Wandels werden. Der Kampf um das Frauenwahlrecht, das Eintreten von Frauen in die Berufswelt und in die Politik, die Gleichstellungsparagraphen in den Verfassungen demokratischer Länder, die zunehmende Kriminalisierung und Verfolgung von Vergewaltigung – vor allem auch innerhalb der Ehe –, der Kampf um gleichen Lohn, das Ende gesetzlicher und beruflicher Diskriminierung, die Anprangerung sexueller Belästigung am Arbeitsplatz – alle diese wichtigen Veränderungen haben als kleine Bewegungen unter einzelnen Frauen begonnen.

Wenn Kolleginnen sich zu dem entwickeln, was man seit neuestem als »Girl Gang« (Mädchenbande) bezeichnet – eine Gruppe von Frauen, die einander bedingungslos unterstützen, schützen und zu Erfolgen verhelfen[5] –, inspirieren sie einander zu Höchstleistungen. Diese Gruppen von engagierten, kooperativen, kollegialen Frauen dienen zahlreichen Zwecken: Sie dienen als Agentinnen des Wandels, als Machtbasen, Gegengift gegen Einsamkeit, als Vorposten weiblicher Freiheit und als Sicherheitszonen.

Girl Gangs bringen den Wandel

Im Sommer 1994 begannen drei weibliche Fakultätsmitglieder der School of Science des MIT (Massachusetts Institute of Technology) ihre beruflichen Chancen zu diskutieren. Alle hielten ihre Karriereaussichten für weniger viel versprechend als die ihrer männlichen Kollegen. Doch waren sie sich nicht sicher, ob diese Erfahrung nur jeweils sie selber betraf. Ja, sie hatten sogar Zweifel an der Richtigkeit ihrer Wahrnehmung und fragten sich, ob sie womöglich nur überempfindlich waren. Im gemeinsamen Gespräch und Erfahrungsaustausch aber entdeckten sie dann ein fixes Muster. Sie alle wurden schlechter bezahlt, hatten kleinere Labors und Büroräume als ihre männlichen Kollegen; darüber hinaus hatte man sie seltener ausgezeichnet, war ihr Zugang zu Hilfsmitteln beschränkt und waren sie von bedeutenden Funktionen in ihren Instituten ausgeschlossen.

Sie befragten ihre 14 Kolleginnen von der School of Science (im Verhältnis zu 194 Männern in derselben Institution), die das Problem sofort wieder erkannten und ihre Beobachtungen bestätigten. Binnen eines einzigen Tages schloss sich eine Gruppe von 16 weiblichen MIT-Fakultätsmitgliedern zu einer Girl Gang zusammen, mit dem Ziel, diese Ungerechtigkeit und ungleiche Behandlung in ihren Instituten an den Pranger zu stellen und zu beenden. Sie baten ihren Dekan, einen Ausschuss zur Gleichstellung der Stellung der Frauen an der School of Science ins Leben zu rufen und schrieben: »Wir glauben, dass die ungerechte Behandlung von Frauen am MIT ihren beruflichen Erfolg erschwert, angemessene Anerkennung vorenthält und so entscheidend zu einer Absenkung ihrer Lebensqualität führt, und dass sie dadurch auch zu negativen Rollenvorbildern für jüngere Frauen werden.«[6]

Ihr Appell wurde gehört. Der geforderte Ausschuss wurde eingerichtet und nahm seine Arbeit auf. 1999 verabschiedete er zahlreiche Empfehlungen zur Garantierung der Gleichstellung aller weiblichen Fakultätsangehörigen sowie Vorschläge zur Erhöhung der Anzahl der weiblichen Professoren an der Universität. Kurz darauf wurden an allen fünf Instituten der Universität Gleichstellungsausschüsse geschaffen. Im Januar 2001 dann veranstaltete MIT ein Treffen mit Präsidenten, Rektoren und 25 Professorinnen von neun Spitzenforschungsuniversitäten, einschließlich Harvard, Yale, Princeton, Stanford, CalTech und der University of California, Berkeley, um eine gerechte Behandlung weiblicher Fakultätsangehöriger im Bereich der Naturwissenschaften und des Ingenieurswesens zu diskutieren. Diese hochrangige Zusammenkunft erkannte an, dass »dies eine grundlegende Revision und möglicherweise auch bedeutsame Veränderungen in den Verfahrensordnungen aller Universitäten und innerhalb des naturwissenschaftlichen und ingenieurswissenschaftlichen Establishments als Ganzem erfordern wird«.[7]

Die gemeinsame Anstrengung von 16 Frauen führte zu einer Neubeurteilung des Systems und wei treichenden Veränderungen nicht nur in ihren eigenen Instituten oder Universitäten, sondern im ganzen Land. Die MIT-Professorinnen sind ein wunderbares Beispiel für die innovative Kraft von Girl Gangs.

Girl Gangs als Machtbasis

Trotz entgegengesetzter Weltanschauungen und unterschiedlichen politischen Überzeugungen, die von liberal bis konservativ reichen, haben sich die Frauen des US-Senats an ihrem sehr streitlustigen Arbeitsplatz zu einer Gruppe zusammengeschlossen – einer Girl Gang gewissermaßen. Sie legen Wert auf ihre regelmäßigen Zusammenkünfte zum »Power-Kaffee« und zum Essen. In einem Buch mit dem Titel *Nine and Counting: The Women of the Senate* beschreiben sie den Zweck dieser Treffen; es gehe »weder um das Spinnen von Intrigen noch um irgendwelche Absprachen. Es handle sich vielmehr um ein vertrautes Ritual, wie es überall von Frauen gepflegt werde – jene einzigartige weibliche Form gegenseitiger Unterstützung nämlich, Unterstützung durch Erfahrungsaustausch, die Schilderung von Herausforderungen und die Besprechung von Herzensangelegenheiten.«[8]

Obwohl sich die Senatorinnen keinem einheitlichen Frauen-Programm verpflichtet fühlen, vereinigen sie sich zuweilen hinter einem für Frauen bedeutsamen Gesetzesvorhaben. Und sie genießen die Macht, die ihnen ihre Gemeinschaft verleiht. So gibt Mary Landrieu, demokratische Senatorin aus Louisiana, unumwunden zu: »Es gefällt mir, dass ich Macht besitze. Aber es ist keine Macht um der Macht willen. Macht sollte man nicht haben wollen, um sein Ego zu erhöhen. Vielmehr ermöglicht einem diese Macht, mehr Gutes zu tun, als man ohne sie tun könnte.«[9] Jede dieser außergewöhnlichen Frauen besitzt diese Macht, Gutes zu tun, und sie alle haben sich zusammengetan, um eine gemeinsame Machtbasis zu schaffen, auf die sie ihre wichtige Arbeit stützen können.

Girl Gangs gegen Einsamkeit

Bei manchen Frauen mildert der Kontakt zu einer Frauengruppe am Arbeitsplatz das Gefühl der Isolation, das entsteht, wenn ihre Karrieren sie in ein überwiegend männliches Umfeld führen. Die Autorin Harriet Rubin dokumentierte die Bildung einer Girl Gang in einem sehr gesetzten, etwas engstirnigen Unternehmen. Eine Managerin, die anonym bleiben wollte, war im Begriff, den Konzern zu verlassen, weil sie ihre inzwischen schon sieben Jahre währende Einsamkeit unter Dutzenden männlicher Spitzenmanager nicht mehr ertragen konnte. Als ihre Chefin von ihrem neuen Job-Angebot Wind bekam, gab sie der vereinsamten Angestellten Gelegenheit, sich eine eigene Abteilung aufzubauen und dort einzustellen, wen sie wollte.

Diese Führungskraft engagierte fünf Frauen, und Rubin zufolge »trat ein sofortiger Wandel ein. Die Einsamkeit und die Unzufriedenheit verschwanden. Und – genauso wichtig – die Qualität der

Arbeit verbesserte sich. Diese Frauen entwickeln ihre eigenen Spielregeln, und schon allein das vermittelt ihnen ein Gefühl von Kontrolle über das eigene Schicksal.« Die Leiterin dieser Girl Gang beschrieb es so: »Wir sind alle füreinander da. Wir kümmern uns umeinander, unterstützen einander. Ich bin so glücklich.«[10]

Da Karyl Lawson in der Erdgas- und Erdölindustrie arbeitete, war ihre Welt voller Männer: Sie hatte einen Mann, einen Sohn und fast ausschließlich männliche Kollegen. Das Fehlen von Kolleginnen in ihrem Arbeitsumfeld empfand sie als großen Mangel. 1994 gründete sie zusammen mit sechs weiteren Frauen – die alle als Anwältinnen in dieser Branche tätig waren – das Women's Energy Network of Houston. Im Folgemonat brachte jede der Frauen eine Kollegin mit; und im Monat danach verdoppelte sich die Mitgliederzahl ein zweites Mal. Rasch wuchs die Organisation weiter, und heute verfügt das Women's Energy Network über 350 Mitglieder.

Als wir Karyl fragten, was sie zum Aufbau dieser Girl Gang motiviert hat, erzählte sie uns: »Ich hatte das Gefühl, dass mir etwas ganz Wichtiges fehlte, und diese Leere wollte ich füllen.« Die Gruppe hat inzwischen noch ein weiteres, altruistischeres Ziel. Sie finanziert eine jährliche Veranstaltung, die lokalen Wohlfahrtsorganisationen für Frauen und Kinder zugute kommt.

Wir sind überzeugt, dass es überall im Land Hunderte, wenn nicht Tausende solcher Frauennetzwerke gibt, und alle bieten sie Freundschaft, Unterstützung und hilfreiche Allianzen für Frauen an, die ihre destruktiven Rivalitäten hinter sich lassen, um sich zusammenzuschließen und in ihrer beruflichen Entwicklung zu fördern.

Girl Gangs als Sicherheitszone

Andere Girl Gangs formieren sich, weil ihre Mitglieder hier Schutz vor einer feindlichen Arbeitsumwelt suchen. In der Krankenpflege beispielsweise kann sich eine Frau in einer prekären Situation befinden, wenn ein gestresster Arzt auf sie einzubrüllen beginnt. Auch wenn die Krankenschwester diese schlechte Behandlung nicht verdient, kann sie sich nicht einfach umdrehen und ihn stehen lassen, weil das an Insubordination grenzen würde. Immer wieder aber haben sich Krankenschwestern zusammengetan, um einer derart attackierten Kollegin zu Hilfe zu kommen. Sie bezeichnen dies als »Code Pink« – ein Zeichen, das den anderen Schwestern signalisiert, dass sich eine von ihnen in Bedrängnis befindet. Wer immer gerade frei und in der Nähe ist, eilt der bedrohten Frau zu Hilfe. Sie pflanzen sich neben ihr auf und agieren als Zeuginnen des Sperrfeuers. Publikum dämpft derartige Angriffe in der Regel, wenn es ihm nicht sogar Einhalt gebietet; dem Arzt wird die Sache peinlich. Später melden die Krankenschwestern den Angriff einem Vorgesetzten.[11]

Früher, als sich Krankenschwestern noch nicht kollektiv gegen derartige ärztliche Beschimpfungen zur Wehr setzten, wurden nur sehr wenige Ärzte für ihre obszönen Witze oder ihre heftigen und vernichtenden Ausfälle bestraft. Doch die Zeiten ändern sich. Ein feindseliges Arbeitsumfeld wird heute von Frauen nicht mehr hingenommen, und die Ärzte haben das Privileg für ein derart unprofessionelles Verhalten verloren. Gesetze gegen derartige Belästigungen und damit einhergehende harte Strafen sind zum Großteil das Resultat von Girl Gangs, die diese Themen angeprangert und auf Veränderungen gedrängt haben.

Ein eigenes Frauennetzwerk aufbauen

Wie wir gesehen haben, erwachsen »flache« Beziehungsstrukturen aus unserem biogenetischen Erbe und sind unter Frauen ganz natürlich. Studien haben ergeben, dass Interaktionen in kleinen Netzwerken Frauen weit mehr entsprechen als solche in großen, hierarchischen Verbänden, wie sie von Männern bevorzugt werden. Geschlossenere Gruppen geben uns genau die persönliche Atmosphäre, die viele von uns brauchen. Manchmal kann ein ineinander greifendes Netz von Verbindungen Frauen helfen, Allianzen zu schmieden, die für alle Beteiligten profitabel sind.

So wie das internationale, erst kürzlich von Elisabeth Fuchs ins Leben gerufene Netzwerk für weibliche Führungskräfte. Fuchs, Unternehmerin und Gründerin eines mittelständischen Mineralwasservertriebs in Deutschland, schuf dieses Netzwerk, um Austausch und Unterstützung zu ermöglichen und zentrale Kontrollmechanismen zu umgehen. Die Gruppe besteht aus so genannten Beziehungs-»Knoten«, das sind Gruppen von zwei oder mehr Frauen, die professionelle Kontakte unter den Mitgliedern knüpfen, Informationen austauschen und bei der Suche nach Mentorinnen helfen. Fuchs formulierte folgende Regeln und Vorschriften für ihre Organisation:

- Es gibt keine Regeln und keine Vorschriften.
- Wie in einem echten Netz sind alle Knoten (Beziehungen) selbstständig und selbstverantwortlich.
- Jeder Knoten trägt Verantwortung für die Beziehung gegenüber seinem direkten Nachbarknoten.
- Wir pflegen direkte Verbindungen zu anderen Knoten und sind indirekt mit allen anderen im Netzwerk verbunden.[12]

Das Aufteilen der Macht eröffnet die Möglichkeit stabiler, kreativer Beziehungen, vor allem weil nicht eine einzige Frau die gesamte Macht in Händen hält.

Vergessen Sie nicht, dass es in dieser Gruppe um das Schmieden weiblicher Allianzen geht. Man versucht nicht, einen Wandel zu erzwingen, indem man militant gegen etablierte gesellschaftliche Strukturen oder Konventionen vorgeht. Wenn wir Frauen allerdings auf größere soziale Veränderungen hinarbeiten wollen, müssen wir uns notgedrungen besser organisieren und zusammenschließen. Vielleicht ist das auch der Grund dafür, warum die feministische Bewegung hinsichtlich gleicher Entlohnung und der Förderung von Frauen nicht den Erfolg hatte, den sie hätte haben können: Diese große gesellschaftliche Bewegung besaß keine Führerin und keine gemeinsame Stimme. Stattdessen gab es nur eine Unzahl von Splittergruppen, und jede zerrte in eine andere Richtung.

Wenn wir eine Gemeinschaft sein wollen, groß genug, um uns großen Institutionen entgegenzustellen, müssen wir uns auch hierarchisch verhalten, um mit diesen hierarchisch strukturierten Organisationen zu verhandeln. Wir müssen anderen Frauen gestatten, gegen die Regel der ausgeglichenen Machtbalance zu verstoßen und Führungspositionen einzunehmen, um die Gruppe ihrem Ziel näher zu bringen.

Eine Organisation braucht ein klares Ziel, definierte Rollen und schnelle Entscheidungsprozesse. Dies lässt sich am besten mit Führungskräften und Gefolgsleuten bewerkstelligen. Und wir glauben auch, dass man es erreichen kann, wenn man die Regel der ausgeglichenen Machtbalance im Auge behält: nämlich eine Kultur schafft, die genügend Beziehungs-Chips bereitstellt, um das Selbstwertgefühl jeder Frau, egal wo sie in der Hierarchie steht, zu heben. Einige von uns aber müssen von ihren egoistischen Machtbedürfnissen lassen und lernen, um des Allgemeinwohls willen, loyale Gefolgsleute zu sein.

Der Inbegriff der Fürsorge

Es ist Tatsache, dass den meisten Frauen viel an anderen Frauen liegt – ganz abgesehen davon, dass wir alle im selben Boot sitzen. Ohne andere Frauen in unserem Leben fühlen wir uns einsam und unvollständig. Bei der Autorin und Journalistin Natalie Angier können wir lesen, dass Frauen sich in ihre Freundinnen »verlieben«. Frauenfreundschaften helfen uns bei unserer Selbstdefinition, weil wir ihnen unsere tiefsten Gedanken, Gefühle, Überzeugungen und Erfahrungen offenbaren können.

In Bedrängnis geraten, eilen Frauen einander zu Hilfe; unerschütterlich stehen wir einander helfend, fürsorglich und liebevoll zur Seite. Wir springen ein, wenn Not an der Frau ist. An unserer Brust kann man sich ausweinen, in unseren Armen verletzte Gefühle heilen. Gemeinsam feiern wir unsere kleinen und großen Siege. Wir erwarten das einfach voneinander, und in der Regel werden unsere Erwartungen auch erfüllt.

Wir haben uns in diesem Buch mit der dunklen Seite weiblicher Beziehungen beschäftigt und uns überlegt, wie man ihnen bei der Zusammenarbeit mit anderen Frauen begegnen kann. Aus Erfahrung und aus den Zuschriften Tausender berufstätiger Frauen wissen wir, dass die meisten weiblichen Beziehungen wunderbar sind.

Aber fast jede Frau, mit der wir uns unterhielten, trägt auch Narben von mindestens einem wirklich üblen Catfight.

Wir hoffen, dass die Entdeckung der bislang unsichtbaren Regel der ausgeglichenen Machtbalance als dem großen Stolperstein in Frauenbeziehungen uns in die Lage versetzt, diese Regel zu nutzen, um unter den Kolleginnen mächtige Verbündete und Freundinnen zu gewinnen. Und wir hoffen, dass Sie durch die Anwendung einiger der in diesem Buch vorgeschlagenen Strategien in der Lage sind, Konflikte am Arbeitsplatz zu Gunsten aller Beteiligten in produktive Allianzen zu verwandeln.

Frauen sind unsere größten potenziellen Ressourcen am Arbeitsplatz. Obwohl wir uns auf allen Ebenen um Fortschritte bemühen, herrscht immer noch Ungleichheit bei der Entlohnung und bei den Aufstiegschancen, werden wir immer noch sexuell belästigt oder nicht wahrgenommen. Wenn wir unsere negativen Tendenzen hinter uns lassen und uns zu dynamischen Girl Gangs zusammentun, wird uns die Gemeinschaft ermutigen, unsere gemeinsamen Stärken zu zeigen und unsere Bedürfnisse zur Sprache zu bringen. Uneins und zerstritten können wir uns weiter sinnlos abstrampeln – vereint nach einem gemeinsamen Ziel strebend, können wir die Welt verändern.

Ein letztes Wort

»Jetzt, wo ich die Regel der ausgeglichenen Machtbalance kenne, sehe ich auch, welche Probleme sie den Frauen, die mit oder für mich arbeiten, bereitet«, erklären uns viele Frauen und fragen: »Aber was kann ich dagegen tun?« Da die Frau-Frau-Dynamik für die meisten Frauen unsichtbar ist, ist es schwierig, diese Probleme auszuräumen, wenn man nicht eine Sprache für sie findet. In unseren Büros, in denen fast nur Frauen arbeiten, witzeln wir so viel wie möglich über die »Flach«-Kultur der Frauen. Wir lachen, wenn jemand sagt: »Ah, da hat die Regel von der ausgeglichenen Machtbalance wieder mal zugeschlagen!« Und wenn wir am Flughafen festsitzen, der Flieger in zehn Minuten geht und wir noch zwölf Aufträge durchtelefonieren müssen –, schicken wir unseren Anweisungen folgende Entschuldigung voraus: »Ich muss jetzt gegen die Regel der ausgeglichenen Machtbalance verstoßen, aber ...«

Manche Firmen haben bereits die neuesten Erkenntnisse über männliche und weibliche Machtstrukturen in ihre Unternehmenskultur aufgenommen. Im kalifornischen Hauptquartier einer großen Versicherungsgesellschaft z. B. deuten die Manager mit den Händen eine Pyramide an, wenn einer der Männer zu sehr angibt und die Sitzung dominiert. Auf diese Weise signalisieren sie ihm, dass er sich hierarchisch verhält. Aber auch wenn eine Frau zu bescheiden ist und sagt: »Das ist nichts Besonderes, aber ...«, lächeln ihre Kollegen wissend, halten die Hände waagrecht, Fingerspitze an Fingerspitze und zeigen damit an, dass sie die Macht-Interaktion eingeebnet hat. Alle lachen und haben Spaß an diesen Konzepten und den unterschiedlichen Verhaltensweisen. Und – was am wichtigsten ist – die Einsicht hilft, potenzielle Konflikte zu entschärfen.

Was kann man sonst noch tun, um Konflikte unter Frauen am Arbeitsplatz zu vermeiden? Sie können:

- ♦ Eine Mentorin finden oder selber Mentorin werden.
- ♦ Sich einer Frauengruppe anschließen, die sich an einem bestimmten Ort oder virtuell im Internet trifft, oder selber eine gründen. Im Internet können sich isoliert lebende oder arbeitende Frauen mit gleich gesinnten Frauen treffen und sind nicht auf den offiziellen Dienstweg angewiesen, der immer von oben nach unten verläuft. Der Austausch von Erfahrungen und Ressourcen trägt dazu bei, Vertrauen und Bündnisse aufzubauen, und kleine Veränderungen können sich, wenn immer mehr Frauen teilnehmen, durch den Schneeballeffekt fortpflanzen.
- ♦ Gibt es eine Frau in Ihrem Leben, mit der Sie ein Problem haben, könnten Sie einige der in diesem Buch angebotenen strategischen Taktiken anwenden, um sich von nun an konstruktiv mit ihr auseinanderzusetzen.

Danksagung

Dieses Buch zu schreiben, war eine der befriedigendsten beruflichen Erfahrungen unseres Lebens. Wir begaben uns auf eine Reise – von beinahe spiritueller Dimension –, als wir uns in das Thema der Weiblichkeit vertieften und neue und wunderbare Aspekte darin entdeckten. Fast ein ganzes Jahr lang haben wir drei miteinander an diesem Buch gearbeitet – und das, ohne uns auch nur ein einziges Mal zu streiten. Ein echtes Vergnügen vom Anfang bis zum Schluss! Wir, Genossinnen in dieser besonders cleveren Girl Gang und GmggB (Gesellschaft mit großer gegenseitiger Bewunderung), sind einander dankbar für tiefe Einblicke in die menschliche Natur, unzählige Lacher, viele freundliche Gesten und die unendliche Ausdauer. Für jede von uns war es ein Lernprozess, an den wir uns gerne zurückerinnern.

Von Susan Murphy kam der Vorschlag, über weibliche Beziehungen zu schreiben. Und sie ließ nicht zu, dass ihr Projekt unterging, hielt beharrlich daran fest. Pat Heim lieferte das philosophische Gerüst, an dem wir dann so viele nützliche Konzepte aufhängen konnten. Susan Golant schließlich brachte die Ideen zum Klingen. Ihre Kenntnisse über die Welt der Primaten waren für die Herausbildung unseres Verständnisses weiblichen Verhaltens unschätzbar.

Dank schulden wir auch Michelle Berry, die sich neben ihren eigentlichen Aufgaben auch noch der Recherche widmete und erstaunlicherweise jeden von uns verlangten Artikel ausfindig machte. In einem kritischen Moment zu Beginn der Niederschrift schickte uns Kathryn Tobin, Leiterin der Forschungs- und Beratungsdienste bei Catalyst, die »Tend and Befriend«-Ergebnisse, die uns die Konzentration auf einen wichtigen Teil der jüngsten Forschungen erleichterten.

Wendy Hubbert von Tarcher erfasste die Tragweite unseres Projekts sofort und stellte kluge Fragen, die uns zum Nachdenken anregten und unsere Theorien um neue Einsichten bereicherten. Ihr sorgfältiges Lektorat brachte Klarheit in unsere Ideen und mitunter auch Durchbrüche zu tieferem Verständnis. Wendys Begeisterung für dieses Buch gibt uns die Hoffnung, dass eine Gruppe engagierter Leute tatsächlich die Welt verändern kann. Und natürlich verdient Bob Tabian, unser Agent, Anerkennung für seine eifrige Sorge um unsere Interessen.

Dankbar sind wir auch unseren fabelhaften Familien und unseren fantastischen Freunden. Pat Heim dankt ihrem Ehemann Serge Lashutka, ihrem größten Bewunderer und Unterstützer. Erwähnt werden müssen auch Susan Murphys Schwestern, die sie schon früh den Wert weiblicher Liebe und Freundschaft lehrten. Dank sagt sie Jim, ihrem Mann, für seine Liebe und seinen Humor. Susan Golant möchte vor allem ihrer Familie danken – der Quelle all der Liebe und Kraft, von der ihr ganzes Werk zehrt.

Anhang A
Bücher zum Thema Selbstwertgefühl

Bragg, Terry. *31 Days to High Self-Esteem: How to Change Your Life so You Have Joy, Bliss & Abundance*. 1997, Peacemakers Training.

Branden, Nathaniel. *The Art of Living Consciously: The Power of Awareness to Transform Everyday Life*. 1999, Simon & Schuster.

Branden, Nathaniel. *Honoring the Self: The Psychology of Confidence and Respect*. 1985, Bantam Doubleday Dell.

Branden, Nathaniel. *How to Raise Self-Esteem*. 1988, Bantam Doubleday Dell.

Branden, Nathaniel. *Die sechs Säulen des Selbstwertgefühls. Erfolgreich und zufrieden durch ein starkes Selbst*. 1997, mvg.

Branden, Nathaniel. *Taking Responsibility: Self-Reliance and the Accountable Life*. 1997, Simon & Schuster.

Branden, Nathaniel & Bennis, W. G. *Self-Esteem at Work*. 1998, Jossey-Bass.

Briggs, Dorothy C. *Celebrate Your Self: Enhancing Your Self-Esteem*. 1986, Doubleday.

Harrill, Suzanne E. *Affirm Your Self Day by Day: Seed Thoughts for Loving Yourself*. 1998, Innerworks.

McKay, Matthew & Fanning, Patrick. *Self-Esteem: A Proven Program of Cognitive Techniques for Assessing, Improving, and Maintaining Your Self-Esteem*. 2000, New Harbinger.

Steiner, Claude M. *Wie man Lebenspläne verändert. Die Arbeit mit Scripts in der Transaktionsanalyse*. 1997, Junfermann.

Anhang B
Antwortschlüssel zum Fragebogen Konfliktstile

Es folgt eine erweiterte Fassung des Konfliktstil-Fragebogens aus Kapitel neun (S. 321ff.). In diesem Anhang führen wir die Auswertung der zehn Szenarien näher aus. Darüber hinaus erklären wir nicht nur die erste Wahl, sondern auch die zweite, weil Sie im wirklichen Leben womöglich auch einen Alternativplan brauchen.

1. Ihr Job macht erfordert es, dass Sie und andere aus Ihrer Abteilung jedes zweite Wochenende arbeiten. Am letzten Wochenende waren Sie dran. Obwohl Sie sich für das kommende Wochenende noch nichts vorgenommen haben, freuen Sie sich auf die freie Zeit. Cynthia, Ihre Kollegin, hat Sie gerade angesprochen und gefragt, ob Sie vielleicht nächstes Wochenende für sie einspringen würden, damit sie mit ihrem neuen Freund zusammen sein kann. Bisher war Cynthia, wenn Sie sie darum gebeten haben, immer bereit, Schichten mit Ihnen zu tauschen. Sie:
   a) sagen ihr, dass Sie es sich überlegen werden, und weichen aus, wenn sie die Sache noch einmal anspricht. (Vermeidung)
   b) erklären sich dazu bereit, obwohl Sie überhaupt keine Lust dazu haben. (Entgegenkommen)
   c) sagen einfach: »Tut mir Leid, ich kann nicht. Ich habe mich schon so auf dieses freie Wochenende gefreut.« (Konkurrenz)
   d) sagen ihr: »Ich habe mich zwar sehr auf mein freies Wochenende gefreut, aber einen der beiden Tage tausche ich mit dir.« (Kompromiss)
   e) schlagen vor, sich mal mit der ganzen Abteilung zusammenzusetzen und ein System zu entwickeln, mit dem man sofort erkennen kann, welcher Kollege an einem Wochenende bereit wäre, den Dienst zu

tauschen. Während dieser Sitzung können Sie auch Cynthias Dilemma ansprechen und eine Wochenendvertretung für sie finden. (Kooperation)

Erläuterung zu Szenario 1

b) Entgegenkommen wäre in diesem Fall unter »Kolleginnen« eine gute Wahl. Cynthia war immer bereit, Wochenenden mit Ihnen zu tauschen, und jetzt ist eine günstige Zeit, sie zu unterstützen und ihr einige Beziehungs-Chips zu schenken. Es ist nicht nur eine tolle Gelegenheit für Sie, sich zu revanchieren, nein, wenn sie sich jetzt ohne guten Grund weigern, für Cynthia einzuspringen, verlieren Sie unter Umständen eine Verbündete, die Ihnen in der Vergangenheit sehr geholfen hat. (2 Punkte)

e) Kooperation wäre die andere Möglichkeit. Auf diese Weise ließe sich vielleicht eine langfristige Lösung für den Wochenenddienst und natürlich auch für Cynthias unmittelbares Problem finden. Vielleicht werden Sie es aber nicht schaffen, ein solches Treffen vor dem nächsten Wochenende abzuhalten, sodass diese Lösung für Ihren aktuellen Konflikt mit Cynthia nicht optimal ist. (1 Punkt)

2. Sie bewerben sich um einen Job, der perfekt für Sie wäre. Allerdings haben Sie gerade erfahren, dass sich auch Ihre beste Freundin darum beworben hat. Sie:

   a) verschweigen es Ihrer Freundin und hoffen, dass auch sie die Sache nicht anspricht. (Vermeidung)

   b) reden mit ihr darüber und überlegen gemeinsam, wie Sie beide einen so tollen Job bekommen können. (Kooperation)

   c) sagen Ihrer Freundin, dass Sie Ihre Bewerbung zurückziehen, wenn ihr das lieber ist. (Entgegenkommen)

d) erklären sich bereit, Ihre Bewerbung zurückzuziehen, wenn sie es ebenfalls tut. (Kompromiss)
e) erwarten von ihr, dass sie beide um den Job kämpfen. (Konkurrenz)

Erläuterung für Szenario 2

e) In diesem Fall ist Konkurrenz das angemessenste Verhalten. Es ist wichtig, dass Frauen sich für Stellen bewerben, die ihrer Karriere förderlich sind, sonst werden auch in Zukunft nur die Männer die Traumjobs kriegen. Dies kann auch mal bedeuten, dass gute Freundinnen hinter derselben Stelle her sind. Wir empfehlen Ihnen, sich um den Posten zu bewerben, und sich dann, zu einem späteren Zeitpunkt, mit Ihrer Freundin über das Dilemma zu unterhalten. Solche Dinge gehören nun einmal zum Arbeitsleben. Allerdings muss die Siegerin großzügig und klug sein und der Verliererin dabei helfen, einen anderen tollen Job zu finden. (2 Punkte)
b) Auch eine Kooperation können wir in diesem Szenario empfehlen. Direkte Konkurrenz mit einer Freundin führt häufig zu einem Win-Lose-Resultat, aber die eigentliche Verliererin kann auch die Freundschaft sein. Durch ein offenes Gespräch über ihre Karriereziele können Freundinnen einander helfen, diese Ziele zu erreichen. (1 Punkt)

3. Sie und Ihre Kollegin Abby haben ein erfolgreiches Projekt abgeschlossen und müssen nun einen Bericht für Ihre gemeinsame Chefin schreiben. Der Bericht hat im Grunde nur untergeordnete Bedeutung, da Ihre Vorgesetzte in alle Einzelheiten einbezogen war. Sie streiten sich mit Abby über die Abfassung, weil Sie graphisch aufbereitete Informationen besser finden, während Abby die erzählende Form bevorzugt. Sie:
a) entscheiden sich für die reine Textversion. Der Bericht ist ja nicht so wichtig. (Entgegenkommen)

b) halten an Ihrem Standpunkt fest und bestehen auf der graphischen Darstellung. (Konkurrenz)
c) reden gar nicht mit Abby darüber. (Vermeidung)
d) treffen sich mit Abby, um zu sehen, ob es nicht noch eine dritte Möglichkeit gibt, die Ihnen beiden zusagt. (Kooperation)
e) schlagen vor, dass Abby ihren Teil in erzählender Form abfasst, während Sie in Ihrem Graphiken verwenden. (Kompromiss)

Erläuterung zu Szenario 3

e) Kompromiss ist hier die beste Lösung, weil sich der Bericht leicht aufteilen lässt, und jede das tun kann, was sie am besten beherrscht. Abgesehen davon muss man – da die Chefin es ja sowieso eilig hat mit dem Projekt – nicht noch eine Menge Zeit ins Austüfteln von Alternativlösungen investieren. (2 Punkte)
a) Entgegenkommen wäre die zweitbeste Wahl. Nachdem der Bericht nicht so wichtig ist, können Sie sich, indem Sie Abby entgegenkommen, einige Beziehungs-Chips verdienen. Kooperation lohnt sich dagegen in diesem Fall wahrscheinlich nicht. (1 Punkt)

4. Ihre Chefin hat ein neues Anreizprogramm entwickelt. Wenn die Kunden im nächsten Monat den Kundenservice anrufen, sollen sie Sie und Ihre Kolleginnen bewerten. Der Angestellten mit der höchsten Bewertung winkt als Belohnung ein Wochenende in einem Luxushotel. Sie fühlen sich unwohl dabei, mit Kolleginnen, die Sie als Ihre Freundinnen betrachten, zu konkurrieren. Sie:
a) machen keinen Mucks. (Vermeidung)
b) erklären sich zwar zur Teilnahme bereit, machen aber von vornherein unmissverständlich klar, dass Sie den Preis – sollten Sie gewinnen – nicht annehmen werden. (Kompromiss)

c) nehmen natürlich teil! Ein solches Wochenende würde Ihnen wirklich Spaß machen. (Konkurrenz)
d) unterhalten sich mit Ihrer Chefin über die möglichen negativen Auswirkungen auf das Team und versuchen, sie von ihrem Plan abzubringen. (Kooperation)
e) nehmen zwar der Form halber teil, engagieren sich aber nicht. (Entgegenkommen)

Erläuterung zu Szenario 4

c) In diesem Fall sind wir ganz klar fürs Konkurrieren. Anreizprogramme funktionieren in reinen Männer-Abteilungen hervorragend, Frauen dagegen fühlen sich am wohlsten, wenn sie in intakten Beziehungen leben. Wenn sich Frauen allerdings bei derartigen Wettbewerben immer nur fürs Vermeiden oder für Entgegenkommen entscheiden, werden die Männer auch weiterhin alle Luxuswochenenden einheimsen und die für Beförderungen notwendige Aufmerksamkeit erregen. Gewinnt man als Frau, sollte man sich darüber im Klaren sein, dass man gegen die Regel der ausgeglichenen Machtbalance verstoßen hat und sich als Siegerin großzügig zeigen. (2 Punkte)
d) Die Kooperation mit der Chefin wäre unsere zweite Wahl für dieses Szenario. Je nach Offenheit der Chefin und ihrem Verständnis für die Regel der ausgeglichenen Machtbalance wird man Gehör finden. Allerdings kann man auch missverstanden werden und als unsportlich, schwach oder ängstlich gebrandmarkt werden. (1 Punkt)

5. Ihre Chefin möchte sich über einige Abschnitte unterhalten, die Sie – nach Ansicht Ihrer Chefin – Ihrer Büromaterialkalkulation hinzufügen sollten. Sie halten dies jedoch für übertrieben. Sie:
   a) tun trotzdem, was sie Ihnen sagt. (Entgegenkommen)

b) gehen ihr aus dem Weg und hoffen, dass sie es vergisst. (Vermeidung)
c) gehen zu ihr, um in Erfahrung zu bringen, warum sie diese zusätzliche Information für nötig hält, und legen Ihre Sicht der Dinge dar. (Kooperation)
d) sagen ihr, dass das Zeitverschwendung wäre, und bitten Sie, die Sache noch einmal zu überdenken. (Konkurrenz)
e) tun genau so viel, wie sie von Ihnen verlangt, aber keinen Handschlag mehr. (Kompromiss)

Erläuterung zu Szenario 5

c) Kooperation hätte viele Vorteile für Sie und Ihre Chefin. Ein Meinungsaustausch mit ihr würde Ihr Verständnis für die Überlegungen Ihrer Chefin verbessern. Außerdem könnte eine solche Zusammenkunft zu einer Annäherung der Standpunkte führen und die Kalkulation optimieren. All dies würde auch die Beziehung zu Ihrer Chefin festigen. (2 Punkte)
a) Entgegenkommen wäre eine gute zweite Wahl, falls Sie in Zeitnot sind und einen Termin einhalten müssen, oder falls Ihnen die Sache dann doch nicht so wichtig ist. (1 Punkt)

6. Cheryl legt die Tagesordnung für die monatlichen Besprechungen zu einer größeren Computer-Umstellung fest. Sie haben bemerkt, dass Sie mit dem Bericht über die Vorgänge in Ihrem Sachgebiet immer als Letzte drankommen. Einige Teilnehmer haben dann schon den Raum verlassen, und die übrigen langweilen sich zu Tode und wollen nur noch nach Hause. Deshalb wird Ihr Bereich immer nur kurz abgefertigt. Sie haben gehört, dass Cheryl in einem Monat zu einer anderen Firma wechseln wird. Sie:
a) sprechen sie nicht mehr auf die Tagesordnung an. (Vermeidung)

b) setzen sich mit ihr zusammen, um vielleicht doch noch eine andere Lösung zu finden, die sowohl Ihren als auch Cheryls Zielen gerecht wird. (Kooperation)
c) sagen ihr, dass Sie es satt haben, immer als Letzte an der Reihe zu sein, und dass dies ein Ende haben muss. (Konkurrenz)
d) versuchen, sie dazu zu bringen, Sie wenigstens jedes zweite Mal in die erste Hälfte der Sitzung zu schieben. (Kompromiss)
e) ertragen es, im nächsten Monat noch einmal die Letzte zu sein (Entgegenkommen)

Erläuterung zu Szenario 6

a) Vermeidung ist hier am besten. Cheryl wird bei der nächsten Sitzung schon gar nicht mehr da sein, sodass es keinen Sinn hat, einen Konflikt zu provozieren. Wünschen Sie ihr Erfolg in ihrem neuen Job, wenn Sie ihr auf dem Gang begegnen. (2 Punkte)
e) Auch Entgegenkommen ist in diesem Szenario ein praktikabler Stil. Sobald Cheryl jedoch weg und die neue Agenda-Koordinatorin ernannt worden ist, sollten Sie sich mit ihr treffen, um eine Lösung mit ihr zu besprechen. (1 Punkt)

7. Sie arbeiten mit Felicia an einem Projekt. Felicia ist zwar deutlich jünger und auch unerfahrener als Sie, ist aber kreativ und weiß gut über das Thema Bescheid. Andauernd sagt sie Ihnen, wie man die Sache anpacken sollte. Obwohl sich bisher alles ganz gut angelassen hat, fühlen Sie sich durch Felicias forsches Auftreten zunehmend in die Ecke gedrängt. Sie:
a) überlassen ihr die Projektleitung. (Entgegenkommen)
b) verschweigen ihr, wie sehr ihre Art Sie nervt, ziehen den Kopf ein und versuchen, das Projekt hinter sich zu bringen. (Vermeidung)

c) teilen das Projekt auf und lassen sie mit ihrem Teil machen, was sie will. (Kompromiss)
d) bringen klar zum Ausdruck, dass Sie die Erfahrenere sind und deshalb das Sagen haben. (Konkurrenz)
e) sagen ihr, dass Sie ihre Kreativität und ihr Wissen sehr schätzen und sich gern mit ihr gemeinsam überlegen würden, wie Sie sich beide auf produktive Weise in das Projekt einbringen können. (Kooperation)

Erläuterung zu Szenario 7

a) In diesem Falle ist Entgegenkommen angesagt. Felicia hat ein paar großartige Ideen zu dem Projekt, und alle beide werden Sie zu seinem Erfolg beitragen. Wenn Sie ihr die Chance geben, mit ihrer Kreativität und ihrem Wissen Ihre Erfahrung zu ergänzen, werden Sie beide davon profitieren. Falls das Projekt aber aus dem Ruder läuft, können Sie immer noch auf Ihre Expertise zurückgreifen und Felicia zurückpfeifen, ehe es zu größeren Schnitzern kommt. (2 Punkte)
e) Kooperation wäre hier eine gute zweite Wahl. Bei Ihrem nächsten gemeinsamen Auftrag haben Sie dann schon eine offene Art der Zusammenarbeit etabliert. Sie und Felicia werden gemeinsam nach Ideen suchen und nach einem Konsens darüber, wie man sie umsetzen sollte. (1 Punkt)

8. Sicher – es ist nur eine Kleinigkeit, aber es nervt Sie, dass Heather, eine wichtige Mitarbeiterin Ihres Support-Systems, die auch die Getränke für die Teeküche bestellt, immer Coca Cola statt Pepsi kauft. Trotzig behauptet sie, Coke schmecke einfach besser. Sie aber sind ein Pepsi-Fan. Immer wenn Sie sie darum gebeten haben, doch auch Pepsi zu bestellen, hat sie lahme Entschuldigungen vorgebracht, etwa: »Dann müsste ich ja bei zwei Getränkehandlungen bestellen.« Sie:

a) sprechen sie gar nicht mehr darauf an. Es lohnt sich einfach nicht, sich deswegen aufzuregen. (Vermeidung)
b) bringen sich Ihr Pepsi selber mit. (Entgegenkommen)
c) sagen Heather, dass Sie die Büroleiterin darauf ansprechen werden, wenn sie Ihrer Bitte nicht nachkommt. (Konkurrenz)
d) rufen ein Abteilungstreffen ein, um über die Getränkebestellungen zu diskutieren. (Kooperation)
e) einigen sich, dass Heather in Zukunft abwechselnd Pepsi und Coke einkauft. (Kompromiss)

Erläuterung zu Szenario 8

a) Vermeiden Sie die Coke-contra-Pepsi-Debatte. Diese Sache ist im Vergleich zu anderen Problemen im Büro wirklich trivial, und Heather scheint sich ein wenig zu sehr hineingesteigert zu haben. Sie müssen auf Nummer Sicher gehen, vor allem weil Heather auch für Ihren beruflichen Erfolg eine Rolle spielt. (2 Punkte)
b) Entgegenkommen ist die zweitbeste Entscheidung. Bringen Sie sich Ihr Pepsi selber mit und bauschen Sie die Sache nicht unnötig auf. Sie wollen Ihre Beziehung zu Heather ja weiterhin ausbauen und pflegen. (1 Punkt)

9. Sie und eine andere Abteilungsleiterin, Eileen, schicken einige Ihrer Angestellten auf eine Fortbildung.
Eileen findet, Sie sollten sich die Kosten teilen, weil Ihre Abteilung über ein größeres Ausbildungsbudget verfügt. Sie hingegen finden, Eileen müsste mehr bezahlen, weil sie ja auch mehr Leute auf die Tagung schickt. Sie:
a) sagen ihr, dass Sie für ihre Angestellten nicht bezahlen wollen. (Konkurrenz)

b) setzen sich mit Eileen zusammen und überlegen sich Wege, an zusätzliche Finanzmittel heranzukommen. (Kooperation)
c) erklären sich bereit, die Kosten mit ihr zu teilen. (Entgegenkommen)
d) schlagen vor, Ihre gemeinsame Chefin entscheiden zu lassen, und wollen deren Entscheidung akzeptieren. (Kompromiss)
e) sprechen die Sache gar nicht an und hoffen, dass die Finanzabteilung die Tagungskosten für Eileens Angestellte automatisch Eileens Budget zuschlagen wird. (Vermeidung)

Erläuterung zu Szenario 9

b) Kooperation ist hier die richtige Wahl, weil eine gute Chance besteht, dass beide davon profitieren. Bei den anderen Optionen gewinnt immer nur eine. Und Verliererinnen haben ein langes Gedächtnis. (2 Punkte)
d) Ein durch die Entscheidung der Vorgesetzten herbeigeführter Kompromiss könnte – je nach Chefin – eine zweite Lösung darstellen. Möchte die Chefin an Haushaltsentscheidungen beteiligt sein, so wäre es angemessen, sie in die Lösung des Problems einzubeziehen, da ihre Untergebenen sich festgefahren haben. Ist es ihr aber lieber, wenn ihre Untergebenen ihre Probleme selbstständig lösen, so empfehlen wir genau dies. (1 Punkt)

10. Ihre Abteilung und eine andere arbeiten gemeinsam an einem großen Projekt. Alle stecken bis über beide Ohren in Arbeit, um den engen Zeitplan zu erfüllen. Mit dem Projekt sind viele undankbare Arbeiten verbunden, und leider versucht man in der anderen Abteilung, sie Ihnen und Ihren Kolleginnen aufzubürden. Sie:
   a) machen den Vorschlag, dass Ihre Abteilung diese untergeordneten Arbeiten jede zweite Woche übernimmt. (Kompromiss)

b) verlieren kein Wort darüber; die Sache ist einfach zu konfliktträchtig. (Vermeidung)
c) sind die Klügere und geben nach. (Entgegenkommen)
d) stellen klar, dass Sie Arbeiten einer anderen Abteilung, die dort keiner machen will, nicht übernehmen werden. (Konkurrenz)
e) rufen die Angestellten beider Abteilungen zusammen, um gemeinsam über eine Lösung zu beratschlagen. (Kooperation)

Erläuterung zu Szenario 10

a) Kompromiss ist der angemessene Stil zur Lösung dieses Konflikts. Die undankbaren Pflichten müssen zwar erledigt, aber auch gerecht zwischen den Abteilungen aufgeteilt werden. Der Vorschlag, sich wöchentlich dabei abzuwechseln, realisiert dieses Ziel, vor allem, wenn man sich nicht ein weiteres Mal besprechen kann. (2 Punkte)
e) Kooperation ist hier die zweite Wahl. Hat man genug Zeit, die Angestellten noch einmal zum Brainstorming über dieses Problem zusammenzurufen, könnte die Zusammenarbeit neue Lösungen für die Erledigung der unliebsamen Aufgaben hervorbringen. Allerdings erfordert eine solche Sitzung einen gewissen Aufwand an Zeit, die ja immer knapp ist. (1 Punkt)

Anmerkungen

Einleitung

1 Kaj Björkqvist, K. Osterman, und K. M. J. Lagerspetz, »Sex Differences in Covert Aggression among Adults«, *Aggressive Behavior* 20 (1994): 27.

2 Richard Driscoll, »Will Women Be Better Managers? Gender Conflict at Work« *Transitions: The Journal of Men's Perspectives* 19 (1999).

3 Judith Briles, *Women to Women 2000: Becoming Sabotage Savvy in the New Millennium* (New Horizon Press, 1999).

4 Kathleen Collins, »New Economy Friendship«, *Working Woman*, September 2000, 16.

5 Carol Gallagher, mit Susan K. Golant, *Going to the Top* (New York: Viking, 2000), 5.

Eins: Das Goldene Dreieck

1 Jean Baker Miller, »The Development of Women's Sense of Self«, in *Women's Growth in Connection*, Judith V. Jordan, Alexandra G. Kaplan, Jean Baker Miller, et al. (Guilford Press, 1991).

2 Gallagher, 51.

3 Susan Murphy, »A Study of Career Values by Generation and Gender« (Dissert., The Fielding Institute, 2000).

4 J. French und B. Raven, »The Basis of Social Power«, in *Studies in Social Power*, Hrsg. D. Cartright (Ann Arbor: University of Michigan Press, 1959).

5 Matthew McKay und Patrick Fanning, *Self-Esteem* (Oakland, Calif.: New Harbinger Publications, 2000), 1.

6 Carol Gilligan, *Die andere Stimme* (München: dtv, 1996), 27.

7 Alfons A. M. Crijnen, Thomas M. Achenbach, und Frank Verhulst, »Comparisons of Problems Reported by Parents of Children in 12 Cultures: Total Problems, Externalizing, and Internalizing«, *Journal of the American Academy of Child and Adolescent Psychiatry* 36, Nr. 9 (September 1997): 1276.

8 Deborah Tannen, *You Just Don't Understand Women and Men in Conversation* (New York, Ballantine, 1990), 100; siehe auch die dt. Übersetzung: D. Tannen: *Du kannst mich einfach nicht verstehen* (Frankfurt a.M., Wien: Büchergilde Gutenberg, 1991), 105–107.

9 Sue Wick und Laura Williams, »The Impostor Phenomenon«, *Women in Cell Biology* 20, Nr. 10. Auch P .R. Clance und S .A. Imes, »The Impostor Phenomenon in High-Achieving Women: Dynamics and Therapeutic Intervention«, *Psychotherapy: Theory, Research, and Practice* 15 (1978): 241–47.

Zwei: Die Regel der ausgeglichenen Machtbalance

1 Kathleen Jacobs, »In Praise of Power«, *Working Woman*, November 2000, 22.

2 Ebd., 24.

3 Shad Helmstetter, *What to Say When You Talk to Your Self* (New York: Pocket, 1987), 52; siehe auch dt. Übersetzung: S. Helmstetter: *Anleitung zum Positiven Denken: Ein praktischer Ratgeber zur Aktivierung Ihres Unterbewusstseins mit mehr als 2500 positiven Suggestionsformeln* (Mannheim: PAL-SVK, 1995), 34.

4 Shad Helmstetter, *What to Say When You Talk to Your Self* (New York: Pocket, 1987), 192; siehe auch dt. Übersetzung: S. Helmstetter: *Anleitung zum Positiven Denken: Ein praktischer Ratgeber zur Aktivierung Ihres Unterbewusstseins mit mehr als 2500 positiven Suggestionsformeln* (Mannheim: PAL-SVK, 1995), 205–305.

Drei: Aus den XX-Akten

1 Zitiert in Natalie Angier, *Frau: Eine intime Geographie des weiblichen Körpers* (München, Bertelsmann, 2000), 377.

2 Sarah Blaffer Hrdy, »Natural Born Mothers«, *Natural History*, Dezember 1995, 38.

3 Shelley E. Taylor, Laura Cousino-Klein, Brian P. Lewis, et al., »Bio-Behavioral Responses to Stress in Females: Tend-and-Befriend, Not Fight-or-Flight«, *Psychological Review* Bd. 107, Nr. 3 (Juli 2000), 28.

4 Angier, 398.

5 Frans de Waal, *Peacemaking Among the Primates* (Cambridge, Mass.: Harvard University Press, 1989), 51.

6 Ebd., 53.

7 Deborah Blum, *Sex on the Brain: The Biological Differences Between Men and Women* (New York: Penguin, 1997), 71.

8 De Waal, 1989, 48.

9 Ebd., 52.

10 Ritch Savin-Williams, »Dominance Systems among Primate Adolescents«, in *Dominance, Aggression, and War*, Hrsg. D. McGuinness (New York: Paragon, 1987), 153.

11 Zitiert in Blum, 72.

12 Angier, 380 f.

13 De Waal, 1989, 51–53; auch Frans de Waal, *Good Natured: The Origins of Right and Wrong in Humans and Other Animals* (Cambridge, Mass.: Harvard University Press, 1996), 124.

14 Barbara Smuts, zitiert in Angier, 381.

15 Angier, 381.

16 De Waal, 1996, 91–92.

17 Angier, 390.

18 De Waal, 1989, 53.

19 Angier, 384.

20 Anne Moir und David Jessel, Brain Sex: *The Real Difference Between Men and Women* (New York: Dell, 1999), 48.

21 Ebd. 55–57.

22 De Waal, 1996, 121.

23 Moir und Jessel, 17, 55–57.

24 Witleson, zitiert in Moir und Jessel, 46.

25 Blum, 218.

26 Sarah Blaffer Hrdy und C. Sue Carter, »Hormonal Cocktails for Two«, *Natural History*, Dezember 1995, 34.

27 Irina Bosse, »Oxytocin: A Hormone for Love«. *Futureframe* science Web site, September 24, 1999.

28 Erica Goode, »Women Are Found to Respond to Stress by Social Contact, Not by Fight or Flight«, *New York Times*, 14. Mai 2000.

29 M. M. McCarthy, »Estrogen Modulation of Oxytocin and Ist Relation to Behavior«, in *Oxytocin: Cellular and Molecular Approaches in Medicine and Research*, Hrsg. R. Ivell und J. Russell (New York: Plenum Press, 1995), 235–242.

30 D. Jezova, E. Jurankova, A. Mosnarova, M. Kriska, und I. Skultetyova, »Neuroendocrine Response During Stress with Relation to Gender Differences«, *Acta Neurobiologae Experimentalis* 56 (1996): 779–785.

31 R. L. Repetti, »Effects of Daily Workload on Subsequent Behavior During Marital Interactions: The Role of Social Withdrawal and Spouse Support«, *Journal of Personality and Social Psychology* 57 (1989): 651–659.

32 Taylor et al., 20.

Vier: Die Lehren der Kindheit

1 Robert J. Stoller, »A Contribution to the Study of Gender Identity«, *International Journal of Psychoanalysis* 45 (1964): 220–226.

2 Angier, 369.

3 Sandra L. Bem, »Gender Schema Theory and Ist Implications for Child Development: Raising Gender-Aschematic Children in a Gender-Schematic Society«, *Signs* 8 (1983): 598–616.

4 Michael Lewis, »Parents and Children: Sex Role Development«, *School Review* 80 (1972): 229–240.

5 Lori A. Roggman und J. Craig Peery, »Parent-Infant Social Play in Brief Encounters: Early Gender Differences«, *Child Study Journal* 19 (1989): 65–79.

6 Alyson L. Burns, G. Mitchell, und Stephanie Obradovich, »Of Sex Roles and Strollers: Male Attention to Toddlers at the Zoo«, *Sex Roles* 20 (1989): 309–315.

7 Lillian Glass, *He Says, She Says: Closing the Communication Gap Between the Sexes* (New York: Perigee/Perkley, 1993), 68.

8 Jean Berko Gleason und Esther Blank Greif, »Men's Speech to Young Children«, in *Language Gender Society*, Hrsg. Barrie Thorne, Cheris Kramar, und Nancy Henley (Rowley, Mass.: Newberry House, 1983), 140–150.

9 Tannen, 1991 (dt.), 165.

10 Dana Crowley Jack, *Behind the Mask* (Cambridge, Mass.: Harvard University Press, 1999), 23.

11 Dorothy Clark-O'Neil, persönliche Mitteilung, 2. November 2000.

12 Jack, 57.

13 Anne Campbell, *Men, Women, and Aggression* (New York: Basic Books, 1993), 21.

14 Taylor et al.

15 »Jill Barad«, *Los Angeles Times Magazine*, 27. Juni 1999, 34.

16 John Gottman und Nan Silver, *Die 7 Geheimnisse der glücklichen Ehe* (München: Econ, 2000), 133.

17 American Association of University Women and the Wellesley College Center for Research on Women, *How Schools Shortchange Girls* (Washington, D. C.: American Association of University Women, 1992), 10.

18 Janet Lever, »Sex Differences in the Games Children Play«, Social Problems 23 (1976): 478–487.

19 Ebd.

20 Zitiert in Maureen Dowd, »Boys Going Batty«, *New York Times*, Oktober 2000, überregionale Ausgabe, A31.

21 Eleanor Maccoby, »Gender and Relationships: A Developmental Account«, *American Psychologist* 45 (1990): 513–520.

22 Robert S. Weiss, *Staying the Course: The Emotional and Social Lives of Men Who Do Well at Work* (New York: Free Press, 1990), 256.

23 Gottman und Silver, *Why Marriages Succeed or Fail* (New York: Fireside, 1994), 482.

24 Lever, 1976, 484.

25 Ebd., 485.

26 Gottman und Silver (dt.), 132.

27 Lever, 1976, 482–483.

28 Janet Lever, »Sex Differences in the Complexity of Children's Play«, *American Sociological Review* 43 (1978): 481.

29 Gottman und Silver (engl.), 143–144.

30 Marjorie Harness Goodwin und Charles Goodwin, »Children's Arguing«, in *Language, Gender, and Sex in Comparative Perspective*, ed. Susan U. Philips, Susan Steele, and Christine Tanz (Cambridge: Cambridge University Press, 1987), 200–248.

31 Kathleen Deveny, »Chart of Kindergarten Awards«, *Wall Street Journal*, 5 December 1994, B1.

32 Myra Sadker and David Sadker, »Sexism in the Schoolrooms of the '80s«, Psychology Today 19 (1985): 57.

33 Edward B. Fiske, »Lessons: Even at a Former Women's College, Male Students Are Taken More Seriously, A Researcher Finds«, *New York Times*, 11. April 1990, überregionale Ausgabe, Living Arts Section.

34 Deanna Kuhn, Sharon Nash und Laura Brucken, »Sex Role Concepts of Two- and Three-Year-Olds«, Child Development 49 (1978): 445–451, zitiert in Diane Carlson Jones, »Power Structures and Perceptions of Power Holders in Same-Sex Groups of Young Children«, *Women and Politics* 3, Nr. 2/3 (Sommer/Herbst 1983) (www.haworthpressinc.com).

35 Deborah Best, John Williams, Jonathan Cloud, et al. »Development of Sex Trait Stereotypes among Young Children in the United States, England, and Ireland«, *Child Development* 48 (1977): 1383, zitiert in Diane Carlson Jones, »Power Structures and Perceptions of Power Holders in Same-Sex Groups of Young Children«, *Women and Politics*.

36 Dorothea Braginsky, »Machiavellianism and Manipulative Interpersonal Behaviour in Children«, *Journal of Experimental Social Psychology* 6 (1970): 97.

37 Diane Carlson Jones, »Power Structures and Perceptions of Power Holders in Same-Sex Groups of Young Children«, *Women and Politics*.

38 Anne Campbell, »Staying Alive: Evolution, Culture, and Women's Intra-Sexual Aggression«, *Behavioral and Brain Sciences* 22, Nr. 2 (April 1999): 203–252.

39 Deborah Tannen, *Job-Talk: Wie Frauen und Männer am Arbeitsplatz miteinander reden* (Hamburg: Ernst Kabel, 1995), 33.

40 Ebd., 34.

Fünf: Das »Aas«: Der Angriff aus dem Hinterhalt

1 Kirsti M. J. Lagerspetz, Kaj Björkqvist, and Tarja Peltonen, »Is Indirect Aggression Typical of Females? Gender Differences in Aggressiveness in 11- to 12-Year-Old Children«, *Aggressive Behavior* 14 (1988): 403–414.

2 Eleanor E. Maccoby und Carol Nagy Jackling, *The Psychology of Sex Differences* (Stanford, Calif.: Stanford University Press, 1974).

3 L. Tiger und J. Shepher, *Women in the Kibbutz* (New York: Penguin, 1977), berichtet in Anne Moir und David Jessel, 61.

4 Taylor et al., 8.

5 Angier, 370.

6 Ebd., 336.

7 Kaj Björkqvist, Kirsti M. J. Lagerspetz und Ari Kauiainen, »Do Girls Manipulate and Boys Fight? Developmental Trends in Regard to Direct and Indirect Aggression«, *Aggressive Behavior* 81 (1992): 117–127.

8 Angier, 371 f.

9 Campbell, 2000.

11 Jack, 190.

12 Angier, 373.

13 Kaj Björkqvist, 118.

14 Jack, 190.

15 M. Wilson und M. Daly, »Competitiveness, Risk-Taking, und Violence: The Young Male Syndrome«, *Ethology and Sociobiology* 6 (1985): 59–73, zitiert in Anne Campbell, »Staying Alive: Evolution, Culture, and Women's Intra-Sexual Aggression«, *Behavioral and Brain Sciences*, 22, Nr. 2 (April 1999): 203–252.

16 Ebd.

17 Taylor et al., 10.

18 Campbell, 2000.

19 De Waal, 1989, 56.

20 Björkqvist et al., 30.

21 Benjamin Svetkey, »Legends of the Casting Call«. *Entertainment Weekly*, 8. November 2000, 135.

22 Björkqvist et al., 30.

23 Jack, 289.

24 Liz Smith, »Why Gossip Is Good for Us«, *Brill's Content*, Mai 1999.

25 Liz Smith.

26 Jennifer Coates, »Gossip Revisited: Language in All-Female Groups«, in *Language and Gender: A Reader*, Hrsg. Jennifer Coates (Malden, Mass.: Blackwell Publishers Ltd., 1998), 226.

27 Tannen (dt.), 1991, 103.

28 Tannen (engl.), 1990, 118.

29 Susan Mann Trofimenkoff, »Gossip in History« (Ottawa: Canadian Historical Association, 1985).

30 George C. Homans, *The Human Group* (New York: Harcourt Brace Jovanovich, 1950).

31 Jenn Shreve, »Sugar and Ice: Why Women Freeze Out Other Women«. Http://underwire.msn.com/underwire.

Sechs: Die Beziehung ist das Ziel

1 Harriet Rubin, »Who or What Is Killing the Great Women of the Corporate World?« *Fast Times*, Dezember 2000, 338.

2 Doria Lavagnino, »The Joy Work Club«, *Working Woman*, September 2000, 16.

3 Debra A. Dinnocenzo, persönliche Mitteilung, 15. Dezember 2000.

4 Kathleen Collins, 16.

5 Zitiert in Sandy Sheehy, Connecting: The Enduring Power of Female Friendship (New York: William Morrow, 2000), 82–83.

6 Jennifer Coates, »Gossip Revisited: Language in All-Female Groups«, in *Language and Gender: A Reader*, Hrsg. Jennifer Coates (Malden, Mass.: Blackwell Publishers Ltd. 1998). 229.

7 Ebd., 245.

8 Ebd., 230.

9 Ebd., 244.

10 Amy Halberstadt, Cynthia W. Hayes und Kathleen M. Pike, »Gender and Gender Role Differences in Smiling and Communication Consistency«, *Sex Roles* 19 (1988): 589–603.

11 Isabel Briggs Myers, *Gifts Differing: Understanding Personality Type*, 9. Aufl. (Palo Alto, Calif.: Consulting Psychology Press, 1986, und Kansas City, Mo.: Association for Psychological Type, 1992).

12 Sheehy, 32.

Sieben: Stolperfallen auf dem Weg nach oben

1 Joyce Brothers, »Feeling Betrayed Because Best Friend Landed a Job«, *Los Angeles Times*, 15. Januar 1998.

2 Laurie A. Rudman, »To Be or Not to Be (Self-Promoting): Motivational Influences on Gender Stereotyping«, American Psychological Society, 30. Juni 1995.

3 Gallagher, 108–109.

4 Sheehy, 33.

5 Ibid., 85.

6 Gallagher, 85.

7 Ebd., 86.

Acht: Wie man einen Konflikt unter Frauen vernünftig austrägt

1 Albert Mehrabian, *Nonverbal Communication* (Chicago: Aldine, 1972).

Neun: Konfliktlösung mit weiblichem Stil

1 Die Erörterung von Konflikten und Konfliktstilen erwuchs aus Kenneth W. Thomas und Ralph H. Kilmanns Buch, *Thomas-Kilmann Conflict Mode Instrument* (Palo Alto, Calif.: Xicom, Inc., 1974).

2 Ebd.

3 Ebd.

4 Ebd.

5 Ebd.

6 Ebd.

7 Die Beschreibung von Heckenschützinnen und Austern stützt sich auf Robert N. Bramsons Buch, *Coping with Difficult People* (New York: Dell, 1988).

Zehn: Wie man als Frau effektiv führt

1 Gallagher.

2 Chris Lee, »The Feminization of Management«, *Training*, November 1994, 29.

3 Michael R. Perrault und Janet K. Irwin, »Gender Differences at Work: Are Men and Women Really That Different?« *Advanced Teamware*, Inc., Agoura Hills, Calif., Juli 1996. In einer weiteren Untersuchung von 676 männlichen und 383 weiblichen Managern aus 211 Unternehmen, die jedes nur denkbare Feedback benützte, um fünfzehn Führungscharakteristika zu prüfen, schnitten die Frauen in allen Führungsmaßnahmen einschließlich Planung, Entscheidungsfindung, Coaching, Evaluation, Ansprechbarkeit, Förderung des Teamwork und der Angestellten besser ab als ihre männlichen Kollegen. Harris Collingwood, »Women as Managers: Not Just Different – Better«, *Working Woman*, November 1995, 14.

4 Lee, 30.

5 William Oncken, »Management Time – Who's Got the Money?« *Harvard Business Review*, November – Dezember 1974.

6 Anson Dorrance, persönliche Mitteilung, 13. Juli 1999.

7 Paul Hersey und Kenneth H. Blanchard, *Management of Organizatio-*

nal Behavior: Utilizing Human Resources, 8. Auflage (Englewood Cliffs, N. J.: Prentice Hall College, 2000).

8 Leanne Atwater, David A. Waldman und James A. Carey, »Gender and Discipline in the Workplace: Wait Until Your Father Gets Home.« Vortrag, gehalten beim Jahrestreffen der Academy of Management, 2000, Toronto, Kanada.

9 Susan Case und Lorraine Thompson, »Gender Differences in Student Development: Examining Life Stories, Career Histories, and Learning Plans«, in *Innovations in Professional Education*, Hrsg. Richard E. Boyatzis, Scott Cowen und David A. Kolb (San Francisco: Jossey Bass, 1995), 135.

10 Bruce Tulgan, *The Manager's Pocket Guide to Generation X* (Amherst, Mass.: HRD Press, 1997), 42–43.

11 Cip Bell, *Managers as Mentors: Building Partnerships for Learning* (San Francisco: Berrett-Koehler Publishers, 1996).

Elf: Ein Traumteam aufbauen

1 Jon R. Katzenbach und Douglas K. Smith, *The Wisdom of Teams* (New York: Harper Business, 1993), 45.

2 Bill Plaschke, »Thrills … & Chills«, *Los Angeles Times*, 22 September 2000, Section U, 1.

3 B. W. Tuckman, »Developmental Sequence in Small Groups«, *Psychological Bulletin* 63 (1965): 384–399.

4 Connie Gersick, »Time and Transition in Work Teams: Toward a New Model of Group Development«, *Academy of Management Journal* 31 (1988): 9–41.

5 Harriet Rubin, »Girl-Gang Members Are the New Mistresses of Misrule«, *Fast Company*, Mai 2000, 342: Ann C. Logue, »Girl Gangs: They got It Goin' On«, *Training and Development*, January 2001, 24.

6 »A Study on the Status of Women Faculty in Science at MIT«, *The MIT Faculty Newsletter*, Sonderausgabe, 11. März 1999.

7 »Leaders of 9 Universities and 25 Women Faculty Meet at MIT, Agree to Equity Reviews«, *MIT News*, 30. Januar 2001.

8 Barbara Mikulski, Kay Bailey Hutchison, Dianne Feinstein, Barbara Boxer, et al. *Nine and Counting: The Women of the Senate* (New York: William Morrow, 2000), 3.

9 Ebd., 182.

10 Rubin, 344.

11 Christine Simms, »Don't Become a Casualty in the War of Words«, Springnet.com; *Nursing Communities*.

12 Elisabeth Fuchs, persönliche Mitteilung, 1. April 2000.

Bibliografie

Alvarez, Lizette. »Feminine Mystique Grows in Senate.« *New York Times*, 7. Dezember 2000.

American Association of University Women and the Wellesley College Center for Research on Women. *How Schools Shortchange Girls*. Washington, D.C.: American Association of University Women, 1992.

Angier, Natalie. Frau: *Eine intime Geographie des weiblichen Körpers*. München: Bertelsmann, 2000.

Atwater, Leann, David A. Walsman und James A. Carey. »Gender and Discipline in the Workplace: Wait Until Your Father Gets Home.« Vortrag, gehalten auf dem Jahrestreffen der Academy of Management, 2000, Toronto, Kanada.

Bell, Chip. Managers as Mentors: *Building Partnerships for Learning*. San Francisco: Berrett-Koehler Publishers, 1996.

Bem, Sandra L. »Gender Schema Theory and Ist Implications for Child Development: Raising Gender-Aschematic Children in a Gender-Schematic Society«. *Signs* 8 (1983): 598–616.

Best, Deborah, John Williams, Jonathan Cloud et al. »Development of Sex Trait Stereotypes among Young Children in the United States, England, and Ireland«. *Child Development* 48: (1983): 1977.

Björkqvist, Kaj. »Sex Differences in Physical, Verbal, and Indirect Aggression: A Review of Recent Research«. *Sex Roles* 30 (1994): 177–188.

Björkqvist, Kaj, K. Ekman und Kirsti M. J. Lagerspetz. »Bullies and Victims: Their Ego Picture, Ideal Ego Picture, and Normative Ego Picture«. Scandinavian Journal of Psychology 23 (1982): 281–290.

Björkqvist, Kaj, Kirsti M. J. Lagerspetz und Ari Kaukiainen. »Do Girls Manipulate and Boys Fight? Developmental Trends in Regard to Direct and Indirect Aggression«. *Aggressive Behavior* 81 (1992): 117–127.

Björkqvist, Kaj und Pekka Niemela, Hrsg. *Of Mice and Women: Aspects of Female Aggression*. New York: Academic Press, 1992.

Björkqvist, Kaj, K. Osterman und K. M. J. Lagerspetz. »Sex Differences in Covert Aggression among Adults«. *Aggressive Behavior* 20 (1994): 27–33.

Blum, Deborah. *Sex on the Brain: The Biological Differences Between Men and Women*. New York: Penguin, 1997.

Bosse, Irina. »Oxytocin: A Hormone for Love«. *Futureframe* science Web site. 24. September 1999.

Braginsky, Dorothea. »Machiavellism and Manipulative Interpersonal Behavior in Children«. *Journal of Experimental Social Psychology* 6 (1970): 77–99.

Bramson, Robert N. *Coping with Difficult People*. New York: Dell, 1988.

Briles, Judith. Women to Women 2000: *Becoming Sabotage Savvy in the New Millennium*, New Horizon Press, 1999.

Brothers, Joyce. »Feeling Betrayed Because Best Friend Landed a Job«. *Los Angeles Times*, 15. Januar 1998.

Bumiller, Elisabeth. »Clinton Campaign Confronts Erosion of Women's Support«. *New York Times*, 22. Februar 2000, Metropolitan Desk.

Burns, Alyson L., G. Mitchell und Stephanie Obradovich. »Of Sex Roles and Strollers: Male Attention to Toddlers at the Zoo«. *Sex Roles* 20 (1989): 309–315.

Campbell, Anne. *Men, Women, and Aggression*. New York: Basic Books, 1993.

—. »Staying Alive: Evolution, Culture, and Women's Intra-Sexual Aggression«, *Behavioral and Brain Sciences*, 22, Nr. 2 (April 1999): 203–252.

Case, Susan und Lorraine Thompson. »Gender Differences in Student Development: Examining Life Stories, Career Histories, and Learning

Plans«. *In Innovations in Professional Education*. Hrsg. von Richard E. Boyatzis, Scott Cowen und David A. Kolb. San Francisco: Jossey Bass, 1995, 135.

Clance, P. R. und S. A. Imes. »The Impostor Phenomenon in High-Achieving Women: Dynamics and Therapeutic Intervention«.

Psychotherapy: Theory, Research, and Practice 15 (1978): 241–247.

Clark-O'Neil, Dorothy. Persönliche Mitteilung, 2. November 2000.

Coates, Jennifer. »Gossip Revisited: Language in All-Female Groups«. In *Language and Gender: A Reader*. Hrsg. von Jennifer Coates, Malden, Mass.: Blackwell Publishers Ltd., 1998, 226–253.

Collingwood, Harris. »Women as managers: Not Just Different – Better«. *Working Woman*, November 1995, 14.

Collins, Kathleen. »New Economy Friendship«. *Working Woman*, September 2000, 16.

Crijnen, Alfons A. M., Thomas M. Achenbach und Frank Verhulst. »Comparisons of Problems Reported by Parents of Children in 12 Cultures: Total Problems, Externalizing, and Internalizing«. *Journal of the American Academy of Child and Adolescent Psychiatry* 36, Nr. 9 (September 1997).

Cuming, Pamela. *The Power Handbook: A Strategic Guide to Organizational and Personal Effectiveness*. Boston: CBI Publishing Co., 1981.

Deveny, Kathleen. »Chart of Kindergarten Awards«. *Wall Street Journal*, 5. Dezember 1994, B1.

De Waal, Frans. *Good Natured: The Origins of Right and Wrong in Humans and Other Animals*. Cambridge, Mass.: Harvard University Press, 1996.

—. Peacemaking Among the Primates. Cambridge, Mass.: Harvard University Press, 1989.

Dinnocenzo, Debra A. *101 Tips for Telecommuters*. San Francisco: Berrett-Koehler Publishers, 1999.

Dowd, Maureen. »Boys Going Batty«. *New York Times*, 25. Oktober 2000, überregionale Ausgabe, A31.

Driscoll, Richard. »Will Women be Better Managers? Gender Conflict at Work«. *Transitions: The Journal of Men's Perspectives*, 19 (1999).

Duff, Christina. »So, Would You Like to Come Up and See My Kid's Etchings?« *Wall Street Journal*, 17. November 2000, 1.

Fiske, Edward B. »Lessons: Even at a Former Women's College, Male Students Are Taken More Seriously, A Researcher Finds«. *New York Times*, 11. April 1990, überregionale Ausgabe, Living Arts Section.

French, J. und B. Raven. »The Basis of Social Power«. In *Studies in Social Power*. Hrsg. von D.Cartright. Ann Arbor: University of Michigan Press, 1959.

Fuchs, Elisabeth. Persönliche Mitteilung. 1. April 1998.

Gallagher, Carol mit Susan K. Golant. *Going to the Top*. New York: Viking, 2000.

Gersick, Connie. »Marking Time: Predictable Transitions in Task Groups«. *Academy of Management Journal* 32 (1989): 274–309.

—. »Time and Transition in Work Teams: Toward a New Model of Group Development«. *Academy of Management Journal* 31 (1988), 9–41.

Gilligan, Carol. *Die andere Stimme*. München: dtv, 1996.

Glass, Lillian. *He Says, She Says: Closing the Communication Gap Between the Sexes*. New York: Perigee/Berkley, 1993.

Gleason, Jean Berko und Esther blank Greif. »Men's Speech to Young Children«. In *Language Gender Society*. Hrsg. von Barrie Thorne, Cheris Kramar und Nancy Henley. (Rowley, Mass.: Newberry House, 1983), 140–150.

Golant, Mitch und Susan Golant. *Disciplining Your Preschooler and Feeling Good About It*. 3. Aufl. Los Angeles: Lowell House, 1997.

—. *Finding Time for Fathering*. New York: Ballantine, 1992.

Goode, Erica. »Women Are Found to Respond to Stress by Social Contact, Not by Fight or Flight«. *New York Times*, 14. Mai 2000.

Goodwin, Marjorie Harness und Charles Goodwin. »Children's Arguing«. In *Language, Gender, and Sex in Comparative Perspective*. Hrsg. von Susan U. Philips, Susan Steele und Christine Tanz. (Cambridge: Cambridge University Press, 1987), 200–248.

Gottman, John und Nan Silver. *Die 7 Geheimnisse der glücklichen Ehe*. München: Econ, 2000.

Halberstadt, Amy, Cynthia W. Hayes und Kathleen M. Pike. »Gender and Gender Role Differences in Smiling and Communication Consistency«. *Sex Roles* 19 (1988): 589–603.

Handelman, David. »Ms. President: Elizabeth Dole's Potential Run for America's Highest Office Has Set Minds Feverishly Speculating about a Once Remote Possibility: A Female President«. *Bazaar*, März 1999, 371.

Heim, Pat und Susan K. Golant. *Frauen lernen fighten: Ein Sparringkurs für Aufsteigerinnen*. Freiburg: Haufe Management und Praxis, 1993.

Helmstetter, Shad. *Anleitung zum Positiven Denken: Ein praktischer Ratgeber zur Aktivierung Ihres Unterbewusstseins mit mehr als 2500 positiven Suggestionsformeln*. Mannheim: PAL-SVK, 1995.

Hersey, Paul und Kenneth H. Blanchard. *Management of Organizational Behavior: Utilizing Human Resources*. 8. Aufl. Englewood Cliffs, N.J.: Prentice Hall College, 2000.

Holmstrom, R. »Female Aggression among the Great Apes: a Psychoanalytic Perspective«. In *Of Mice and Women: Aspects of Female Aggression*, hrsg. von K. Björkqvist und P. Niemela, New York: Academic Press, 1992.

Homans, George. C. *The Human Group*. New York: Harcourt Brace Jovanovich, 1950.

Hrdy, Sarah Blaffer. »Natural Born Mothers«. *Natural History*, Dezember 1995, 30–42.

—. *The Woman That Never Evolved.* Cambridge, Mass.: Harvard University Press, 1981.

Hrdy, Sarah Blaffer und C. Sue Carter. »Hormonal Cocktails for Two«. *Natural History*, Dezember 1995, 34.

Jack, Dana Crowley. *Behind the Mask.* Cambridge, Mass.: Harvard University Press, 1999.

Jacklin, Carol Nagy. »Female and Male: Issues of Gender«. *American Psychologist* 44 (1989): 127–135.

Jacklin, Carol Nagy und Eleanor E. Maccoby. »Social Behavior at … Months in Same-Sex and Mixed-Sex Dyads«. *Child Development* 49 (1978): 576–599.

Jacobs, Kathleen. »In Praise of Power«. *Working Woman*, November 2000, 22.

Jezova, D., E. Jurankova, A. Mosnarova, M. Kriska und I. Skultetyova. »Neuroendocrine Response During Stress with Relation to Gender Differences.« *Acta Neurobiologae Experimentalis* 56 (1996): 779–785.

»Jill Barad«. *Los Angeles Times Magazine*, 27. Juni 1999.

Johnson, Fern L. und Elizabeth J. Aries. »The Talk of Women Friends«. In *Language and Gender: A Reader*, hrsg. von Jennifer Coates. Malden, Mass.: Blackwell Publishers Ltd., 1998, 125–125.

Jones, Diane Carlson. »Power Structures and Perceptions of Power Holders in Same-Sex Groups of Young Children«. *Women and Politics*, 3. Nr. 2/3 (Sommer/Herbst 1983) (www.haworthpressinc.com).

Katzenbach, Jon R. und Douglas K. Smith. *TEAMS: Der Schlüssel zur Hochleistungsorganisation*. Frankfurt: Wirtschaftsverlag Ueberreuter, 1993.

Kelly, Kate. »Meet the Smart New York Women Who Can't Stand Hillary Clinton«. *New York Observer*, 17. Januar 2000, 7.

Kuhn, Deanna, Sharon Nash und Laura Brucken. »Sex Role Concepts of Two- and Three-Year-Olds«. *Child Development* 49 (1978): 445–451.

Lagerspetz, Kirsti M. J., Kaj Björkqvist und Tarja Peltonen. »Is Indirect Aggression Typical of Females? Gender Differences in Aggressiveness in 11- to 12-Year-Old Children«. *Aggressive Behavior* 14 (1988): 403–414.

Lavagnino, Doria. »The Joy Work Club«. *Working Woman*, September 2000, 16.

»Leaders of 9 Universities and 25 Women Faculty Meet at MIT, Agree to Equity Reviews«. *MIT News*, 30. January 2001.

Lee, Chris. »The Feminization of Management«. *Training*, November 1994, 25.

Lever, Janet. »Sex Differences in the Complexity of Children's Play«. *American Sociological Review* 43 (1978): 471–483.

—. »Sex Differences in the Games Children Play«. Social Problems 23 (1976): 478–487.

Lewis, Michael. »Parents and Children: Sex Role Development«. *School Review* 80 (1972): 229–240.

Logue, Ann C. »Girl Gangs: They Got It Goin' On«. *Training and Development*, Januar 2001, 24.

Maccoby, Eleanor E., »Gender and Relationships: A Developmental Account«. *American Psychologist* 45 (1990): 513–520.

Maccoby, Eleanor E. und Carol Nagy Jacklin. »Gender Segregation in Childhood«. In *Advances in Child Development and Behavior*, Bd. 20, hrsg. von H. W. Reese, 239–288. New York: Academic Press, 1987.

Maccoby, Eleanor E. und Carol Nagy Jacklin. *The Psychology of Sex Differences*. Stanford, Calif.: Stanford University Press, 1974.

Mackoff, Barbara. What Mona Lisa Knew: A *Woman's Guide to Getting Ahead in Business by Lightening Up*. Los Angeles: Lowell House, 1990.

Madden, Tara Roth. *Women vs. Women: The Uncivil Business War*. New York: American Management Association, 1997.

McCarthy, M. M. »Estrogen Modulation of Oxytocin and Ist Relation to

Behavior«. In *Oxytocin: Cellular and Molecular Approaches in Medicine and Research*, hrsg. von R. Ivell und J. Russell, 235–243. New York: Plenum Press, 1995.

McKay, Matthew und Patrick Fanning. *Self-Esteem*. Oakland, Calif.: New Harbinger Publications, 2000.

Mehrabian, Albert. *Nonverbal Communication*. Chicago: Aldine, 1972.

Mikulski, Barbara, Kay Bailey Hutchison, Dianne Feinstein, Barbara Boxer et al. *Nine and Counting: The Women of the Senate*. New York: William Morrow, 2000.

Miller, Jean Baker. »The Development of Women's Sense of Self«. In *Women's Growth in Connection*, hrsg. von Judith V. Jordan, Alexandra G. Kaplan, Jean Baker Miller et al., 11–26. New York: Guilford Press, 1991.

—. *Toward a New Psychology of Women*. Boston: Beacon Press, 1976.

Miringoff, Lee M. »Losing the Women«. *New York Times*, 31. Januar 2000.

Moir, Anne und David Jessel. Brain Sex: *The Real Difference Between Men and Women*. New York: Dell, 1991.

Morrison, Ann M. und Randall P. White. *Braking the Glass Ceiling*. New York: Perseus Books, 1987.

Murphy, Mary. »The Way She Is: Barbra Streisand«. *TV Guide*, 22. Januar 2000, 18.

Murphy, Susan. »A Study of Career Values by Generation and Gender«. Diss., the Fielding Institute, 2000.

Myers, Isabel Briggs. *Gifts Differing: Understanding Personality Type*. 9. Aufl. Palo Alto, Calif.: Consulting Psychology Press, 1986, und Kansas City, Mo.: Association for Psychological Type, 1992.

Oncken, William. »Managerial Time – Who's Got the Monkey?« *Harvard Business Review*, November – Dezember 1974.

Perrault, Michael R. und Janet K. Irwin. »Gender Differences at Work: Are

Men and Women Really That Different?« *Advanced Teamware, Inc.* Agoura Hills, Calif., Juli 1996.

Plaschke, Bill. »Thrills … & Chills«. *Los Angeles Times*, 22. September 2000, Section U, 1.

Repetti, R. L. »Effects of Daily Workload on Subsequent Behavior During Marital Interactions: The Role of Social Withdrawal and Spouse Support«. *Journal of Personality and Social Psychology* 57 (1989): 651–659.

Roggman, Lori A. und J. Craig Peery. »Parent-Infant Social Play in Brief Encounters: Early Gender Differences«. *Child Study Journal* 19 (1989): 65–79.

Rosener, Judy B. »Ways Women Lead«. *Harvard Business Review*, November/Dezember 1990, 3–10.

—. *America's Competitive Secret: Utilizing Women as a Management Strategy*. Oxford, England: Oxford University Press, 1995.

Rubin, Harriet. »Girl-Gang Members Are the New Mistresses of Misrule«. *Fast Company*, Mai 2000, 342.

—. »Who or What Is Killing the Great Women of the Corporate World?« *Fast Company*, Dezember 2000, 334–338.

Rubin, Lillian. *Just Friends*. New York: Harper & Row, 1985.

Rudman, Laurie A. »To Be or Not To Be (Self-Promoting): Motivational Influences on Gender Stereotyping«. American Psychological Society, Vortrag, gehalten bei einem APS-Treffen am 30. Juni 1995.

Sadker, Myra und David Sadker. »Sexism in the Schoolrooms of the '80s«. Psychology Today 19 (1985): 53–57.

D. Savin-Williams, Ritch. »Dominance Systems among Primate Adolescents«. In *Dominance, Aggression, and War*, hrsg. von D. McGuinness, 131–173. New York: Paragon House, 1987.

Sheehy, Sandy. *Connecting: The Enduring Power of Female Friendship*. New York: Morrow, 2000.

Shreve, Jenn. »Sugar and Ice: Why Women Freeze Out Other Women«. Http://underwire.msn.com/underwire.

Simms, Christine. »Don't Become a Casualty in the War of Words«. Springnet.com; *Nursing Communities*.

Smith, Liz. »3 Legendary Actresses Plus One«. *Los Angeles Times*, 25. Oktober 2000.

—. »Why Gossip Is Good for Us«. *Brill's Content*, Mai 1999.

Stoller, Robert J. »A Contribution to the Study of Gender Identity«. *International Journal of Psychoanalysis* 45 (1964): 220–226.

»A Study on the Status of Women Faculty in Science at MIT«. *MIT Faculty Newsletter*, 11. März 1999, Spezialausgabe.

Svetkey, Benjamin. »Legends of the Castin Call«. *Entertainment Weekly*, 8. November 2000, 133–135.

Tannen, Deborah. *Du kannst mich einfach nicht verstehen; warum Männer und Frauen aneinander vorbeireden*. Frankfurt a.M., Wien: Büchergilde Gutenberg, 1991.

Tannen, Deborah. *You Just Don't Understand Women und Men in Conversation*. New York: Ballantine, 1990.

Tannen, Deborah. *Job-Talk: Wie Frauen und Männer am Arbeitsplatz miteinander reden*. Hamburg: Ernst Kabel, 1995.

Taylor, Shelley E., Laura Cousino-Klein, Brian P. Lewis et al. »Bio-Behavioral Responses to Stress in Females: Tend-and-Befriend, Not Fight-or-Flight«. *Psychological Review*, im Druck.

Taylor, Verta, Nancy Whittier und Cynthia Fabrizio Pelak. »The Women's Movement: Persistence Through Transformation«. In *Feminist Frontiers* 5, hrsg. von Laurel Richardson, Verta Taylor und Nancy Whittier, 559. Boston: McGraw-Hill Higher Education, 2001.

Thomas, Kenneth W. und Ralph H. Kilmann. *Thomas-Kilmann Conflict Mode Instrument*. Palo Alto, Calif.: Xicom, Inc., 1974.

Tiger, L. und J. Shepher. *Women in the Kibbutz*. New York: Penguin, 1977.

Trofimenkoff, Susan Mann. »Gossip in History«. Ottawa: Canadian Historical Association, 1985.

Tuckman, B. W. »Developmental Sequence in Small Groups«, *Psychological Bulletin* 63 (1965): 384–399.

Tulgan, Bruce. *The Manager's Pocket Guide to Generation X*. Amherst, Mass.: HRD Press, 1997.

Weiss, Robert S. *Staying the Course: The Emotional and Social Lives of Men Who Do Well at Work*. New York: Free Press, 1990.

Wick, Sue und Laura Williams. »The Impostor Phenomenon«. *Women in Cell Biology* 20, Nr. 20.

Wilson, M. und M. Daly. »Competitiveness, Risk-Taking, and Violence: The Young Male Syndrome«. *Ethology and Sociobiology* 6 (1985): 59–73. Zitiert in Ann Campbell, »Staying Alive: Evolution, Culture, and Women's Intra-Sexual Aggression«, *Behavioral and Brain Sciences*, im Druck.

Register

Die Stufen zum Erfolg

11297

16428

16467

Erhältlich überall dort, wo es Bücher gibt.